Joseph Steinberg

Cybersicherheit für dummies®

2. überarbeitete und erweiterte Auflage

Übersetzung aus dem Amerikanischen von
Michaela Haller und Dr. Christina Czeschik

Fachkorrektur von Dr. Christina Czeschik

WILEY

WILEY-VCH GmbH

Cybersicherheit für Dummies

Bibliografische Information der Deutschen Nationalbibliothek

Die Deutsche Nationalbibliothek verzeichnet diese Publikation in der Deutschen Nationalbibliografie; etaillierte bibliografische Daten sind im Internet über `http://dnb.d-nb.de` abrufbar.

2. Auflage 2026

Coverillustration: Looker_Studio - `stock.adobe.com`
Korrektur: Dr. Katja Mattsson, Göttingen
Satz: Straive, Chennai, India
Druck und Bindung: CPI Group (UK) Ltd, Croydon, CR0 4YY

Print ISBN: 978-3-527-72455-0
ePub ISBN: 978-3-527-85794-4

C9783527724550_190126

Über den Autor

Joseph Steinberg berät Unternehmen auf den Gebieten der Cybersicherheit und der neuen Technologien und hilft ihnen dabei, zu wachsen und erfolgreich zu sein. Außerdem ist er in diesen Bereichen als Gutachter tätig.

Joseph Steinberg hatte zuvor zwei Jahrzehnte lang Unternehmen und Abteilungen in der Informationssicherheitsbranche geleitet und gilt als einer der drei einflussreichsten Cybersicherheitsexperten weltweit. Das Spektrum der veröffentlichten Bücher reicht von *Cybersicherheit für Dummies* bis hin zum offiziellen Studienhandbuch, das viele Informationssicherheitsbeauftragte zum Lernen für die Abschlussprüfung ihrer Zertifizierung nutzen. Seine Erfindungen auf dem Gebiet der Informationssicherheit sind in mehr als 400 US-Patentanmeldungen erwähnt.

Steinberg hat zahlreichen Organisationen dabei geholfen, ihr Management von Cyberrisiken zu verbessern, und hat als Sachverständiger für Cybersicherheit Anwälte im ganzen Land dabei unterstützt, gerechte Entschädigungen für Parteien zu erwirken, die zu Unrecht durch Cyberangriffe geschädigt wurden. Seine Ansichten werden häufig in Büchern, juristischen Fachzeitschriften, Sicherheitsveröffentlichungen und allgemeinen Magazinen zitiert; seine erfindungsbezogenen Beiträge zur Cybersicherheit finden sich in über 500 US-amerikanischen Patentanmeldungen wieder. Er gehört weiterhin zu den wenigen Dutzend Menschen weltweit, die die vollständige Reihe fortgeschrittener Informationssicherheitszertifizierungen (CISSP, ISSAP, ISSMP und CSSLP) besitzen – ein Hinweis sowohl auf die Tiefe als auch auf die Breite seiner Fachkenntnisse und Erfahrungen im Bereich der Cybersicherheit.

Neben seiner Haupttätigkeit fungiert Steinberg als Senior Policy Analyst beim Global Foundation for Cyber Studies and Research Think Tank, als Mitglied des Computer Crime & Digital Evidence Committee der International Association of Chiefs of Police (IACP) sowie als Vorstandsmitglied mehrerer Geschäfts- und Non-Profit-Organisationen. Zuvor war er Mitglied – und wurde einstimmig zum Vorsitzenden gewählt – eines staatlichen Finanzberatungsrats und war außerdem Mitglied des Cybersecurity Council bei CompTIA, dem weltweit größten Branchenverband für Technologiefragen und der zweitgrößten zugehörigen Zertifizierungsstelle.

Steinberg war Mitbegründer und diente in verschiedenen Funktionen (darunter als CISO, CEO und Vorsitzender des Vorstands) bei den Cybersicherheitsfirmen Green Armor Solutions und SecureMySocial, die sich mit Risiken befassten, die Unternehmen tatsächlich betreffen. Zuvor hatte er mehrere leitende Positionen bei Whale Communications inne, das später von Microsoft übernommen wurde.

Er ist Absolvent des Courant Institute of Mathematical Sciences der New York University (NYU). Joseph ist erreichbar unter `https://JosephSteinberg.com`.

Widmung

Vor vielen Jahren – ich war acht Jahre alt – meldeten meine Eltern mich im Sommer bei einem Programmierkurs an, in dem ich zum allerersten Mal mit der damals aufkommenden Welt der Personal-Computer in Kontakt kam. Was uns allen damals nicht klar war: Der Moment, in dem ich meine erste Zeile Computercode schrieb und in die winzige Tastatur des Schulcomputers – ein Commodore PET – tippte, sollte der Anfang einer lebenslang anhaltenden Faszination für Computertechnologie sein. Aus dem Hobby meiner Kindheit wurden mehrere Universitätsabschlüsse und schließlich mein Beruf.

Nun stehe ich in meinem Büro und halte das fast vierzig Jahre alte Bandlaufwerk mit dem Code in der Hand, den ich jenen Sommer schrieb. Ich widme daher dieses Buch meinen Eltern, Dr. Edward Steinberg und Sandra Steinberg.

Und da meine jüngste Tochter, Tammy, noch nicht auf der Welt war, als ich mein vorheriges Buch meiner Frau und meinen Kindern widmete, möchte ich dieses Buch auch ihr widmen, dem ersten *Digital Native* unserer Familie.

Danksagungen

Cybersicherheit ist in der heutigen Welt von enormer Bedeutung, doch nur wenige der heute Erwachsenen haben von ihren Eltern oder in der Schule gelernt, wie sie sich gegen die großen Cybersicherheitsgefahren der heutigen Zeit verteidigen können. Zur fehlenden formalen Bildung kommt eine Schwemme an Informationen, die Verbreitung oft wiederholter, aber unpraktischer Ratschläge und technischer Begriffe sowie die laufenden Meldungen über Cyberangriffe und Sicherheitslücken in den Nachrichten. Es ist daher nicht überraschend, dass viele beim Thema Cybersicherheit verwirrt, lustlos und ängstlich sind.

Aus diesem Grund war es nie wichtiger als heute, dass ein Buch grundlegendes und praktisches Wissen zum Thema Cybersicherheit für Otto Normalnutzer zusammenträgt.

Ich möchte meiner Frau Shira und meinen Töchtern Penina, Mimi und Tammy für ihre Unterstützung und ihre Ermutigung während der zeitintensiven Phase der Planung und des Schreibens dieses Buches danken.

Und auch wenn es während meines Studiums noch keine Kurse zum Thema Cybersicherheit gab, so haben mir doch viele großartige Dozenten und Professoren dabei geholfen, mein Verständnis der Informatik zu erweitern, sodass ich letztlich in der Lage war, mich auf dieses Gebiet zu spezialisieren. Zwei von Ihnen möchte ich besonders hervorheben: Matthew Smosna und Aizik Leibovitch. Beide haben den Tag der Veröffentlichung dieses Buches leider nicht mehr erlebt, doch ihr Einfluss auf meine Art des Denkens spiegelt sich darin deutlich wider.

Und hier noch eine besondere Danksagung und Widmung: In den ersten Monaten des Jahres 2024 verlor die Welt zwei Ärzte, deren Forschung Tausenden von Menschen – auch mir selbst – geholfen hat.

Dr. Gregory Lutz, der die Abteilung für Physiatrie am Hospital for Special Surgery in New York gründete, war ein Pionier in der Behandlung von Wirbelsäulen- und Gelenkverletzungen. Er entwickelte neue Ansätze und modernste nicht-chirurgische Verfahren, die es Ärzten heute ermöglichen, verschiedene schmerzhafte und behindernde Verletzungen erfolgreich zu behandeln, die früher als chronisch und unheilbar galten. Dr. Lutz zeigte eine enorme Hingabe sowohl gegenüber seinen Patienten als auch seinen Schülern. Obwohl er leider in relativ jungem Alter verstarb, gelang es ihm, mehr als 60 Assistenzärzte auszubilden und zahllosen anderen Fachleuten neue Techniken zu vermitteln, um menschliches Leid zu lindern.

Dr. Joel Lehrer war ein Chirurg, der auf Erkrankungen des Innenohrs spezialisiert war. Im Verlauf seiner langen Karriere diente er sowohl als Leiter der Neurotologie-Klinik am Mount Sinai Hospital in New York City als auch als Leiter der Abteilung für Hals-Nasen-Ohren-Heilkunde am Holy Name Hospital in Teaneck, New Jersey. Er war stets neugierig, ein begeisterter Leser und Wissenschaftler, der weltweit Vorträge hielt und zahlreiche begutachtete Artikel veröffentlichte – darunter Arbeiten, in denen er eine Methode beschrieb, mit der das Leiden einer zuvor unheilbaren Gleichgewichtsstörung erfolgreich gelindert werden konnte. Dr. Lehrers Hingabe an seine Patienten hielt ihn bis weit über das Rentenalter hinaus im Beruf. Als ich seine Todesanzeige las, wurde mir bewusst, dass er fast 90 Jahre alt war, als ich ihn als Patient sah.

Beide, Dr. Lutz und Dr. Lehrer, zeigten, wie wichtig es ist, nicht nur Menschen zu helfen, sondern auch ständig daran zu arbeiten, die Qualität dieser Hilfe zu verbessern – sowohl für sich selbst als auch für andere. Diese beiden Männer sind nicht mehr unter uns, doch die Früchte ihrer Arbeit leben weiter und verbessern das Leben vieler Menschen, von denen die meisten wahrscheinlich nicht wissen, wessen Beiträge ihnen zugutekommen. Mögen die Erinnerungen an Dr. Gregory Lutz und Dr. Joel Lehrer ihren Familien, Freunden, Kollegen und der Welt ein Segen sein, und mögen ihr Engagement und ihre Hingabe andere Angehörige der Heilberufe inspirieren, ihren gemeinsamen Weg fortzusetzen – den Weg, menschliches Leid zu lindern.

Auf einen Blick

Inhaltsverzeichnis

Einleitung

Im Laufe einer einzigen Generation hat unsere Welt enorme Veränderungen durchgemacht. Die Verfügbarkeit des Internets sowohl für Verbraucher als auch für Unternehmen gekoppelt mit der Erfindung mobiler Endgeräte und kabelloser Netzwerke hat eine Informationsrevolution eingeleitet, die sich auf jeden einzelnen Aspekt unseres Lebens auswirkt.

Die Abhängigkeit von Technologien hat uns gleichzeitig gigantische Gefahren beschert. Kaum ein Tag geht vorbei, an dem wir nicht irgendeine Nachrichtenmeldung über einen Datenskandal, einen Cyberangriff oder eine Sicherheitslücke hören oder lesen. Da wir Menschen von Tag zu Tag abhängiger von Technologien werden, sind auch die möglichen negativen Konsequenzen von Cyberangriffen exponentiell gewachsen. Mittlerweile haben wir den Punkt erreicht, an dem Menschen ihr Vermögen, ihren Ruf, ihre Gesundheit, ja sogar ihr Leben aufgrund von Cyberangriffen verlieren.

Wir, die wir in einer modernen Welt leben, sind uns mehr und mehr darüber im Klaren, warum wir uns vor Cyberbedrohungen schützen müssen. Dieses Buch zeigt Ihnen, wie das gelingen kann.

Über dieses Buch

In den letzten Jahrzehnten sind zwar zahlreiche Bücher zu Cybersicherheitsthemen erschienen, die meisten von ihnen geben allerdings der breiten Bevölkerung nicht die Informationen, die sie benötigen, um sich selbst angemessen gegen Gefahren zu verteidigen.

Viele Cybersicherheitsratgeber richten sich an eine technisch sehr versierte Zielgruppe und erdrücken technische Laien mit für sie irrelevanten Informationen. Sie erschweren es den Lesern daher, das erworbene Wissen praktisch umzusetzen. Darüber hinaus gibt es noch diverse Bücher, die im Self-Publishing erschienen sind und eine Einführung in das Thema Cybersicherheit geben sollen, dabei allerdings an allerlei Dingen kranken. In einigen Fällen wurden sie sogar von technischen Laien verfasst und enthalten Fehlinformationen. Abgesehen davon kursieren viele Sicherheitschecklisten, die Klischees wiederholen und veraltete Ratschläge geben. Das kann dazu führen, dass die Nutzer durch Befolgen der Tipps ihre Cybersicherheit eher verschlechtern, statt sie zu verbessern. Leider hat auch die ständige Wiederholung von Cybersicherheitsempfehlungen durch Medienschaffende nach Berichten über Sicherheitslecks (»Ändern Sie alle Ihre Passwörter!«) verbunden mit dem Ausbleiben irgendwelcher Konsequenzen, wenn die Nutzer diesen Anweisungen nicht gefolgt sind, zu einer Cybersicherheitsmüdigkeit geführt. Das heißt, dass viele bei Vorfällen schlichtweg überhaupt nicht mehr reagieren, weil einmal zu oft »Feuer!« gerufen wurde.

Ich habe *Cybersicherheit für Dummies* geschrieben, damit alle, die keine Experten auf dem Gebiet sind, ein Buch mit den Grundlagen zur Hand haben. Darin erfahren sie, was beim Thema Cybersicherheit relevant ist, und auch, warum es das ist. Das Buch bietet Ihnen praktische und klar formulierte Ratschläge, die Sie leicht umsetzen können und mit denen

Sie sich, Ihre Kinder, Ihre Eltern und womöglich sogar Ihr kleines Unternehmen im Cyberraum schützen.

Eine kleine Warnung vorweg: Wenn Sie alle Informationen in diesem Buch verinnerlichen und sie in die Praxis umsetzen, werden Sie zwar Ihre eigene Cybersicherheit erheblich verbessern, doch alleine das Lesen dieses Buches macht Sie genauso wenig zu einem Cybersicherheits-Profi, wie Sie das Lesen eines Buchs über die Funktionsweise des menschlichen Herzens zu einem kompetenten Kardiologen macht.

Cybersicherheit ist ein komplexes Gebiet, das sich rasend schnell verändert. Fachleute arbeiten Jahre, wenn nicht sogar Jahrzehnte daran, ihre Fähigkeiten und ihr Fachwissen zu erhalten, weiterzuentwickeln und zu verfeinern. Bitte betrachten Sie dieses Buch daher nicht als Ersatz für die Beauftragung eines Profis, wenn Ihre Situation den Letztgenannten erforderlich macht.

In der neuen Auflage dieses Buchs sind wichtige neue Entwicklungen berücksichtigt worden: vor allem die weitgehende Verbreitung von Arbeiten im Homeoffice (hier hat die COVID-19-Pandemie die Entwicklung beschleunigt) in Kapitel 6 und die überwältigend schnelle Weiterentwicklung von künstlicher Intelligenz (KI) in den letzten Jahren (Kapitel 20), vor allem von sogenannter generativer KI, also ChatGPT und Konsorten.

Und diese schnelle Entwicklung geht natürlich auch nach Drucklegung dieses Buches weiter: Denken Sie daher bitte immer daran, dass sich technische Produkte ständig im Fluss befinden und schnell verändern. Screenshots, die Sie in diesem Buch finden, sind womöglich nicht identisch mit dem, was Sie auf Ihrem Bildschirm sehen, wenn Sie den Anweisungen aus diesem Buch folgen. Vergessen Sie nicht: Die Gefahren für die Cybersicherheit entwickeln sich laufend weiter. Dasselbe gilt auch für die Technologien und Methoden, die dazu eingesetzt werden, sie zu bekämpfen.

Wie dieses Buch aufgebaut ist

Cybersicherheit für Dummies besteht aus sechs Teilen.

Die Teile I, II und III bieten Ihnen einen Überblick über Cybersicherheit, mögliche Gefahren und versorgen Sie mit allerlei Tipps, wie Sie sich selbst und Ihre Familie gegen externe Bedrohungen verteidigen und verhindern können, dass Sie gefährliche (und potenziell verheerende) Fehler begehen. Sie erfahren mehr darüber, wie Sie Ihre Online-Konten sichern und wie Sie Passwörter auswählen und schützen. Selbstständige und Freiberufler erhalten ein paar zusätzliche Tipps, wie sie ihre berufliche Tätigkeit im Cyberraum sichern können. Außerdem wagen wir einen Blick in die Zukunft.

Teil IV beschäftigt sich damit, wie Sie einen Sicherheitsvorfall erkennen und wie Sie anschließend damit umgehen.

Teil V deckt den Themenbereich rund um Sicherheitskopien und Backups ab. Das ist etwas, das Sie regelmäßig tun sollten, bevor Sie gezwungen sind, Daten aus Backups wiederherzustellen oder Ihre Geräte zurückzusetzen. Letzteres ist ein Thema, das Sie ebenfalls in diesem Teil finden.

Teil VI ist der Teil mit kurzen und knackigen Informationen, die Ihnen helfen sollen, Ihre Cybersicherheit mit nur wenigen Schritten zu verbessern. Hier lohnt es sich, ein Lesezeichen hineinzulegen.

Törichte Annahmen über die Leser

Wenn Sie dieses Buch lesen, gehe ich davon aus, dass Sie folgende Erfahrungen mit Computertechnologie haben:

- ✔ Sie wissen, wie man eine Tastatur und eine Maus benutzt – entweder auf einem Mac oder einem Windows-PC – und haben Zugriff auf eines dieser Geräte.
- ✔ Sie wissen, wie man ein sogenanntes Smartphone benutzt – ob nun mit einem Apple- oder Android-Betriebssystem – und haben Zugriff auf ein solches.
- ✔ Sie wissen, wie man einen Internetbrowser wie Firefox, Chrome, Microsoft Edge, Opera oder Safari benutzt.
- ✔ Sie wissen, wie Sie Programme und Apps auf Ihrem Computer und Ihrem Smartphone installieren.
- ✔ Sie wissen, wie Sie etwas über eine Suchmaschine, zum Beispiel Google, suchen können.

Konventionen in diesem Buch

Ich möchte Ihnen an dieser Stelle ein paar der Konventionen erläutern, die Sie in diesem Buch entdecken werden:

- ✔ Begriffe, die anschließend näher definiert werden, oder Hervorhebungen sind *kursiv* gedruckt.
- ✔ Codes und Internetadressen erscheinen in der sogenannten `Listingschrift`.
- ✔ Bezeichnungen von Optionen und Befehlen, auf die Sie in einer Benutzeroberfläche stoßen, sind als KAPITÄLCHEN formatiert.

Symbole, die in diesem Buch verwendet werden

Die folgenden Symbole finden Sie links neben dem Text. Sie heben wichtige Informationen für Sie hervor.

Die Glühbirne finden Sie dort, wo ich Ihnen weiterführende Tricks verrate, die das Thema interessanter machen oder es verdeutlichen sollen. In den Tipps finden Sie ein paar praktische Abkürzungen, von denen Sie bisher vielleicht noch nichts wussten.

Das Erinnerungssymbol hebt Informationen hervor, die Sie sich merken sollten.

Hier heißt es: Aufgepasst! Das Warndreieck soll Sie davor bewahren, häufige Fehler zu begehen, und gibt Ihnen manchmal sogar Tipps, um begangene Fehler wieder rückgängig zu machen.

Wie es weitergeht

Cybersicherheit für Dummies ist so verfasst, dass Sie das Buch nicht von vorne bis hinten durchlesen müssen. Sie müssen nicht einmal das gesamte Buch lesen.

Wenn Sie das Buch gekauft haben, weil Sie einen wie auch immer gearteten Cybersicherheitsvorfall erlitten haben, können Sie direkt zu Teil IV springen, ohne alles davor lesen zu müssen. (Es ist aber durchaus ratsam, den Rest hinterher zu lesen, da Sie mithilfe der Lektüre verhindern können, erneut Opfer eines Cyberangriffs zu werden.)

Teil I
Erste Schritte in Cybersicherheit

IN DIESEM TEIL …

Den Begriff Cybersicherheit verstehen

Die Ursachen für Sicherheitsvorfälle erfahren

Mehr über Cyberbedrohungen lernen

Instrumente für mehr Cybersicherheit kennenlernen

Bekanntschaft mit den Angreifern machen und ihre Motivation verstehen

IN DIESEM KAPITEL

Cybersicherheit definieren

Den Unterschied zwischen Cybersicherheit und Informationssicherheit verstehen

Cybersicherheit als bewegliches Ziel begreifen

Den Zweck von Cybersicherheit verstehen

Risiken mit Cybersicherheit minimieren

Kapitel 1
Was ist eigentlich Cybersicherheit?

Wenn Sie sich persönlich und Ihre Familie im Cyberraum absichern möchten, müssen Sie zunächst verstehen, was Cybersicherheit bedeutet, was Ihre Ziele dabei sein sollten und wogegen Sie sich genau absichern. Die Antworten auf diese Fragen mögen einfach erscheinen, aber lassen Sie sich nicht täuschen: Sie sind es nicht. In diesem Kapitel erfahren Sie, dass die Antworten für verschiedene Menschen, Unternehmen und Abteilungen vollkommen unterschiedlich ausfallen können. Sie können sich auch im Laufe der Zeit verändern.

Cybersicherheit definieren

Sie denken sich vermutlich: Wie schwer kann es sein, den Begriff *Cybersicherheit* zu definieren? Glauben Sie mir: Wenn Sie fünf Personen fragen, werden Sie acht verschiedene Erklärungen erhalten. Der Begriff hat für verschiedene Menschen in verschiedenen Situationen verschiedene Bedeutungen. Das führt zum Einsatz ganz unterschiedlicher Prozesse und Methoden.

Wenn Sie als Privatperson beispielsweise Ihre Social-Media-Konten vor Hacker-Angriffen schützen möchten, wäre es etwas übertrieben, wenn Sie dafür die Technologien einsetzen, die das Verteidigungsministerium zum Schutz seines Netzwerks einsetzt.

Diese kleine Übersicht soll Ihnen einen Eindruck dessen vermitteln, was jeweils mit Cybersicherheit gemeint sein kann:

- ✔ **Privatanwender:** Persönliche Daten sind nur für einen selbst und für Personen zugänglich, die über eine entsprechende Berechtigung verfügen. Alle Computer und computerähnlichen Geräte funktionieren korrekt und sind frei von Malware.
- ✔ **Geschäftsinhaber:** Die Daten von Kredit- und Bankkarten sind angemessen geschützt und Sicherheitsstandards werden an der Kasse eingehalten. Sicherheitskameras funktionieren einwandfrei und ihre Daten können nicht von Unbefugten abgegriffen werden.
- ✔ **Online-Händler:** Die Server, mit denen nicht vertrauenswürdige Außenstehende laufend interagieren, sind angemessen geschützt.
- ✔ **Anbieter von Shared Services:** Mehrere Datenzentren mit einer großen Anzahl von Servern mit wiederum vielen virtuellen Servern verschiedener Unternehmen müssen gegen Angriffe verteidigt werden.
- ✔ **Staat:** Daten werden klassifiziert und jede Kategorie unterliegt bestimmten Gesetzen, Regelungen, Verfahren und Technologien.

Eine Definition von Cybersicherheit lässt sich zwar schnell aus dem Hut zaubern, doch die Erwartungen der Menschen unterscheiden sich stark, wenn sie diesen Begriff hören – abhängig davon, in welcher Situation sie sich befinden.

Technisch gesehen ist Cybersicherheit ein Teil der Informationssicherheit. Die Cybersicherheit beschäftigt sich mit Informationen und Informationssystemen, die Daten in elektronischer Form speichern und verarbeiten. *Informationssicherheit* hingegen ist die Sicherheit aller Daten, egal in welcher Form sie auftreten. Auch die Sicherung eines Aktenordners oder eines Aktenschranks gehört beispielsweise zur Informationssicherheit.

Allerdings werden diese Begriffe im täglichen Sprachgebrauch oft durcheinandergeworfen und Dinge, die eigentlich zur Informationssicherheit gehören, werden als Cybersicherheit bezeichnet. Diese begrifflichen Unschärfen kommen auch daher, weil die zwei Begriffe in vielen Situationen ineinandergreifen.

Nehmen wir einmal an, Sie schreiben ein Passwort auf einen Zettel und lassen diesen Zettel auf Ihrem Schreibtisch liegen, wo er für andere leicht zu finden ist (besser nicht), statt ihn in ein Schließfach oder einen Tresor zu legen (besser!). Wenn Sie den Zettel einfach so haben herumliegen lassen, haben Sie gegen die Grundsätze der Informationssicherheit verstoßen und nicht gegen die der Cybersicherheit.

Aber: Ihr unüberlegtes Handeln kann letztlich auch ernsthafte Auswirkungen auf die Cybersicherheit haben. Und sowieso wird die Abgrenzung zwischen Cybersicherheit und Informationssicherheit immer schwieriger, je mehr analoge Dokumente in digitale Dokumente überführt werden, zum Beispiel: wenn Sie den oben genannten Zettel mit dem Passwort nicht auf physischem Papier schreiben, sondern in Ihrer Notiz-App auf dem Smartphone.

Entwicklung von Cybersicherheit

Der Zweck von Cybersicherheit kann durchaus im Laufe der Zeit mehr oder weniger derselbe bleiben. Für die Gesetze, Verfahren und Technologien, die wir auf dem Gebiet einsetzen, gilt das allerdings nicht. Sie ändern sich mit der Zeit auf dramatische Weise. Viele der Technologien, die wir beispielsweise 1980 verwendet haben, um digitale Daten von Verbrauchern angemessen zu schützen, sind heute völlig nutzlos. Entweder weil ihr Einsatz unpraktisch wäre oder weil sie aufgrund des technologischen Fortschritts veraltet oder wirkungslos geworden sind.

Es gibt verschiedene Bereiche, die große Auswirkungen auf die Cybersicherheit gehabt haben. Die wichtigsten der letzten Jahrzehnte waren der technologische Wandel und die Weiterentwicklung von Geschäftsmodellen und Outsourcing, also die Auslagerung von Produktion und Dienstleistungen.

Technologischer Wandel

Der technologische Wandel hat enorme Auswirkungen auf die Cybersicherheit. Neue Entwicklungen bringen nicht nur neue Funktionen und neuen Komfort mit, sondern immer auch neue Risiken. Mit fortschreitender technologischer Entwicklung nehmen auch die Bedrohungen für die Cybersicherheit zu. Die Anzahl der neuen Gefahren, die in den letzten Jahrzehnten aufgrund neuer Entwicklungen entstanden sind, ist erstaunlich. In den folgenden Abschnitten beschreibe ich die Bereiche, die einen unverhältnismäßig großen Einfluss auf Cybersicherheit hatten.

Digitale Daten

In den letzten Jahrzehnten haben wir ganz erhebliche technologische Veränderungen erlebt: bei den Technologien selbst, bei denjenigen, die sie einsetzen, sowie bei der Art, wie sie verwendet werden und zu welchem Zweck. All diese Faktoren wirken sich auf Cybersicherheit aus.

Als viele der heute lebenden Menschen im Kindesalter waren, sah die Zugangskontrolle zu Daten in einer geschäftlichen Umgebung anders aus als heute. Wenn Sie damals Daten sichern wollten, legten Sie einen Ordner aus Papier in einen abschließbaren Aktenschrank und gaben den Schlüssel zu diesem Schrank nur den Mitarbeitern, die zum Zugriff berechtigt waren. Und das auch nur während der Geschäftszeiten. Für das extra Quäntchen an Sicherheit stand dieser Aktenschrank in einem Büro, das nach Feierabend abgeschlossen wurde, und das Büro wiederum befand sich in einem abschließbaren Gebäude, das durch eine Alarmanlage geschützt war.

Heute sieht das anders aus: Mit der digitalen Speicherung von Daten wurden diese einfachen Ablage- und Schutzmechanismen durch komplexe Technologien ersetzt, bei denen Nutzer, die von jedem Ort auf der Welt und zu jeder Zeit an die Daten herankommen wollen, automatisch authentifiziert werden. Dabei wird nicht nur festgestellt, ob der Nutzer berechtigt ist, auf bestimmte Daten zuzugreifen (woraufhin die richtigen Daten dann sicher bereitgestellt werden), sondern gleichzeitig werden alle möglichen Angriffe verhindert: auf das System, das die Datenabfrage verarbeitet, auf die Daten, die gerade übertragen werden, und auf die Sicherheitsmechanismen, die beides schützen sollen.

Dazu kommt, dass wir immer weniger Briefe, sondern immer mehr E-Mails und Chat-Nachrichten schreiben. Das hat dazu geführt, dass enorme Mengen an sensiblen Informationen über Server übertragen werden, die mit dem Internet verbunden sind. Auch der Bereich der Fotografie ist nicht unberührt geblieben. Die Entwicklung von klassischem Film zur digitalen Fotografie und Videografie hat die Anforderungen an die Cybersicherheit weiter wachsen lassen. Heute wird fast jedes aufgenommene Foto oder Video elektronisch und nicht auf Filmen und Negativen gespeichert. Das führt dazu, dass Kriminelle auf der ganzen Welt Bilder stehlen und unerlaubt verbreiten oder sie sogar damit erpressen. Da Filme und Fernsehserien heute elektronisch gespeichert und übertragen werden, werden sie zuhauf unerlaubt kopiert und der breiten Masse angeboten – manchmal mit einem Virus oder anderer Schadsoftware als Sahnehäubchen oben drauf.

Das Internet und Kryptowährungen

Das Internet war die technologische Entwicklung mit den mit Abstand größten Auswirkungen auf die Cybersicherheit. Vor wenigen Jahrzehnten noch war es unvorstellbar, dass es Hackern weltweit gelingt, Geschäftsprozesse zu stören, Wahlen zu manipulieren oder eine Milliarde Euro zu stehlen. Heute kann das keiner mehr ausschließen. Vor dem Internet-Zeitalter war es für einen durchschnittlichen Hacker extrem schwer, Geld mit der Hackerei zu verdienen.

Die Einführung des Onlinebankings und des Internet-Handels in den 1990er Jahren war der Wendepunkt: Hacker konnten jetzt direkt Geld oder Waren und Dienstleistungen erbeuten. Die Anreize für eine Karriere als Cyberkrimineller wurden größer. Und sie werden immer noch größer, je mehr das Volumen des Online-Handels ansteigt. Das hängt auch mit unseren Smartphones zusammen: Leute bestellen Sachen im Internet nicht nur von ihrem Computer zu Hause aus, sondern auch, wenn sie fünf Minuten an der Straßenbahnhaltestelle warten müssen oder in einer langweiligen Besprechung sitzen.

Noch einmal verstärkt wurden diese Anreize durch die Einführung und Verbreitung von Kryptowährungen im Laufe des letzten zehn Jahre. Herkömmliche Gauner hatten stets das Problem, dass sie das erbeutete Geld letztlich von einem Bankkonto abheben mussten, wodurch sie Spuren hinterließen. Kryptowährungen sind eine charmante Lösung für dieses Problem.

Mobiles Arbeiten und Fernzugriff

Vor dem Internetzeitalter (und das ist noch gar nicht so lange her) war es für Hacker unmöglich, aus der Ferne auf Firmensysteme zuzugreifen, da diese Netzwerke nicht mit öffentlichen Netzwerken verbunden waren. Ein Fernzugriff war einfach nicht vorgesehen. Der Manager rief damals von unterwegs im Büro an und ließ sich auf diese Weise Nachrichten übermitteln. Als diese Systeme an das Internet angeschlossen wurden, brachte das zwar einige Risiken mit sich, doch anfangs hielten Firewalls Außenstehende noch effektiv davon ab, auf Unternehmensnetzwerke zuzugreifen. Da es noch keine fehlerhaften Firewall-Konfigurationen oder Bugs gab, waren die meisten internen Systeme mehr oder weniger isoliert. Mit dem Beginn des E-Commerce und des Onlinebankings mussten bestimmte Systeme dann natürlich für die Außenwelt erreichbar sein, doch Mitarbeiternetzwerke beispielsweise blieben in aller Regel weiterhin isoliert.

Mit den ersten Technologien für Fernzugriff, wie zum Beispiel Outlook Web Access oder pcAnywhere, die sich später zu vollständigen VPN und VPN-ähnlichen Zugriffstechnologien entwickelten, änderten sich die Spielregeln allerdings grundlegend.

Smarte Geräte

Ähnliches konnten wir im Zuge der atemberaubend schnellen Verbreitung von smarten Geräten und dem *Internet der Dinge* (Sie wissen schon: Kühlschränke und Kaffeemaschinen, die mit dem Internet verbunden sind) beobachten. Dabei werden unangreifbare, abgeschottete Geräte immer häufiger durch Geräte ersetzt, die Hacker auf der anderen Seite der Welt leicht kontrollieren können. Hinzu kommt der Trend, dass auch Privatleute ihre Häuser und Wohnungen und Gärten mit Kameras und anderen Geräten überwachen lassen – und diese Daten über das Netz an Smartphones übertragen werden.

Über die gigantischen Risiken, denen diese vielen smarten Geräte ausgesetzt sind, erfahren Sie mehr in Kapitel 10.

Big Data

Big Data, das heißt große Datenaufkommen, erleichtern die Entwicklung vieler Cybersicherheitstechnologien. Gleichzeitig locken sie aber auch Angreifer an. Wenn große Datenmengen über Menschen in einem Unternehmen miteinander in Verbindung gesetzt werden, können Kriminelle leichter als je zuvor den perfekten Weg entwickeln, sich in das Unternehmen einzuschleusen und mögliche Schwachstellen in der Firmeninfrastruktur zu entdecken und auszunutzen. Unternehmen sind daher gezwungen, verschiedene Kontrollmechanismen einzuführen, um Vorfälle zu verhindern. Bücher über Bücher wurden über die Auswirkungen des technologischen Fortschritts geschrieben. Für Sie ist wichtig, Folgendes zu verstehen: Der technologische Fortschritt hatte einen erheblichen Einfluss auf Cybersicherheit. Er macht es schwieriger, Sicherheit zu gewährleisten, und wer es versäumt, seine Daten richtig zu schützen, hat viel zu verlieren.

Die Pandemie und ihre Nachwirkungen

Für viele von uns ist die COVID-19-Pandemie eine Zeit, an die wir nicht gerne zurückdenken. Sie war nicht nur eine riesige Herausforderung für die Menschheit, sondern stellte zugleich einen Wendepunkt in der Geschichte der Cybersicherheit dar. Indem sie die Menschen dazu zwang, zu Hause zu bleiben – in Häusern und Wohnungen, die in einem beispiellosen Maß voneinander isoliert waren –, veränderte das neue Coronavirus die Art und Weise, wie Menschen in der westlichen Welt arbeiten, und zwar vermutlich dauerhaft. Dies hatte auch nachhaltige Auswirkungen auf die Cybersicherheit.

Mehr zu diesem Thema finden Sie in Kapitel 6.

Kurzfristig verursachte die Pandemie alle möglichen Cybersicherheitsprobleme. Organisationen, die keine Infrastruktur für Homeoffice (mobiles Arbeiten, Heimarbeit) besaßen, oder diese nur für einen begrenzten Teil ihrer Mitarbeitenden eingerichtet hatten, sahen sich plötzlich gezwungen, Heimarbeit zu ermöglichen, oft ohne die Möglichkeit, Benutzer, Richtlinien, Verfahren und Technologien im Voraus vorzubereiten. Viele dieser Unternehmen konnten Laptops oder Sicherheitsgeräte nicht schnell genug bereitstellen, um Arbeitsunterbrechungen zu verhindern, und waren daher darauf angewiesen, dass Mitarbeiter ihre privaten Geräte für berufliche Zwecke nutzten – ohne zusätzliche Sicherheitsebenen.

Ebenso boten nur wenige Organisationen ihren Mitarbeitenden separate Internetverbindungen oder eigene Router für ihre Heimarbeitsplätze an, sodass Remote-Arbeiter fast immer physische und logische Netzwerke mit ihren privaten Geräten teilten – und möglicherweise auch mit ihren Kindern, die spielten oder am Online-Unterricht teilnahmen.

Zu den durch COVID-19 verursachten Cybersicherheitsproblemen kam hinzu, dass zwar viele Arbeitgeber eine Form von Endpunktsicherheitssoftware bereitstellten, viele andere dies aber nicht taten – und selbst diejenigen, die es taten, berücksichtigten selten hardwarebasierte Risiken. So wissen viele Arbeitgeber bis heute beispielsweise nicht, welche Router-Modelle ihre Mitarbeitenden für den Fernzugriff verwenden, oder wann diese Geräte zuletzt aktualisiert wurden.

Ein weiteres großes Cybersicherheitsproblem, das durch die Pandemie entstand, war die Verlagerung der Kommunikation von Besprechungsräumen auf virtuelle Meetings. Dadurch öffneten sich neue Möglichkeiten für Hacker, Kommunikation zu stören oder vertrauliche Informationen zu stehlen.

Natürlich führte auch die Tatsache, dass Menschen, die normalerweise am selben Ort zusammenarbeiten würden, plötzlich nicht mehr persönlich miteinander kommunizieren konnten, zu einer Zunahme von Social-Engineering-Angriffen. So kann ein Mitarbeiter im Finanzwesen einer Firma, der eine E-Mail vom »Chef« erhält, in der eine Zahlung an ein bestimmtes Konto angeordnet wird, nicht mehr einfach ein paar Schritte gehen, um persönlich zu überprüfen, ob die Nachricht tatsächlich vom Chef stammt. In Kombination mit den durch künstliche Intelligenz ermöglichten Deepfake-Fähigkeiten hat diese gesellschaftliche Veränderung für manche Organisationen zu einem wahren Albtraum geführt.

Darüber hinaus leiden Menschen, die in Haushalten mit Kindern arbeiten – sei es im Homeschooling, in Quarantäne oder einfach zu Hause lebend – oft unter weit häufigeren Unterbrechungen als im Büro. Unterbrechungen führen häufig zu Fehlern und Fehler führen oft zu Cybersicherheitsproblemen.

Auf makroökonomischer Ebene bedeutete der plötzliche Übergang zur Heimarbeit, dass viele Cybersicherheitsexperten zunehmend überlastet sind – ein Problem, das sich dadurch verschärfte, dass Organisationen Ressourcen umverteilen mussten, indem sie Mitarbeiter und finanzielle Mittel von Sicherheitsprojekten auf die Aufrechterhaltung des Geschäftsbetriebs verlagerten.

Und natürlich bot die häusliche Isolation auch Hackern mehr Zeit, ihre Fähigkeiten zu verfeinern, was möglicherweise zu dem deutlichen Anstieg an *Zero-Day*-Angriffen und anderen neuen Formen von Cyberattacken beitrug, die in der Pandemie beobachtet wurden.

Gesellschaftlicher Wandel

Die Veränderungen im menschlichen Verhalten und Interaktion hatten ebenfalls große Auswirkungen auf die Cybersicherheit. Das Internet ermöglicht es Menschen auf der ganzen Welt, in Echtzeit miteinander zu interagieren. Selbstverständlich haben Kriminelle durch diese Echtzeit-Interaktion auch die Möglichkeit, auf der ganzen Welt und zu jeder Zeit Verbrechen zu begehen, ohne dabei überhaupt vor Ort sein zu müssen. Andererseits ermöglicht das Internet Menschen, die in repressiven Regimen leben, mit Menschen in der freien Welt zu kommunizieren. Sie haben damit die Chance, Propaganda zu überwinden und sich eine Lebensqualität zu schaffen, wie es sie in demokratischen Ländern gibt. Gleichzeitig haben Cyberkrieger gegnerischer Staaten Möglichkeiten entwickelt, über exakt dasselbe Netzwerk Angriffe gegeneinander zu starten.

Der Wandel verschiedener Informationsmanagementsysteme – von Papier zu Computer, von isoliert zu internetverbunden und von ortsgebunden zu mobil – hat die Situation dramatisch verändert. Schauen Sie sich nur einmal an, welche Informationen Hacker heute stehlen können. In vielen Fällen wurde dieser Wandel aus Sicherheitsgründen zunächst gar nicht vollzogen, doch da die Menschen mittlerweile erwarten, dass alle Daten jederzeit und überall für sie verfügbar sind, kam er schließlich doch – und hat damit auch weitere Felder für Kriminalität eröffnet. Unternehmen, die in der Vergangenheit so klug waren, sensible Informationen zu schützen, indem sie sie offline aufbewahrten, können sich diesen Luxus heute nicht mehr leisten, wenn sie weiterhin im Geschäft bleiben möchten – zur Freude der Hacker.

Mit den sozialen Medien hat sich ebenfalls die Welt der Information gewandelt. Die Menschen sind daran gewöhnt, viel mehr als je zuvor über sich persönlich preiszugeben – oft auch einem viel größeren Publikum. Aufgrund dieser Verhaltensänderungen ist es heute für Kriminelle kinderleicht, Listen mit den Freunden, Arbeitskollegen und Verwandten einer Zielperson zusammenzustellen und die Kommunikationsmechanismen mit all diesen Menschen zu identifizieren. Es ist auch so einfach wie nie zuvor, herauszufinden, welche Technologien ein bestimmtes Unternehmen einsetzt und zu welchem Zweck, wohin Menschen wann reisen und welche Meinung sie zu bestimmten Themen vertreten oder welchen Musik- oder Filmgeschmack sie haben. Der Trend zur sorglosen Freigabe von Informationen geht weiter. Die meisten sind sich nicht darüber im Klaren, wie viele Informationen über sie in Computern mit Verbindung zum Internet weiterleben und wie viele andere Informationen über sie aus all diesen Daten abgeleitet werden können.

Alle diese Veränderungen zeigen sich in einer erschreckenden Realität: Aufgrund des gesellschaftlichen Wandels kann ein Krimineller von heute viel leichter eine ausgefeilte Social-Engineering-Attacke durchführen, als es noch vor zehn Jahren möglich gewesen wäre.

Wandel von Geschäftsmodellen

Fast die gesamte Welt ist heute miteinander verbunden. Das Internet hat Entwicklungen ermöglicht, die gigantische Konsequenzen für die Cybersicherheit hatten. Geschäftsmodelle, die einst undenkbar waren, bilden die Grundlage vieler Unternehmen. Heute ist es nicht ungewöhnlich, dass eine amerikanische Firma ein Callcenter in Indien betreibt und die Software auf den Philippinen entwickelt wird. Dieser Wandel hat allerdings zu Cybersicherheitsbedrohungen aller Art geführt.

In den letzten 20 Jahren konnten wir einen enormen Anstieg bei der Auslagerung von Dienstleistungen an Länder beobachten, in denen diese zu sehr viel geringeren Kosten angeboten werden. Vor nicht allzu langer Zeit wäre es pure Science-Fiction gewesen, dass ein Unternehmen in Deutschland oder den USA ausschließlich Software-Programmierer in Indien oder auf den Philippinen beschäftigt. Oder dass ein Berliner Start-up die Erstellung eines Logos in Auftrag gibt, jemandem auf der anderen Seite des Erdballs dafür 5,50 Euro bezahlt und die Lieferung am nächsten Morgen zum Frühstück im E-Mail-Postfach vorfindet. Heute ist das absolut vorstellbar.

Natürlich haben auch diese Geschäftsmodelle Auswirkungen auf Fragen der Cybersicherheit. Wenn Daten übertragen werden, müssen sie vor Zerstörung, Manipulation und Diebstahl geschützt werden. Außerdem muss gewährleistet werden, dass dem Code nicht absichtlich oder unabsichtlich Hintertüren hinzugefügt werden. Stärkerer Schutz ist erforderlich, um Diebstahl von geistigem Eigentum und andere Formen der Industrie- und Wirtschaftsspionage zu verhindern. Hacker müssen nicht mehr zwangsläufig die Unternehmen selbst knacken, sie müssen einfach nur einen oder mehrere ihrer Diensteanbieter entern, die womöglich einen deutlich lascheren Umgang mit Informationssicherheit pflegen als das eigentliche Ziel.

Politischer Wandel

Auch politische Veränderungen haben sich erheblich auf Cybersicherheit ausgewirkt. Einige dieser Auswirkungen scheinen ständig in den Schlagzeilen zu sein. Die Kombination aus Regierungsmacht und leistungsfähiger Technologie hat sich schon oft als negativ für die Bürger herausgestellt. Wenn sich der aktuelle Trend fortsetzt, wird sich der Einfluss verschiedener politischer Veränderungen auf die Cybersicherheit in der absehbaren Zukunft weiter verstärken.

Datensammlung

Die Verbreitung von Informationen im Internet und die Fähigkeit, Computer auf der ganzen Welt anzugreifen, bedeutet, dass Staaten ihre eigenen Bürger und die anderer Länder in einem Ausmaß ausspähen können, das zuvor undenkbar war. Da immer mehr geschäftliche, persönliche und gesellschaftliche Aktivitäten digitale Fußabdrücke hinterlassen, haben Staaten und Regierungen heute leichten Zugriff auf eine viel größere Menge an Informationen über ihre potenziellen Spähziele, als sie noch vor wenigen Jahren mit viel höherem Kostenaufwand hätten erwerben können. Einhergehend mit den relativ geringen Kosten für die digitale Speicherung, fortschrittlichen Big-Data-Technologien und der zu erwartenden Machtlosigkeit vieler aktueller Verschlüsselungstechnologien haben Staaten heute einen starken Anreiz, so viele Daten wie möglich über so viele Menschen wie möglich zu sammeln und zu speichern. Diese könnten ja später irgendwann einmal nützlich werden. Es besteht kaum Zweifel daran, dass einige Staaten genau so handeln.

Die langfristigen Konsequenzen dieses Phänomens sind zum aktuellen Zeitpunkt natürlich noch unbekannt, aber eines ist klar: Wenn Unternehmen Daten nicht angemessen schützen, werden sich wenig freundlich gesinnte Staaten diese unter den Nagel reißen und sie bis zu ihrem Einsatz – jetzt oder später, oder beides – auf Halde legen.

Wahlbeeinflussung

Vor einigen Jahrzenten noch war die Einflussnahme eines Staats auf die Wahlen eines anderen keine banale Angelegenheit. Selbstverständlich gab es auch früher schon Einmischungen – die gibt es, seit es Wahlen gibt –, doch waren derartige Kampagnen teuer, ressourcenaufwendig und riskant.

Um Falschinformationen und andere Propaganda zu verbreiten, mussten Materialien gedruckt und unter die Leute gebracht oder aufgenommen und über das Radio übertragen werden. Einzelne Kampagnen erreichten daher nur eine kleine Zielgruppe. Die Wirkung dieser Anstrengungen waren recht gering und das Risiko, entdeckt zu werden, war für den Initiator der Kampagne vergleichsweise hoch.

Heute haben sich die Spielregeln in weiten Teilen geändert. Für einen Staat ist es eine leichte Übung, Falschinformationen über die sozialen Medien zu verbreiten – und das Ganze kostet auch kaum noch etwas. Wenn es sich um eine wohlüberlegte Kampagne handelt, ist davon auszugehen, dass die Bevölkerung den Rest erledigt und die Falschinformationen weiterverbreitet. In Zeiten von Radioaufzeichnungen und Flugblättern war das ein Ding der Unmöglichkeit. Die Tatsache, dass immer mehr Menschen zu immer niedrigeren Kosten erreicht werden können, bedeutet auch, dass sich immer mehr Akteure wirkungsvoller in politische Wahlkämpfe einmischen können als zuvor. Andererseits können Staaten Falschinformationen über gegnerische Nationen verbreiten, um damit Unzufriedenheit bei deren Bürgern auszulösen und um Feindseligkeiten zwischen ethnischen und religiösen Gruppen in anderen Ländern zu befeuern.

Gerade in den USA ist Wahlbeeinflussung ein großes Thema, denn durch elektronisch gespeicherte Wählerregistrierungsdatenbanken, Wahlmaschinen und elektronische Stimmenauszählungen erscheint Hacking vielen immerhin machbar. Auch wenn es in der Realität vielleicht unmöglich ist, verlieren immer mehr Amerikaner heute den Glauben an Wahlen – ein Phänomen, das sich in den letzten Jahren verstärkt und auf allen Ebenen der Gesellschaft eingenistet hat. So hält sich in manchen Kreisen weiterhin hartnäckig das Gerücht, dass Donald Trump die Präsidentschaftswahl im Jahr 2016 eigentlich verloren hat, auch wenn es dafür – selbst nach gründlichen Untersuchungen der US-Ermittlungsbehörden – keinen Beweis gibt.

Sollte es also je dazu kommen, dass Wahlen online im Internet abgehalten werden, gäbe es wohl einen gigantischen Anstieg potenzieller Wahlmanipulationen durch ausländische Staaten, Kriminelle und sogar politische Rivalen. Jegliche Nachvollziehbarkeit und Nachprüfbarkeit der abgegebenen Wählerstimmen wäre dahin.

Hacktivismus und mehr Freiheiten

Darüber hinaus hat die Ausbreitung der Demokratie seit dem Zusammenbruch der Sowjetunion vor dreißig Jahren, kombiniert mit der internetbasierten Interaktion von Menschen auf der ganzen Welt, das Zeitalter des *Hacktivismus'* eingeleitet. Die Menschen wissen heute immer besser darüber Bescheid, was an anderen Orten der Welt vor sich geht. Hacker, die wütend über Politik oder Maßnahmen einer Regierung sind, können sie aus weiter Ferne ins Visier nehmen. Oft sind auch die Bürger des Landes ein Ziel.

Gleichzeitig können unterdrückte Menschen heute immer mehr über die Lebensweise von Menschen in freieren und wohlhabenderen Ländern erfahren. In einigen Staaten hat das erfreulicherweise dazu geführt, dass Menschen mehr Freiheiten gewährt werden, andere wiederum fühlten sich dazu genötigt, die Bevölkerung noch weiter in der Nutzung verschiedener Online-Dienste zu beschränken.

Sanktionen

Eine politische Dimension von Cybersicherheit sind internationale Sanktionen. Staaten, gegen die Sanktionen verhängt werden, nutzen die Möglichkeiten, die ihnen die Cyberkriminalität bietet, um diesen Sanktionen zu entgehen. Zum Beispiel wird gemeinhin angenommen, dass Nordkorea weltweit Computer mit einer Schadsoftware infizierte, die eine Kryptowährung für den totalitären Staat schürfte. Auf diese Weise entstanden dem Land keine finanziellen Einbußen durch die Sanktionen und es verdiente gleichzeitig noch Geld. Damit will ich Ihnen verdeutlichen, dass ein nicht ausreichend geschützter privater Computer direkte Auswirkungen auf internationale Politik haben kann.

Neue Machtverhältnisse

Während die militärische Macht bestimmter Nationen schon lange größer ist als die ihrer Gegner – sowohl die Qualität als auch die Quantität der Waffen variiert stark von Staat zu Staat –, sind die Machtverhältnisse in Sachen Cybersicherheit völlig andere. Zwar gibt es auch hier Unterschiede in der Qualität der verfügbaren Cyberwaffen, doch da Cyberattacken wenig kosten, hat im Grunde jedes Militär einen unbegrenzten Zugang zu allen möglichen Cyberwaffen. Meist kosten Millionen von Cyberangriffen nicht viel mehr als ein einziger.

Anders als in der realen Welt, in der ein Bombenangriff auf Zivilisten einen harten Vergeltungsschlag nach sich ziehen kann, hacken sich Schurkenstaaten in andere Länder, ohne fürchten zu müssen, dass sie je dafür zur Rechenschaft gezogen werden. Die Opfer wissen häufig gar nicht, dass sie angegriffen wurden, oder melden diese Vorfälle selten den Ermittlungsbehörden. Und wenn Angriffe gemeldet werden, lässt sich der Schuldige häufig nicht ermitteln.

Selbst wenn ein Opfer den Hack bemerkt und selbst wenn Technikexperten den Angreifer ausmachen können, streiten die verantwortlichen Nationen dies meist ab, wodurch öffentliche Gegenschläge wirksam verhindert werden. Da sich die Verantwortlichen von Cyberattacken schwer ermitteln und sich die Vorwürfe leicht abstreiten lassen, nutzen einige Staaten Cyberangriffe gerne für Präventivschläge. Sie richten Verwüstung an, müssen aber keine Vergeltung fürchten. Die Welt der Cybersicherheit hat ein erhebliches Ungleichgewicht geschaffen zwischen denen, die angreifen, und denen, die sich verteidigen.

Staaten, die sich reale Militärschläge niemals leisten könnten, steht die Welt der Cyberattacken offen. Angriffe sind dort zum Spottpreis zu haben. Die Angreifer probieren es einfach so lange, bis sie mit ihren Attacken Erfolg haben. Für einen Erfolg muss ein System nur ein einziges Mal geknackt werden. Für die Verteidigung stellt dies ein enormes Problem dar, denn sie müssen sich gegen einen einzigen Angriff schützen. Aufgrund dieser verschobenen

Machtverhältnisse gelingt es weniger mächtigen Staaten mittlerweile mit Leichtigkeit, die Systeme von Supermächten zu beeinträchtigen.

Dieses Ungleichgewicht ist übrigens auch einer der Gründe, warum Cybersicherheitsvorfälle gefühlt so oft vorkommen: Viele Hacker greifen schlichtweg so lange an, bis sie Erfolg haben. Wenn ein Unternehmen erfolgreich 10 Millionen Angriffe abwehrt, doch Angriff Nummer 10.000.001 nicht verhindern kann, kann dies ein erheblicher Vorfall sein und – Schwupps! – das Unternehmen landet in den Schlagzeilen. Sie erfahren höchstwahrscheinlich nichts davon, dass 99,999999 Prozent aller Angriffe abgewehrt wurden. Gleiches geschieht einem Unternehmen, das 99,999 Prozent aller Sicherheitspatches installiert und nur eine einzige Schwachstelle übersehen hat. Diese wird dann aber höchstwahrscheinlich sehr schnell ausgenutzt. Die Medien werden sich darauf stürzen, dabei aber vermutlich nicht berichten, dass das Unternehmen seine Systeme bis dahin fast perfekt geschützt hatte. Knapp daneben ist eben oft leider auch vorbei!

Das Cyber-Zeitalter hat auch die Machtverhältnisse zwischen Kriminellen und Strafverfolgungsbehörden verändert. Die Schurken wissen, dass die Risiken der Entdeckung und erfolgreichen Verurteilung für ein Cyberverbrechen erheblich geringer sind als bei herkömmlichen Verbrechen. Wiederholte fehlgeschlagene Versuche bei der Verbrechensbegehung sind für Cyberkriminelle auch kein Garant dafür, verhaftet zu werden, wie es sonst der Fall ist. Die Kriminellen sind sich auch darüber im Klaren, dass den Strafverfolgungsbehörden die Ressourcen fehlen, um den Großteil der Cyberverbrechen zu verfolgen. Es sind deutlich mehr Mittel und Personal erforderlich, um eine Person aufzuspüren, zu verhaften und erfolgreich anzuklagen, wenn diese von der anderen Seite der Welt aus Daten stiehlt und dabei ein Netzwerk von Computern Unbescholtener hackt. Der Dieb im Supermarkt um die Ecke, der direkt in die Überwachungskamera blickt, ist deutlich leichter zu fassen.

Da die Kosten für wiederholte Angriffe so gering sind, ist die Wahrscheinlichkeit groß, dass die Angreifer irgendwann damit erfolgreich sind. Die Wahrscheinlichkeit, geschnappt und bestraft zu werden, ist hingegen minimal. Außerdem steigt der mögliche Verdienst mit wachsender Digitalisierung. Kriminelle wissen, dass sich Straftaten im Cyberraum auszahlen, weshalb es auch so wichtig ist, dass Sie sich davor schützen.

Risiken mit Cybersicherheit minimieren

Häufig wird die Bedeutung von Cybersicherheit damit erklärt, dass sie »Hacker davon abhält, in Systeme einzubrechen und Daten und Geld zu stehlen.« Diese Beschreibung geht nicht weit genug und redet die Rolle von Cybersicherheit im modernen Heim und in der Unternehmenswelt viel zu klein. Die Bedeutung und die Ziele von Cybersicherheit sind je nach Blickwinkel unterschiedlich. Die folgenden Listen erheben keinen Anspruch auf Vollständigkeit, doch regen sie zum Denken an und zeigen, wie wichtig Cybersicherheit für Sie selbst und Ihre Familie ist.

Die Ziele von Cybersicherheit: Die CIA-Triade

Cybersicherheitsexperten erläutern die Ziele von Cybersicherheit gerne anhand der CIA-Triade. (Und bevor Sie auf falsche Gedanken kommen: Nein, der US-Geheimdienst hat nichts damit zu tun.) Die Buchstaben CIA stehen für die *Confidentiality* (Vertraulichkeit), *Integrity* (Integrität) und *Availability* (Verfügbarkeit) von Daten:

- **Vertraulichkeit:** Informationen werden nicht offengelegt oder auf irgendeine andere Art und Weise Personen, Unternehmen oder Computerprozessen ohne Berechtigung zugänglich gemacht.

  Verwechseln Sie nicht Vertraulichkeit mit Schutz der Privatsphäre: Die Vertraulichkeit von Daten ist ein Bestandteil des Schutzes der Privatsphäre. Bei Vertraulichkeit geht es insbesondere darum, dass Daten vor dem Zugriff Unbefugter geschützt werden, während es beim Schutz der Privatsphäre um viel mehr geht. Hacker, die Daten stehlen, untergraben die Vertraulichkeit.

- **Integrität:** Die Daten sind sowohl richtig als auch vollständig. *Richtig* meint hier zum Beispiel, dass die Daten nicht von einer unberechtigten Partei oder durch einen technischen Fehler verändert wurden. *Vollständig* bedeutet, dass keine Datenbestandteile durch Unberechtigte oder durch technische Fehler entfernt wurden. Zur Integrität gehört auch die Nachweisbarkeit, das heißt, die Daten müssen so erstellt und verarbeitet werden, dass niemand den Vorwurf erheben kann, sie seien falsch oder unvollständig. Cyberangriffe, bei denen Daten abgefangen und vor der Weiterleitung an ihr Ziel manipuliert werden – bekannt als *Man-in-the-Middle-Angriffe* –, beeinträchtigen die Integrität.

- **Verfügbarkeit:** Systeme zur Speicherung und Verarbeitung von Informationen, die Kommunikationsmechanismen für den Zugriff auf Informationen und deren Weiterleitung sowie die dazugehörigen Sicherheitskontrollfunktionen laufen einwandfrei und erreichen eine bestimmte Zielmarke, beispielsweise eine Verfügbarkeit von 99,99 Prozent. Wer sich nicht so intensiv mit Cybersicherheit beschäftigt, betrachtet Verfügbarkeit bei Informationssicherheit häufig als zweitrangig im Vergleich zu Vertraulichkeit und Integrität. Das ist jedoch ein Trugschluss. Verfügbarkeit ist ein wesentlicher Bestandteil von Cybersicherheit. Es ist nur nicht immer leicht, sie zu gewährleisten. Ein Grund dafür ist, dass in die Aufrechterhaltung der Verfügbarkeit oft viele Laien auf dem Gebiet der Cybersicherheit einbezogen werden. Hier haben wir dann das Problem, dass viele Köche eben den Brei verderben, insbesondere in größeren Unternehmen. *Distributed-Denial-of-Service-Angriffe* beeinträchtigen die Verfügbarkeit (siehe Kapitel 2). Bedenken Sie dabei auch, dass für DDoS-Angriffe große Mengen an gestohlener Rechenkraft und Bandbreite genutzt werden, doch die für die Verfügbarkeit Verantwortlichen oft nur begrenzte Ressourcen zur Verfügung haben.

Risiken für den Menschen

Die Bedrohungen, denen wir im Cyberraum begegnen, haben in ganz unterschiedlichen Bereichen unseres Lebens Auswirkungen auf uns:

- **Privatsphäre:** Wenn Sie die Kontrolle über Ihre persönlichen oder anderen vertraulichen Daten verlieren oder diese missbraucht werden, entstehen daraus Risiken für Sie.

- **Finanziell:** Durch Hacking können Sie finanziellen Schaden erleiden. Finanzielle Verluste können unmittelbar erfolgen, beispielsweise weil ein Hacker Ihr Onlinebanking geknackt und Ihr Konto leergeräumt hat, oder mittelbar, weil zum Beispiel Kunden eines kleinen Unternehmens diesem nach einem Sicherheitsleck nicht mehr vertrauen.
- **Beruflich:** In erster Linie erleiden natürlich Cybersicherheitsexperten einen Karriereknick, wenn ein Vorfall direkt vor ihrer Nase geschieht, ohne dass sie ihn bemerken. Doch auch die beruflichen Laufbahnen anderer können dadurch beschädigt werden. Leitende Angestellte können entlassen und Vorstandsmitglieder verklagt werden. Es kann Ihrer Karriere schaden, wenn Hacker Ihre private Kommunikation oder Daten veröffentlichen, die Sie in einem schlechten Licht dastehen lassen.
- **Geschäftlich:** Unternehmen und Geschäfte sind denselben Risiken ausgesetzt wie Privatanwender. Als bei Sony Pictures nach einem Sicherheitsleck interne Dokumente veröffentlicht wurden, warfen diese ein schlechtes Licht auf die Firma hinsichtlich ihrer Lohn- und Gehaltspraxis.
- **Persönlich:** Viele speichern private Informationen auf ihren elektronischen Geräten. Da finden sich intime Fotos oder Aufzeichnungen über die Teilnahme an Aktivitäten, die im sozialen Umfeld der Betroffenen nicht unbedingt als angemessen gelten. Diese Daten können bei Verbreitung den zwischenmenschlichen Beziehungen erheblich schaden. Auch können Kriminelle anhand erbeuteter persönlicher Daten ganze Identitäten stehlen, was viele weitere Probleme nach sich ziehen kann.
- **Leben und Gesundheit:** Immer mehr hat die Cybersicherheit auch Auswirkungen auf unsere physische Umgebung: Stromausfälle, Ausfälle von öffentlichen Dienstleistungen und sogar Störungen der Gesundheitsversorgung durch Angriffe auf Krankenhäuser. So wurde im Jahr 2020 ein Fall bekannt, in dem ein Krankenhaus durch Ransomware lahmgelegt wurde und eine Patientin verstarb, die wegen dieses Vorfalls in ein weiter entferntes Krankenhaus transportiert werden musste.

IN DIESEM KAPITEL

Ein Überblick über Angriffsarten und Bedrohungen

Die Feinheiten des Identitätsmissbrauchs verstehen

Verschiedene Arten von Malware, Poisoning und Malvertising kennenlernen

Die Tricks der Cyberangreifer verstehen

Mehr über fortgeschrittene Cyberattacken erfahren

Kapitel 2
Die häufigsten Cyberangriffe

Es existieren viele verschiedene Arten von Cyberangriffen. So viele, dass ich eine ganze Buchreihe damit füllen könnte. In diesem Buch möchte ich allerdings nicht auf alle Bedrohungsarten im Detail eingehen, denn sehen wir den Tatsachen ins Auge: Wenn Sie dieses Buch lesen, möchten Sie etwas darüber erfahren, wie Sie sich selbst sicher im Cyberraum bewegen können. Angriffe, die auf Nachrichtendienste, die Großindustrie oder Militäreinrichtungen gerichtet sind, interessieren Sie bestimmt weniger.

In diesem Kapitel lernen Sie die verschiedenen Angriffsarten kennen, die Cyberkriminelle gerne bei Privatanwendern oder kleinen Unternehmen einsetzen. Selbstverständlich gehe ich auch darauf ein, welche Probleme sie verursachen können.

Angriffe, die Ihnen Schaden zufügen

Bei manchen Cyberangriffen soll dem Opfer Schaden zugefügt werden. Die Bedrohung bei dieser Art von Angriff besteht nicht darin, dass Kriminelle direkt Ihr Geld oder Ihre Daten klauen, sondern darin, dass die Angreifer Ihnen so schaden, dass sie früher oder später einen finanziellen, militärischen, politischen oder sonstigen Vorteil erhalten. Zu diesen Angriffen gehören:

- ✔ Denial-of-Service-Angriffe (DoS)
- ✔ Distributed-Denial-of-Service-Angriffe (DDoS)

- Botnetze und Zombies
- Datenzerstörungsangriffe

Denial-of-Service-Angriffe (DoS)

Bei einem *Denial-of-Service-Angriff* versucht ein Angreifer absichtlich, einen Computer oder ein Computernetzwerk lahmzulegen, indem er ihn beziehungsweise es mit einer großen Anzahl von Anfragen oder Daten überfrachtet. Das führt zu einer Überlastung des Computers oder des Netzwerks. Legitime Anfragen können dann nicht mehr beantwortet werden.

Meist ist jede einzelne Anfrage des Angreifers für sich genommen legitim, zum Beispiel eine ganz normale Refresh-Anfrage an eine Website.

In anderen Fällen sind es allerdings keine üblichen Anfragen. Stattdessen nutzen die Angreifer ihr Wissen über verschiedene Protokolle und senden Anfragen, mit denen sie die Auswirkungen ihres Angriffs optimieren – oder sogar noch verstärken.

Bei einem Denial-of-Service-Angriff wird der Prozessor, die *Central Processing Unit* (CPU), und/oder der Arbeitsspeicher überlastet, die gesamte verfügbare Bandbreite der Netzwerkkommunikation verwendet und/oder die Netzwerkinfrastruktur, wie zum Beispiel die Router, in die Knie gezwungen.

Distributed-Denial-of-Service-Angriffe (DDoS)

Bei einem *Distributed-Denial-of-Service-Angriff* handelt es sich um eine verteilte DoS-Attacke, bei der verschiedene Einzelcomputer oder andere vernetzte Geräte von ganz verschiedenen Standorten aus das Ziel mit Anfragen überhäufen. In den letzten Jahren waren so gut wie alle großen Denial-of-Service-Angriffe in irgendeiner Form *distributed*, das heißt, verteilt. Bei einigen wurden sogar statt klassischer Computer vernetzte Kameras und andere mit dem Internet verbundene Geräte für die Attacken verwendet. Abbildung 2.1 zeigt, wie eine einfache DDoS-Attacke aufgebaut ist.

Das Ziel eines DDoS-Angriffs ist, das Opfer in die Offline-Welt zu katapultieren. Die Gründe dafür sind vielfältig.

Manchmal geht es um Geld: Stellen Sie sich einmal den Schaden vor, der einem Online-Händler entsteht, wenn ein skrupelloser Konkurrent seinen Webshop am Black-Friday-Wochenende in die Knie zwingt. Oder malen Sie sich aus, was einem großen Spielzeughändler passiert, wenn so ein DDoS-Angriff zwei Wochen vor Weihnachten gestartet wird.

DDoS-Angriffe sind weiterhin eine ernst zu nehmende und wachsende Gefahr. Kriminelle Unternehmen bieten DDoS-Attacken im Darknet als Dienstleistung an. Dort wird damit geworben, gegen die Zahlung einer Gebühr die Websites von Mitbewerbern lahmzulegen.

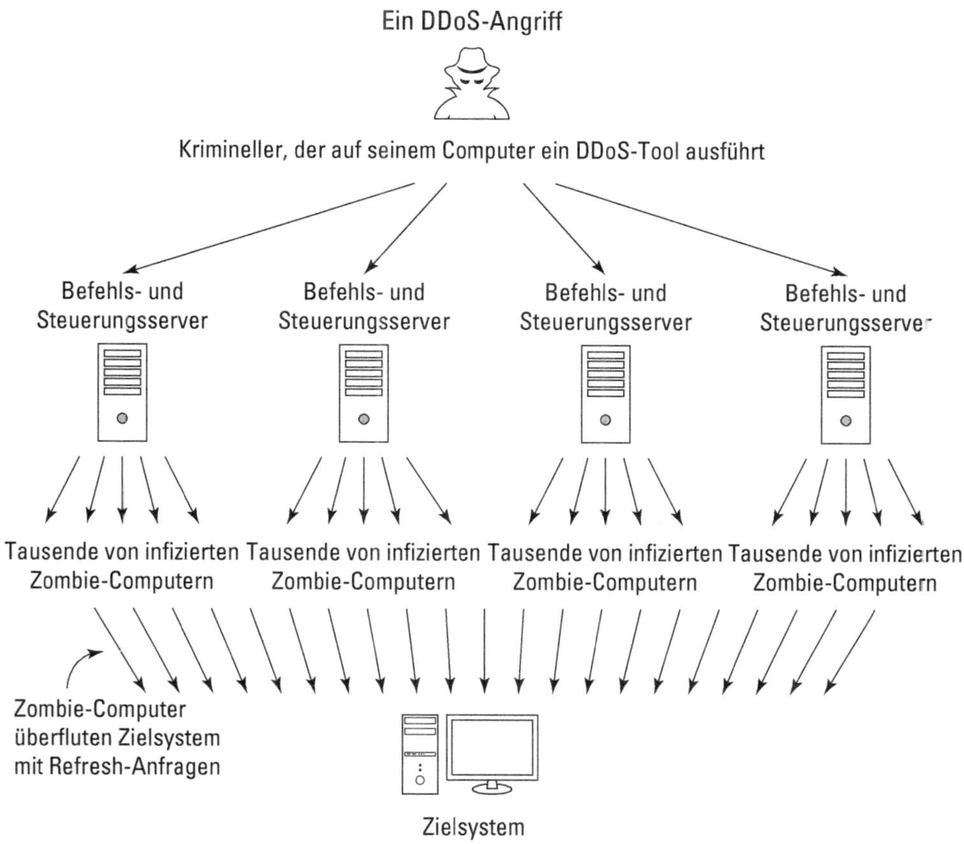

Abbildung 2.1: Der Aufbau eines DDoS-Angriffs

In anderen Fällen sind die Beweggründe der DDoS-Angreifer weniger finanzieller, sondern mehr politischer Natur. Ein korrupter Politiker beispielsweise überlastet die Website seines Konkurrenten während des Wahlkampfs und verringert damit dessen Möglichkeit, Nachrichten zu verbreiten und damit – ganz wichtig – Wählerstimmen zu gewinnen. Hacktivisten wiederum starten womöglich einen DDoS-Angriff, um Aufmerksamkeit für ihre Sache zu gewinnen.

Laut einer 2017 von Kaspersky Lab und B2B International durchgeführten Studie vermutet fast die Hälfte aller Unternehmen weltweit, die Opfer eines DDoS-Angriffs wurden, dass ihre Mitbewerber darin verwickelt waren.

DDoS-Angriffe können aber auch auf einzelne Anwender große Auswirkungen haben:

- ✔ **Ein DDoS-Angriff auf ein lokales Netzwerk kann den gesamten Internetzugang des Netzwerks erheblich verlangsamen.** Manchmal wird die Verbindung durch die Attacken sogar so langsam, dass Seiten aufgrund eines *Session-Timeouts*, also einer Zeitüberschreitung der Sitzung, gar nicht aufgerufen werden können. Das System kappt dabei alle Verbindungen, wenn es erkennt, dass innerhalb eines vorgegebenen Zeitraums keine Antwort kommt.

- **Durch einen DDoS-Angriff ist eine Seite, die Sie aufrufen wollten, nicht mehr erreichbar.** Am 21. Oktober 2016 beispielsweise waren beliebte Websites wie Twitter (heute: X), PayPal, CNN, Amazon, Netflix und noch viele mehr für zahlreiche Nutzer nicht erreichbar. Grund dafür war ein massiver DDoS-Angriff gegen einen Anbieter, der technische Dienstleistungen für diese Websites bereitstellte.

Grundsätzlich besteht immer die Möglichkeit, dass eine Website gerade einem DDoS-Angriff ausgesetzt ist. Daher sollten Sie beispielsweise mit dringenden Onlinebanking-Transaktionen nicht bis zur letzten Minute warten. Die dafür erforderliche Website könnte aus verschiedenen Gründen gerade nicht erreichbar sein – einer davon ist eine DDoS-Attacke.

- **Ein DDoS-Angriff kann Nutzer dazu bringen, sich Informationen von einer anderen Website als geplant zu besorgen.** Wenn eine Seite nicht erreichbar ist, versuchen Internetnutzer höchstwahrscheinlich, die gesuchten Informationen auf einer anderen Seite zu erhalten. Dieses Verhalten ermöglicht es Angreifern, entweder Falschinformationen zu verbreiten, oder hält Menschen davon ab, bestimmte Informationen oder Meinungen zu wichtigen Themen zu erfahren. DDoS-Angriffe können so ein wirksamer Mechanismus sein, andere Ansichten zu zensieren – wenn auch nur für kurze Zeit.

Botnetze und Zombies

Oftmals werden für DDoS-Angriffe sogenannte *Botnetze* eingesetzt. Botnetze sind eine Ansammlung kompromittierter Computer, die – ohne dass ihre Eigentümer etwas davon ahnen – von Hackern ferngesteuert und für ihre Zwecke missbraucht werden. Zum Beispiel können Kriminelle, die erfolgreich eine Million Computer mit Malware infizieren, diese Rechner (die sogenannten *Zombies*) dazu verwenden, gleichzeitig eine große Anzahl an Anfragen von einem einzigen Server oder einer Serverfarm zu senden, um das Zielsystem mit Datenverkehr zu überlasten.

Datenzerstörungsangriffe

Manchmal möchten Angreifer mehr erreichen, als ein Unternehmen oder eine Organisation nur zeitweise vom Internet abzuschneiden. Womöglich wollen sie dem Opfer des Angriffs auch schaden, indem sie dessen Daten und/oder dessen Informationssysteme angreifen. Ein Krimineller startet dann womöglich einen Angriff mit dem Ziel der *Datenzerstörung*, zum Beispiel, wenn der Nutzer sich weigert, Geld zu bezahlen, das der Gauner einfordert. Selbstverständlich greifen Hacker auch aus den gleichen Gründen mit dem Ziel der vollständigen Datenzerstörung an, aus denen sie DDoS-Angriffe starten (siehe den entsprechenden Abschnitt).

Wiper-Angriffe sind ausgeklügelte Datenzerstörungsangriffe, bei denen Kriminelle Schadsoftware verwenden, um die Daten auf der Festplatte oder SSD des Opfers zu vernichten, und zwar so gründlich, dass diese Daten nur schwer oder gar nicht wiederhergestellt werden können. Einfach ausgedrückt: Wenn das Opfer kein Backup, also eine Sicherungskopie der Daten hat, guckt es ziemlich in die Röhre. Wurde ein Computer durch einen Wiper-Angriff gelöscht, verliert das Opfer höchstwahrscheinlich den Zugriff auf alle darauf gespeicherten Daten und auf die gesamte darauf installierte Software.

Angriffe auf physische Strukturen

Da so viele Aspekte unseres Lebens digitalisiert wurden, können Cyberangriffe auch immer größere physische Schäden anrichten. So kann die Sabotage von Fabriksystemen dazu führen, dass fehlerhafte (und möglicherweise gefährliche) Produkte auf den Markt gelangen. Manipulationen an medizinischen Systemen können Menschen das Leben kosten, die Sabotage von Kühlsystemen für Lebensmittel kann Krankheiten verbreiten, und so weiter. Auch indirekte Zerstörung kann auftreten: etwa wenn die telefonische Erreichbarkeit von Feuerwehr oder Notruf beeinträchtigt wird.

Identitätsmissbrauch

Eine der größten Gefahren des Internets ist die Leichtigkeit, mit der sich Kriminelle für andere ausgeben können. Bevor es das Internet gab, konnten Betrüger nicht einfach so tun, als seien sie Mitarbeiter einer Bank oder eines Händlers, um andere davon zu überzeugen, ihnen ihr Geld im Austausch für einen guten Zinssatz beziehungsweise Waren zu geben. Postalisch verschickte Briefe und später dann Telefonanrufe waren die Instrumente dieser Betrüger. Keine dieser Kommunikationsmethoden entfaltete für Kriminelle je dieselbe Macht wie später das Internet.

Fake-Websites

Mithilfe des Internets können unbescholtene Bürger beispielsweise mit gefälschten Websites betrogen werden. Es ist erstaunlich einfach, eine Website zu basteln, die so aussieht wie die einer Bank, eines Online-Händlers oder einer Behörde. Zur Erstellung braucht es oft nur wenige Minuten. Kriminelle haben außerdem Zugriff auf einen nahezu unendlichen Vorrat an Domain-Namen, die den echten ähnlich genug sind, um ein paar Menschen glauben zu machen, sie wären gerade auf der richtigen Website. Damit sind die Betrüger ihrem Ziel bereits einen großen Schritt nähergekommen.

Es ist ebenfalls sehr einfach, eine E-Mail zu versenden, die so aussieht, als käme sie von jemand anders. Die Cyberschurken können damit alle möglichen Straftaten im Internet begehen. Mir selbst ist es vor 20 Jahren bei einem Versuch gelungen, mehrere Schutzmechanismen zu umgehen und eine E-Mail zu verschicken, die Empfängern in einem sicheren System zugestellt wurde. Den Empfängern wurde damals der Absender `god@heaven.sky` angezeigt. Tja, so einfach kann das sein. Abbildung 2.2 zeigt auch eine E-Mail, die vermutlich Fake ist. Oder haben Sie schon einmal Post vom US-Präsidenten bekommen?

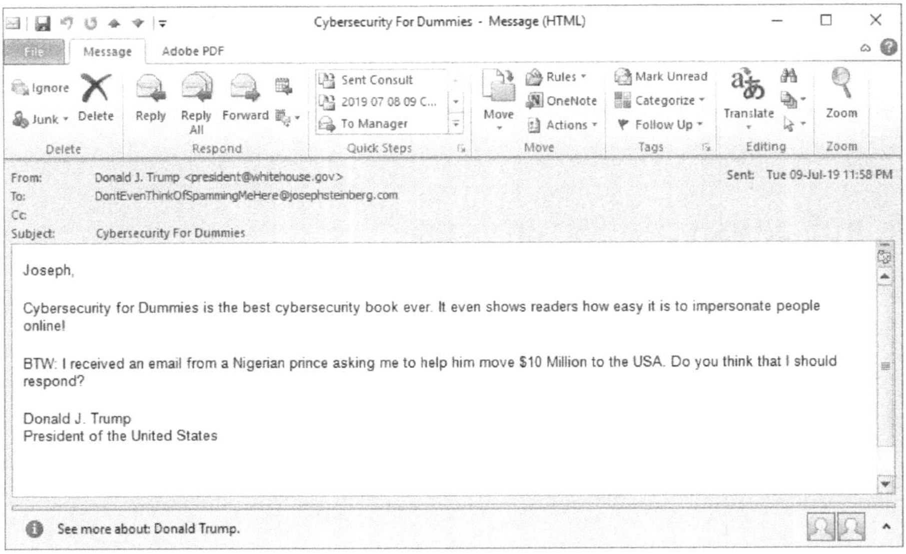

Abbildung 2.2: Hier gibt jemand vor, ein anderer zu sein.

Phishing

Beim *Phishing* versucht jemand, Sie davon zu überzeugen, etwas zu unternehmen, indem er sich für vertrauenswürdig ausgibt. Sie halten diese Anfrage daher womöglich für vollkommen seriös. Ein Krimineller sendet Ihnen beispielsweise eine E-Mail, die so aussieht, als stamme sie von einer großen Bank. Darin behauptet er, dass es ein Datenleck gegeben habe, und fordert Sie auf, auf einen Link zu klicken, um Ihr Passwort zurückzusetzen. Sobald Sie aber auf den Link klicken, landen Sie auf einer Website, die zwar wie die der Bank aussieht, aber in Wirklichkeit eine gefälschte Seite eines Betrügers ist. Mit dieser falschen Internetseite greift der Kriminelle Nutzernamen und Passwörter der Bank-Website ab.

Spear-Phishing

Spear-Phishing sind Phishing-Angriffe, die auf bestimmte Personen, Unternehmen oder Organisationen abzielen. Will ein Krimineller Zugangsdaten für ein E-Mail-System eines bestimmten Unternehmens erbeuten, verschickt er E-Mails, die sich an bestimmte ausgewählte Personen in diesem Unternehmen richten. Häufig recherchieren Kriminelle, die sich des Spear-Phishings bedienen, im Vorfeld über ihre Zielpersonen und machen sich dabei öffentliche Informationen aus den sozialen Netzwerken zunutze. Dann verfassen sie eine echt klingende E-Mail. Ein simples »Bitte melden Sie sich bei Ihrem E-Mail-Server an und ändern Sie Ihr Passwort« klingt doch viel weniger überzeugend als folgende Nachricht:

»Hi, ich steige in zehn Minuten ins Flugzeug. Kannst Du dich bitte kurz in den Exchange-Server einloggen und nachschauen, wann mein Meeting ist? Aus irgendeinem Grund komme ich nicht rein. Du kannst natürlich versuchen, mich aus Sicherheitsgründen zuerst anzurufen, aber falls ich nicht drangehe, schau bitte einfach nach und schick mir eine E-Mail mit dem Termin. Du weißt ja, ich sitze gleich im Flugzeug.«

Wer würde da nicht helfen wollen?

Das *Whaling* ist übrigens eine Sonderform des Spear-Phishings, das auf hochrangige Geschäftsleute oder Regierungsvertreter abzielt.

CEO-Fraud

Der *CEO-Fraud* ähnelt insoweit dem Spear-Phishing (siehe vorherigen Abschnitt), als dass sich auch hier ein Krimineller als jemand anders ausgibt, in diesem Fall als Geschäftsführer (CEO) oder als anderer leitender Angestellter eines Unternehmens. Die Anweisungen des falschen CEOs zielen darauf ab, dass der Empfänger direkt etwas unternimmt. Das Ziel ist dabei nicht, dass dieser sich bei einem System anmeldet, um damit Benutzernamen und Passwörter oder Ähnliches zu erbeuten. Bei dieser Betrugsmasche geht es vielmehr darum, schnell an Geld zu kommen. Der Kriminelle schickt beispielsweise eine E-Mail an einen Mitarbeiter der Buchhaltung und fordert diesen auf, eine Überweisung an einen ganz neuen Lieferanten oder Handelspartner anzuweisen. In Abbildung 2.3 sehen Sie ein klassisches Beispiel dieser Betrugsmasche. Der falsche CEO Thomas Johnson schreibt hier: »Chris, ich bin gerade in China und brauche schnell Ihre Hilfe. Wir bauen hier unsere Geschäftsbeziehungen aus und Gōngjiàn Company benötigt die entsprechenden Mittel für eine zeitkritische Übernahme. Die Anwälte melden sich bald. Erledige das heute noch. Tom.« Der CEO-Fraud ist für Kriminelle eine echte Goldgrube. Die Mitarbeiter hingegen, die den Betrügern auf den Leim gegangen sind, erscheinen inkompetent und sind nicht selten im Anschluss ihren Job los.

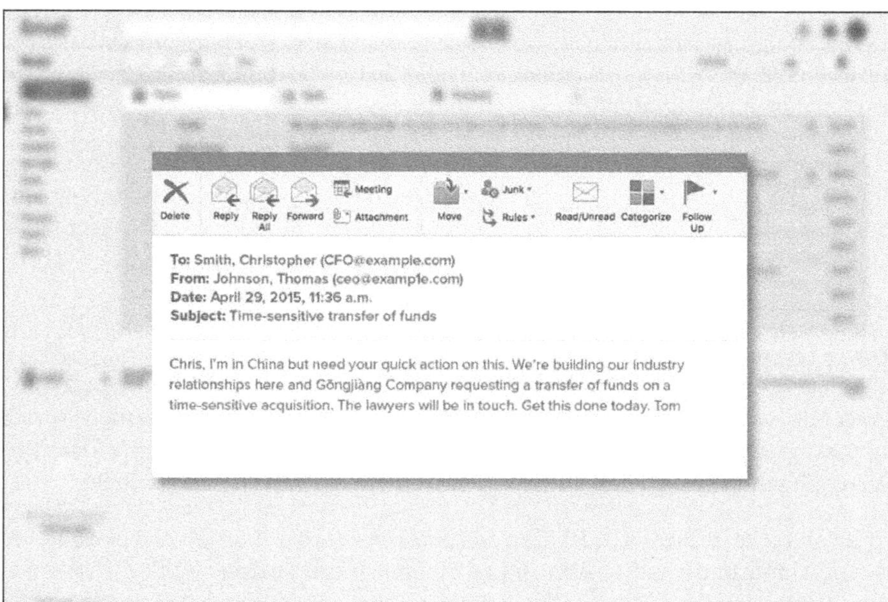

Abbildung 2.3: Fallen Sie nicht darauf rein: Diese E-Mail ist Fake.

Smishing

Das *Smishing* ist eine Phishing-Masche, bei der die Angreifer ihre Nachrichten als SMS und nicht als E-Mail verschicken. Dabei ist es das Ziel, Benutzernamen und Passwörter abzufangen oder die Nutzer dazu zu bringen, Schadsoftware auf ihrem Smartphone zu installieren.

Vishing

Vishing ist eine Wortschöpfung aus *Voice* und *Phishing*, denn hier machen sich die Betrüger das Telefon zunutze. Ja, ganz genau. Auch Kriminelle setzen die altbewährte Telefonie für ihre Betrugsmaschen ein. Heute werden derartige Anrufe zwar über Voice-over-IP-Systeme übertragen, doch letztlich ruft Sie hier ein Betrüger auf Ihrem ganz normalen Telefon an – so wie sie es bereits seit Jahrzehnten tun.

Tampering

Manche Angreifer möchten nicht nur die normalen Aktivitäten eines Unternehmens stören, sondern sie zu ihrem eigenen finanziellen Vorteil ausnutzen. Oft erreichen die Betrüger dieses Ziel, indem sie Daten verfälschen, die entweder gerade übertragen werden oder die sich auf dem System ihres Angriffsziels befinden. Diese Manipulation wird auch als *Tampering* bezeichnet.

Ein Beispiel gefällig, wie Daten während ihrer Übertragung manipuliert werden? Stellen Sie sich vor, dass ein Nutzer des Onlinebankings seine Bank angewiesen hat, Geld auf ein bestimmtes Konto zu überweisen. Ein ganz normaler Vorgang also. Doch irgendwie hat es ein Krimineller geschafft, die Anfrage abzufangen. Dabei hat er Kontonummer und Bankleitzahl des Empfängers durch die eigenen ersetzt, und schon ist das Geld bei ihm.

Bleiben wir beim Thema Überweisung: Vielleicht ist er sogar unerlaubt in das System eingedrungen und hat die Zahlungsdaten, die bei einem bestimmten Empfänger hinterlegt sind, so verändert, dass alle Zahlungen ab sofort bei ihm eingehen. So oder so: Das Geld landet beim falschen Empfänger. (Der Betrüger würde mir da natürlich widersprechen.)

Abfangen von Daten

Schnappt sich ein Angreifer Ihre Daten, während sie gerade übertragen werden, spricht man davon, dass sie *abgefangen* werden. Wenn Sie es dann versäumt haben, Ihre Daten gut genug zu verschlüsseln, kann sie der Angreifer leicht für seine Zwecke missbrauchen.

Eine bekannte Attacke dieser Art ist der *Man-in-the-Middle-Angriff*. Dabei steht der Angreifer – der Mann in der Mitte – zwischen Sender und Empfänger, gibt die Daten an den Empfänger weiter und verschleiert dabei die Tatsache, dass er die Daten unterwegs abgefangen hat. Er täuscht sowohl Sender als auch Empfänger vor, das jeweilige Gegenüber zu sein. Dieser Mann in der Mitte überträgt die Anfragen (entweder im Originalzustand oder in manipulierter Form) an das ursprüngliche Ziel. Auch die Antwort des Empfängers wird zunächst an den Angreifer gesendet, bevor er sie an den Sender – manipuliert oder nicht – weiterleitet. Durch diese Täuschung ist es für den Sender schwer zu erkennen, dass seine Kommunikation abgefangen wurde, da er ja die erwartete Antwort erhält, wenn er mit dem Server kommuniziert. Er ahnt nichts Böses. Abbildung 2.4 illustriert, wie so eine Attacke aufgebaut ist.

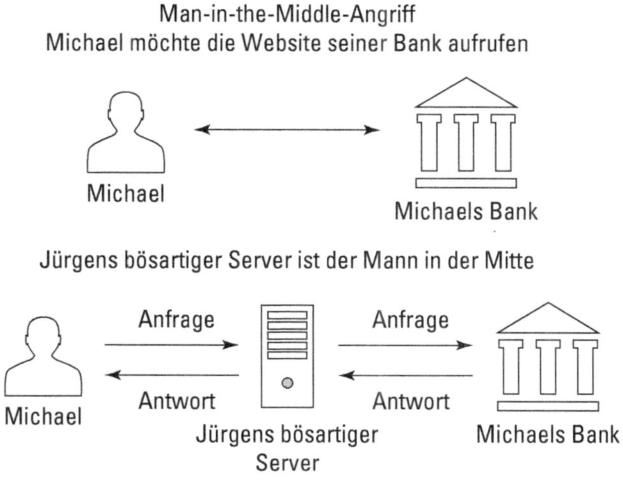

Abbildung 2.4: Der Aufbau eines Man-in-the-Middle-Angriffs

Ein Krimineller erstellt beispielsweise eine gefälschte Website einer Bank (siehe den Abschnitt »Phishing«) und leitet alle Informationen, die Sie auf dieser Fake-Website eingeben, an die echte Website Ihrer Bank weiter. Da er auch die Antworten Ihrer richtigen Bank abfängt, kann er mit den Informationen antworten, die Sie von Ihrer echten Bank erwarten würden. Bei dieser Täuschung wird der Betrüger nicht nur nicht entdeckt – Sie erledigen nach Eingabe Ihres Passworts Ihre ganz normalen Bankgeschäfte und ahnen nichts von einem Angriff –, sondern er kann auch sicher sein, dass er das richtige Passwort abfängt. Sollte ein Nutzer mal ein falsches Passwort eingeben, weiß der Angreifer, dass er eine Fehlermeldung ausgeben und das richtige Passwort anfordern muss.

Deep Fakes

Deep Fakes sind eigentlich keine eigene Kategorie von Angriffsart – vielmehr sind Deep Fakes ein Instrument, das mehr und mehr in allen möglichen Angriffsszenarien von Kriminellen eingesetzt wird. Deep Fakes sind nämlich mithilfe von KI erzeugte Bilder, Audiodateien oder Videos, die eine Person (oder ein Ereignis) auf täuschend echte Weise imitieren. Künstliche Intelligenz hat Kriminellen unter anderem dabei geholfen, immer überzeugendere Spear-Phishing- und andere Angriffe durchzuführen. Es gab bereits Vorfälle, bei denen KI-generierte Audio- oder Videoaufnahmen von CEOs verwendet wurden, um Mitarbeitende zu bestimmten Handlungen aufzufordern. In mindestens einem dokumentierten Fall wurde sogar von einer Echtzeit-Imitation berichtet: Ein Mitarbeiter sah seinen »Chef« in einem Zoom-Meeting, der die Anweisung bestätigte, eine Überweisung zu tätigen – doch die Person am anderen Ende war nicht der echte Chef, sondern eine in Echtzeit erstellte Deep-Fake-Imitation.

Datendiebstahl

Bei vielen Cyberangriffen werden die Daten des Opfers gestohlen. Angreifer haben aus verschiedenen Gründen Interesse daran, Daten von Privatleuten, Unternehmen oder Behörden abzufangen. Alle Menschen, Unternehmen, Nichtregierungsorganisationen und staatliche Einrichtungen können Opfer von Datendiebstahl werden.

Diebstahl persönlicher Daten

Kriminelle stehlen persönliche Daten, weil sie hoffen, dabei Daten zu finden, die sich zu Geld machen lassen. Dazu gehören:

- ✔ Daten, die für Identitätsmissbrauch geeignet sind oder an Identitätsdiebe verkauft werden können
- ✔ Kompromittierende Fotos oder gesundheitsbezogene Daten, für die es Käufer gibt oder die für Erpressungen genutzt werden können
- ✔ Gestohlene und dann vom Computer gelöschte Daten, für die Lösegeld vom Opfer verlangt wird
- ✔ Passwortlisten, die verwendet werden, um damit andere Systeme zu knacken
- ✔ Vertrauliche geschäftliche Informationen, die für unerlaubte Börsengeschäfte aufgrund von Insider-Informationen genutzt werden
- ✔ Informationen über anstehende Urlaube, anhand derer Einbrüche im Haus des Opfers geplant werden

Wie ein Cyberangriff ein Unternehmen 1 Milliarde US-Dollar kostete, ohne dass ein einziger Cent gestohlen wurde

Diebstahl von geistigem Eigentum wie vertrauliche Konstruktionspläne oder Computerquellcode ist eine äußerst ernste Angelegenheit und ein wachsender Bereich der Cyberkriminalität.

Im Jahr 2007 ging der US-amerikanische Hersteller von Software zur Steuerung von Windkraftanlagen, American Superconductor, eine Kooperation mit Sinovel ein, einem chinesischen Hersteller von Windkraftanlagen, um Anlagen mit ihrer Software in China zu verkaufen.

2011 weigerte sich Sinovel plötzlich, American Superconductor 70 Millionen US-Dollar zu zahlen, die sie der Firma noch schuldeten, und fing an, Windkraftanlagen mit ihrer eigenen Software zu verkaufen. Eine Untersuchung ergab, dass Sinovel illegal geistiges Eigentum von American Superconductor erworben hatte. Sie hatten einen Mitarbeiter der amerikanischen Firma bestochen, um an den Quellcode der Software zu kommen.

American Superconductor ging daraufhin fast bankrott, verlor fast 1 Milliarde US-Dollar an Unternehmenswert und musste 700 Mitarbeiterinnen und Mitarbeiter entlassen – fast die Hälfte der gesamten Belegschaft.

Diebstahl geschäftlicher Daten

Kriminelle können auch gestohlene Daten von Unternehmen für viele üble Zwecke nutzen:

- **Börsengeschäfte:** Weiß ein Krimineller, wie ein Quartal verlaufen wird, verfügt er über Insider-Informationen, mit denen er illegale Börsengeschäfte abwickeln und möglicherweise erheblichen Profit herausschlagen kann.
- **Datenverkauf an skrupellose Mitbewerber:** Kriminelle, die wichtige Informationen, Dokumente mit Details zu geplanten Produkten oder anderen sensiblen Informationen stehlen, können diese Daten an skrupellose Mitbewerber oder deren Mitarbeiter verkaufen. (Und der Vorgesetzte erfährt womöglich nie, warum sein Mitarbeiter auf einmal so gute Ideen hat.)
- **Weitergabe von Daten an Medien:** Sensible Daten können für das Opfer sehr peinlich sein und dazu führen, dass Aktien in den Keller gehen (zum Beispiel nach einigen Leerverkäufen).
- **Weitergabe von Daten an Datenschutzbehörden:** Dem Opfer könnten Geldbußen auferlegt werden.
- **Abwerben von Mitarbeitern:** Wenn Kriminelle E-Mails stehlen oder Kommunikation zwischen Mitarbeitern abgreifen, aus denen hervorgeht, dass einer oder mehrere Mitarbeiter auf der Suche nach einem neuen Job sind, können sie diese Information an Wettbewerber verkaufen, die wiederum auf der Suche nach entsprechend qualifiziertem Personal sind.
- **Diebstahl und Missbrauch geistigen Eigentums:** Stiehlt ein Krimineller den Quellcode einer Computer-Software, kann er der Zahlung von Lizenzgebühren an den rechtmäßigen Eigentümer der Software entgehen. Mit dem Diebstahl von Design-Dokumentationen, die mit großem Forschungs- und Entwicklungsaufwand erstellt wurden, können sich Betrüger schnell viele Millionen Euro – und manchmal sogar Milliarden – an Forschungs- und Entwicklungskosten sparen. Mehr über diese Art von Diebstahl und seine Auswirkungen erfahren Sie im Kasten »Wie ein Cyberangriff ein Unternehmen 1 Milliarde US-Dollar kostete, ohne dass ein einziger Cent gestohlen wurde« im vorherigen Abschnitt.

Malware

Malware – auch *Schadsoftware* oder *Schadprogramm* genannt – ist ein Oberbegriff für Software, die Nutzern absichtlich Schaden zufügt. Die Nutzer haben dabei in der Regel keinen blassen Schimmer, dass sie gerade Malware verwenden. Unter dem Begriff Malware tummeln sich Computerviren, Würmer, Trojaner, Ransomware, Scareware, Spyware, Kryptominer, Adware und andere Programme, deren Ziel es ist, Computerressourcen für üble und kriminelle Zwecke auszunutzen.

Viren

Ein *Computervirus* ist eine Schadsoftware, die sich bei Verwendung verbreitet, indem sie ihren eigenen Code in Computersysteme einschleust. In der Regel nisten sich Viren in Dateien (zum Beispiel als falsches Makro innerhalb eines Word-Dokuments), in den Bootsektor (den speziellen Bereich einer Festplatte oder einer SSD, die den Code und die Daten enthält, um einen Computer oder ein Laufwerk zu starten) oder in andere Computerprogramme ein. Computerviren verhalten sich ähnlich wie biologische Viren. Sie können sich ohne einen Wirt nicht verbreiten. Manche Computerviren haben erhebliche Auswirkungen auf ihre Wirte, andere sind – zumindest manchmal – kaum zu bemerken. Zwar verursachen Computerviren weltweit immer noch enorme Schäden, die größten Bedrohungen im Bereich Malware gehen aber von Würmern und Trojanern aus.

Würmer

Computerwürmer sind eine eigenständige Schadsoftware. Würmer replizieren sich selbst und benötigen für ihre Verbreitung keinen Wirt. Würmer breiten sich oft aktiv über Verbindungen zu den Zielcomputern und -netzwerken aus, deren Sicherheitslücken sie ausnutzen. Da sie normalerweise Netzwerkbandbreite verwenden, können Würmer Schaden verursachen, ohne ein System zu verändern oder Daten zu stehlen. Sie können Netzwerkverbindungen – interne und externe – verlangsamen, was wirklich niemand besonders schätzt.

Trojaner

Trojaner – passend benannt nach dem Trojanischen Pferd – sind Schadprogramme, die sich entweder als unschädliche Software tarnen oder sich innerhalb einer seriösen, unschädlichen Anwendung oder Datei verstecken. Trojaner werden meistens durch *Social Engineering*, eine Art Verhaltensmanipulation, verbreitet. Da werden Menschen beispielsweise dazu gebracht, auf einen Link zu klicken, eine App zu installieren oder einen E-Mail-Anhang zu öffnen. Im Gegensatz zu Viren oder Würmern verbreiten sich Trojaner in der Regel nicht selbst mithilfe von Technologie. Sie verlassen sich vielmehr auf die Hilfe (oder besser das Fehlverhalten) der Menschen.

Ransomware

Ransomware ist Malware, die von Ihnen verlangt, ein Lösegeld (*ransom* im Englischen) an einen Kriminellen zu zahlen. Im Gegenzug soll Ihnen kein Schaden entstehen. Häufig verschlüsselt die Ransomware die Dateien des Benutzers und droht ihm damit, den Schlüssel zu löschen, wenn nicht innerhalb einer kurzen Zeitspanne das Lösegeld bezahlt wird. Es gibt aber auch noch andere Arten von Ransomware, bei denen Kriminelle die Daten der Benutzer tatsächlich stehlen und ihnen damit drohen, sie im Internet zu veröffentlichen, wenn das Lösegeld nicht bezahlt wird. Bei manch einer Form von Ransomware werden die Dateien nicht nur verschlüsselt, sondern sogar vom Computer des Benutzers entfernt. Damit will der Kriminelle dafür sorgen, dass der Nutzer keinesfalls mithilfe von

Anti-Ransomware-Software seine Daten wiederherstellen kann, ohne das Lösegeld bezahlt zu haben.

Ransomware gelangt meistens als Trojaner oder als Virus zu seinen Opfern, aber sie wurde auch bereits erfolgreich in einem Wurm versteckt und auf diesem Weg verbreitet. In den letzten Jahren haben Verbrecher sogar gezielte Ransomware-Kampagnen entwickelt, um herauszufinden, welche Daten für wen am wertvollsten sind und wie hoch das Lösegeld ist, das das Erpressungsopfer bereit ist zu zahlen.

Abbildung 2.5 zeigt das Fenster mit der Lösegeldforderung von WannaCry, einer Ransomware, die Schäden in Höhe von Hunderten von Millionen (wenn nicht sogar Milliarden) US-Dollar verursacht hat und deren Verbreitung im Mai 2017 begann. Viele Sicherheitsexperten gehen davon aus, dass die nordkoreanische Regierung selbst WannaCry entwickelt oder jemanden damit beauftragt hat. Innerhalb von vier Tagen hatte diese Malware Hunderttausende von Computern in rund 150 Ländern infiziert.

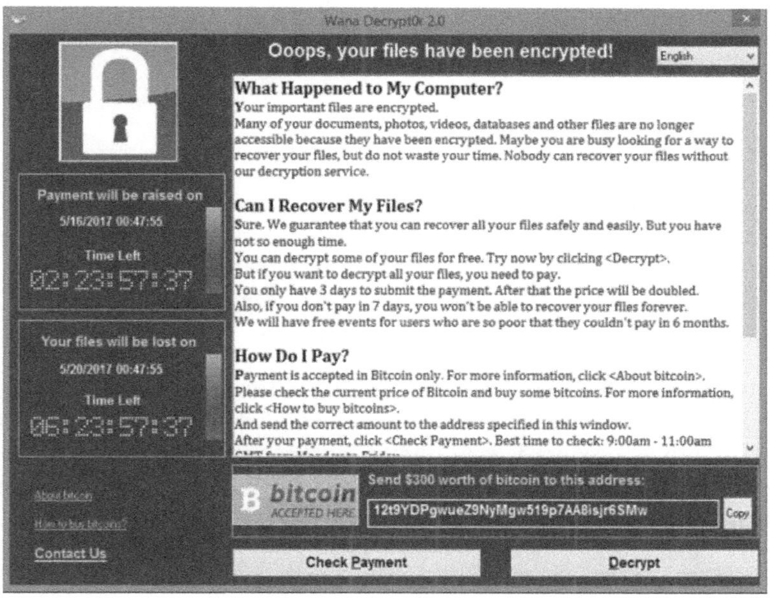

Abbildung 2.5: Hier wird Lösegeld im Austausch für Ihre Daten gefordert.

Scareware

Scareware ist eine Schadsoftware, die Menschen Angst einjagt und sie so dazu bringt, etwas zu tun, was ihnen schadet. Ein weitverbreitetes Beispiel ist Malware, die dazu verleitet, Sicherheitssoftware zu kaufen. Auf dem Gerät des Nutzers erscheint eine Meldung, dass das Gerät mit einem Virus infiziert ist und dass nur ein bestimmtes Sicherheitsprogramm diesen Virus entfernen kann. Praktischerweise ist dann auch gleich ein Link dabei, über den Sie diese sogenannte Sicherheitssoftware erwerben können. Dahinter versteckt sich dann natürlich weitere Schadsoftware.

Spyware

Spyware ist Software, die heimlich im Hintergrund (wie ein Spion) und ohne Ihre Zustimmung Informationen über Ihr Gerät sammelt. Spyware kann beispielsweise Software sein, die alle Anschläge auf der Tastatur des Benutzers protokolliert (in dem Fall wird sie *Keylogger* genannt), Videos von der Videokamera oder Ton vom Mikrofon mitschneidet, Ihren Bildschirm aufnimmt und so weiter und so fort.

Wichtig ist dabei, den Unterschied zwischen Spyware und invasiven Programmen zu verstehen. Es gibt Technologien, die technisch gesehen Spyware sind, weil sie Benutzer nicht darüber benachrichtigen, dass sie online verfolgt werden. Diese Programme werden von seriösen Unternehmen verwendet. Sie sind zwar invasiv und untergraben den Schutz Ihrer Privatsphäre, sind aber keine Malware. Diese Art von Software spioniert Sie aus, ohne dabei Spyware zu sein. Dazu gehören beispielsweise auch kleine Programme, die überprüfen, ob ein Nutzer eine bestimmte Webseite geladen hat, und Tracking-Cookies, die von Websites oder Apps installiert werden. Manche IT-Experten sind der Ansicht, dass dazu auch Software gehört, die den Standort eines Smartphones verfolgt, selbst wenn die App gerade vom Nutzer des Geräts gar nicht verwendet wird. So manch beliebte App fiele dann in diese Kategorie.

Kryptominer

Kryptominer sind Malware, die ohne Zustimmung des Geräteinhabers die Rechenkraft des infizierten Geräts (die CPU-Zyklen) übernehmen, um damit neue Einheiten einer bestimmten Kryptowährung zu generieren. Die Währung wird dann von der Malware an den Gauner übermittelt. Bei diesem *Mining*, dem Schürfen der Währung, werden komplexe mathematische Berechnungen angestellt, für deren Lösung eine hohe Rechenleistung erforderlich ist.

Die Verbreitung von Kryptominern ist 2017 mit der Wertsteigerung von Kryptowährungen geradezu explodiert. Selbst nachdem das Preisniveau anschließend wieder fiel, blieb die Miner-Malware weiterhin verbreitet, da sie – einmal entwickelt – nur geringe Folgekosten nach sich zieht. Als die Preise für Kryptowährungen 2019 wieder anstiegen, gab es – wenig überraschend – neue Kryptominer, von denen einige speziell dafür entwickelt wurden, Android-Smartphones anzuzapfen.

Viele kleine Cyberkriminelle nutzen gerne Kryptominer. Selbst wenn der Ertrag sehr klein ist, den jeder Miner dem Angreifer auszahlt, ist es leicht, an sie heranzukommen. Mit Kryptominern durchgeführte Cyberangriffe sorgen für eine umgehende Monetarisierung, ohne dass der Online-Schurke weitere Schritte unternehmen muss (wie zum Beispiel Lösegeld eintreiben) oder dass fortgeschrittene Befehls- und Steuerungssysteme erforderlich sind.

Adware

Adware ist Software, mit der ihr Betreiber Geld verdient, indem er Online-Werbeanzeigen auf einem Gerät anzeigt. Adware kann Malware sein, also ohne Zustimmung des Geräteinhabers installiert und ausgeführt werden. Sie kann aber auch eine vorgesehene Komponente einer Software sein, die wissentlich vom Benutzer als Bestandteil eines kostenlosen, werbegestützten Pakets installiert wurde.

Da es sich bei Adware um Malware handeln kann, aber nicht muss, ist es sinnvoll, klarzustellen, über welche der beiden Varianten gerade gesprochen wird, wenn einfach nur von Adware die Rede ist.

Blended Malware

Blended Malware ist eine Schadsoftware, bei der verschiedene Malware-Technologien bei einem Angriff kombiniert werden, zum Beispiel Trojaner, Würmer und Viren. Diese gemischten Bedrohungen können recht ausgefeilt sein und stammen oft von sehr versierten Angreifern.

Zero-Day-Malware

Bei *Zero-Day-Malware* handelt es sich um eine Schadsoftware, die Schwachstellen in Software ausnutzt, die der Öffentlichkeit oder dem Hersteller der Software bisher noch nicht bekannt sind. Diese Schadprogramme sind daher oft besonders wirkungsvoll. Zero-Day-Malware erfordert einen erheblichen Ressourcen- und Entwicklungsaufwand. Sie kostet viel Geld und wird daher oft von den Cyberarmeen ganzer Nationen statt von einzelnen Hackern entwickelt. Es ist allgemein bekannt, dass sich kommerzielle Anbieter von Zero-Day-Malware in der Vergangenheit eine einzige Sicherheitslücke bereits mit rund einer Million US-Dollar haben bezahlen lassen.

Poisoned-Web-Service-Angriffe

Bei verschiedenen Angriffsarten werden Schwachstellen in Servern ausgenutzt. Es werden laufend neue Schwachstellen entdeckt, wodurch Cybersicherheitsexperten alle Hände voll zu tun haben, die Server zu sichern. Das Thema würde ganze Bücher, ja ganze Buchreihen füllen, was den Rahmen dieses Werks aber selbstverständlich sprengen würde. Es ist aber wichtig, dass Sie die grundlegenden Funktionsweisen serverbasierter Angriffe verstehen, da sie unmittelbare Auswirkungen auf Sie persönlich haben können.

Eine mögliche Angriffsart ist der *Poisoned-Web-Service-Angriff* oder auch *Poisoned-Web-Page-Angriff*. Bei dieser Angriffsform hackt sich ein Angreifer in einen Webserver und fügt bösartigen Code hinzu, der dazu führt, dass Nutzer angegriffen werden, sobald sie eine oder mehrere Seiten aufrufen, die vom Server bereitgestellt werden. Ein Hacker könnte beispielsweise den Webserver der Seite `www.abc123.com` kompromittieren und die Startseite so verändern, dass diese Schadsoftware enthält.

Allerdings muss ein Hacker nicht einmal unbedingt in ein System eindringen, um Webseiten auf diese Weise zu vergiften. Nehmen wir einmal an, es gibt auf einer Website die Möglichkeit, Kommentare zu hinterlassen. Wenn diese Funktion nicht ausreichend gesichert ist, ist es beispielsweise möglich, dass ein übelwollender Nutzer Skriptbefehle in einen Kommentar schreibt. Derartige Befehle können – sofern ordentlich programmiert – vom Browser nachfolgender Besucher ausgeführt werden, sobald diese die Seite mit dem entsprechenden Kommentar aufrufen. Ein Krimineller könnte zum Beispiel einen Befehl hinzufügen, mit dem auf seiner eigenen Website ein Skript aktiviert wird, das die Zugangsdaten des Nutzers der Ursprungsseite empfangen kann. Ein derartiger Angriff wird als *Cross-Site-Skripting,* webseitenübergreifendes Skripting, bezeichnet. Obwohl das Problem bereits seit mehr als zehn Jahren bekannt ist, besteht es weiterhin.

Poisoning-Angriffe auf Netzwerkinfrastrukturen

Ähnlich wie bei Webservern gibt es auch verschiedene Arten von Angriffen, die Schwachstellen in der Netzwerkinfrastruktur ausnutzen. Neue Schwachstellen werden laufend entdeckt. Der Großteil dieses Themas geht weit über das hinaus, was in diesem Buch behandelt werden soll. Trotzdem ist es wichtig, dass Sie auch hier das grundlegende Konzept serverbasierter Angriffe verstehen, da sie direkte Auswirkungen auf Sie haben können.

Kriminelle nutzen beispielsweise verschiedene Schwachstellen aus, um korrupte DNS-Daten zu einem DNS-Server hinzuzufügen. DNS (Domain Name Systems) ist das Verzeichnis des Internets, das die für den Menschen lesbaren Adressen in numerische, für Computer nutzbare Entsprechungen (IP-Adressen) umwandelt. Wenn Sie zum Beispiel `https://JosephSteinberg.com` in Ihren Webbrowser eingeben, leitet DNS Ihre Verbindung an die Adresse 104.18.45.53 weiter.

Durch die Eingabe falscher Informationen in DNS-Tabellen können Kriminelle DNS-Server dazu bringen, dem Computer eines Nutzers eine falsche IP-Adresse unterzumogeln. Bei einem derartigen Angriff wird der Nutzer nicht zum beabsichtigten Ziel, sondern auf einen Computer umgeleitet, auf den der Kriminelle Zugriff hat. Wenn der zum Beispiel eine gefälschte Website einer Bank auf dem Server einrichtet, auf den der Datenverkehr umgeleitet wird, und sich auf diesem Server für die Bank ausgibt, kann es sein, dass der Nutzer der gefälschten Seite auf den Leim geht. Das kann sogar dann passieren, wenn der Besucher die URL der Bank-Website manuell in seinen Browser eingegeben (und nicht auf einen Link geklickt) hat. Diese Angriffsform ist bekannt als *DNS-Poisoning* oder *DNS-Pharming.*

Attacken auf die Netzwerk-Infrastruktur sind vielfältig. Bei manchen sollen Menschen zu falschen Websites geleitet werden, bei anderen sollen Daten abgefangen werden und wiederum andere wollen die Voraussetzungen für einen Denial-of-Service-Angriff schaffen. Grundlegend für das Verständnis ist dabei, dass der ursprüngliche Aufbau des Internets sehr komplex ist und Sicherheitsaspekte bei dessen Entwicklung eine untergeordnete Rolle spielten. Daher ist es so anfällig für Missbrauch.

Malvertising

Malvertising ist eine Wortschöpfung aus den Begriffen *malicious advertising,* was Englisch für bösartige Werbung ist. Beim Malvertising wird Online-Werbung als Mittel zur Verbreitung von Schadsoftware oder zur Durchführung einer anderen Form von Cyberangriff genutzt. Da Websites Werbeanzeigen schalten, die von Netzwerken Dritter bereitgestellt und verwaltet werden und Links zu wiederum anderen Anbietern enthalten, sind Internet-Werbeanzeigen ein hervorragendes Mittel für Angreifer. Sogar Unternehmen, die ihre Websites ansonsten angemessen schützen, treffen womöglich nicht alle erforderlichen Vorsichtsmaßnahmen, um zu gewährleisten, dass sie nicht zur Plattform für problematische Werbeanzeigen werden.

Malvertising ermöglicht es Kriminellen auf diese Weise, ihre Inhalte auf seriösen und namhaften Websites mit einer großen Anzahl an Besuchern zu platzieren (was sonst für Betrüger nur schwer zu erreichen ist), von denen unter Umständen viele sicherheitsbewusst handeln und die den Inhalten der Kriminellen nie ausgesetzt gewesen wären, wenn sie nicht diese Seite besucht hätten.

Hinzu kommt, dass Website-Betreiber Geld mit Werbeanzeigen verdienen, die häufig angeklickt werden und daher Anzeigen so platzieren, dass sie die Aufmerksamkeit von möglichst vielen Besuchern erregen. Malvertising ermöglicht es Verbrechern auf diese Weise, ein großes Publikum zu erreichen, ohne irgendetwas oder irgendjemanden hacken zu müssen.

Bei manchen Arten von Malvertising müssen die Nutzer zunächst auf eine Anzeige klicken, um sich mit Schadsoftware zu infizieren, bei anderen hingegen ist keinerlei Interaktion des Nutzers erforderlich – hier wird das Gerät des Nutzers in dem Moment infiziert, in dem die Anzeige erscheint.

Drive-by-Downloads

Drive-by-Downloads ist ein beschönigender Ausdruck dafür, dass ein Benutzer eine Software herunterlädt, ohne zu wissen, was er da eigentlich gerade tut – im Vorbeifahren eben. Ein Drive-by-Download kann beispielsweise vorkommen, wenn ein Nutzer Malware herunterlädt, weil er eine verseuchte Website besucht, die automatisch Malware an das Gerät des Nutzers sendet, sobald die Seite geöffnet wird. Zu Drive-by-Downloads gehören auch Fälle, in denen der Nutzer weiß, dass er gerade Software herunterlädt, sich aber über die Konsequenzen nicht im Klaren ist. Nehmen wir zum Beispiel an, Sie besuchen eine Webseite, die Ihnen meldet, dass es auf Ihrem Computer eine Sicherheitslücke gibt, und Sie auffordert, auf eine Schaltfläche zum Herunterladen der Software zu klicken. Wenn Sie das tun, geben Sie Ihre Zustimmung zu dem (schadhaften) Download, weil Ihnen vorgegaukelt wurde, dass es bei diesem Download um etwas völlig anderes geht.

Diebstahl von Passwörtern

Kriminelle können auf viele verschiedene Arten an Passwörter kommen. Zu den häufig verwendeten Methoden gehören:

- ✔ **Diebstahl von Passwortdatenbanken:** Stiehlt ein Krimineller die Passwortdatenbank eines Online-Händlers, ist jeder gefährdet, dessen Passwort in dieser Datenbank steht. (Wenn der Händler die Passwörter anständig verschlüsselt hat, kann es zwar etwas dauern, bis der Kriminelle Erfolg mit einer sogenannten *Hash-Attacke* hat, dennoch bleiben die Passwörter gefährdet.) Diebstähle von Passwortdatenbanken sind heute die häufigste Art und Weise, wie Kriminelle Zugriff auf Passwörter erlangen.

- **Social-Engineering-Angriffe:** Bei diesen Angriffen bringen Betrüger Sie mit Psychotricks dazu, etwas zu tun, was Sie unter normalen Umständen niemals tun würden. Ein klassisches Beispiel sind Kriminelle, die sich als Mitarbeiter des technischen Supports des Arbeitgebers der Zielperson ausgeben und sie davon überzeugen, dass sie ein bestimmtes Passwort ändern müssen, da es angeblich ein Sicherheitsleck gegeben hat, und nun das dazugehörige Konto überprüft werden muss. Häufig gehorchen die Opfer. (Für weitere Informationen lesen Sie den Abschnitt »Phishing« weiter vorne.)

- **Angriff mit Zugangsdaten:** Bei diesen Attacken dringen Unbefugte in ein System ein, verfügen dabei aber über eine gültige Kombination aus Benutzername und Passwort (oder sonstige Authentifizierung). Diese Angriffe lassen sich wiederum in vier Kategorien einteilen:

  - *Brute-Force-Angriff:* Kriminelle nutzen automatisierte Tools, die auf gut Glück alle möglichen Passwörter ausprobieren, bis sie irgendwann auf das richtige stoßen.

  - *Wörterbuchattacke:* Automatisierte Tools geben alle möglichen Wörter aus einem Wörterbuch auf einer Seite ein, bis sie auch hier irgendwann einen Treffer landen.

  - *Kalkulierter Angriff:* Hierbei nutzen Kriminelle Informationen über eine Zielperson, um deren Passwort zu erraten. Beispielsweise testen sie den Geburtsnamen der Mutter des Opfers aus, der sich leicht über die sozialen Netzwerke herausfinden lässt.

  - *Gemischter Angriff:* Bei manchen Attacken werden die oben genannten Techniken kombiniert, zum Beispiel, indem eine Liste mit häufig vorkommenden Nachnamen verwendet wird oder indem die Wirksamkeit einer Brute-Force-Attacke durch Kenntnisse darüber, wie die Person ihre Passwörter bildet, gesteigert wird.

- **Malware:** Wenn es Verbrechern gelingt, Schadsoftware auf ein Gerät zu schleusen, kann diese möglicherweise Passwörter auslesen. (Wenn Sie mehr über Schadprogramme erfahren möchten, lesen Sie Abschnitt »Malware« weiter vorne in diesem Kapitel.)

- **Network-Sniffing:** Wenn Sie in einem öffentlichen WLAN-Netzwerk Ihr Passwort über eine unverschlüsselte oder mangelhaft verschlüsselte Seite übertragen, könnte ein Krimineller, der sich in demselben Netzwerk befindet, Ihr Passwort während der Übertragung abgreifen. Es kann sogar für andere Kriminelle sichtbar sein, die mit Netzwerken verbunden sind, die sich auf dem Weg vom Nutzer zur Zielseite befinden.

- **Credential-Stuffing:** Dabei versucht jemand, sich mit gestohlenen Kombinationen aus Benutzername und Passwort auf einer Seite anzumelden.

Es gibt Passwörter und Passwortstrategien, mit denen Sie sich gegen alle diese Angriffstechniken verteidigen können. Lesen Sie dazu Kapitel 8.

Mangelnde Wartung als Einfallstor – und gefälschte oder fehlerhafte Updates

Die Wartung eines Computersystems ist eine komplexe Angelegenheit. Softwarehersteller stellen laufend Updates bereit, die wiederum Auswirkungen auf andere Programme haben, die auf dem Computer laufen. Trotzdem sind manche Sicherheitspatches unverzichtbar und sollten zügig installiert werden, da sie Fehler in der Software, sogenannte *Bugs*, beheben. Bugs können – wenn nicht zeitnah ausgemerzt – zu Schwachstellen werden, die ausgenutzt werden können. Das Dilemma von Sicherheit einerseits und der Einhaltung vorgegebener Wartungsprozesse andererseits ist ein ewiges Tauziehen, bei dem die Sicherheit häufig verliert.

Infolgedessen ist der Großteil aller Computer nicht auf dem neuesten Stand. Selbst wenn Sie die Funktion für automatische Updates auf Ihren Geräten eingeschaltet haben, haben Sie nicht zwangsläufig die aktuellste Software, da zwar regelmäßig, aber eben nicht sekündlich auf Updates überprüft wird. Außerdem bietet nicht jede Software eine Funktion für automatische Updates. Hinzu kommt, dass die Aktualisierung einer Software Schwachstellen in einer anderen Software auf demselben Gerät verursachen kann.

Kriminelle sind außerdem dazu übergegangen, gefälschte Updates für beliebte Software online zu veröffentlichen. Obwohl es relativ einfach ist, solche Gefahren zu vermeiden – indem man Software ausschließlich von autorisierten Quellen herunterlädt, wie etwa Google Play, Samsung Galaxy Store, Apple App Store, den offiziellen Websites der Softwareanbieter und ähnlichen Plattformen –, erliegen manche Menschen dennoch der Versuchung, das vermeintlich »großartige neue Feature, das nur mit diesem offiziellen Update verfügbar ist«, herunterzuladen.

Fehlerhafte Updates können auch unbeabsichtigt auftreten: So kam es beispielsweise im Jahr 2024 zu einem weltweiten Systemausfall, der durch ein fehlerhaftes Update eines Sicherheitsprodukts des IT-Sicherheitsunternehmens CrowdStrike verursacht wurde.

Normalerweise werden Updates von Sicherheitsprodukten gründlich getestet, bevor sie in kommerziellen Produktionsumgebungen installiert werden. Doch der Zeitdruck, mögliche Sicherheitslücken schnell zu schließen, kombiniert mit dem Vertrauen, das viele Menschen bekannten Sicherheitsanbietern entgegenbringen, führt mitunter dazu, dass Updates überhastet ausgerollt werden.

Fortgeschrittene Angriffe

Wenn Sie in den Nachrichten wieder einmal von einer großen Cyberattacke hören, ist oft von *fortgeschrittenen Angriffen*, gerne auch von *Advanced Attacks*, die Rede. Auch wenn manche Cyberangriffe deutlich komplexer sind als andere und tiefgreifende technische Fähigkeiten erfordern, gibt es keine objektive Definition dafür, was einen Angriff fortgeschritten macht. Sie persönlich würden vielleicht jeden Angriff, bei dem viel Geld in die Vorbereitung und Entwicklung investiert wurde, als fortgeschritten bezeichnen. Selbstverständlich ist aber auch die Definition von »viel Geld« subjektiv. In manchen Fällen sind die Ausgaben für die Entwicklung so hoch und die Attacken so ausgefeilt, dass kein Zweifel über deren Fortschrittlichkeit besteht. Einige Experten halten Zero-Day-Attacken für fortgeschritten, andere nicht. So oder so gilt: Fortgeschrittene Angriffe können opportunistisch, gezielt oder eine Kombination aus beidem sein.

Opportunistische Angriffe sind Attacken, bei denen eine möglichst hohe Anzahl an Zielen angegriffen wird, um die Wahrscheinlichkeit zu erhöhen, dass sich darunter welche befinden, die anfällig für den Angriff sind. Der Angreifer hat dabei keine Liste vordefinierter Ziele, sondern seine Ziele sind alle erreichbaren Systeme mit Schwachstellen. Bildlich ausgedrückt wird hier einfach wild um sich geschossen, in der Hoffnung, dass jemand getroffen wird.

Gezielte Angriffe sind – wie der Name bereits verrät – auf ein bestimmtes Ziel gerichtet. Dabei werden verschiedene Angriffstechniken verwendet, bis eine letztendlich den gewünschten Erfolg bringt. Im Anschluss daran können noch weitere Angriffe gestartet werden, um sich innerhalb des Zielsystems frei bewegen zu können.

Opportunistische Angriffe

Geld zu machen, ist typischerweise das Ziel opportunistischer Angriffe, weshalb es Angreifern auch egal ist, wessen System sie da gerade knacken. Geld ist Geld – egal woher es stammt. Opportunistische Angreifer versuchen unter Umständen nicht einmal zu verschleiern, dass die Sicherheit beeinträchtigt wurde, insbesondere wenn sie bereits genügend Zeit hatten, Profit zu machen, beispielsweise durch den Verkauf gestohlener Listen mit Passwörtern oder Kreditkartennummern. Zwar sind nicht alle opportunistischen Angriffe fortgeschrittener Art, manche sind es aber definitiv. Opportunistische Angriffe unterscheiden sich grundlegend von gezielten Angriffen.

Gezielte Angriffe

Bei gezielten Angriffen zählt nur, ob das vorher definierte Zielsystem geknackt werden konnte. Gelingt dies nicht oder kann nur ein anderes System geknackt werden, ist der Angriff fehlgeschlagen. Wird beispielsweise ein ausländischer Hacker damit beauftragt, in die E-Mail-Server der Bundesregierung einzudringen und alle E-Mails zu stehlen, hat er seine Mission nur erfolgreich abgeschlossen, wenn ihm genau das gelingt. Schafft er es dabei lediglich, eine Million Euro von einer Onlinebank zu stehlen, wird der Auftraggeber dies als Misserfolg werten. Ebenso erreicht ein Angreifer in seiner Vorstellung gar nichts, wenn er eigentlich die Website des Unternehmens lahmlegen wollte, das ihn entlassen hat, er aber dabei nur die Websites anderer Unternehmen vom Netz nimmt.

Da diese Angreifer unbedingt die Systeme ihres Ziels knacken müssen, egal wie gut diese geschützt sind, werden für gezielte Attacken oft fortgeschrittene Angriffsmethoden eingesetzt, beispielsweise die Ausnutzung von Sicherheitslücken, die der Öffentlichkeit oder dem Softwarehersteller – der sie schließen müsste – nicht bekannt sind.

Wie Sie vielleicht bereits vermuten, werden gezielte Angriffe normalerweise von Personen durchgeführt, die über sehr viel umfangreichere technische Fähigkeiten verfügen als diejenigen, die wahllos angreifen. Bei gezielten Angriffen steht häufig der unbemerkte Datenklau oder die Hinzufügung von großem Schaden im Vordergrund, nicht die Erbeutung von Geld. Es liegt ja auf der Hand: Wenn Sie Geld machen wollen, warum sollten Sie dann die Mittel aufwenden, ein gut geschütztes System anzugreifen? Da handeln Sie doch eher opportunistisch und konzentrieren sich auf die Seiten, die sich nur schlecht verteidigen.

Manche der fortgeschrittenen Bedrohungen, die bei gezielten Angriffen eingesetzt werden, heißen *Advanced Persistent Threats (APTs)*, was ins Deutsche übersetzt so viel wie fortgeschrittene, andauernde Bedrohung bedeutet:

- ✔ **Advanced:** Nutzt fortgeschrittene Hacking-Technologien, wahrscheinlich unterstützt durch ein großes Budget für Forschung und Entwicklung.
- ✔ **Persistent:** Setzt verschiedene Techniken ein, um ein Zielsystem zu knacken, und gibt nicht auf, nur weil das erste Ziel gut geschützt ist.
- ✔ **Threat:** Hat das Potenzial, ernsten Schaden zuzufügen.

Gemischte Angriffe (opportunistisch und gezielt)

Eine weitere Form der fortgeschrittenen Attacken ist der opportunistische, semi-gezielte Angriff. Nehmen wir mal an, ein Krimineller möchte Kreditkartennummern stehlen und es ist ihm egal, ob er diese bestimmte Anzahl an aktiven Nummern von Karstadt, Zalando oder Thalia stiehlt. Für ihn ist nur entscheidend, dass er an diese Kreditkartennummern kommt, und nicht, woher sie stammen. Ein Angriff auf eine Seite, bei der überhaupt keine Kreditkartendaten hinterlegt sind, wäre für den Angreifer allerdings eine Verschwendung von Zeit und Geld.

IN DIESEM KAPITEL

- Wer sind die Guten und wer sind die Bösen?
- Die verschiedenen Arten von Hackern kennenlernen
- Verstehen, wie Hacker Geld verdienen
- Bedrohungen erkennen
- Sich gegen Hacker schützen und Risiken minimieren

Kapitel 3
Den Feind kennenlernen

Vor Hunderten von Jahren schrieb der chinesische Militärstratege und Philosoph Sunzi in seinem Buch »Die Kunst des Krieges« bereits darüber, wie wichtig es ist, den Feind in einer Schlacht zu kennen. Diese uralte Weisheit ist auch im Zeitalter der digitalen Sicherheit noch aktuell. In Kapitel 2 haben Sie die vielen verschiedenen Bedrohungen im Cyberraum kennengelernt, in diesem Kapitel erfahren Sie mehr über die Feinde selbst:

- ✔ Wer sind sie?
- ✔ Warum greifen sie an?
- ✔ Wie profitieren sie von ihren Angriffen?

Sie erfahren auch etwas über Angreifer, die ganz ohne böse Absicht handeln und dabei große Schäden verursachen.

Von bösen und von guten Jungs

»Alles ist relativ.« Albert Einsteins vielleicht bekanntester Satz trifft auch heute noch zu, wenn es darum geht, zu definieren, wer jetzt eigentlich die Guten und wer die Bösen im Cyberraum sind. Wenn russische Hacker Ihren Computer kapern, um damit in die Seite einer bundesdeutschen Behörde einzudringen, würden Sie ihn vermutlich auf der Seite der Bösen einsortieren. Für einen patriotischen russischen Staatsbürger wiederum sind die Hacker womöglich Nationalhelden.

Umgekehrt blicken Sie als westlicher Bürger möglicherweise mit Bewunderung auf die Entwickler von *Stuxnet,* einer Schadsoftware, die iranische Zentrifugen zur Anreicherung von Uran lahmlegte. Wenn Sie aber zum militärischen Cyberabwehrteam des Irans gehören, werden Sie dazu wohl eine andere Meinung haben. (Mehr über diese spezielle Malware erfahren Sie im Kasten »Stuxnet« in diesem Abschnitt.)

In vielen Fällen mag es sogar noch schwieriger sein, zwischen Gut und Böse zu unterscheiden. Tiefe Gräben zwischen Angehörigen eines einzelnen Kulturkreises sind da nicht ausgeschlossen.

Stuxnet

Stuxnet ist ein Computerwurm, der erstmals im Jahr 2010 entdeckt wurde und von dem angenommen wird, dass er – immerhin vorübergehend – das Atomprogramm des Irans massiv beschädigte. Bis zum heutigen Tag hat niemand offiziell die Verantwortung für die Entwicklung von Stuxnet übernommen, aber die übereinstimmende Meinung in der Informationssicherheitsbranche ist, dass er gemeinsam von amerikanischen und israelischen Cyberangreifern entwickelt wurde.

Das Ziel von Stuxnet sind die speicherprogrammierbaren Steuerungen (SPS) zur Überwachung der automatisierten Steuerung von Industriemaschinen, darunter die Zentrifugen, die zur Trennung der schweren und leichten Atome radioaktiver Elemente eingesetzt werden. Stuxnet soll Steuerungen in der iranischen Urananreicherungsanlage dahin gehend kompromittiert haben, dass sich die Zentrifugen unkontrollierbar drehten und im Endeffekt selbst zerstörten, obwohl sie dabei durchgehend meldeten, ordnungsgemäß zu funktionieren.

Stuxnet nutzte vier Zero-Day-Schwachstellen aus, die der Öffentlichkeit und den Herstellern zu der Zeit nicht bekannt waren. Der Wurm sollte sich von Netzwerk zu Netzwerk verbreiten – was er auch wie ein Lauffeuer tat –, jedoch erst seine Wirkung entfalten, sobald er auf die entsprechenden SPS und die Siemens-Software traf, die in der iranischen Anlage eingesetzt wurden.

Wenn Sie dieses Buch lesen, müssen Sie daher für sich selbst definieren, wer gut und wer böse ist. Betrachten Sie das Buch als Unterstützung bei Ihren Bemühungen, sich im Cyberraum zu schützen. Und jeden, der – aus welchen Gründen auch immer – Ihre Interessen verletzt (ganz unabhängig davon, was Ihre Interessen sein mögen), dürfen Sie meinetwegen gern als böse bezeichnen.

Eine kurze Bösewicht-Kunde

Es gibt verschiedene Arten von Angreifern, die nichts Gutes im Schilde führen und ganz unterschiedliche Motivationen und Fähigkeiten haben. Ein Ziel verfolgen sie aber alle: Sie wollen sich auf Kosten anderer – möglicherweise auch zu Ihren Lasten – irgendwelche Vorteile verschaffen.

Zu diesen Angreifern gehören:

- ✔ Script-Kiddies
- ✔ Hacker, die keine Kiddies sind
- ✔ Nationen und Staaten
- ✔ Wirtschaftsspione
- ✔ Kriminelle
- ✔ Hacktivisten

Script-Kiddies

Der Begriff *Script-Kiddies* (manchmal auch Skids oder einfach Kiddies genannt) beschreibt Menschen – oftmals Kinder oder Jugendliche –, die zwar hacken, dies aber nur mithilfe von Skripten oder Programmen tun, die bereits von anderen Hackern für Angriffe auf Computersysteme entwickelt wurden. Diese jungen Leute verfügen nicht über das technische Verständnis, das für die Entwicklung eigener Tools erforderlich wäre, und könnten ohne die Unterstützung anderer gar nicht hacken.

Hacker, die keine Kiddies sind

Während Script-Kiddies technisch nicht versiert sind (siehe den vorherigen Abschnitt), sind es viele Kids durchaus. Der stereotypische Hacker ist seit vielen Jahren der nerdige, an Computern interessierte Jugendliche oder junge Mann, der im Kinderzimmer im Haus seiner Eltern beziehungsweise in seinem WG-Zimmer sitzt und hackt. In der ersten Hacker-Generation, die zivile Systeme zum Ziel hatte, waren in der Tat viele technisch versierte Jugendliche, die ein paar Regeln brechen oder etwas ausprobieren wollten, die angeben wollten oder einfach nur neugierig waren.

Auch heute gibt es diese Hacker noch, allerdings hat sich die Anzahl der Angriffe, die von ihnen ausgeht, von einem großen Prozentsatz auf einen Bruchteil aller Angriffe reduziert. Einfach ausgedrückt: Die jugendlichen Hacker aus den Filmen der 1980er und 1990er Jahre waren möglicherweise im vorkommerziellen Internetzeitalter von Bedeutung, doch sobald sich durch Hacking echtes Geld, teure Waren und wertvolle Daten ergattern ließen, betraten Kriminelle auf der Suche nach dem großen Profit den Schauplatz. Da die Welt zunehmend abhängig von Daten wurde und immer mehr staatliche und industrielle Systeme mit dem Internet verbunden waren, begannen Nationen und Staaten, die Ressourcen für Cyber-Operationen erheblich zu erhöhen – für Spionage und Militär. Der klassische Teenager-Hacker verlor damit weiter an Bedeutung und spielt bei der heutigen Cyberkriminalität nur noch eine kleine Nebenrolle.

Nationen und Staaten

In den vergangenen Jahren waren immer häufiger hackende Nationen und Staaten in den Schlagzeilen. Berühmte Beispiele dafür sind die russischen Agenten, die sich 2016 während des US-Präsidentschaftswahlkampfs in das E-Mail-System der Demokratischen Partei und während der Kongresswahlen 2018 in das der Republikanischen Partei gehackt haben sollen. Auch die Stuxnet-Schadsoftware (siehe den Kasten »Stuxnet« weiter vorne in diesem Kapitel) ist ein Beispiel für staatlich finanzierte Malware.

Die meisten Cyberattacken, die von Staaten ausgehen, erlangen bei Weitem nicht so einen hohen Bekanntheitsgrad wie die obigen Beispiele. Sie landen nicht in den Nachrichten und haben auch keine so bekannten Ziele im Visier.

In manchen Ländern ist es außerdem schwierig, ja wenn nicht sogar unmöglich, zwischen Hacking durch Staaten oder Nationen einerseits und Wirtschaftsspionage andererseits zu unterscheiden. Denken Sie dabei beispielsweise an Länder, in denen der Staat Eigentümer und Betreiber großer Unternehmen ist. Gelten Hacker dieser Unternehmen als staatliche Hacker? Sind die Unternehmen erlaubte Regierungsziele für Hacking oder wäre das dann schon Wirtschaftsspionage?

Selbstredend hacken Nationen und Staaten auch, um Einfluss auf öffentliche Meinung, politische Entscheidungen und Wahlen in anderen Ländern zu nehmen. Seit den US-Präsidentschaftswahlen im Jahr 2016 hören wir auch in den deutschen Nachrichten immer mehr davon.

Wirtschaftsspione

Skrupellose Unternehmen nutzen manchmal Hacking als Methode, um Wettbewerbsvorteile zu erlangen oder wertvolles geistiges Eigentum zu stehlen. Chinesische Unternehmen werden zum Beispiel immer wieder von anderen Ländern beschuldigt, geistiges Eigentum von im Inland ansässigen Unternehmen zu stehlen, was diese jedes Jahr Milliarden kostet. Manchmal erfolgt der Diebstahl geistigen Eigentums sogar durch das Hacken der Heimcomputer von Mitarbeitern des Zielunternehmens, in der Hoffnung, dass sich diese mit ihren privaten Geräten mit dem Unternehmensnetzwerk verbinden.

Kriminelle

Kriminelle starten aus vielen verschiedenen Gründen die unterschiedlichsten Formen von Cyberangriffen:

- ✔ **Direkter Diebstahl von Geld:** Der Angriff gilt hier Ihrem Online-Bankkonto. Hat der Kriminelle Zugriff darauf, überweist er sich selbst Geld.

- **Diebstahl von Kreditkartennummern, Software, Videos, Musikdateien oder anderen Waren:** Hierbei greift der Kriminelle Warenkäufe an oder hinterlegt zum Beispiel falsche Lieferanweisungen in einem Unternehmenssystem, wodurch Produkte verschickt werden, deren Bezahlung der Absender jedoch nie erhält.
- **Diebstahl von Unternehmens- und persönlichen Daten:** Angegriffen werden hier Informationen, die der Kriminelle auf verschiedenen Wegen zu Geld machen kann. (Lesen Sie dazu den Abschnitt »Wie Hacker Geld verdienen« später in diesem Kapitel.)

Im Laufe der Jahre hat sich das Profil der Online-Schurken geändert: Es sind nicht mehr ausschließlich Einzeltäter, sondern eine Mischung aus Amateuren und organisierten Kriminellen.

Chinesische Cyberkrieger greifen amerikanische Unternehmen an: Einheit 61398

Im Mai 2014 erhoben Bundesanwälte der Vereinigten Staaten von Amerika Anklage gegen fünf Angehörige der Einheit 61398, der Cyberkrieg-Einheit der chinesischen Volksbefreiungsarmee (VBA), wegen Hackings vier US-amerikanischer Unternehmen sowie einer Gewerkschaft. Sie hatten mutmaßlich Alcoa, Allegheny Technologies, SolarWorld und Westinghouse, allesamt Warenzulieferer für Versorgungsunternehmen, sowie die Gewerkschaft der Stahlarbeiter der USA gehackt.

Das genaue Ausmaß des Schadens, das den amerikanischen Unternehmen durch das Hacking entstand, ist bis heute nicht bekannt. SolarWorld gab an, dass bei dem Angriff vertrauliche Informationen gestohlen worden seien. So hatte anscheinend ein chinesischer Wettbewerber Zugang zu der proprietären Technologie von SolarWorld erhalten, mit der Solarzellen effizienter werden. Dieser besondere Fall verdeutlicht die unscharfe Abgrenzung zwischen Staats- und Wirtschaftsspionage bei kommunistischen Nationen und unterstreicht auch die Schwierigkeit, die an derartigen Angriffen beteiligen Hacker strafrechtlich zu verfolgen. Keiner der Angeklagten stand je vor Gericht, da sich keiner von ihnen je in einem Land aufhielt, das sie in die USA ausgeliefert hätte.

Hacktivisten

Hacktivisten sind Aktivisten, die Hacking als Mittel nutzen, um ihr Anliegen in die Welt hinauszutragen und um diejenigen zur Rechenschaft zu ziehen, von denen sie glauben, dass sie sonst für ihre Taten – in ihren Augen Verbrechen – nicht bestraft werden. Zur Gruppe der Hacktivisten gehören Terroristen und Rogue Insider.

Terroristen

Terroristen hacken aus verschiedenen Gründen:

- Um direkten Schaden zu verursachen (beispielsweise durch das Hacken eines Versorgungsunternehmens, was zu einem Stromausfall führt)

- Um Informationen für die Planung eines Terrorangriffs zu sammeln (beispielsweise um herauszufinden, wann Waffen zwischen Standorten transportiert und dadurch gestohlen werden können)
- Um durch einen terroristischen Angriff Geld zu erbeuten (siehe dazu den vorherigen Abschnitt »Kriminelle«)

Rogue Insider

Verärgerte Mitarbeiter, betrügerische Auftragnehmer und bestechliche Angestellte mit Insider-Wissen stellen für Unternehmen und deren Mitarbeiter eine ernsthafte Bedrohung dar.

Rogue Insider, also bösartige und skrupellose Insider, die Daten klauen oder Schaden verursachen, werden von vielen als gefährlichste Gruppe von Cyberangreifern angesehen. Sie haben typischerweise weitaus mehr Wissen als Außenstehende darüber, welche Daten und Computersysteme ein Unternehmen besitzt, wo sich diese Systeme befinden, wie sie geschützt werden und wo ihre potenziellen Schwachstellen sind.

Rogue Insider greifen Unternehmen aus verschiedenen Gründen an. Denkbar sind Folgende:

- Sie möchten die Geschäftsabläufe stören, um ihre eigene Arbeitsbelastung zu senken oder einem Wettbewerber zu helfen.
- Sie wollen sich rächen, weil sie bei einer Beförderung oder einer Bonuszahlung übergangen wurden.
- Sie möchten ihrem Arbeitgeber finanziellen Schaden zufügen.
- Sie wollen die Firma verlassen und Daten stehlen, die ihnen bei ihrem nächsten Arbeitsplatz oder bei ihren zukünftigen Plänen von Nutzen sein werden.

Hacker und ihre bunten Hüte

Hacker können in verschiedene Gruppen eingeteilt werden, je nachdem welche Ziele sie mit dem Hacken verfolgen. Wie im klassischen Western-Film tragen auch hier die Hacker unterschiedlich farbige Hüte, um die Guten von den Bösen zu unterscheiden:

- **Black Hat Hacker:** Die Schwarz-Hüte verfolgen böse Absichten und hacken, um zu stehlen, zu manipulieren und/oder zu zerstören. Wenn sich Otto Normalverbraucher einen Hacker vorstellt, hat dieser in der Regel einen schwarzen Hut auf.
- **White Hat Hacker:** Die Weiß-Hüte handeln moralisch vertretbar. Sie hacken, um zu testen, zu reparieren und um die Sicherheit von Systemen und Netzwerken zu verbessern. Diese Hacker sind in der Regel Fachleute in Computersicherheit, die sich auf

Penetrationstests spezialisiert haben und die von Unternehmen und Staaten eingestellt werden, um Schwachstellen in deren IT-Systemen auszumachen. Aber aufgepasst: Ein Hacker wird nur als White Hat Hacker bezeichnet, wenn er die ausdrückliche Zustimmung des Betreibers hat, dessen System er hackt.

- **Grey Hat Hacker:** Die Grau-Hüte sind Hacker, die zwar nicht die bösartigen Absichten der Schwarz-Hüte verfolgen, die aber – zumindest gelegentlich – unethisch handeln oder anderweitig Anti-Hacking-Gesetze verletzen. Ein Hacker mit grauer Kopfbedeckung legt es darauf an, Schwachstellen in einem System zu finden, ohne dafür die Einwilligung des Betreibers zu haben. Er will dem System, das er absucht, aber auch keinen Schaden zufügen. Grey Hat Hacker hacken manchmal, um Geld damit zu verdienen. Wenn sie den Systembetreibern zum Beispiel die Sicherheitslücken melden, bieten sie ihnen im nächsten Schritt deren Behebung gegen die Zahlung eines Honorars an. Einige der Hacker, die von der Öffentlichkeit als Black Hat Hacker angesehen werden, tragen eigentlich eher graue Hüte.
- **Green Hat Hacker:** Jetzt wird es langsam bunter. Als Green Hat Hacker werden Grünschnäbel bezeichnet, die auf dem Weg dahin sind, Profi-Hacker zu werden. Ob sich ein Green Hat Hacker eher zu den Weiß-, den Schwarz- oder den Grau-Hüten zuordnen lässt, zeigt sich oft im Laufe der Zeit, sobald er mehr Erfahrung gesammelt hat.
- **Blue Hat Hacker:** Blaue Hüte werden den Hackern zugesprochen, die dafür bezahlt werden, Software-Fehler zu finden, bevor diese auf den Markt kommt.

In diesem Buch konzentrieren wir uns vorwiegend auf die Hacker mit schwarzen und grauen Hüten, da sie diejenigen sind, vor denen Sie sich sowie Ihre Freunde, Familie und Bekannten schützen sollten.

Wie Hacker Geld verdienen

Viele Cyberangreifer, wenn auch nicht alle, wollen mit ihren Verbrechen Geld verdienen. Cyberkriminelle können auf verschiedenen Wegen finanziell von ihren Straftaten profitieren:

- Direkter Finanzbetrug
- Indirekter Finanzbetrug
- Ransomware
- Kryptominer

Direkter Finanzbetrug

Hacker können mit ihren Angriffen unmittelbar Geld erbeuten. Ein Hacker installiert beispielsweise auf Ihrem Computer eine Schadsoftware, um Ihren Besuch auf der Website Ihres Onlinebankings abzugreifen und den Server der Seite anzuweisen, Geld auf das Konto des Hackers zu überweisen. Die Betrüger wissen selbstverständlich, dass gerade Banken ihre Systeme gegen Angriffe dieser Art gut schützen, sodass viele auf weniger gut gesicherte

Systeme ausweichen. Manche Kriminelle konzentrieren sich daher darauf, die Anmeldedaten (Benutzernamen und Passwörter) eines Systems abzugreifen, bei dem Guthaben gespeichert wird – beispielsweise in der App eines hippen Coffee Shops, in der die Kaffeeliebhaber Guthaben für die nächste Bestellung aufladen können. Die Hacker stehlen dieses Geld, indem sie anderswo damit Waren oder Dienstleistungen kaufen. Wenn Kriminelle Benutzerkonten knacken, in denen eine automatische Aufladungsfunktion eingestellt ist, können sie nach jedem Ladevorgang den aufgeladenen Betrag abzweigen. Kriminelle könnten es außerdem auf die Punkte- und Meilenkonten Vielreisender abgesehen haben und die mühsam gesammelten Punkte oder Meilen auf andere Konten übertragen. Damit lassen sich dann Waren kaufen, Flugtickets erwerben oder Hotelzimmer buchen, die sie dann wiederum an andere verkaufen können. Die Online-Gauner stehlen auch Kreditkartennummern, die sie schnell selbst nutzen oder an andere Betrüger verkaufen, die sie dann für ihren nächsten Coup nutzen.

Indirekter Finanzbetrug

Die wirklich gerissenen Cyberkriminellen vermeiden aber in der Regel den direkten Finanzbetrug, da sich mit diesen Maschen meist nur geringe Euro-Beträge erbeuten lassen und der Betrogene die Sache oft rückgängig machen kann, zum Beispiel, indem er betrügerische Überweisungen zurückfordert oder eine falsche Warenbestellung storniert. Außerdem ist die Gefahr, erwischt zu werden, für den Betrüger recht hoch. Daher versucht er womöglich, an Daten zu kommen, die er mit einem indirekten Finanzbetrug zu Geld machen kann. Dazu gehören folgende Verbrechen:

- ✔ Gewinn aus illegalem Wertpapierhandel
- ✔ Diebstahl von Kreditkartendaten
- ✔ Diebstahl von Waren
- ✔ Diebstahl von Daten

Gewinn aus illegalem Wertpapierhandel

Cyberkriminelle können sich mit dem illegalen Handel von Wertpapieren, beispielsweise Aktien, Anleihen und Optionen, eine goldene Nase verdienen:

- ✔ **Pump-and-Dump-Angriff:** Kriminelle hacken dabei ein Unternehmen und stehlen Daten. Sie tätigen Leerverkäufe der Unternehmensaktien und verbreiten die gestohlenen Daten unerlaubt im Internet, um den Aktienkurs zum Fallen zu bringen. Dann schlagen die Kriminellen zu. Sie kaufen die Aktien (zur Deckung des Leerverkaufs) zu einem niedrigeren Preis zurück als der, zu dem sie sie zuvor verkauft haben.
- ✔ **Gefälschte Pressemitteilungen und Beiträge in den sozialen Medien:** Dabei kaufen oder verkaufen Kriminelle Aktien eines Unternehmens und veröffentlichen gefälschte Pressemitteilungen oder andere falsche Nachrichten, indem sie sich in die Marketing-Systeme oder Social-Media-Konten des Unternehmens hacken, um

darüber gefälschte schlechte oder gute Nachrichten zu verbreiten. Die Hacker nutzen dafür die offiziellen Kommunikationskanäle des Unternehmens.

- **Insider-Informationen:** Hierbei könnte ein Krimineller Entwürfe von Pressemitteilungen der PR-Abteilung eines börsennotierten Unternehmens abgreifen, um herauszufinden, ob es zu Überraschungen beim Quartalsergebnis kommen wird. Stellt der Betrüger dann beispielsweise fest, dass ein Unternehmen sehr viel bessere Zahlen vorlegt, als von der Börse erwartet, erwirbt er möglicherweise sogenannte *Call-Optionen* (die den Betrüger berechtigen, Unternehmensaktien zu einem vorher festgelegten Preis zu kaufen), deren Wert nach einer derartigen Bekanntgabe sprunghaft ansteigen kann. Vergleichbares gilt für den Fall, dass das Unternehmen schlechte Nachrichten zu verkünden hat: Der Betrüger tätigt in diesem Fall Leerverkäufe der Unternehmensaktien oder erwirbt sogenannte *Put-Optionen* (die den Betrüger berechtigen, Unternehmensaktien zu einem vorher festgelegten Preis zu verkaufen), deren Wert dann selbstverständlich in die Höhe schnellen würde, wenn der Börsenkurs fällt.

Diskussionen über indirekten Finanzbetrug in den oben genannten Formen sind keine theoretischen Gedankenspiele oder das Ergebnis von Paranoia oder Verschwörungstheorien. Es wurden bereits Kriminelle gefasst, die genau diese Maschen abgezogen haben. Diese Betrugsform ist meist weniger gefährlich für die Kriminellen als der direkte Diebstahl von Geld, da es für die Regulierungs- und Aufsichtsbehörden sehr schwierig ist, diese Verbrechen zu entdecken, und es nahezu unmöglich ist, Transaktionen dieser Art rückgängig zu machen. Für fortgeschrittene Cyberkriminelle ist das meist ein lukratives Geschäftsmodell. Das Risiko, den Ermittlern in die Falle zu gehen, ist gering und die Erfolgschancen sind hoch.

Diebstahl von Kreditkartendaten

Wie Sie sicherlich auch schon einmal in den Nachrichten gehört haben, sind viele Online-Betrüger hinter Kreditkartennummern her. Diebe können diese Nummern verwenden, um Waren und Dienstleistungen zu erhalten, ohne dafür zu bezahlen. Manche Täter kaufen elektronische Geschenkkarten, Software-Seriennummern oder andere Vermögenswerte dieser Art, die sie dann durch den Weiterverkauf an Ahnungslose zu Geld machen. Andere Betrüger kaufen lieber harte Waren, die ihnen dann zum Beispiel an leer stehende Häuser geliefert werden, wo sie die Gegenstände leicht abholen können.

30 Millionen US-Dollar Beute für Cyberkriminelle

Im Sommer 2015 beschuldigte das US-Justizministerium neun Personen – manche aus den USA, einige aus der Ukraine – 150.000 Pressemitteilungen von Finanztransaktionsdienstleistern gestohlen und die darin enthaltenen Informationen aus etwa 800 dieser noch nicht veröffentlichten Meldungen für illegale Börsengeschäfte verwendet zu haben. Die US-Regierung gab an, dass die erzielten Gewinne durch diesen Insider-Handel bei mehr als 30 Millionen US-Dollar lagen.

Andere Kriminelle nutzen die gestohlenen Kreditkarten gar nicht für sich selbst. Stattdessen verkaufen sie die Nummern im Darknet (ein Teil des Internets, in dem Sie sich anonym bewegen und auf den Sie nur mithilfe entsprechender Technologie zugreifen können) an andere Kriminelle, die über die entsprechende Infrastruktur verfügen, um die Kreditkarten schnell zu benutzen, bevor die Opfer betrügerische Bewegungen auf ihren Konten bemerken und die Karten sperren lassen.

Diebstahl von Waren

Neben den Formen des Warendiebstahls, über die Sie im vorherigen Abschnitt bereits gelesen haben, gibt es auch Kriminelle, die Informationen über die Bestellung wertvoller kleiner Gegenstände, wie zum Beispiel Schmuck, ergattern wollen. Mit diesen Informationen wollen sie die Waren abgreifen, sobald sie an den Empfänger geliefert werden und gar nicht unbedingt betrügerische Transaktionen vornehmen.

Diebstahl von Daten

Manche Täter stehlen Daten, um damit verschiedene Finanzverbrechen zu begehen. Andere Kriminelle stehlen wiederum Daten, um sie an andere zu verkaufen oder der Öffentlichkeit preiszugeben. Gestohlene Daten von Unternehmen können beispielsweise für skrupellose Wettbewerber von unschätzbarem Wert sein.

Ransomware

Ransomware ist Schadsoftware, die Benutzern den Zugriff auf ihre Dateien verweigert, bis sie ein Lösegeld an irgendeine kriminelle Vereinigung zahlen. Cyberkriminelle haben mit dieser Art Cyberattacke bereits Milliarden an Gewinn gemacht (ganz richtig, *Milliarden,* nicht Millionen) und damit auch Menschenleben gefährdet, weil Ärzte zum Beispiel aus dem mit Malware infizierten Computersystem ihres Krankenhauses ausgesperrt wurden. Ransomware ist und bleibt eine wachsende Bedrohung, da die Schurken ihre technischen Fähigkeiten und die potenziellen Gewinnmargen laufend verbessern. Da die Kriminellen immer größere Profite machen wollen, gibt es mittlerweile Ransomware, die alle Netzwerke absucht, mit denen der infizierte Computer verbunden ist, um auf diesem Weg die sensibelsten Systeme und Daten ausfindig zu machen. Doch statt die entdeckten Daten direkt zu stehlen, aktiviert sich die Ransomware und verhindert den Zugriff auf die wertvollsten Informationen.

Je wichtiger die Daten für ihren Eigentümer sind, desto eher wird er das Lösegeld bezahlen und desto höher wird das Lösegeld ausfallen, das er maximal zu zahlen bereit ist. Kriminelle sind sich dessen selbstverständlich bewusst.

Ransomware ist zunehmend besser getarnt und wird häufig von Anti-Viren-Software nicht entdeckt. Kriminelle, die Ransomware einsetzen, richten ihre Angriffe oft auf Ziele, von denen sie wissen, dass sie über das nötige Kleingeld verfügen, beachtliche Lösegelder zu bezahlen. Den Verbrechern ist beispielsweise bewusst, dass der Durchschnittsdeutsche sehr viel eher bereit ist, 200 Euro Lösegeld zu bezahlen als ein durchschnittlicher Chinese. Darüber hinaus greifen sie oft Umgebungen an, deren Sperrung ernste Konsequenzen haben kann.

Ein Krankenhaus kann es sich nicht erlauben, lange ohne die elektronisch gespeicherten Patientendaten zu arbeiten.

Kryptominer

Ein *Kryptominer* ist ein Schadprogramm, das die Rechenkraft eines Computers beansprucht, um damit komplexe mathematische Berechnungen durchzuführen, die zur Erstellung neuer Einheiten einer Kryptowährung erforderlich sind. Die frisch geschürften Währungseinheiten werden an den Kriminellen überwiesen, der den Kryptominer eingeschleust hat. Moderne Formen von Kryptominern nutzen Gruppen infizierter Computer, die gemeinsam das Schürfen übernehmen.

Da Kryptominer das Geld für die Kriminellen ohne jegliches Zutun ihrer menschlichen Opfer scheffeln, nutzen immer mehr Cyberangreifer diese Malware, um Geld mit ihren Attacken zu verdienen. Dies kommt insbesondere auch den Schurken entgegen, denen die Fachkenntnisse fehlen, gezielte und riskante Ransomware-Angriffe zu starten.

Zwar schwankt der Kurs der Kryptowährungen stark (zumindest während ich dieses Kapitel geschrieben habe), doch sogar mit recht einfachen Kryptominer-Netzwerken können deren Betreiber schätzungsweise mehr als 30.000 US-Dollar im Monat verdienen.

Umgang mit unabsichtlichen Bedrohungen

Manche Angreifer wollen Ihnen absichtlich Schaden zufügen, andere hingegen verfolgen gar nicht das Ziel, Schaden zu verursachen. Trotzdem können Letztere bei völliger Arglosigkeit für Bedrohungen sorgen, von denen so manche gefährlicher sind als die, die durch Kriminelle verursacht werden.

Menschliches Versagen

Die vielleicht größte Bedrohung für Cybersicherheit – sei es für eine einzelne Person, ein Unternehmen oder eine Behörde – ist das menschliche Versagen. Fast alle bedeutenden Sicherheitsvorfälle, die in den letzten zehn Jahren Schlagzeilen machten, wurden – zumindest teilweise – durch Fehler des Menschen verursacht. Damit Angriffe der feindlichen Akteure überhaupt gelingen, ist menschliches Versagen sogar oft zwingend erforderlich – auch das ist ein Phänomen, dessen wir uns sehr wohl bewusst sind.

Risikofaktor Mensch

Warum ist der Mensch so oft die Schwachstelle in der Kette der Cybersicherheit und macht Fehler, die massive Vorfälle nach sich ziehen? Die Antwort darauf ist eigentlich recht einfach.

Bedenken Sie, wie fortschrittlich Technologien in den letzten Jahren geworden sind. Elektronische Geräte, die heute allgegenwärtig sind, waren noch vor ein oder zwei Generationen Stoff für Science-Fiction-Romane und -Filme. In vielen Fällen hat die heutige Technologie die Zukunftsvorhersagen sogar übertroffen. Die Smartphones und Smartwatches von heute sind sehr viel leistungsfähiger und praktischer, als es das Schuhtelefon von Maxwell Smart beziehungsweise die Armbanduhr von Dick Tracy je waren.

Sicherheitstechnologien haben sich ebenfalls im Laufe der Zeit drastisch verbessert. Jedes Jahr kommen neue Produkte und verbesserte Versionen bestehender Technologien auf den Markt. Software zur Erkennung von Schadprogrammen und Eindringlingen ist heute beispielsweise um ein Vielfaches besser als noch vor zehn Jahren. Man kann sie eigentlich gar nicht zur selben Produktkategorie zählen.

Stellen Sie sich nun das menschliche Gehirn vor. Es dauerte Zehntausende von Jahren, bis sich das Gehirn des Menschen aus anderen Spezies weiterentwickelt hatte. Grundlegende Verbesserungen geschehen nicht innerhalb der Lebensdauer eines Menschen, ja nicht einmal innerhalb von Jahrhunderten. Sicherheitstechnologien entwickeln sich mit einer viel höheren Geschwindigkeit weiter, als es der Mensch tut.

Durch die fortschreitende technologische Entwicklung müssen Menschen mit einer wachsenden Anzahl komplexer Geräte, Systeme und Software interagieren und lernen, sie richtig zu nutzen. Die Gefahr, dass wir auch in Zukunft entscheidende Fehler machen werden, steigt von Tag zu Tag.

Die wachsenden Anforderungen, denen unser Gehirn aufgrund des technologischen Wandels ausgesetzt ist, lassen sich selbst auf einfachster Ebene ablesen: Wie viele Passwörter mussten sich Ihre Großeltern merken, als sie in Ihrem Alter waren? Wie viele mussten sich Ihre Eltern merken? Wie viele müssen Sie sich merken? Und wie leicht konnten Hacker zur Zeit Ihrer Großeltern oder Ihrer Eltern aus der Ferne Passwörter knacken, um sie für ihre Zwecke auszunutzen? Und wie sieht es heute bei Ihnen aus?

Die meisten Ihrer Großeltern hatten vermutlich nicht mehr als ein oder zwei Passwörter, als sie in Ihrem Alter waren – vielleicht sogar kein einziges. Und keines dieser Passwörter war irgendwie aus der Ferne hackbar. Passwörter auswählen und sich merken war daher für die Sicherheit völlig unwichtig. Heute haben Sie wahrscheinlich Dutzende von Passwörtern, von denen die meisten durch automatisierte Tools aus der Ferne geknackt werden können. Die Gefahr ist dadurch sehr viel größer.

Unter dem Strich gilt: Verinnerlichen Sie die Tatsache, dass menschliches Versagen die größte Bedrohung für Ihre Sicherheit im Cyberraum darstellt – und handeln Sie entsprechend.

Social Engineering

Im Bereich der Informationssicherheit meint *Social Engineering* die psychologische Beeinflussung von Menschen, um sie zu einem Verhalten zu bringen, das sie normalerweise nicht an den Tag legen würden und womit sie sich schaden.

Beispiele für Social Engineering sind:

- Jemanden anrufen und glauben machen, man gehöre zur IT-Abteilung, und sie dann dazu bringen, das Passwort zum E-Mail-Konto zurückzusetzen

- Phishing-E-Mails versenden (siehe Kapitel 2)
- CEO-Fraud-E-Mails versenden (siehe ebenfalls Kapitel 2)

Angreifer verfolgen mit Social Engineering eine bösartige Absicht, sind aber nicht diejenigen, die letztlich die Schwachstelle herstellen oder den Schaden verursachen. Die eigentlichen Verursacher wollen gar keinen Schaden anrichten. Der Mitarbeiter aus dem ersten Beispiel glaubt ernsthaft, dass er durch das Zurücksetzen seines Passworts der IT-Abteilung dabei hilft, E-Mail-Probleme zu lösen, und weiß nicht, dass er gerade Hackern Tür und Tor zum E-Mail-System geöffnet hat. Auch ein Mitarbeiter, der einem Phishing-Angriff oder einem CEO-Fraud aufgesessen ist, will dem Hacker selbstverständlich nicht helfen.

Zum menschlichen Versagen gehört auch die irrtümliche Löschung von Daten, eine unbeabsichtigte Fehlkonfiguration des Systems, die versehentliche Infektion eines Computers mit Malware, die unabsichtliche Deaktivierung von Sicherheitstechnologien und andere Irrtümer, die den Kriminellen ihre Machenschaften ermöglichen.

Unterschätzen Sie niemals die potenziellen Auswirkungen menschlicher Fehler – auch nicht die Ihrer eigenen, denn sie geschehen unvermeidlich. Sie werden Fehler machen. Auch ich mache welche. Jeder tut das. Bei wichtigen Angelegenheiten ist es daher notwendig, noch ein zweites Mal hinzuschauen, damit wirklich alles so ist, wie es sein sollte.

Externe Katastrophen

In Kapitel 2 haben Sie erfahren, dass es sich bei Cybersicherheit darum dreht, die Vertraulichkeit, Integrität und Verfügbarkeit Ihrer Daten aufrechtzuerhalten. Eine der größten Gefahren für die Verfügbarkeit – aus der wiederum Bedrohungen für die Vertraulichkeit und Integrität entstehen können – sind externe Katastrophen. Davon gibt es zwei Sorten: natürlich auftretende und menschengemachte Katastrophen.

Naturkatastrophen

Eine große Anzahl von Menschen lebt zu einem gewissen Grad in einer Gegend, in der sich Naturkatastrophen ereignen können. Wirbelstürme, Hochwasser, Waldbrände: Die Natur kann brutal zuschlagen und dabei Computer und ihre Daten beschädigen oder gänzlich zerstören.

Kontinuitätsplanung und Notfallwiederherstellung sind daher wichtige Kenntnisse, über die Cybersicherheitsfachleute verfügen müssen. Rein statistisch gesehen erleben die meisten einmal in ihrem Leben irgendeine Form einer Naturkatastrophe. Wenn Sie Ihre Systeme und Daten davor schützen wollen, müssen Sie sich auf diese Eventualitäten entsprechend vorbereiten.

Grundsätzlich ist es natürlich eine gute Idee, Festplatten mit Sicherungskopien an zwei verschiedenen Orten aufzubewahren. Wenn sich jedoch beide in den Kellern von Häusern befinden, die in einer Hochwasserzone liegen, ist diese Strategie womöglich nicht optimal.

Menschengemachte Probleme

Die Natur ist aber bei Weitem nicht der einzige externe Problemfaktor. Menschen können Verursacher von Überflutungen und Bränden sein und menschengemachte Katastrophen können manchmal schwerer sein als Katastrophen natürlichen Ursprungs. Stromausfälle, Demonstrationen und Ausschreitungen, Streiks, Terrorangriffe, Internetausfälle und Störungen der Telekommunikationsanbieter können ebenfalls Auswirkungen auf die Verfügbarkeit von Daten und Systemen haben.

Bei den Terrorangriffen vom 11. September 2001 spürten Unternehmen, die Sicherungskopien ihrer Systemdaten aus dem New Yorker World Trade Center im nahegelegenen World Financial Center untergebracht hatten, auf schmerzhafte Weise, wie wichtig die Aufbewahrung von Backups entfernt vom Hauptsystem ist, denn auch das World Financial Center war nach der Zerstörung des World Trade Centers für lange Zeit nicht zugänglich.

Cyberkrieger und Cyberspione

Die heutigen Staatsapparate verfügen oft über große Armeen von Cyberkriegern. Diese Einheiten suchen nach Schwachstellen in Softwareprodukten und Systemen, um mit ihnen ihre Gegner auszuspähen und anzugreifen oder sie zur Strafverfolgung einzusetzen.

Dadurch entstehen allerdings Risiken für Privatpersonen und Unternehmen. Anstatt dass Schwachstellen den betroffenen Herstellern gemeldet werden, halten viele Regierungsbehörden sie geheim, wodurch Bürger, Unternehmen und andere staatliche Einrichtungen angreifbar für ihre Gegner werden, die womöglich dieselbe Schwachstelle entdecken.

Staaten können ihre Hacker-Teams zwar zur Verbrechensbekämpfung einsetzen, es kommt aber auch vor, dass sie ihre Cyberressourcen missbrauchen, um Kontrolle über die im Land lebenden Menschen auszuüben oder um die Macht einer bestimmten Person oder Partei aufrechtzuerhalten. Selbst in den Vereinigten Staaten wurden nach den Terroranschlägen vom 11. September verschiedene Programme für die massenhafte Speicherung von Daten eingeführt, von denen auch gesetzestreue US-Bürger betroffen waren. Wenn diese Datenbanken in die Hände ausländischer Mächte gelangt wären, wären viele Menschen allen möglichen Bedrohungen ausgesetzt gewesen. Die Gefahren sind nicht mehr rein theoretischer Natur. Von Staaten entwickelte Cyberwaffen sind in der Vergangenheit bereits im Internet aufgetaucht – eindeutig gestohlen.

Das Internet vergisst nicht

Wer eine Straftat begangen hat und rechtskräftig verurteilt wurde, kann davon ausgehen, dass diese Einträge irgendwann wieder aus dem Führungszeugnis gelöscht werden. Diese gesetzliche Regelung sorgt dafür, dass Menschen die Chance auf einen Neustart bekommen. Insbesondere straffällig gewordene Jugendliche haben damit die Chance, nach verbüßter Strafe als Erwachsene produktive Mitglieder der Gesellschaft zu werden. Doch was nützt die Löschung aus dem Führungszeugnis, wenn der zukünftige Arbeitgeber mit nur einer kurzen Google-Suche des Namens alles über die Jugendsünden des Bewerbers erfährt, weil alle Artikel der Lokalpresse zu dem Fall offen einsehbar sind. Selbst wenn jemand überhaupt nicht verurteilt wurde, könnte sein Name mit dem alten Fall in Verbindung gebracht werden und ihn das womöglich den neuen Job kosten. (Mehr zu dem Thema erfahren Sie im Kasten »Das Recht auf Vergessenwerden« in diesem Abschnitt.)

Offen abrufbare personenbezogene Daten können auch zu einem Sicherheitsrisiko werden. Gemeindebriefe von Kirchen und Synagogen, die offen in Online-Archiven zugänglich sind, enthalten Geburtsanzeigen, in denen sich nicht nur der Name des Babys oder der seiner Eltern befindet, sondern eventuell sogar das Krankenhaus, in dem es geboren wurde, oder die Namen der Großeltern. Wie viele Sicherheitsfragen kann ein Cyberkrimineller wohl beantworten, wenn er auch nur eine einzige Anzeige dieser Art in die Finger bekommt? Alle diese Beispiele zeigen, wie der technologische Fortschritt unsere Privatsphäre und unsere Sicherheit im Cyberraum untergraben, ja sogar gesetzliche Regelungen zu unserem Schutz aushebeln kann.

Das Recht auf Vergessenwerden

Das *Recht auf Vergessenwerden* (manchmal verkürzt als *Recht auf Vergessen* bezeichnet) bezieht sich auf das Recht von Menschen, dass einerseits unerwünschte Daten über sie nicht mehr im Internet abrufbar sind und dass andererseits Einträge mit ihren Namen aus Suchmaschinen gelöscht werden, wenn die Informationen, die in diesen Ergebnissen enthalten sind, mittlerweile veraltet oder irrelevant geworden sind. EU-Bürger genießen immerhin Letzteres der beiden.

Die Überlegung, die hinter dem Recht auf Vergessenwerden steht, ist Folgende: Es ist im gesellschaftlichen Interesse, dass Menschen nicht aufgrund von nichtigen Vergehen, die lange her sind und nichts mehr mit ihrer heutigen Persönlichkeit zu tun haben, ihr Leben lang verurteilt, stigmatisiert oder bestraft werden. Wenn sich beispielsweise eine 45 Jahre alte Frau mit beispielloser Karriere und ohne Vorstrafen für eine Stelle bewirbt, ist es ungerecht und für die Gesellschaft als Ganzes schädlich, wenn ihr diese Stelle verwehrt bleibt, nur weil der potenzielle Arbeitgeber bei einer Internetsuche herausfindet, dass die Bewerberin als unreife Jugendliche jemandem einen harmlosen Streich gespielt hat.

Auch Länder außerhalb der Europäischen Union haben verschiedene Formen des Rechts auf Vergessenwerden eingeführt. Ein Gericht in Indien – ein Land, in dem es im Grunde genommen kein einziges Gesetz gibt, das ein Recht auf Vergessenwerden festlegt – urteilte im Sinne einer Klägerin, die die Löschung von sachlich richtigen Informationen verlangte, die erhebliche Auswirkungen auf ihren Ruf gehabt hätten. Das Gericht übernahm dabei offensichtlich die Sichtweise, dass Menschen ein inhärentes Recht darauf haben, die Verbreitung von negativen Informationen zu verhindern, die ihnen selbst schaden, dabei aber niemandem sonst dienlich sind.

Wenn es in irgendeiner Form ein Recht auf Vergessenwerden gibt, kann dies dabei helfen, einige der in diesem Kapitel erwähnten Bedrohungen für die Cybersicherheit und Privatsphäre zu reduzieren, da es Kriminellen beispielsweise erschwert werden würde, Antworten auf persönliche Sicherheitsfragen herauszufinden, um damit Social-Engineering-Angriffe zu starten.

Soziale Medien

Social-Media-Plattformen sind eine Gruppe von Technologie-Firmen, die eine ernsthafte Gefahr für Cybersicherheit darstellen. Cyberkriminelle suchen immer häufiger die sozialen Netzwerke ab – manchmal mit automatisierten Tools –, um Informationen zu finden, die sie gegen Unternehmen und ihre Mitarbeiter verwenden können. Angreifer nutzen die gefundenen Daten aus, um alle möglichen Arten von Angriffen zu entwickeln, zum Beispiel Ransomware. Sie könnten beispielsweise eine gut gemachte Spear-Phishing-Mail (dazu mehr in Kapitel 2) verschicken, die Mitarbeiter dazu bringt, auf einen Link zu klicken, der sie zu einer mit Ransomware verseuchten Website führt, oder mit Ransomware infizierte Anhänge zu öffnen.

Eine besonders perfide Art des Angriffs sind falsche Entführungen. Dabei kontaktieren Kriminelle die Angehörigen einer Person, die gerade aufgrund eines Langstreckenflugs oder Ähnlichem nicht erreichbar ist, und fordern dann Lösegeld im Austausch für diesen angeblich Entführten. Seit es soziale Netzwerke gibt, ist die Zahl der virtuellen Kidnapping-Fälle sprunghaft angestiegen. Die Betrüger können oft anhand von Profilbeiträgen in den Plattformen erkennen, wann der beste Zeitpunkt dafür ist und wen sie kontaktieren müssen.

Google ist allwissend

Ein Weg, wie Computersysteme überprüfen, ob eine Person diejenige ist, die sie vorgibt zu sein, ist die persönliche Sicherheitsfrage. Dabei wird dem Nutzer eine Frage gestellt, auf die nur wenige abgesehen von dem Berechtigten die richtige Antwort wissen. In vielen Fällen ist derjenige, der die Frage nach der aktuellen Höhe der Kreditrate für Ihr Eigenheim oder nach dem Namen Ihres Mathelehrers in der siebenten Klasse richtig beantworten kann, sehr wahrscheinlich zum Zugriff berechtigt.

Der Geburtsname der Mutter

Na, wie oft sind Sie schon nach dem Geburtsnamen Ihrer Mutter gefragt worden, um mit der Antwort Ihre Identität nachzuweisen? Abgesehen von der Tatsache, dass ein Krimineller mit den häufigsten deutschen Nachnamen früher oder später ohnehin bei irgendjemandem Glück haben wird, haben die sozialen Netzwerke diese Sicherheitsfrage (und viele andere) ad absurdum geführt. Cyberangreifer können diese Information schnell und einfach aus Ihrem Social-Media-Profil auslesen, selbst wenn Sie auf der Plattform nicht mit Ihrer Mutter vernetzt sind. Ein Betrüger wird beispielsweise einfach die am häufigsten auftretenden Nachnamen in Ihrer Facebook-Freundesliste ausprobieren. Einer davon ist sicher ein Treffer.

Doch die allwissende Google-Suchmaschine macht diese Form der Authentifizierung unsicher. Viele Informationen, die vor wenigen Jahren noch schwer auffindbar waren, können heute fast umgehend über eine Google-Suche gefunden werden. Häufig sind die Antworten auf die Sicherheitsfragen verschiedener Websites für Betrüger wirklich »nur einen Klick entfernt«.

Zwar werten manche Websites die Frage bereits als falsch beantwortet, wenn die Antwort erst nach mehreren Sekunden nach ihrem Erscheinen eingegeben wird, doch die meisten Seiten verfügen nicht über diese Art von Beschränkung, das heißt, dass jeder, der weiß, wie man eine Google-Suche durchführt, viele moderne Authentifizierungssysteme aushebeln kann.

Standortbestimmung Ihres Smartphones

Google selbst kann aufgrund der Karten- und Navigationsapps viele verschiedene Daten zueinander in Beziehung setzen. Wir können also annehmen, dass ein Großteil der westlichen Weltbevölkerung davon betroffen ist. Natürlich sind dazu auch die Betreiber anderer Apps in der Lage, die millionenfach auf Smartphones installiert sind und auf Standortdaten zugreifen dürfen. Jeder, der überwacht, wo sich eine Person befindet und wie lange sie sich dort aufhält, kann eine Datenbank für alle möglichen bösartigen Zwecke erstellen – um eine wissensbasierte Authentifizierung zu untergraben, um Social-Engineering-Angriffe durchzuführen oder die Vertraulichkeit geheimer Projekte zu beeinträchtigen. Selbst wenn ein Unternehmen ohne böse Absichten eine derartige Datenbank pflegt, stellen kriminelle Angestellte und Hacker, die auf die Datenbank zugreifen oder sie stehlen, eine ernsthafte Bedrohung dar.

Diese Art der Standortbestimmung, das sogenannte *Tracking*, untergräbt auch den Schutz der Privatsphäre. Google weiß beispielsweise, wer regelmäßig zu einer Chemotherapie-Klinik fährt, wer wo schläft (meist die einzige Zeit, in der sich die Smartphones viele Stunden am Stück gar nicht bewegen), und sonst noch so einiges, aus dem sich sensible Schlussfolgerungen ziehen lassen.

Angreifer abwehren

Früher kursierte mal der Witz, ein hundertprozentig cybersicherer Computer wäre einfach eine mechanische Schreibmaschine ... doch selbst das stimmt nicht. Wenn man nämlich eine Schreibmaschine anstelle eines Computers verwendet, kann jemand theoretisch durch genaues Zuhören herausfinden, welche Buchstaben man tippt, da jede Taste einen leicht unterschiedlichen Klang erzeugt, wenn sie das Papier trifft.

Anstatt also nach hundertprozentiger Cybersicherheit zu streben, müssen wir uns um eine angemessene Cybersicherheit bemühen. Also: verstehen, welche Risiken existieren, wie man sie nach Wichtigkeit sortiert und angemessene Vorkehrungen trifft, die zu den eigenen Möglichkeiten passen.

Einhundertprozentige Cybersicherheit kann es nicht geben. Es ist wichtig, dass Sie das verstehen. Um eine angemessene Cybersicherheit zu gewährleisten, müssen Sie erkennen, welche Gefahren es gibt, welche sich mit entsprechenden Maßnahmen ausräumen lassen und welche auch weiterhin bestehen.

Abwehrmechanismen, die für bestimmte Bedrohungen und Angreifer geeignet sind, können gegen andere wirkungslos sein. Was für den Schutz eines Heimcomputers völlig angemessen sein kann, wird für die Abschirmung eines Onlinebanking-Servers bei Weitem nicht ausreichen. Das Gleiche gilt für die Risiken, die aufgrund der Person bestehen, die das System nutzt. Das Handy des Bundeskanzlers muss sicherheitstechnisch beispielsweise besser ausgerüstet sein als das eines Sechstklässlers.

Risiken mit verschiedenen Methoden begegnen

Nicht alle Gefahren erfordern Ihre Aufmerksamkeit. Und auf Gefahren, die Ihre Aufmerksamkeit erfordern, gibt es nicht immer die gleichen Antworten. Sie können beispielsweise entscheiden, ob Sie gegen ein bestimmtes Risiko eine Versicherung abschließen möchten oder ob es sich um eine Bagatellsache handelt, die es nicht wert ist, dass Sie sich überhaupt damit beschäftigen.

Manchmal sind die Bedrohungen allerdings so groß, dass eine Person oder ein Unternehmen ganz den Stecker zieht, um den Risiken aus dem Weg zu gehen. Wenn beispielsweise die Kosten für den Schutz eines kleinen Geschäfts regelmäßig die Einnahmen übersteigen, ist es fraglich, ob das Betreiben überhaupt Sinn ergibt.

Teil II
Ihre persönliche Sicherheit verbessern

IN DIESEM TEIL …

Die eigene Cybersicherheit realistisch einschätzen

Vor Cyberbedrohungen schützen

Physische Sicherheit gewährleisten

IN DIESEM KAPITEL

Sind Sie so gut geschützt, wie Sie dachten?

Schutz vor Gefahren verstehen

Eine Bestandsaufnahme Ihrer Sicherheit machen

Einen Blick auf Privatsphäre und Datenschutz werfen

Grundlegende Regeln befolgen

Kapitel 4
Bewertung Ihrer aktuellen Sicherheitslage

Sie möchten Ihren Schutz gegen Cyberbedrohungen verbessern. Gut so. Doch bevor Sie den ersten Schritt in diese Richtung gehen können, müssen Sie wissen, was überhaupt Schutz benötigt. Erst wenn Sie sich darüber einen guten Überblick verschafft haben, wissen Sie, was für angemessene Sicherheit erforderlich ist und ob es bei Ihnen Lücken gibt, die es zu schließen gilt.

Schauen Sie sich an, welche Daten Sie besitzen, vor wem Sie diese Daten beschützen müssen und wie sensibel sie sind. Angenommen, Sie wären im Internet für die ganze Welt zu sehen, was würde geschehen? Erst wenn Sie diese Frage für sich beantwortet haben, können Sie festlegen, wie viel Zeit und Geld Sie bereit sind, für Ihren Schutz auszugeben.

Die Bestandsaufnahme

Zunächst sollten Sie die Bereiche identifizieren, in denen Ihre aktuelle Cybersicherheit bedroht sein könnte. Anschließend können Sie überlegen, wie Sie diese Themen angehen, um dafür zu sorgen, dass Sie angemessen geschützt sind. Machen Sie also erst einmal eine Bestandsaufnahme all Ihrer Geräte, die ein Einfallstor für Angriffe sein könnten.

Im Bereich der Cybersicherheit werden solche Geräte, die Einfallstore sein können, auch als *Endpunkte* bezeichnet. Ein Endpunkt ist jedes computergestützte Gerät, das mit einem Netzwerk kommuniziert. Endpunkte werden so genannt, weil sie sich am Ende eines Kommunikationspfads befinden. Internetbasierte Verbindungen können viele Knoten durchlaufen, um einen Endpunkt zu erreichen – aber am Endpunkt enden diese Sprünge. Alle Endpunkte stellen Risiken dar und müssen daher geschützt werden: Laptops, Smartphones, Tablets, aber auch IoT-Geräte wie etwa digitale Sicherheitskameras, die mit dem Netz verbunden sind. Als nächstes geht es also darum, wie Endpunkte angemessen geschützt werden können.

Heimcomputer

Ihre privaten Computer können in vielerlei Hinsicht zu einem Sicherheitsrisiko werden. Diese Liste gibt Ihnen einen Überblick über die potenziellen Gefahren, denen Ihr Heimcomputer ausgesetzt ist:

- ✔ **Hacking:** Ein Hacker ist in Ihren Heimcomputer eingedrungen und kann ihn womöglich in demselben Umfang nutzen wie Sie – auf die darauf gespeicherten Daten zugreifen, ihn zur Kommunikation mit anderen Rechnern oder als Ausgangspunkt für Angriffe auf andere Computer nutzen, Kryptowährungen schürfen, Daten in Ihrem Netzwerk einsehen und so weiter und so fort.

- ✔ **Malware:** Von einer eingeschleusten Schadsoftware gehen ähnliche Gefahren aus wie von einem menschlichen Eindringling. Ein Schadprogramm kann dem Kriminellen, der dahintersteckt, die volle Kontrolle über Ihren Computer verleihen – Einsicht in Inhalte, Kontakt zu anderen Computern, Schürfen von Kryptowährungen und so weiter. Er kann den Netzwerk-Datenverkehr überwachen und hat die Möglichkeit, andere Computer innerhalb und außerhalb Ihres Netzwerks zu infizieren.

- ✔ **Gemeinsam genutzte Computer:** Wenn Sie Ihren Computer gemeinsam mit anderen – selbst wenn es sich dabei um Ihren Partner oder Ihre Kinder handelt – nutzen, setzen Sie Ihr Gerät der Gefahr aus, dass die anderen Benutzer nicht so sehr auf Cybersicherheit bedacht sind wie Sie. Das kann dazu führen, dass sich Ihr Gerät mit Malware infiziert, ein Hacker darauf Zugriff erlangt oder sich die anderen Nutzer unabsichtlich selbst Schaden zufügen.

- ✔ **Netzwerkverbindungen und Speichersysteme:** Wenn Sie Ihren Computer über ein Virtual Private Network (VPN) mit anderen Netzwerken verbinden, beispielsweise dem Ihres Arbeitsplatzes, können netzwerkbasierte Schadprogramme oder dort lauernde Hacker Ihr Heimnetzwerk und auch Ihre lokalen Geräte angreifen. Ihr Gerät ist ähnlichen Risiken ausgesetzt, wenn Sie sich darüber bei entfernten Systemen anmelden, beispielsweise einem externen Datenspeichersystem.

- ✔ **Physische Sicherheitsgefahren:** Auch die räumliche Lage, in der sich Ihr Computer befindet, kann eine Bedrohung für ihn und die darin gespeicherten Daten darstellen. Einzelheiten erfahren Sie in Kapitel 5.

Mobilgeräte

Es liegt in der Natur der Sache, dass die Cybersicherheit von Mobilgeräten bedroht ist. Die Gründe dafür sind:

- ✔ Sie sind ständig mit dem ohnehin unsicheren Internet verbunden.
- ✔ Auf ihnen werden häufig vertrauliche Informationen gespeichert.
- ✔ Sie werden zur Kommunikation mit vielen Menschen und Systemen – weder die einen noch die anderen sind immer vertrauenswürdig – verwendet, und zwar über das Internet (das ebenfalls naturgemäß nicht vertrauenswürdig ist).
- ✔ Sie können Nachrichten von Akteuren empfangen, zu denen Sie nie zuvor Kontakt hatten.
- ✔ Aufgrund begrenzter Leistungsfähigkeit läuft auf ihnen meist nur die abgespeckte Version einer Sicherheitssoftware.
- ✔ Sie gehen leicht verloren, werden gestohlen oder versehentlich beschädigt oder zerstört.
- ✔ Sie verbinden sich mit unsicheren und nicht vertrauenswürdigen WLAN-Netzwerken.

Gaming-Systeme

Auch Gaming-Systeme sind Computer und können daher – wie alle Computer – für bösartige Zwecke ausgenutzt werden, zusätzlich zu den Betrügereien, die es beim Gaming ohnehin gibt. Wenn die Software der Geräte Schwachstellen hat, können diese beispielsweise als Einfallstor für Hacking dienen und von Kriminellen ferngesteuert werden. Dadurch kann auch andere, potenziell bösartige Software auf dem Gaming-System ausgeführt werden.

Geräte aus dem Universum des Internets der Dinge

In Kapitel 11 können Sie es in allen Einzelheiten nachlesen: Die Welt der vernetzten Geräte hat sich in den letzten Jahren dramatisch verändert. Vor nicht allzu langer Zeit waren nur Computer im klassischen Sinne – Desktop-Computer, Laptops und Server, die für viele verschiedene Datenverarbeitungszwecke genutzt werden konnten – mit dem Internet verbunden. Heute leben wir in einer völlig anderen Welt. Von Smartphones über Sicherheitskameras, von Kühlschränken bis Autos und von Kaffeemaschinen bis hin zu Fitnessgeräten – elektronische Geräte aller Couleur enthalten im Kern einen Computer und viele von ihnen sind öfter online als so mancher Teenager.

Als das *Internet der Dinge* oder *Internet of Things* (IoT) wird dieses Ökosystem der vernetzten Geräte allgemein bezeichnet. Es ist in den letzten Jahren exponentiell gewachsen, doch die Sicherheit kam bei dieser Entwicklung oft nicht schnell genug hinterher, weshalb der

Schutz der Geräte häufig mangelhaft ist. Viele Geräte aus der Welt des Internets der Dinge verfügen nicht über angemessene Sicherheitstechnologien, um sich gegen Angriffe zu verteidigen. Und selbst wenn doch, sind sie meist nicht richtig konfiguriert. Hacker nutzen die Geräte aus dem Internet der Dinge, um Sie auszuspähen, Ihre Daten zu stehlen, Sie zu hacken oder Denial-of-Service-Angriffe gegen andere Geräte durchzuführen. Die Liste der möglichen Bedrohungen ist lang.

Netzwerkausrüstung

Ihre Netzwerkausrüstung kann gehackt werden, um Datenverkehr auf Fake-Websites weiterzuleiten, Daten abzufangen, Angriffe zu starten, den Internet-Zugang zu sperren und vieles mehr.

Arbeitsumgebung

Das Netzwerk Ihres Arbeitsplatzes kann durchaus auch eine Gefahr für Ihr Heimnetzwerk darstellen. Wie das? Stellen wir uns folgende Situation vor: Sie nehmen ein elektronisches Gerät – Ihren Laptop, Ihr Smartphone oder Ähnliches – mit zur Arbeit, verbinden es mit dem dortigen Netzwerk und zum Feierabend nehmen Sie diese Geräte wieder mit nach Hause und verbinden sie dort wieder mit Ihrem Heimnetzwerk. Sollte sich im Netzwerk Ihres Arbeitgebers oder auf einem Gerät Ihrer Kollegen, das ebenfalls mit dem Netzwerk verbunden war, Malware befinden, ist es gut möglich, dass Sie Ihr Gerät damit infiziert haben und die Schadsoftware unbemerkt mit in Ihr eigenes Netzwerk genommen haben. Damit sind alle Geräte Ihres privaten Netzwerks in Gefahr.

Social Engineering

Jedes Mitglied Ihrer Familie sowie Ihres Freundes- und Bekanntenkreises ist eine potenzielle Informationsquelle für Social-Engineering-Angriffe und somit eine Gefahr für Ihre Cybersicherheit. Mehr über Social Engineering lesen Sie in Kapitel 9.

Risiken erkennen

Um überhaupt irgendetwas schützen zu können, müssen Sie wissen, was genau Ihren Schutz braucht. Es ist schwierig, ja wenn nicht sogar unmöglich, eine Umgebung zu sichern, wenn Sie nicht wissen, was sich alles darin tummelt.

Verschaffen Sie sich daher einen Überblick über Ihre Schätze – sowohl in digitaler als auch in physischer Form – und machen Sie sich klar, was Sie schützen möchten. Überlegen Sie sich dabei auch, welchen Gefahren diese Schätze ausgesetzt sind.

So eine Bestandsaufnahme ist für Einzelpersonen kein Hexenwerk: Erstellen Sie eine Liste aller Geräte, die Sie mit Ihrem Netzwerk verbinden. Einen ersten Überblick bekommen Sie, wenn Sie sich bei Ihrem Router anmelden und sich dort die Liste der verbundenen Geräte anschauen. Natürlich gibt es auch Geräte, die Sie nur gelegentlich mit Ihrem Netzwerk verbinden oder die gesichert werden müssen, obwohl Sie sie gar nicht in Ihr Netzwerk lassen. Nehmen Sie auch diese Geräte in Ihre Liste auf. Fügen Sie – in einem gesonderten Teil – auch alle Speichergeräte hinzu, die Sie nutzen. Dazu gehören externe Festplatten, USB-Sticks und Speicherkarten. Schreiben Sie diese Liste von Hand oder drucken Sie sie aus. Es ist wichtig, dass Sie nichts vergessen. Nur ein einziges übersehenes Gerät kann bereits zu Problemen führen.

Gefahrenabwehr

Nach dem *Was* (siehe vorherigen Abschnitt) kommt jetzt das *Wie*. Nun entwickeln Sie für Ihre Geräte einen angemessenen Schutz, um die Auswirkungen eines möglichen Sicherheitsvorfalls zu begrenzen. Als Privatperson bauen Sie dabei vor allem Hindernisse für diejenigen auf, die unbefugt auf Ihre digitalen und physischen Schätze zugreifen möchten. Diese Hindernisse sind Verfahren und Methoden (auch ganz grundlegende) zum Schutz Ihrer sensiblen Daten sowie Sicherungskopien Ihrer gesamten Einstellungen und Systemwiederherstellungspunkte. Privatpersonen sollten dabei vor allem folgende Punkte bedenken:

- ✔ Verteidigung des Perimeters
- ✔ Router mit Firewall
- ✔ Sicherheitssoftware
- ✔ Richtige Konfiguration
- ✔ Physischer Schutz
- ✔ Backups

Verteidigung des Perimeters

Die Verteidigung Ihres Cyber-Perimeters können Sie sich als die digitale Version eines mittelalterlichen Burggrabens vorstellen. Sie halten damit jeden auf, der sich abseits der vorgeschriebenen Wege bewegt, und genehmigen Zutritt nur unter strenger Beobachtung durch die Wachposten.

Diesen digitalen Burggraben können Sie ausheben, indem Sie nie einen Computer direkt an Ihr Internet-Modem anschließen. Verbinden Sie stattdessen einen Firewall-Router mit dem Modem und verbinden Sie dann die Computer mit dem Router. (Wenn Ihr Modem bereits einen Router mit Firewall enthält, sind beide Zwecke erfüllt. Und wenn Ihre Verbindung nur mit dem Router besteht und nicht mit dem Modem selbst, ist alles in Ordnung.) Normalerweise sind die Verbindungen zwischen Firewalls und Modems kabelgebunden, das heißt, sie werden über ein physisches Netzwerkkabel hergestellt.

Router mit Firewall

Der Großteil der modernen Router für den Heimgebrauch verfügt über eine Firewall, die die meisten eingehenden Verbindungen blockiert, wenn sie nicht durch Aktivitäten auf Geräten verursacht werden, die von der Firewall geschützt werden. Im Klartext: Die Firewall sperrt Außenstehende aus, die Ihre Heimcomputer kontaktieren wollen, blockiert aber nicht die Antwort eines Webservers, wenn Sie auf Ihrem Computer eine Webseite aufrufen, die von diesem Server bereitgestellt wird. Router nutzen verschiedene Technologien, um Sie zu schützen. Eine davon ist die *Netzwerkadressübersetzung*, wodurch die Computer in Ihrem Heimnetzwerk IP-Adressen erhalten, die im Internet ungültig sind und nur in privaten Netzwerken genutzt werden können. Im Internet sieht es so aus, als würden alle Geräte nur eine einzige Adresse verwenden, nämlich die der Firewall.

Die folgenden Empfehlungen helfen Ihrem Router mit Firewall, Sie angemessen zu schützen:

- **Installieren Sie verfügbare Updates.** Halten Sie Ihren Router auf dem neuesten Stand und installieren Sie alle zur Verfügung stehenden Updates, bevor Sie den Router erstmals einsetzen. Überprüfen Sie regelmäßig, ob Aktualisierungen verfügbar sind. (Wenn Ihr Router über eine automatische Update-Funktion verfügt, sollten Sie diese aktivieren.) Nicht geschlossene Sicherheitslücken können Angreifern den Zugriff auf Ihr Netzwerk ermöglichen.
- **Ändern Sie das Administrator-Passwort.** Ihr Router wird mit einem Standard-Passwort geliefert, mit dem Sie in die Einstellungen gelangen. Das sollten Sie in ein starkes Passwort ändern, das nur Ihnen bekannt ist. Schreiben Sie es auf und legen Sie den Zettel in einen Tresor oder ein Schließfach. Üben Sie regelmäßig das Anmelden bei Ihrem Router, damit Sie das Passwort nicht vergessen.
- **Erstellen Sie einen neuen Namen.** Verwenden Sie nicht den voreingestellten Netzwerknamen (die SSID). Seien Sie kreativ und taufen Sie Ihr WLAN-Netzwerk um.
- **Verschlüsseln Sie Ihr WLAN.** Konfigurieren Sie Ihr WLAN-Netzwerk so, dass mindestens eine WPA2-Verschlüsselung verwendet wird. (Der geltende Standard, während ich dieses Buch geschrieben habe.)
- **Legen Sie ein Zugangspasswort fest.** Dieses Passwort müssen Sie auf jedem Gerät eingeben, sobald es in Ihr WLAN-Netz will. Das Passwort sollte stark sein. Mehr über starke Passwörter, die leicht zu merken sind, lesen Sie in Kapitel 8.
- **Deaktivieren Sie alte WLAN-Protokolle.** Wenn alle Ihre WLAN-fähigen Geräte in der Lage sind, die modernen drahtlosen Netzwerkprotokolle 802.11ac und 802.11n zu nutzen, sollten Sie alle älteren Protokolle ausschalten, die Ihr Router womöglich noch unterstützt, zum Beispiel 802.11b und 802.11.
- **Aktiveren Sie die MAC-Adressen-Filterung.** Entweder das oder Sie sorgen dafür, dass jedes Mitglied in Ihrem Haushalt weiß, dass ohne Einwilligung niemand irgendetwas mit Ihrem Netzwerk verbinden darf. Zumindest theoretisch verhindert das Filtern nach MAC-Adressen (die MAC-Adresse ist der eindeutige Geräte-Identifikator), dass sich keine Geräte mit dem Netzwerk verbinden, die Sie nicht zuvor im Router freigeschaltet haben. Erlauben Sie niemandem, unsichere Geräte in Ihr Netzwerk zu bringen, ohne sie selbst vorher zu prüfen.
- **Stellen Sie Ihren WLAN-Router zentral auf.** Damit genießen Sie selbst zu Hause ein besseres Signal und sorgen gleichzeitig dafür, dass das Signal außerhalb Ihrer vier Wände schwächer ist und kein blinder Passagier bei Ihnen im Netzwerk mitsurft.

- ✔ **Deaktivieren Sie Fernzugriff auf Ihren Router.** Er sollte ausschließlich über Geräte konfiguriert werden können, deren Verbindungen er schützt, und niemals von außen. Der gewonnene Komfort, den Ihnen eine derartige Remote-Funktion bietet, steht selten im Verhältnis zu dem höheren Sicherheitsrisiko, das Sie damit eingehen.

- ✔ **Erstellen Sie eine Liste mit verbundenen Geräten.** Nehmen Sie in diese Liste auch die Geräte auf, denen Sie erlauben, sich mit Ihrem Netzwerk zu verbinden.

- ✔ **Nutzen Sie die Gastfunktion.** Wenn Sie Gästen Zugriff auf Ihr Netzwerk geben möchten, aktivieren Sie einen Gastzugang in Ihrem Router. Wie auch im privaten Netzwerk sollten Sie hier eine Verschlüsselung aktivieren und ein starkes Passwort vergeben. Gäste sollten keinen Zugriff auf Ihr Hauptnetzwerk bekommen. Gleiches gilt übrigens auch für Personen, die einen Internetzugang benötigen, denen Sie aber nicht ganz vertrauen, zum Beispiel Kinder.

- ✔ **Deaktivieren Sie DHCP (für Fortgeschrittene).** Wenn Sie über das nötige technische Verständnis verfügen, DHCP zu deaktivieren und den Standard-IP-Adressbereich des Routers für das interne Netzwerk zu ändern, tun Sie das. Damit kommen Sie einigen automatisierten Hacking-Tools in die Quere und erhöhen Ihre Sicherheit. Wenn Sie von alledem noch nie etwas gehört haben und nicht den blassesten Schimmer haben, was der erste Satz bedeutet, ignorieren Sie bitte diesen Punkt. Sie würden vermutlich auf Probleme stoßen, die aufgrund der technischen Komplexität dieses Vorgangs neue Sicherheitsprobleme verursachen.

Sicherheitssoftware

Wie sollten Sie Sicherheitssoftware einsetzen, um sich zu schützen?

- ✔ Verwenden Sie Sicherheitssoftware auf all Ihren Computern und mobilen Endgeräten. Die Software sollte mindestens über eine Antivirus- und eine persönliche Firewall-Funktion verfügen.

- ✔ Nutzen Sie Spamfilter-Software auf jedem Gerät, das Sie zum Lesen von E-Mails verwenden.

- ✔ Aktivieren Sie Fernlöschung auf jedem einzelnen Ihrer mobilen Geräte.

- ✔ Vergeben Sie starke Passwörter zur Anmeldung auf Ihrem Computer und Ihren Mobilgeräten.

- ✔ Aktivieren Sie automatische Updates überall dort, wo es möglich ist, und aktualisieren Sie Ihre Geräte regelmäßig.

Richtige Konfiguration

Sie können die teuersten Systeme zur Erhöhung Ihrer Cybersicherheit kaufen, und sie werden wirkungslos sein, wenn Sie eine grundlegende Sache nicht beachten: die richtige

Konfiguration von vorhandenen und neuen Systemen. Dies sind die wichtigsten Fehler, die Sie vermeiden sollten:

- **Vergessen, die Standardkonfigurationen zu ändern:** Oft bleiben sogar die Standard-Benutzernamen und -Passwörter bestehen – was Hackern ermöglicht, Administratorzugriff auf ein Gerät zu erlangen, indem sie einfach bei Google nach den Standard-Logins suchen.
- **Updates und Patches verschlafen:** Wenn ein Anbieter ein Update herausgibt, um eine Sicherheitslücke im vorhandenen Code zu schließen, und Sie das Update nicht installieren, bleibt Ihr System nicht nur verwundbar, sondern – da das Update öffentlich angekündigt wurde – wissen Cyberkriminelle nun genau, welche Schwachstelle existiert und möglicherweise auch, wie sie ausgenutzt werden kann.
- **Verschlüsselung nicht aktivieren:** Computer und Smartphones werden in der Regel ohne aktivierte Festplattenverschlüsselung ausgeliefert. In den meisten Fällen ist es einfach, sie zu aktivieren – doch nur ein kleiner Prozentsatz der Privatnutzer macht sich die Mühe.
- **Fehlende Netzwerksegmentierung:** Viele kleine Unternehmen verwenden nur ein einziges Netzwerk, an das sie Nutzer, IoT-Geräte, Kreditkarten-Terminals und Server anschließen.

  Auch zu Hause verbinden viele Menschen die Geräte ihrer Kinder, IoT-Geräte und Arbeitscomputer mit demselben Netzwerk. Solche Netzwerkstrukturen erhöhen das Risiko für alle verbundenen Geräte und Daten erheblich.
- **Geräte mit Personen teilen, die keine gute Cyber-Hygiene praktizieren:** Wenn jemand nachlässig mit Cybersicherheit umgeht und Sie ihm Ihr Gerät leihen, setzen Sie Ihr Gerät möglicherweise unabsichtlich Malware-Infektionen aus.
- **Verbindungen zu unsicheren Netzwerken herstellen:** Die Nutzung von öffentlichem WLAN ist riskant (aber wird mit der Zeit vielleicht ein weniger relevantes Risiko, mit dem zunehmenden flächendeckenden Angebot von schnellem Internetzugang per Mobilfunk).

Physischer Schutz Ihres Computers

Auch physisch können Sie einiges zum Schutz Ihres Computers beitragen:

- **Kontrollieren Sie den räumlichen Zugriff auf Ihren Computer.** Bewahren Sie ihn an einem sicheren Ort auf. Wenn jeder, der ihr Zuhause betritt, Zugang zu Ihrem Computer hat, kann er recht einfach gestohlen, verwendet oder beschädigt werden, ohne dass Sie etwas davon bemerken.
- **Nutzen Sie Ihren Computer möglichst nicht gemeinsam.** Wenn Sie Ihren Computer mit anderen Familienmitgliedern teilen, sollten Sie für jedes Familienmitglied ein eigenes Benutzerkonto erstellen und anderen Benutzern des Geräts keine Administratorrechte geben.

- ✔ **Löschen Sie gründlich Daten.** Gelöschte Daten können oft leicht wiederhergestellt werden. Bevor Sie ein altes Gerät zum Recycling geben, es für einen guten Zweck spenden oder verkaufen, sollten Sie für alle Festplatten und SSD-Laufwerke ein Tool zum mehrmaligen Überschreiben der Daten einsetzen. Noch besser wäre es, Sie entfernen das Speichermedium aus dem Computer, bevor sie ihn weggeben, und zerstören das Medium physisch.

Backups

Machen Sie regelmäßig Sicherungskopien Ihrer Systeme. Für Einzelheiten zu diesem wichtigen Thema lesen Sie Kapitel 14.

Gefahr erkannt, Gefahr gebannt

Es ist wichtig, dass Sie über Mechanismen verfügen, mithilfe derer Sie Sicherheitsvorfälle so früh wie möglich nach ihrem Beginn aufspüren. Die meisten Privatnutzer verfügen zwar nicht über das Budget, um sich spezialisierte Erkennungssoftware anzuschaffen, doch das bedeutet nicht, dass Sie die Phase der Erkennung ignorieren sollten. Der Großteil der verfügbaren Sicherheitssoftware für Privatrechner verfügt über Erkennungsfunktionen verschiedenster Art. Sorgen Sie dafür, dass auf jedem Ihrer Geräte eine Sicherheitssoftware läuft, die nach möglichen Eindringlingen sucht. In Kapitel 12 erfahren Sie mehr darüber, wie Sie Sicherheitsvorfälle erkennen.

Ein Cybersicherheitsvorfall erfordert immer eine Reaktion. Die meisten Sicherheitssoftwareprogramme fordern den Benutzer automatisch zum Handeln auf, wenn sie auf mögliche Probleme stoßen. Mehr dazu lesen Sie in Kapitel 13.

Wiederherstellen

Nach einem Ereignis, das Ihre Cybersicherheit beeinträchtigt hat, müssen Sie den betroffenen Computer, das Netzwerk oder das Gerät – und alle seine relevanten Funktionen – wiederherstellen, damit er beziehungsweise es wieder voll einsatzbereit ist. Kapitel 13, 15 und 16 gehen näher auf Wiederherstellungen ein.

Idealerweise haben Sie vor dem Vorfall bereits einen Plan für die Wiederherstellung erstellt, in dem die einzelnen Schritte nach Priorität geordnet dokumentiert sind. Die meisten privaten Nutzer erstellen keinen derartigen Plan, aber er kann eine große Hilfe sein, wenn es zum Ernstfall kommt. Für die meisten von Ihnen wird so ein Plan kaum länger als eine Seite ausfallen.

Aus Fehlern lernen

Aus Fehlern gilt es zu lernen. Aus jedem Sicherheitsvorfall können Sie Lehren ziehen, die Ihnen helfen, Risiken in Zukunft zu minimieren. In Kapitel 18 erfahren Sie mehr darüber.

Bewertung Ihrer aktuellen Sicherheitsmaßnahmen

Wenn Sie wissen, was Sie schützen müssen und wie Sie es schützen können, ist es an der Zeit, zu überprüfen, ob es bei Ihnen eine Diskrepanz zwischen dem gibt, was Sie brauchen, und dem, was Sie aktuell haben. Die folgenden Abschnitte sollten Ihnen ein paar Denkanstöße geben. Nicht jeder Punkt gilt in jedem Fall.

Software

Gehen Sie beim Thema Software und Cybersicherheit für jedes Gerät die folgenden Fragen durch:

- ✔ Haben Sie alle Softwarepakete (einschließlich des Betriebssystems) auf Ihrem Computer legal erworben und sind sie seriös?
- ✔ Erhalten alle Softwarepakete (einschließlich des Betriebssystems) aktuellen Support von ihren jeweiligen Herstellern?
- ✔ Sind alle Softwarepakete (einschließlich des Betriebssystems) aktuell?
- ✔ Haben Sie für alle Softwarepakete (einschließlich des Betriebssystems) automatische Updates eingestellt?
- ✔ Ist auf dem Gerät Sicherheitssoftware installiert?
- ✔ Ist die Sicherheitssoftware auf automatische Updates eingestellt?
- ✔ Ist die Sicherheitssoftware aktuell?
- ✔ Enthält die Sicherheitssoftware eine Anti-Malware-Komponente und ist diese Funktion vollständig aktiviert?
- ✔ Werden nach jedem Update Virenscans durchgeführt?
- ✔ Enthält die Software eine Firewall-Komponente und ist diese Funktion vollständig aktiviert?
- ✔ Enthält die Software eine Anti-Spam-Komponente und ist diese Funktion vollständig aktiviert? Falls nicht, gibt es eine andere Anti-Spam-Software und ist diese aktiviert?
- ✔ Enthält die Software eine Technologie zur Fernsperrung und/oder Fernlöschung und ist diese Funktion vollständig aktiviert? Falls nicht, haben Sie eine andere Software, die diese Funktion erfüllt, und ist diese aktiviert?
- ✔ Sind alle restlichen Komponenten dieser Software aktiviert und falls nicht, welche sind es nicht?
- ✔ Läuft auf dem Gerät eine Backup-Software, die es im Rahmen einer allgemeinen Backup-Strategie sichert?

- Werden zumindest die sensiblen Daten auf dem Gerät verschlüsselt?
- Sind für die Software Zugriffsberechtigungen eingestellt, damit nicht jeder, der Zugriff auf das Gerät hat, auch auf die Software zugreifen kann?
- Wurden Berechtigungen so eingestellt, dass Software keine Änderungen an Ihrem Computer vornehmen kann, die unerwünscht sind (verfügt beispielsweise irgendeine Software über Administratorrechte, die sie nicht haben sollte)?

Diese Fragen beziehen sich offensichtlich auf Software auf einem Gerät, das Sie selbst verwenden, nicht auf eines, das Sie Vertrauensunwürdigen und Außenstehenden in der Ferne zur Verfügung stellen. Wenn Sie Geräte dieses letzteren Typs haben – zum Beispiel einen Webserver –, müssen Sie sich mit einer Vielzahl an weiteren Sicherheitsfragen beschäftigen, die den Rahmen dieses Buches übersteigen würden.

Hardware

Auch für Ihre Hardware habe ich Ihnen eine kleine Checkliste zusammengestellt:

- Haben Sie die Hardware bei einem vertrauenswürdigen Händler erworben? (Wenn Sie eine IP-Kamera direkt aus China von einem Online-Händler gekauft haben, von dem Sie vorher noch nie etwas gehört haben, ist die Antwort auf diese Frage unter Umständen »nein«.)
- Ist Ihre Hardware bei Ihnen zu Hause adäquat vor Diebstahl und Schäden (Wasser, Strom und so weiter) geschützt?
- Was schützt Ihre Hardware, wenn sie unterwegs ist?
- Haben Sie eine unterbrechungsfreie Stromversorgung (USV) oder einen integrierten Akku, der Ihr Gerät vor einem harten und plötzlichen Abschalten schützt, wenn der Strom – sei es nur für einen kurzen Moment – ausfällt?
- Läuft auf Ihrer Hardware die aktuellste Firmware und haben Sie diese aus einer zuverlässigen Quelle heruntergeladen, wie beispielsweise der Herstellerwebsite oder über ein Update, das direkt aus dem Konfigurationstool des Geräts gestartet wird?
- Erfüllt Ihr Router (und dessen Firewall) die Kriterien aus dem Abschnitt »Router mit Firewall« weiter vorne in diesem Kapitel?
- Haben Sie ein BIOS-Passwort, das Ihr Gerät so lange sperrt, bis Sie das Passwort eingegeben haben?
- Haben Sie alle drahtlosen Dienste deaktiviert, die Sie nicht benötigen? (Wenn Sie auf Ihrem Laptop kein Bluetooth verwenden, können Sie zum Beispiel das Bluetooth-Radio ausschalten, was nicht nur zu mehr Sicherheit beiträgt, sondern auch die Laufzeit Ihres Akkus verlängert.)

Versicherung

Die Möglichkeit einer Versicherung gegen Cyberrisiken wird häufig übersehen, insbesondere von kleineren Unternehmen und Einzelpersonen. Dabei ist es eine brauchbare Möglichkeit, einige Cyberbedrohungen zu minimieren. Je nach persönlicher Situation kann es sinnvoll sein, eine Versicherung gegen bestimmte Cyberrisiken abzuschließen.

Als Selbstständiger oder Inhaber eines kleinen Unternehmens laufen Sie Gefahr, aufgrund eines Sicherheitsvorfalls pleitezugehen. Für Sie ist ein hohes Maß an Sicherheit von wesentlicher Bedeutung. Da es aber keine Maßnahmen gibt, die Ihnen einhundertprozentige Sicherheit garantieren können, kann es sinnvoll sein, in eine Versicherungspolice zu investieren, die für den Fall der Fälle einspringt.

Wissen ist Macht

Je mehr die Menschen in Ihrem Umfeld und Ihrem Haushalt über Cybersicherheit Bescheid wissen, desto geringer ist das Risiko, dass sie die Achillesferse Ihrer Bemühungen auf diesem Gebiet werden. Die folgende Liste enthält einige Punkte, die Sie mit Ihren Liebsten einmal durchgehen sollten:

- ✔ Sind alle Familienmitglieder vertraut im Umgang mit Technologie, dem Verbinden von Geräten mit dem Heimnetzwerk oder damit, wie Gäste Zugang zum Netzwerk (oder dem Gästenetzwerk) erhalten?
- ✔ Haben Sie die Mitglieder Ihrer Familie über die möglichen Bedrohungen aufgeklärt, zum Beispiel Phishing-E-Mails, und sind Sie sicher, dass das alle verstanden haben?
- ✔ Haben Sie dafür gesorgt, dass alle bei Ihnen zu Hause über Cybersicherheitshygiene Bescheid wissen, zum Beispiel, dass sie nicht auf Links in E-Mails klicken sollten?
- ✔ Wissen alle in Ihrer Familie, die Zugang zu Geräten haben, wie sie Passwörter auswählen und schützen?
- ✔ Haben Sie dafür gesorgt, dass alle Familienmitglieder, die in sozialen Netzwerken unterwegs sind, wissen, was sie unbesorgt teilen können und was nicht?
- ✔ Haben alle in Ihrer Familie verstanden, dass sie erst nachdenken und dann erst handeln sollten?

Privatsphäre

Technologie ist auf so viele Arten eine Bedrohung für den Schutz unserer Privatsphäre: Überwachungskameras verfolgen uns, Technologie-Firmen überwachen unser Verhalten im Internet auf unterschiedlichste Weise und Mobilgeräte wissen immer, wo wir uns gerade befinden. Mit den heutigen Technologien ist es sicherlich eine größere Herausforderung, unsere Privatsphäre zu schützen als noch vor einigen Jahren, aber trotzdem nicht unmöglich. Es gibt viele Wege, Ihre Privatsphäre zu verbessern, selbst in diesem modernen und vernetzten Zeitalter.

Erst nachdenken, dann teilen

Menschen teilen persönliche Informationen oft mehr als bereitwillig, wenn sie danach gefragt werden. Denken Sie nur einmal daran, welche endlos langen Fragebögen Sie ausfüllen müssen, wenn Sie zum ersten Mal im Wartezimmer einer Arztpraxis sitzen. Zwar enthalten die Antworten auf viele der Fragen wichtige Informationen, die der Arzt benötigt, um Sie angemessen zu behandeln, aber werfen Sie ruhig einen kritischen Blick darauf. Sie können auch einfach einmal ein Feld unausgefüllt lassen. Auch einem Online-Händler müssen Sie bei einer Bestellung in der Regel nicht persönliche Daten wie Ihr Geburtsdatum verraten. Auch hier gilt: Mut zur Lücke!

Selbst wenn Sie nicht davon ausgehen, dass derjenige, der die persönlichen Daten über Sie sammelt, diese Informationen missbraucht, ist Vorsicht geboten. Da die Anzahl der Stellen, die private Informationen über Sie gespeichert haben, steigt und auch die Menge und die Qualität der Daten wächst, steigt die Wahrscheinlichkeit, dass Ihre Daten irgendwann aufgrund eines Sicherheitslecks in falsche Hände geraten.

Wenn Sie den Schutz Ihrer Privatsphäre verbessern möchten, sollten Sie immer zunächst einen Moment innehalten, wenn Sie im Begriff sind, persönliche Daten über sich oder Ihre Familie preiszugeben. Befolgen Sie diesen Rat im Umgang mit Behörden, Unternehmen, medizinischen Einrichtungen oder anderen Personen. Wenn Sie nicht gezwungen sind, Daten herauszugeben, sollten Sie es auch nicht tun.

Erst nachdenken, dann posten

Bedenken Sie immer zuerst die Auswirkungen, die ein Social-Media-Beitrag hat, bevor Sie ihn veröffentlichen. Er könnte in vielerlei Hinsicht nachteilige Konsequenzen nach sich ziehen, unter anderem den Schutz Ihrer Privatsphäre beeinträchtigen. Kriminelle können Informationen, die Sie über Ihre verwandtschaftlichen Verhältnisse, Ihren Arbeitsplatz und Ihre Hobbys veröffentlichen, für Identitätsdiebstahl ausnutzen und um sich einen Weg in Ihre Konten zu erschleichen.

Wenn Sie – aus eigenem Antrieb oder aufgrund nachlässiger Sicherheitsmaßnahmen eines Anbieters – den Geburtsnamen Ihrer Mutter in irgendeiner Form als Passwort oder als Sicherheitsfrage verwenden, sollten Sie es den Kriminellen nicht allzu leicht machen: Zunächst einmal sollten Sie Ihre Mutter bei Facebook nicht offiziell als Ihre Mutter angeben. Verräterisch ist es auch, wenn Sie mit ein paar Cousinen und Cousins bei Facebook vernetzt sind, deren Nachname der frühere Nachname Ihrer Mutter ist. Oft werfen Betrüger nur einen Blick in eine Facebook-Freundesliste und suchen sich den am häufigsten auftretenden Nachnamen aus, der nicht der Nachname des Profilinhabers ist – und landen einen Treffer.

Wenn Sie Informationen über Kinder preisgeben, zum Beispiel deren Stundenplan, öffnen Sie damit Tür und Tor für mögliche Gefahren – Entführung, Einbrüche in Ihr Haus oder Ihre Wohnung, wenn Sie gerade Ihr Kind zur Schule fahren, und vieles mehr. Auch Informationen über medizinische Aktivitäten können Rückschlüsse auf viele sensible und private Daten zulassen. Ein Bild von Ihnen aufgenommen vor einer medizinischen Fachklinik könnte den Schluss nahelegen, dass Sie an einer Krankheit leiden, die dort behandelt wird. Wenn Sie Informationen oder Bilder teilen, haben diese womöglich Auswirkungen auf Ihre persönlichen Beziehungen zu anderen Menschen. Durch das Teilen von Informationen oder Bildern können Personen auch in Bedrängnis geraten, zum Beispiel, wenn sie beim Konsum von Alkohol, Zigaretten, Drogen oder Ähnlichem gezeigt werden. Selbst die Mitteilung, dass Sie sich zu einem bestimmten Zeitpunkt an einem bestimmten Ort befunden haben, kann den Schutz Ihrer Privatsphäre verletzen und Konsequenzen für Sie haben.

Denken Sie immer daran, dass die Bedrohungen, die sich aus dem sorglosen Teilen von Informationen ergeben, nicht auf soziale Netzwerke begrenzt sind. Auch die Weitergabe von Daten und Informationen über Chats, E-Mails, Gruppenunterhaltungen und vieles mehr sind ein Problem unserer modernen Welt. Manchmal bemerken Menschen gar nicht, dass sie gerade sehr freigiebig mit ihren Daten sind, und manchmal senden sie eine E-Mail auch aus Versehen an den Falschen oder fügen die falsche Datei als Anhang an.

Allgemeine Tipps zum Schutz der Privatsphäre

Sie können noch ein paar andere Dinge unternehmen, um die Gefahren einer unkontrollierten Weitergabe von Informationen zu minimieren:

- ✔ **Nutzen Sie die Privatsphäre-Einstellungen der sozialen Netzwerke.** Nicht nur sollten Sie keine privaten Informationen teilen (siehe vorherigen Abschnitt), Sie sollten die Privatsphäre-Einstellungen Ihrer Social-Media-Profile auch so konfigurieren, dass Ihre Daten nicht öffentlich sichtbar sind – abgesehen von den Fällen, in denen der Beitrag für die Öffentlichkeit bestimmt ist.
- ✔ **Verlassen Sie sich nicht auf die Einstellungen.** Es werden regelmäßig erhebliche Sicherheitslücken entdeckt, die die Wirksamkeit der verschiedenen Sicherheitseinstellungen der Plattformen beeinträchtigen.
- ✔ **Laden Sie keine persönlichen Daten in die Cloud.** Wenn Sie es doch machen, verschlüsseln Sie diese privaten Informationen. Verlassen Sie sich dabei aber nicht auf die Verschlüsselung des Cloud-Anbieters zur Wahrung Ihrer Privatsphäre. Wird der Anbieter gehackt, kann in manchen Fällen auch die Verschlüsselung geknackt werden.
- ✔ **Seien Sie vorsichtig bei Cloud-Anwendungen mit Freigabefunktion.** Speichern Sie keine Listen mit Passwörtern, Fotos Ihres Personalausweises und Reisepasses oder vertrauliche medizinische Informationen in einem Google-Dokument. Das mag Ihnen offensichtlich erscheinen, aber Sie glauben gar nicht, wie viele das trotzdem tun.

- **Nutzen Sie die Privatsphäre-Einstellungen des Browsers.** Wenn Sie in einem Webbrowser Seiten aufrufen, die nicht mit Ihnen in Verbindung gebracht werden sollen, schalten Sie zumindest den privaten oder Inkognito-Modus ein (der nur teilweisen Schutz bietet), oder – wenn möglich – nutzen Sie einen Browser wie den *Tor-Browser* (auch Tor-Browser-Bundle genannt), der mit verschleierten IP-Adressen, starken Privatsphäre-Einstellungen und verschiedenen voreingestellten Privatsphäre-Add-ons punkten kann. Wenn Sie keine Vorkehrungen treffen, können Sie getrackt, also überwacht werden. Sie haben vermutlich selbst schon einmal dieses Tracking bemerkt, als Ihnen Werbeanzeigen angezeigt wurden, die erstaunlich gut zu dem passten, was Sie gerade im Internet gesucht hatten.

- **Speichern Sie Privates offline.** Sichern Sie hochsensible und persönliche Informationen offline, zum Beispiel in einem feuerfesten Tresor oder einem Bankschließfach. Wenn Sie die Daten elektronisch speichern müssen, legen Sie sie auf einem Computer ohne Netzwerkverbindung ab.

- **Verschlüsseln Sie alle privaten Daten.** Dazu gehören Dokumente, Fotos, Videos und so weiter. Verschlüsseln Sie lieber einmal zu viel als einmal zu wenig.

- **Nutzen Sie Ende-zu-Ende-Verschlüsselung im Chat.** Sie sollten davon ausgehen, dass alle Ihre Kurznachrichten, die Sie über das normale Mobilfunknetz verschicken (SMS-Nachrichten), von Außenstehenden mitgelesen werden können. Versenden Sie daher möglichst keine vertraulichen Informationen in dieser Form. Falls es doch notwendig ist, verschlüsseln Sie die Daten.

> Der einfachste Weg, Daten zu verschlüsseln, ist die Verwendung einer Chat-Anwendung mit Ende-zu-Ende-Verschlüsselung. *Ende-zu-Ende* bedeutet, dass die Nachrichten auf Ihrem Gerät verschlüsselt werden und erst auf dem Gerät des Empfängers entschlüsselt werden (und umgekehrt, wenn Ihr Gegenüber antwortet). Der Anbieter selbst ist dabei nicht in der Lage, die Nachrichten zu entschlüsseln. Daher ist es für Hacker, die den Server des Anbieters knacken, ein viel größerer Aufwand, Ihre so verschlüsselten Nachrichten zu lesen. (Manche Anbieter behaupten, dass es für Hacker gänzlich unmöglich wäre, die Nachrichten einzusehen, was aus zwei Gründen so nicht richtig ist: Erstens können Hacker unter Umständen Metadaten einsehen (mit wem Sie wann gechattet haben) und zweitens können sie in genügende interne Server einbrechen, über die sie eine verseuchte Version der App mit einer Hintertür in die Stores hochladen können.) WhatsApp ist die vermutlich beliebteste Anwendung, die eine Ende-zu-Ende-Verschlüsselung einsetzt.

- **Betreiben Sie Cyberhygiene.** So viele Ihrer privaten Informationen werden elektronisch gespeichert. Daher ist eine gute Cyberhygiene von wesentlicher Bedeutung für die Wahrung Ihrer Privatsphäre. Mehr Tipps dazu finden Sie in Kapitel 17.

Privaten Modus im Browser einschalten

So aktivieren Sie den privaten Modus – oder wie er in Ihrem Browser genannt wird:

- **Inkognitomodus in Google Chrome:** Strg+⇧+N oder wählen Sie NEUES INKOGNITO-FENSTER aus dem Menü.
- **Privater Modus in Firefox:** Strg+⇧+P oder wählen Sie NEUES PRIVATES FENSTER aus dem Menü.
- **Privater Modus in Opera:** Strg+⇧+N oder wählen Sie NEUES PRIVATES FENSTER aus dem Menü.
- **InPrivate-Browsen in Microsoft Edge:** Strg+⇧+P oder wählen Sie NEUES INPRIVATE-FENSTER aus dem Menü.
- **Privates Fenster in Vivaldi:** Strg+⇧+N oder wählen Sie NEUES PRIVATES FENSTER aus dem Menü.
- **Privates Surfen in Safari:** ⌘+⇧+N oder wählen Sie NEUES PRIVATES FENSTER aus dem Menü ABLAGE.

Sicheres Onlinebanking

Für die meisten wäre es heute kaum praktikabel, auf Onlinebanking zu verzichten, auch wenn sie Sicherheitsbedenken haben. Glücklicherweise müssen Sie diesen Komfort nicht aufgeben. Ich kenne die Gefahren des Onlinebankings sehr gut, da ich meine Bankgeschäfte bereits seit Mitte der 1990er Jahre online abwickle, als dies erstmals von großen Finanzinstituten angeboten wurde. Es gibt Möglichkeiten, wie Sie Ihre Sicherheit beim Onlinebanking verbessern:

- **Vergeben Sie ein gutes Passwort.** Das Onlinebanking-Passwort sollte stark sein, Sie sollten es ausschließlich für diesen Zweck verwenden und es sich gut merken können. Speichern Sie es nicht in einer Datenbank, in keinem Passwortmanager oder sonst in irgendeiner elektronischen Form. (Wenn Sie es unbedingt aufschreiben möchten, dann legen Sie es auf einem Stück Papier in ein Bankschließfach, aber das ist eigentlich nicht nötig.)
- **Benutzen Sie eine zufällige PIN.** Ihre persönliche Identifikationsnummer sollte aus einer zufälligen Zahlenkombination bestehen. Die PIN sollte nichts mit Ihnen persönlich zu tun haben. Verwenden Sie keine PIN, die Sie bereits für andere Zwecke nutzen, und erstellen Sie keine Passwörter, die auf den Zahlen Ihrer PIN basieren. Schreiben Sie Ihre PIN niemals auf. Legen Sie sie niemals in einer Computerdatei ab. Geben Sie die PIN an niemanden weiter, auch nicht an Bankmitarbeiter.
- **Nutzen Sie sichere Geräte.** Verwenden Sie nur vertrauenswürdige Geräte, über die Sie die volle Kontrolle haben, auf denen Sicherheitssoftware läuft und die Sie mit Updates versorgen.

- **Nutzen Sie sichere Netzwerke.** Nutzen Sie für den Zugriff auf das Onlinebanking nur sichere Netzwerke, denen Sie vertrauen. Wenn Sie unterwegs sind, verwenden Sie Ihre mobile Datenleitung und kein öffentliches WLAN.
- **Greifen Sie über den Webbrowser oder die offizielle Bank-App zu.** Melden Sie sich nie über die App eines Drittanbieters an oder eine App, die Sie nicht aus dem offiziellen App Store Ihres Geräts heruntergeladen haben.
- **Aktiveren Sie Benachrichtigungen.** Stellen Sie Ihr Onlinebanking so ein, dass Sie bei jeder Abbuchung, jeder neuen Überweisung und jeder Abhebung per SMS oder E-Mail benachrichtigt werden. Überwachen Sie Ihr Konto regelmäßig hinsichtlich unbefugter Zugriffe.
- **Nutzen Sie eine Zwei-Faktor-Authentifizierung.** Schützen Sie jedes Gerät, das Sie für diese Authentifizierung verwenden. Wenn Sie Einmalpasswörter auf Ihrem Handy generieren und dies geklaut wird, könnte dieser zweite Faktor (zumindest zeitweise) vom Betrüger genutzt werden.
- **Speichern Sie Ihr Passwort nicht im Browser.** Ihr Onlinebanking-Passwort sollten Sie nirgends abspeichern, also auch ganz bestimmt nicht in einem System, das es für Sie im Browser automatisch ausfüllt.
- **Klicken Sie nicht auf Links.** Geben Sie die Webadresse Ihrer Bank immer von Hand ein, wenn Sie zum Onlinebanking möchten.
- **Nutzen Sie einen separaten Computer.** In einer perfekten Welt haben Sie für Ihr Onlinebanking einen anderen Computer als für Online-Shopping, E-Mails und Social Media. Wenn das nicht möglich oder praktikabel ist, verwenden Sie wenigstens einen anderen Webbrowser und aktualisieren Sie ihn regelmäßig.

Als zusätzliche Vorsichtsmaßnahme können Sie Ihren Browser so einstellen, dass er sich ein falsches Passwort zu der Banking-Seite merkt. Sollte also jemand Ihren Computer oder Laptop in die Finger kriegen, ist es weniger wahrscheinlich, dass er Zugriff auf Ihr Konto erhält.

- **Sichern Sie Ihre Geräte.** Bewahren Sie alle Geräte, mit denen Sie online Ihre Bankangelegenheiten erledigen, an einem sicheren Ort auf (lassen Sie sie nicht auf dem Tisch im Restaurant liegen, wenn Sie auf die Toilette gehen), schützen Sie die Geräte mit einem Passwort und aktivieren Sie die Funktion für eine Fernlöschung.

Grundlagen der Sicherheit für Kryptowährungen

Und vom Online-Banking kommen wir direkt zu einer noch neueren (aber doch schon weit verbreiteten) Entwicklung im Finanzbereich: Bitcoin und andere Kryptowährungen.

Einfach gesagt ist Kryptowährung eine Art von Geld, dessen Bewegungen mittels eines verteilten Kontenbuchs (Distributed Ledger) nachverfolgt werden. Dieses Ledger wird auf viele

Knotenpunkte verteilt, die das jeweilige Kryptowährungsnetzwerk betreibt. Das heißt, dass zahlreiche Teilnehmende weltweit eine Kopie des gesamten Transaktionsverlaufs dieser bestimmten Kryptowährung besitzen.

Die meisten Kryptowährungen werden also nicht von einer zentralen Instanz, sondern durch Mehrheitskonsens verwaltet – wobei sich die Definition dessen, wer zur Ermittlung dieses Konsenses beiträgt, je nach Kryptowährung unterscheidet.

Die bekannteste Kryptowährung ist Bitcoin, die zugleich die erste Kryptowährung war, die überhaupt existierte. Wenn jemand einen Bitcoin (oder einen Bruchteil davon) besitzt, wird diese Information nicht unter dem Namen der Person, sondern unter einer Adresse im Ledger gespeichert. Beispiel: Adresse 123 empfängt einen Bitcoin von Adresse 321 – das bedeutet, dass nun Adresse 123 über einen Bitcoin verfügt.

Der Besitzer des Bitcoins besitzt also kein physisches Objekt; vielmehr hat er die Kontrolle über die zugehörige Adresse. Im obigen Beispiel bedeutet das: Die Person, die den geheimen Schlüssel (Private Key) besitzt, der notwendig ist, um Transaktionen von Adresse 321 zu autorisieren, kontrolliert die Bitcoins, die sich unter dieser Adresse befinden.

Obwohl die zugrunde liegende Technologie von Bitcoin den Rahmen dieses Buches sprengt, gibt es eine wichtige Sicherheitsüberlegung, die man kennen sollte: Bei Kryptowährungen definiert der geheime Schlüssel, der für Transaktionen erforderlich ist, effektiv den Besitz. Wenn also der Eigentümer des Bitcoins auf Adresse 321 den Schlüssel verliert, kann er nicht mehr auf die dort gespeicherten Bitcoins zugreifen – das Geld ist für ihn verloren.

Ebenso gilt: Wenn jemand anderes den Schlüssel zu Adresse 321 erlangt und ihn ohne Zustimmung des Eigentümers verwendet, um die Bitcoins auf eine andere Adresse zu übertragen, wird diese Transaktion in nahezu allen Fällen als gültig betrachtet – und der ursprüngliche Eigentümer verliert die Bitcoins unwiderruflich.

Es gibt keine zentrale Autorität – wie etwa eine Bank – die hier eingreifen kann. Nicht, wie etwa bei unberechtigten Kreditkartenzahlungen, die zurückgewiesen oder im Nachhinein erstattet werden können. Bei Bitcoin und anderen Kryptowährungen ist der Besitzer für die Sicherheit komplett selbst verantwortlich – und sollte sicherstellen, dass der private Schlüssel für eine bestimmte Adresse sorgfältig gesichert wird. Wer nicht bereit ist, hier besonders viel Sorgfalt auf die Sicherung zu verwenden, ist im herkömmlichen Bankensystem wahrscheinlich besser aufgehoben.

Smart und sicher

In Kapitel 11 lesen Sie mehr darüber, welche Cyberbedrohungen von all den smarten Geräten und dem Internet der Dinge (Internet of Things, IoT) ausgehen. Im Folgenden habe ich für Sie eine Liste mit Empfehlungen zusammengestellt, wie Sie die Sicherheit im Umgang mit Geräten dieser Art verbessern können:

- ✔ Sorgen Sie dafür, dass keines Ihrer smarten Geräte im Ernstfall ein Sicherheitsrisiko darstellt. Sie sollten nie in die Situation kommen, dass ein intelligentes Türschloss Sie davon abhält, bei einem Feuer das Zimmer zu verlassen, oder dass es einen Einbrecher während eines Stromausfalls oder aufgrund eines Netzwerkproblems in Ihr Haus lässt.

- ✔ Wenn möglich, sollten Sie Ihre intelligenten Geräte mit einem anderen Netzwerk verbinden als Ihre Computer. Ihr IoT-Netzwerk sollte von einer Firewall geschützt werden.
- ✔ Halten Sie alle Ihre Geräte auf dem neuesten Stand. Hacker nutzen Schwachstellen von IoT-Geräten aus, um sie fernzusteuern und mit ihnen große Angriffe durchzuführen. Wenn ein Gerät über eine automatische Update-Funktion der Firmware verfügt, sollten Sie diese aktivieren.
- ✔ Erstellen Sie eine vollständige Liste aller Geräte, die mit Ihrem Netzwerk verbunden sind. In diese Liste sollten Sie auch Geräte aufnehmen, die zwar in diesem Moment nicht verbunden sind, die aber berechtigt sind, sich dazuzugesellen, und dies auch von Zeit zu Zeit tun.
- ✔ Trennen Sie möglichst die Verbindung von Geräten, die Sie gerade nicht verwenden. Wenn ein Gerät nicht mit dem Internet verbunden ist, ist es für Hacker aus der Ferne nicht knackbar – es sei denn, er sitzt bei Ihnen im Wohnzimmer.
- ✔ Schützen Sie alle Ihre Geräte mit einem Passwort. Überwinden Sie Ihre Faulheit und behalten Sie niemals das Passwort bei, das ab Werk eingestellt ist. Jedes Gerät sollte eigene Anmeldedaten bekommen.
- ✔ Überprüfen Sie die Geräteeinstellungen. Viele Geräte werden mit einer Reihe von Voreinstellungen geliefert, die in puncto Sicherheit oft ein Graus sind.
- ✔ Sichern Sie Ihr Smartphone – physisch und digital – gut ab. Wahrscheinlich laufen darauf Apps, mit denen Sie auf einige oder alle Ihrer Geräte zugreifen können.
- ✔ Deaktivieren Sie möglichst alle Gerätefunktionen, die Sie nicht benötigen. Damit verringern Sie die mögliche Angriffsfläche, also die Zahl der Punkte, an denen ein unberechtigter Nutzer Zugriff auf Ihr Gerät erlangen könnte. Gleichzeitig reduziert es die Gefahren möglicher Schwachstellen in der Software.

  Universal Plug and Play (UPnP) erleichtert einerseits zwar die Geräteeinrichtung, macht es andererseits aber auch leichter für Hacker, Geräte zu entdecken und sie anzugreifen, denn oft enthält UPnP Schwachstellen oder ermöglicht Malware, die Sicherheitsroutinen der Firewall zu umgehen. UPnP kann auch von Hackern ausgenutzt werden, um Befehle über Router auszuführen.
- ✔ Verbinden Sie Ihre intelligenten Geräte besser nicht mit Netzwerken, die nicht vertrauenswürdig sind.

IN DIESEM KAPITEL

Die Grundlagen physischer Sicherheit verstehen

Den Schutzbedarf identifizieren

Physische Sicherheitsgefahren minimieren

Kapitel 5
Physische Sicherheit verbessern

Möglicherweise sind Sie versucht, dieses Kapitel zu überspringen. Schließlich lesen Sie dieses Buch, um mehr über Cybersicherheit und nicht über physische Sicherheit zu erfahren. Bitte tun Sie es nicht und lesen Sie dieses Kapitel trotzdem!

Bestimmte Aspekte physischer Sicherheit sind wesentliche Bestandteile eines jeden Cybersicherheitsplans, so einfach oder komplex dieser sein mag. Noch vor wenigen Jahrzehnten waren die Unternehmensabteilungen, die für den Schutz der Computer und der Daten zuständig waren, nahezu ausschließlich mit physischer Sicherheit beschäftigt. Oft war es ausreichend für den Schutz eines Computers und seiner Inhalte, wenn er in einem gesicherten Bereich aufbewahrt wurde, der nur für befugtes Personal zugänglich war. Natürlich hat die Ausbreitung von Netzwerken und des Internets kombiniert mit der massenhaften Verbreitung von Computern und computerähnlichen Geräten die Risiken von Grund auf verändert. Selbst wenn Sie heute einen Computer hinter einer verschlossenen Tür aufbewahren, können immer noch Milliarden von Menschen weltweit darauf zugreifen. Der Bedarf an physischem Schutz ist trotzdem so wichtig wie nie zuvor.

In diesem Kapitel geht es um die Aspekte physischer Sicherheit, die erforderlich sind, um angemessene Cybersicherheit umzusetzen. Sie erfahren mehr über das *Was* und das *Warum* physischer Sicherheit. Es ist nicht empfehlenswert, die Methoden aus diesem Kapitel zu ignorieren, da Sie sich sonst der Gefahr von Vorfällen aussetzen würden, die mindestens genauso schwer – wenn nicht sogar noch schwerer – sind als die, die von Hackern verursacht werden.

Die Bedeutung des physischen Schutzes verstehen

Physische Sicherheit bedeutet, dass Sie etwas vor dem unberechtigten physischen Zugriff schützen, sei es durch den Menschen oder die Natur. Wenn Sie einen Computer in einem Serverschrank einschließen, um zu verhindern, dass sich jemand daran zu schaffen macht, ist das ein Beispiel für physische Sicherheit.

Das E-Mail-Problem von Hillary Clinton

Immer wenn Politiker und Journalisten die ehemalige US-Außenministerin Hillary Clinton angreifen, weil sie sensible Informationen auf einem Server in einem alten Kleiderschrank bei sich zu Hause gespeichert hatte, beschuldigen sie sie, die nationale Sicherheit der Vereinigten Staaten gefährdet zu haben, weil sie vertrauliche digitale Daten an einem unzureichend gesicherten physischen Ort aufbewahrte. Bei einem Hacker-Angriff ist allerdings die digitale Sicherheit entscheidend. Für Hacker aus China und Russland zum Beispiel ist es völlig unerheblich, ob der Server in einem ungenutzten Kleiderschrank oder in einem mit Sicherheitspersonal bewachten Rechenzentrum steht.

Das eigentliche Problem an der Sache war, dass Hillary Clinton vertrauliche Informationen aus dem dafür vorgesehenen Netzwerk entfernt und mit nach Hause genommen hatte, um darauf über ihren eigenen Server zuzugreifen. In den USA ist es strengstens verboten und mit Freiheitsstrafe bedroht, Geheiminformationen aus ihrer sicheren Umgebung zu entfernen. Eine Tatsache, die ihre republikanischen Widersacher im US-Präsidentschaftswahlkamp 2016 auch nicht müde wurden zu erwähnen.

Das Ziel physischer Sicherheit ist es, eine sichere Umgebung für die Menschen und die physischen und digitalen Schätze einer Person, einer Familie oder eines Unternehmens zu schaffen. Im Rahmen der Cybersicherheit soll die physische Sicherheit dafür sorgen, dass digitale Systeme und Daten nicht gefährdet werden aufgrund der Art und Weise, wie sie aufbewahrt werden.

Geheiminformationen oder *Verschlusssachen* sind Geheimnisse, deren Kompromittierung Mitarbeitern der Nachrichtendienste und deren Operationen schaden, diplomatische und militärische Operationen beeinträchtigen und die nationale Sicherheit gefährden können.

Ich hoffe nicht, dass Sie Geheiminformationen bei sich zu Hause aufbewahren. Falls doch, wissen Sie sehr viel mehr über Informationssicherheit, als in diesem Buch behandelt wird. Da es aber oft ein ernsthaftes Verbrechen ist, vertrauliche Informationen von ihrem vorgesehenen Ort der Aufbewahrung zu entfernen, schlage ich vor, Sie suchen sich einen guten Anwalt. (Siehe dazu auch den Kasten »Das E-Mail-Problem von Hillary Clinton«.)

Nichtsdestotrotz gehe ich davon aus, dass Sie Daten besitzen, die vertraulich bleiben und nicht manipuliert werden sollen. Es handelt sich dabei vielleicht nicht um Staatsgeheimnisse, aber für Sie persönlich ist ihr Schutz womöglich von größter Bedeutung.

Bestandsaufnahme

Bevor Sie einen physischen Sicherheitsplan umsetzen können, müssen Sie sich einen Überblick darüber verschaffen, was geschützt werden soll. Sie besitzen vermutlich mehr als nur ein elektronisches Gerät und verfügen über verschiedene Daten, die sich recht stark in puncto Geheimhaltung und Vertraulichkeit unterscheiden. Im ersten Schritt gehen Sie Ihre Daten und Systeme durch und legen fest, welche Sicherheitsebene sie jeweils benötigen.

Ihre Computergeräte lassen sich höchstwahrscheinlich in zwei Hauptkategorien einteilen:

- ✔ **Ortsfeste Geräte:** Dazu gehören Desktop-Computer, die entweder nur von Ihnen oder von Ihrer ganzen Familie genutzt werden.
- ✔ **Mobile Geräte:** In diese Kategorie fallen Laptops, Tablet-Computer und Handys.

Vergessen Sie bei Ihrer Bestandsaufnahme nicht die Ausrüstung, mit der Ihre Geräte verbunden sind. Wenn Sie Ihre Geräte inventarisieren, denken Sie auch an Netzwerke und Netzwerkausrüstung. Mit welchen Netzwerken sind die ortsfesten Geräte verbunden? Wie viele Netzwerke haben Sie? Wo verbinden sie sich mit der Außenwelt? Wo befindet sich die entsprechende Netzwerkausrüstung? Welche mobilen Geräte verbinden sich drahtlos?

Ortsfeste Geräte

Ortsfeste Geräte wie Desktop-Computer, Netzwerkausrüstung und viele Geräte aus der Welt des Internets der Dinge bewegen Sie nicht regelmäßig von einem Ort zum anderen. Trotzdem können diese Geräte natürlich gestohlen, beschädigt oder missbräuchlich genutzt werden. Auch sie müssen daher angemessen geschützt werden. Schäden müssen dabei nicht zwangsläufig mit Absicht verursacht werden: Am Anfang meiner Karriere half ich bei der Behebung eines Serverproblems, das dadurch verursacht wurde, dass eine nächtliche Reinigungskraft einen schlecht gesicherten Server von seiner unterbrechungsfreien Stromversorgung trennte, um dort den Staubsauger anzuschließen. Kein Scherz.

Sie denken jetzt vielleicht, dass ortsfeste Geräte wie Desktop-Computer immer weniger werden, da Leute immer mehr mit mobilen Geräten arbeiten. Aber: andere Arten von ortsfesten Geräten nehmen zu! Beispielsweise Spielekonsolen und fest installierte digitale Geräte im Smart Home wie Kameras, Sprachassistenten, smarte Haushaltsgeräte und so weiter.

Eine vollständige Inventur aller ortsfesten Geräte an ihrem gewöhnlichen Aufbewahrungsort ist sehr wichtig. Sie können nichts sichern, von dem Sie gar nicht wissen, dass es da ist.

In vielen Fällen hat jeder, der physisch Zugriff auf einen Computer oder ein anderes elektronisches Gerät hat, auch Zugriff auf die Daten und Programme auf diesem Gerät, und zwar ganz unabhängig davon, welche Sicherheitssysteme darauf laufen. Die einzige Variable ist dabei, wie lange derjenige braucht, das Gerät zu knacken. Abgesehen davon kann der Eindringling das Gerät auch physisch beschädigen – sei es durch Gewalteinwirkung von außen, durch einen starken Stromstoß, durch Übergießen mit Wasser oder durch Feuer. Glauben Sie bloß nicht, dass diese Szenarien weit hergeholt sind. Alle vier Varianten habe ich mit eigenen Augen gesehen.

Mobile Geräte

Mobile Geräte sind Computer, die viel bewegt werden. Laptops, Tablets und Smartphones gehören in diese Gruppe. Auf den ersten Blick mögen mobile Geräte sicherer als ortsfeste erscheinen. Ihr Handy haben Sie schließlich fast immer bei sich, anders als Ihren PC, der auch mal für längere Zeit unbeobachtet bei Ihnen zu Hause steht.

Die Realität sieht anders aus. Die Erfahrung hat gezeigt, dass tragbare Geräte weit häufiger gestohlen werden oder verloren gehen. Mobile Geräte sind der Albtraum jedes Sicherheitsexperten. Das Smartphone in Ihrer Tasche verbindet sich ständig mit dem ohnehin unsicheren Internet, enthält hochsensible Daten, verfügt über Zugriffs-Tokens zu Ihren E-Mail-Konten, Social-Media-Profilen und anderen wichtigen Konten, enthält vermutlich nicht die ausgereifte Sicherheitssoftware Ihres Desktop-Computers, befindet sich oft an Orten, an denen es gestohlen werden kann, ist nicht immer in Sichtweite, wird auf Reisen mitgenommen, auf denen Sie von Ihrer normalen Routine abweichen, und so weiter und so fort. Die Liste ist lang. Es ist daher wichtig, dass Sie kein einziges Ihrer mobilen Geräte bei Ihrer Bestandsaufnahme vergessen.

Smartphones sind mehr als nur intelligente Telefone

Der Begriff *Smartphone* ist äußerst missverständlich. Das Gerät in Ihrer Tasche ist ein vollständig ausgereifter Computer mit mehr Prozessorleistung als alle Computer zusammen, die bei der Mondlandung eingesetzt wurden. Es ist genauso wenig ein Telefon wie ein Ferrari ein schneller, pferdeloser Wagen ist. Die technische Beschreibung mag korrekt sein, irreführend ist sie aber in jedem Fall. Die Bezeichnung *Taschencomputer mit Telefon-App* wäre zwar zutreffend (oder auch: mobiler Computer mit besonders vielen potenziellen Sicherheitslücken, auf dem besonders viele sensible Daten zugänglich sind), zugegebenermaßen aber nicht besonders griffig. Das hatten wohl auch die Mobilfunkanbieter und Hersteller damals erkannt und den Nachfolger unseres normalen Handys Smartphone getauft.

Gefährdete Daten identifizieren

Verschaffen Sie sich einen Überblick über die Geräte, die sich bei Ihnen zu Hause befinden. Stellen Sie sich vor, was im schlimmsten Fall geschehen kann, wenn ein nicht Berechtigter an Ihre Daten kommt oder sie gegen Ihren Willen im Internet veröffentlicht werden. Keine Liste kann alle möglichen Szenarien abdecken, aber an diese Dinge sollten Sie denken:

- ✔ Private Fotos und Videos
- ✔ Aufnahmen Ihrer Stimme
- ✔ Aufzeichnungen Ihrer Handschrift (insbesondere Ihrer Unterschrift)
- ✔ Finanzunterlagen

- ✔ Medizinische Unterlagen
- ✔ Unterlagen aus Schule und Studium
- ✔ Passwortlisten
- ✔ Digitale Schlüssel
- ✔ Dokumente, die Folgendes enthalten:
  - Kreditkartennummern
  - Steuernummer, Steueridentifikationsnummer
  - Geburtsname
  - Codes zu Schlössern oder andere Zugangscodes
  - Korrespondenz mit dem Finanzamt
  - Informationen über Rechtsstreitigkeiten
  - Informationen über Mitarbeiter
  - Geburtsname der Mutter
  - Geburtsdatum
  - Reisepassnummer
  - Personalausweisnummer
  - Informationen über Ihre Fahrzeuge
  - Alte Adressen
  - Biometrische Daten (unter anderem Fingerabdrücke, Retinascans, Gesichtsgeometrie, Tippverhalten)

All das muss gegen Cyberangriffe geschützt werden. Wie Sie das bewerkstelligen, lesen Sie in vielen folgenden Kapiteln. Doch auch die Gebäude, in denen sich diese Daten befinden, müssen physisch geschützt werden. Wie Sie das schaffen, lesen Sie im nächsten Abschnitt.

Einen Plan für physische Sicherheit erstellen

Um Ihre Technologie und Ihre Daten auch physisch angemessen zu schützen, sollten Sie nicht nur ab und zu punktuelle Sicherheitskontrollen einführen, sondern einen Plan für physische Sicherheit entwickeln. Dadurch vermeiden Sie Fehler, die Sie teuer zu stehen kommen.

In den meisten Fällen können Sie sich dabei an das Prinzip der städtebaulichen Kriminalprävention halten, im angelsächsischen Raum bekannt als *Crime Prevention Through*

Environmental Design (CPTED). Das Konzept besagt, dass Sie die Wahrscheinlichkeit reduzieren können, dass bestimmte Verbrechen begangen werden, wenn Sie eine räumliche Umgebung schaffen, in der sich die gesetzestreuen Nutzer sicher fühlen und die Täter davon abgehalten werden, illegale Aktivitäten zu planen und auszuführen. Wenn Sie dieses übergeordnete Konzept verstehen, können Sie leichter Wege finden, Ihre eigenen Systeme und Daten zu schützen.

Drei wichtige Bestandteile des CPTED in Hinblick auf allgemeine Kriminalprävention sind Zugangskontrolle, Überwachung und Kennzeichnung:

- ✔ **Zugangskontrolle:** Wenn der Zugang mit Zäunen, überwachten Ein- und Ausgängen, geeigneter Geländegestaltung und so weiter auf Befugte begrenzt wird, erschwert dies Kriminellen, in ein Gebäude oder eine andere Einrichtung einzudringen und erhöht das Risiko für die Schurken, entdeckt zu werden. Damit werden potenzielle Kriminelle schon im Vorfeld abgeschreckt.
- ✔ **Überwachung:** Kriminelle vermeiden es in der Regel, Verbrechen zu begehen, bei denen sie gesehen und aufgezeichnet werden könnten. Sie halten sich von Bereichen fern, von denen sie wissen, dass sie gut bewacht werden. Kameras, Wachleute und Bewegungsmelder schrecken Kriminelle ab.
- ✔ **Kennzeichnung:** Verbrecher neigen dazu, sich von Bereichen fernzuhalten, die klar als fremdes Eigentum gekennzeichnet sind, beispielsweise mit Zäunen und Schildern, denn sie wollen bei der Begehung ihrer Verbrechen nicht auffallen und leicht zu bemerken sein. Darüber hinaus vermeiden sie Bereiche, in denen autorisierte Personen entsprechend gekennzeichnet sind. Wenn beispielsweise ein Unbefugter ohne DHL-Uniform auf einem Gelände herumspaziert, das mit »Nur für DHL-Mitarbeiter« gekennzeichnet ist, wird er viel wahrscheinlicher bemerkt und angehalten als jemand, der auf einem ungekennzeichneten Gelände eines Unternehmens herumläuft, bei dem die Mitarbeiter keine Uniform tragen.

Dieselben Grundsätze können Sie auch bei sich zu Hause umsetzen, zum Beispiel, indem Sie Ihren Computer im heimischen Arbeitszimmer aufstellen und nicht in Räumen, die von allen genutzt werden. Damit senden Sie die klare Botschaft an Kinder, Babysitter und Gäste, dass dieses Gerät tabu ist. Ein neugieriger Babysitter oder Hausgast wird sich vermutlich noch weniger trauen, ohne Erlaubnis das Arbeitszimmer zu betreten, wenn er zuvor darauf aufmerksam wurde, dass dieser Bereich mit Kameras überwacht wird.

Sie kennen Ihre persönliche Umgebung am besten. Durch Anwendung dieser Konzepte können Sie die Wahrscheinlichkeit verringern, dass Unberechtigte versuchen, Zugriff auf Ihre Computer und Daten zu erlangen.

Physische Sicherheit umsetzen

Sie können viele Techniken und Technologien einsetzen, um ein Objekt oder eine Einrichtung zu schützen. Der Grad der physischen Sicherheit, den Sie für ein Gerät umsetzen, hängt stark von seinem Verwendungszweck ab und welche Informationen es enthält. (Mehr über die Inventur Ihrer Geräte lesen Sie in Abschnitt »Bestandsaufnahme« weiter vorne in diesem Kapitel.)

Im Folgenden habe ich für Sie ein paar Beispiele mit Methoden für die Sicherung Ihrer Geräte zusammengestellt. Je nachdem wie hoch Ihre Toleranzgrenze für Risiken und wie groß Ihr Budget ist, können Sie alle, einige oder gar keine dieser Vorschläge umsetzen:

- ✔ **Schlösser:** Bewahren Sie Geräte in einem abschließbaren Zimmer auf, zu dem nur diejenigen Zugang haben, die das Gerät benutzen müssen. In manchen Fällen können Sie vielleicht alle Ein- und Ausgänge zu dem Raum überwachen. Wenn Sie einen heimischen Safe haben, können Sie Ihre Laptops darin aufbewahren, wenn diese gerade nicht benutzt werden.
- ✔ **Videokameras:** Überlegen Sie sich, ob Sie Ihre Geräte mit einer Videokamera überwachen möchten, um zu sehen, wer wann darauf zugreift.
- ✔ **Tracker:** Gehen Sie mit Trackern nicht leichtsinnig um – also den kleinen Geräten, die mit GPS oder Bluetooth Ihre Position lokalisieren können. Das gilt auch für die Funktion, den Standort vom eigenen Smartphone aus zu teilen. Es gibt auch Fälle, in denen Tracker unberechtigt in den Sachen oder Kleidungsstücken einer Person platziert werden, um deren Aufenthaltsort auszuspionieren.
- ✔ **Sicherheitspersonal:** Natürlich sind Sicherheitsleute keine praktikable Lösung für Ihr privates Haus oder Ihre Wohnung, aber es gibt Umgebungen, in denen Wachpersonal zum Einsatz kommen kann – im Raum selbst, vor dem Raum, im Eingangsbereich, außerhalb des Gebäudes oder sogar außerhalb der Umzäunung.
- ✔ **Alarmanlagen:** Alarme können nicht nur dazu beitragen, dass Kriminelle beim Versuch, in ein Haus oder ein Büro einzudringen, verjagt werden, sondern sie dienen auch als wirkungsvolle Abschreckung, sodass sich die Eindringlinge womöglich ein anderes Ziel aussuchen.
- ✔ **Perimetersicherheit:** Straßenpoller halten Menschen davon ab, mit dem Auto in ein Gebäude zu fahren, und Zäune und Mauern halten Menschen davon ab, in ein Haus oder ein Bürogebäude einzudringen. Dabei sollten Sie wissen, dass Sicherheitsexperten davon ausgehen, dass ein Zaun mindestens 2,5 m hoch sein muss, um einen Menschen wirklich abzuhalten.
- ✔ **Licht:** Kriminelle vermeiden es, sich an gut ausgeleuchteten Orten aufzuhalten. Bewegungsmelder schrecken sogar noch mehr ab als eine statische Beleuchtung. Wird plötzlich irgendwo Licht aktiviert, erregt dies Aufmerksamkeit und es ist wahrscheinlicher, dass der Kriminelle entdeckt wird.
- ✔ **Minderung von Umweltrisiken:** Wenn Sie sich in einer Gegend befinden, in der es beispielsweise regelmäßig Hochwasser gibt, sollten Sie Ihre Computer und Systeme nicht in einem überflutungsgefährdeten Bereich aufstellen. Der Hinweis mag offensichtlich erscheinen, aber die Erfahrung hat mir gezeigt, dass dies nicht immer beachtet wird.
- ✔ **Stromversorgung:** Sorgen Sie für eine unterbrechungsfreie Stromversorgung, um sich bei Stromausfällen abzusichern, da diese nicht nur Auswirkungen auf Ihre Computer, sondern auch auf viele Sicherheitssysteme haben.

- **Renovierungen und Bauarbeiten:** Die Gefahren für Daten und Computer während Renovierungsarbeiten zu Hause werden oft übersehen. Liegt Ihr Handy unbeaufsichtigt in der Wohnung, während Handwerker ein- und ausgehen, kann es leicht gestohlen werden und die Daten auf dem Gerät kompromittiert werden.
- **Backups sichern:** Schützen Sie die Sicherungskopien Ihrer Daten mit derselben Sorgfalt wie die Originaldaten. Es wäre töricht, wenn Sie zum Schutz der Daten Zeit und Geld in einen Tresor und in Kameras investieren und dann eine Festplatte mit den Backups ins Wohnzimmerregal legen, wo sie für jedermann sichtbar ist, der Ihr Haus betritt.

Diese Liste ist selbstverständlich nicht vollständig. Wenn Sie aber bei jedem dieser Punkte überlegen, wie Sie ihn im Rahmen des CPTED-Konzepts anwenden, ist die Gefahr sehr viel geringer, dass Sie einen Vorfall zu beklagen haben. (Mehr zum Thema CPTED lesen Sie im Abschnitt »Einen Plan für physische Sicherheit erstellen«.)

Sicherheit für mobile Geräte

Mobile Geräte – PCs, Tablet-Computer, Smartphones und andere elektronische Geräte, die regelmäßig von einem Ort zum anderen transportiert werden – stellen ein zusätzliches Risiko dar, weil sie leicht verloren gehen oder gestohlen werden. Daher lautet die einfache, aber dafür nicht weniger wichtige Empfehlung für die physische Sicherheit mobiler Geräte: Behalten Sie Ihre Geräte im Blick oder schließen Sie sie ein.

Dieser Ratschlag mag offensichtlich erscheinen, doch leider wird jedes Jahr eine große Anzahl von Geräten gestohlen, weil sie unbeaufsichtigt waren. Entweder ist der Rat also doch nicht so offensichtlich oder er wird schlicht nicht befolgt. In jedem Fall sollten Sie ihn verinnerlichen und entsprechend handeln.

Abgesehen davon, dass Sie immer ein genaues Auge auf Ihre Geräte haben sollten, empfehle ich Ihnen, die Geräteortung, die Alarmfunktion und die Fernlöschung zu aktivieren – allesamt unschätzbare Funktionen, die Risiken mindern, wenn ein Gerät verloren geht oder gestohlen wird. Manche Geräte bieten sogar die Funktion, Fotos oder Videoaufnahmen anzufertigen von jedem, der ein mobiles Gerät nutzt, nachdem es als gestohlen gemeldet wurde. Das kann Ihnen nicht nur helfen, Ihr Gerät zu orten, sondern auch die Diebe zu identifizieren.

Mitwisser sind die größte Gefahr

Laut einem Großteil der Experten sind Insider die größte Bedrohung für die Informationssicherheit, das heißt, das größte Risiko für Unternehmen sind dessen Mitarbeiter. Übertragen auf die eigenen vier Wände stellen die Familienmitglieder, mit denen Sie gemeinsam ein Gerät nutzen und die ein weniger ausgeprägtes Bewusstsein für Cybersicherheit haben, für Sie die größte Gefahr dar. Sie können noch so sehr auf Ihren Computer aufpassen, wenn Ihre Teenies zu Hause Schadprogramme auf Ihren Computer laden, stehen Sie am Ende dumm da.

Früher gab es die goldene Regel, dass jeder, der physisch Zugang zu einem Computer hat, auch Zugriff auf die darin gespeicherten Daten hat. Selbst heute im Zeitalter der Verschlüsselung steckt darin noch ein Körnchen Wahrheit. Jemand, der auf Ihr Gerät zugreifen kann, ist womöglich nicht in der Lage, auf Ihre Daten zuzugreifen, zerstören kann er sie aber sicherlich.

Abgesehen davon besteht aus verschiedenen Gründen auch weiterhin das Risiko, dass die Person auf die Daten zugreifen kann:

- ✔ Sie haben die Verschlüsselung nicht richtig eingestellt.
- ✔ Ihr Computer hat eine Schwachstelle, die ausgenutzt werden kann.
- ✔ Die Verschlüsselungssoftware könnte einen Fehler haben, der ihre Fähigkeit beeinträchtigt, Ihre Daten richtig zu schützen.
- ✔ Jemand hat das Passwort zur Entschlüsselung in die Hände bekommen.
- ✔ Jemand kopiert Ihre Daten und wartet so lange, bis es einen Computer gibt, der Ihre Verschlüsselung knacken kann.

⚠ Was ich damit sagen will: Wenn Sie nicht möchten, dass jemand Zugriff auf Ihre Daten erlangt, dann sollten Sie diese nicht nur logisch (beispielsweise mit Verschlüsselung) sichern, sie müssen sie auch physisch sichern, damit niemand sie kopieren kann – auch nicht in verschlüsselter Form.

Im Umgang mit Kindern gilt grundsätzlich: Wenn es auf Ihrem Computer Dateien gibt, die Ihre Kinder nicht sehen sollen, gewähren Sie ihnen keinen Zugriff auf den Computer.

Bei Gefahr gilt: Menschen vor Technik

Auch wenn Sie nun viel darüber nachdenken, wie Sie Ihre Daten physisch sichern, sollten Sie eine wichtige Regel beim Thema Sicherheit und Schutz nicht vergessen: Menschen sind immer wichtiger als Technik – ohne Ausnahme! Wenn es in Ihrem Haus brennt, muss es die oberste Priorität sein, die Bewohner darin zu retten. Sie sollten auch niemals in eine gefährliche Umgebung zurückkehren, um Computer oder Festplatten mit Sicherungskopien zu holen. Bewahren Sie manche Backups außerhalb Ihres Hauses oder Büros oder in einem feuer- und wasserfesten Tresor auf. Bei vielen Naturkatastrophen müssen Sie davon ausgehen, dass Ihre Systeme und Ihre Daten dort bis zum Ende des Unglücks ausharren müssen.

Verlassen Sie sich nicht auf digitale Sicherheit, sondern nutzen Sie die physischen Verteidigungsmöglichkeiten, die Sie haben. Zwar gibt es technisch versierte Kinder, die in der Lage sind, Ihren Computer über Ihr Netzwerk zu hacken, doch das Risiko für einen derartigen Angriff ist winzig im Vergleich zu Ihrem neugierigen Kind, das direkt vor Ihrem Computer sitzt. Idealerweise nutzen Sie für Ihre sensibelsten Daten und Geräte ein Netzwerk, das physisch getrennt von dem Netzwerk läuft, das Ihre Kinder nutzen.

IN DIESEM KAPITEL

Verstehen, wie das Arbeiten von zu Hause aus die Cybersicherheit beeinflusst

Lernen, wie Sie auf sichere Art und Weise von zu Hause arbeiten können

Kapitel 6
Cybersicherheit im Homeoffice

Die COVID-19-Pandemie, die 2020 begann, brachte weltweit eine grundlegende Veränderung der Arbeitsweise vieler Menschen mit sich. Zum ersten Mal seit Generationen führten Regierungen Lockdowns ein, um die Ausbreitung einer gefährlichen Krankheit zu stoppen – was zur Folge hatte, dass Menschen für lange Zeitabschnitte nicht mehr gemeinsam in Büros arbeiten durften. Die technologischen Fortschritte der vergangenen Jahre ermöglichten jedoch, dass viele Beschäftigte ihre Arbeit weiterhin aus der Ferne erledigen konnten – wenn auch unter völlig neuen Bedingungen.

Der plötzliche und massive Wechsel von Büroarbeit zu Remote-Arbeit führte in kürzester Zeit zu einer Vielzahl neuer Herausforderungen in der Cybersicherheit. Zudem stellte sich bald heraus, dass diese Arbeitsform nicht nur vorübergehend sein würde: Das Arbeiten von zu Hause aus brachte viele Vorteile bei der Vereinbarkeit von Familie und Beruf, der Verringerung von Pendelzeiten mit Auto oder öffentlichen Verkehrsmitteln (und dem damit einhergehenden Stress und Zeitverlust, gar nicht zu reden von den Auswirkungen auf die Umwelt), und sogar Einsparungen, die Firmen bei der Bereitstellung von festen Räumlichkeiten machen konnten.

Da das Arbeiten von zu Hause inzwischen fester Bestandteil der modernen Arbeitswelt ist, widmet sich dieses Kapitel nun also den spezifischen Cybersicherheitsrisiken im Homeoffice.

Netzwerksicherheit im Homeoffice

Ein zentrales Risiko bei der Remote-Arbeit betrifft die Netzwerke, über die Mitarbeiter auf sensible Daten zugreifen. Wenn diese Netzwerke nicht ausreichend geschützt sind, können zwei schwerwiegende Probleme auftreten:

- ✔ Datendiebstahl – sogar unbemerkt, also ohne dass Mitarbeiter oder Arbeitgeber davon erfahren.

- ✔ Malware-Infektionen oder Hackerangriffe, die über kompromittierte Geräte ins Unternehmensnetzwerk gelangen und dort erheblichen Schaden anrichten.

Warum aber sind Heimnetzwerke oft unsicher?

Unternehmen nutzen in der Regel leistungsfähige Firewalls und Sicherheitssysteme, während Remote-Angestellte meist einfache Heimrouter ohne zusätzliche Schutzebenen verwenden. Sollte ein Arbeitgeber wirklich seine gesamte Cybersicherheit einem Router vom Discounter anvertrauen, bei dem möglicherweise nicht mal durch den Mitarbeiter die Werkseinstellungen geändert und richtig konfiguriert wurden? Die meisten Privatnutzer wissen nicht, wie man Router sicher konfiguriert, und Intrusion-Detection-Systeme oder ähnliche Technologien sind im Heimbereich praktisch nie vorhanden.

Unternehmen verfügen dagegen oft über mehrstufige Sicherheitsarchitekturen: Firewalls blockieren riskante Datenströme, und Data-Loss-Prevention-Systeme verhindern, dass vertrauliche Informationen versehentlich versendet werden. Remote-Angestellte haben in der Regel keinen Zugriff auf solche Schutzfunktionen, und viele Arbeitgeber wissen nicht einmal, welche Router ihre Mitarbeiter zu Hause nutzen oder ob deren Firmware aktuell ist.

Auch die Sicherung der privaten WLANs wird selten überprüft – ebenso wenig, wer noch im Netzwerk aktiv ist. Kinder, die Spiele herunterladen, oder unsichere IoT-Geräte können Malware einschleusen, die sich dann im Heimnetz und möglicherweise bis ins Firmennetzwerk ausbreitet.

Manche schlagen vor, dieses Risiko durch ein vollständig getunneltes Virtual Private Network (VPN) zu mindern, also sämtlichen Internetverkehr der Mitarbeiter über das Unternehmensnetz zu leiten. Doch das ist ebenso riskant, wenn auch auf andere Weise: So können sich nämlich Malware oder andere Probleme aus dem Heimnetz ins Unternehmensnetzwerk übertragen. Außerdem können Mitarbeiter bei VPN-Ausfällen dann möglicherweise gar nicht mehr arbeiten.

Besser ist es, wenn Arbeitgeber den Mitarbeitern einen zweiten Router bereitstellen, der sich mit dem Heimrouter verbindet und ein separates, isoliertes Arbeitsnetzwerk bildet (Abbildung 6.1). So kann das Arbeitsnetz zwar ausgehende Verbindungen herstellen, das Heimnetz jedoch nicht auf das Arbeitsnetz zugreifen.

Eine noch sicherere Variante besteht darin, zwei interne Router zu verwenden (Abbildung 6.2): einen für das Heimnetz, einen für die Arbeit. Dies kann zwar die gemeinsame Nutzung von Druckern erschweren, doch bei den aktuell geringen Preisen für Drucker kann hier die Anschaffung eines zweiten Druckers sinnvoll sein – und sowieso geht die Entwicklung hin zum papierlosen Büro (kein Drucker und kein Papierstau im Drucker...).

Wenn der Arbeitsrouter vom Arbeitgeber gestellt wird, kann dieser ein verwaltbares, professionelles Gerät auswählen und es regelmäßig aktualisieren und patchen.

Idealerweise sollten Mitarbeiter zu allen dienstlichen Zwecken Dienstgeräte des Unternehmens verwenden – aus rechtlichen Gründen (Datenschutz) und auch, um zu verhindern, dass geschäftliche Daten auf privaten, möglicherweise unsicheren Geräten gespeichert werden.

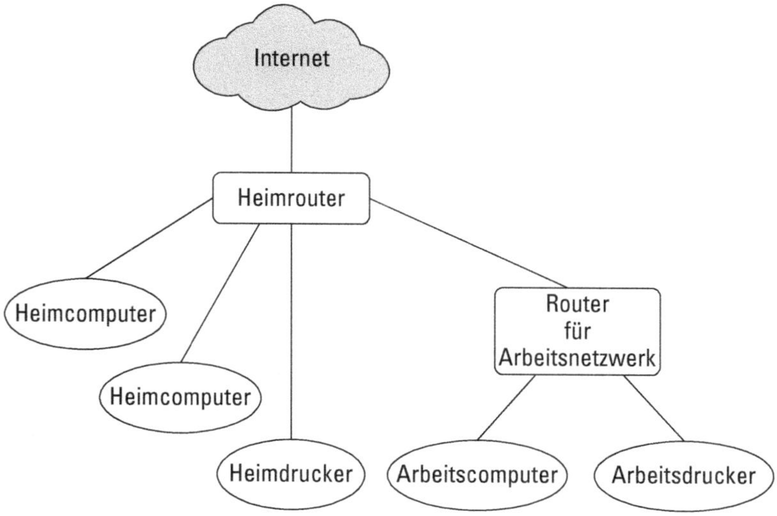

Abbildung 6.1: Mit dem Heimrouter verbundener Arbeitsrouter

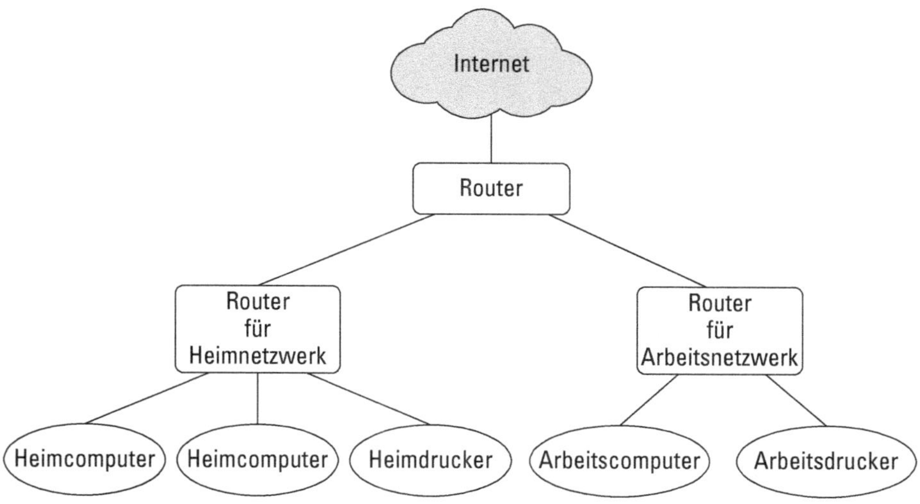

Abbildung 6.2: Separate Router für Heimnetz und Arbeit

Gerätesicherheit im Homeoffice

Unsichere Geräte können zu denselben Problemen führen wie unsichere Netzwerke – Daten können potenziell gestohlen werden, oder Hacker können in die Organisation eindringen und allerlei Schaden anrichten. Wie im vorherigen Abschnitt erwähnt, sollten idealerweise alle für die Remote-Arbeit genutzten Geräte im Besitz des Arbeitgebers sein und von diesem verwaltet werden.

Dafür gibt es mehrere Gründe:

- ✔ Arbeitgeber sollten wissen, was sich auf den Geräten der Mitarbeiter befindet, damit diese effizient und mit minimalen Ablenkungen arbeiten können – und damit keine potenzielle Spyware oder Ähnliches Daten erfasst oder auf andere Weise schädliche Aktionen ausführt.
- ✔ Arbeitgeber können haftbar gemacht werden, wenn sie einen Mitarbeiter auffordern, eine App auf seinem privaten Gerät zu installieren und diese App Sicherheitslücken schafft oder auf andere Weise Probleme verursacht, etwa durch Konflikte mit anderer Software auf dem Gerät.
- ✔ Wenn ein Mitarbeiter plötzlich das Unternehmen verlässt und arbeitsbezogene Daten auf einem privaten Gerät gespeichert sind, können diese Daten weiterhin bestehen bleiben und das Unternehmen – absichtlich oder versehentlich – gefährden. Gleiches gilt, wenn das Gerät des Mitarbeiters gestohlen wird. Ebenso stellt sich in einem extremeren Fall, etwa beim Tod eines Mitarbeiters, die Frage, wo dessen Laptop mit sensiblen arbeitsbezogenen Informationen letztlich landet.

Das heißt jedoch nicht, dass es immer praktisch oder möglich ist, Mitarbeitern für die Heimarbeit Geräte des Unternehmens bereitzustellen.

In jedem Fall müssen alle Devices – ob Laptops, Tablets oder Smartphones – mit geeigneter Sicherheitssoftware ausgestattet, aktiviert und auf dem neuesten Stand gehalten werden. Solche Geräte sollten zudem die Möglichkeit bieten, im Falle eines Verlusts oder Diebstahls aus der Ferne gelöscht zu werden, und alle relevanten Daten darauf müssen sowohl verschlüsselt als auch ordnungsgemäß gesichert sein.

Physische Sicherheit im Homeoffice

Obwohl wir oft denken, dass die Technologie, die Daten verarbeitet, der wichtigste Faktor für deren Sicherheit ist, zeigt die Realität, dass auch andere Faktoren eine mindestens ebenso große Rolle spielen. Wie in diesem Buch mehrfach beschrieben, sind Menschen – und ihr Verhalten – selbst ein bedeutender Faktor.

Ein weiteres wichtiges Element ist der Ort, an dem Systeme verwendet und Daten abgerufen werden. Dieser Faktor hat durch den Wandel vom Arbeiten im Büro hin zum Remote- oder Homeoffice stark an Bedeutung gewonnen – was bedeutet, dass ortsbezogene Gefahren heute wichtiger denn je sind.

Shoulder Surfing

Eines der größten Risiken für die Sicherheit und Vertraulichkeit von Unternehmensdaten im Zusammenhang mit Remote-Arbeit ist tatsächlich eine recht altmodische Gefahr. Wenn ein Mitarbeiter an einem Ort arbeitet, an dem andere Personen oder Kameras sensible Informationen sehen können, die auf dem Bildschirm des verwendeten Geräts angezeigt werden, kann die Vertraulichkeit dieser Daten beeinträchtigt werden.

Ein solches Problem wird umgangssprachlich als *Shoulder Surfing* bezeichnet. Es ist kein neues Konzept, aber nach wie vor aktuell – insbesondere dann, wenn viele Mitarbeiter außerhalb ihrer üblichen Arbeitsumgebung tätig sind. Idealerweise sollten Sie daher, wenn Sie im Homeoffice arbeiten, genau das tun: von zu Hause aus arbeiten – und nicht in Cafés, öffentlichen Parks oder an ähnlichen Orten.

Der Begriff *Shoulder Surfing* bezeichnete ursprünglich einen Angriff, bei dem Unbefugte anderen buchstäblich über die Schulter sahen und sich dabei ihre Passwörter oder andere vertrauliche Informationen abguckten. Heute tragen Kriminelle Kameras mit leistungsstarken Zoomobjektiven in ihren Taschen – sie können also viel weiter sehen und wesentlich längere und komplexere Abfolgen privater Informationen abgreifen.

Arbeiten Sie, wenn möglich, auch in einer Umgebung, in der niemand (auch nicht Ihr Partner oder Ihre Kinder) sensible Informationen einsehen kann. Falls nötig, kann der Arbeitgeber sogar Möbel oder Ausrüstung bereitstellen, um ein solches Maß an Privatsphäre zu gewährleisten.

Abhören (Eavesdropping)

Ähnliche Risiken bestehen bei Sprachkommunikation – besprechen Sie keine sensiblen Informationen am Telefon oder über andere Sprachkommunikationssysteme an Orten, an denen andere Menschen Sie hören können. Das mag selbstverständlich klingen, doch vor der Pandemie habe ich persönlich viele vertrauliche arbeitsbezogene Gespräche in Bussen von und nach New York City mitgehört, während die betreffenden Mitarbeiter offenbar nicht bemerkten, dass sie die Privatsphäre klar vertraulicher Informationen kompromittierten.

Wenn Sie von zu Hause aus arbeiten, kann ein einfaches Gerät, das gleichmäßiges Hintergrundrauschen erzeugt – wie es viele Psychologen und Psychiater verwenden, um zu verhindern, dass Gespräche aus Behandlungsräumen im Wartezimmer gehört werden – sehr hilfreich sein.

Achten Sie außerdem darauf, wie schalldicht Ihre Fenster sind: Wenn Sie beispielsweise eine Erdgeschosswohnung an einer lebhaften Ecke der Stadt haben, möglicherweise sogar an einem Café oder einer Haltestelle, und laut sprechen, können Passanten auf der Straße unter Umständen Ihr gesamtes Gespräch mithören.

Diebstahl

Private Büros oder Arbeitsplätze (sprich: Häuser und Wohnungen) sind selten so gut gesichert wie professionelle Büroräume. Und öffentliche Orte – wie Parks, Bibliotheken oder Cafés – sind noch unsicherer. Remote-Mitarbeiter haben daher oft ein höheres Risiko, dass ihnen ein Laptop oder ein anderes Gerät gestohlen wird, als ihre Kollegen, deren Geräte nie das Büro verlassen.

Menschliche Fehler

Bestimmt haben Sie es auch schon gemerkt: Menschen, die wiederholt unterbrochen werden, machen eher Fehler– und Fehler können zu Datenlecks führen.

Wenn Sie remote arbeiten, richten Sie sich daher einen Arbeitsplatz ein, an dem Sie Störungen auf ein Minimum reduzieren können. Remote-Arbeitsplätze sind diesbezüglich oft deutlich problematischer als professionelle Büros: die Kinder spielen, der Paketbote klingelt... Versuchen Sie also, eine Arbeitsumgebung zu schaffen, in der Sie effizient, konzentriert und mit einem Höchstmaß an Datenschutz arbeiten können.

Sicherheit in Videokonferenzen

Spätestens in der Pandemie ist die Nutzung von Videoanruf- und Videokonferenztechnologien rasant angestiegen – aber Vor-Ort-Termine durch Videokonferenzen zu ersetzen, war schon vorher ein Trend.

Die Zahl der Menschen, die regelmäßig arbeitsbezogene Videoanrufe von außerhalb ihres offiziellen Arbeitsplatzes führen, ist innerhalb kürzester Zeit um ein Vielfaches gewachsen. Mit der plötzlichen und schnellen Einführung einer derart transformativen Technologie gehen jedoch Risiken einher – besonders für Informationssicherheit und Datenschutz.

Private Dinge aus dem Kamerabild heraushalten

Wenn Sie an einer Videokonferenz teilnehmen, achten Sie darauf, dass sich keine sensiblen Informationen oder sonstiges privates Material im Kamerabild befinden. Bedenken Sie, dass Spiegel und reflektierende Oberflächen im Bild es anderen Teilnehmern einer Videokonferenz ermöglichen können, Dinge zu sehen, die technisch gesehen außerhalb des eigentlichen Kamerawinkels liegen.

Außerdem kann je nach Einstellungen die Vorschau, die Sie selbst sehen, weniger Hintergrund zeigen, als andere auf dem Anruf tatsächlich sehen.

Wenn das alles offensichtlich klingt, suchen Sie ruhig einmal im Internet nach den zahlreichen Fällen, in denen Menschen genau diese Vorsichtsmaßnahmen missachtet haben ...

Verwenden Sie einen virtuellen Hintergrund (idealerweise mit einem physischen Greenscreen), damit neugierige Blicke auf Sie gerichtet bleiben und nicht auf die Elemente Ihres Hintergrunds. Mindestens sollten Sie die Unschärfefunktion (HINTERGRUND VERWISCHEN) Ihres jeweiligen Videokonferenz-Tools nutzen.

Wenn Sie von zu Hause aus an einer Videokonferenz teilnehmen, bei der Ihre Kamera oder Ihr Mikrofon (auch nur zeitweise) eingeschaltet sind, stellen Sie sicher, dass alle anderen Personen im Haushalt darüber informiert sind. Weisen Sie sie darauf hin, dass Sie Kamera und Mikrofon teilen, und dass sie gesehen oder gehört werden könnten, wenn sie sich in Ihrer Nähe aufhalten oder vorbeigehen. Es hat schon viele peinliche Vorfälle gegeben, bei denen Personen halbnackt in das Sichtfeld einer laufenden Videokonferenz geraten sind.

Videokonferenzen vor unbefugten Besuchern schützen

Cybersicherheit bei Videokonferenzen bedeutet weit mehr, als nur sensible Daten aus dem Kamerabild herauszuhalten. Die große Zahl an Zwischenfällen in den ersten Monaten der COVID-19-Pandemie – als unbefugte Dritte regelmäßig Zoom-Meetings betraten und Chaos stifteten – führte zur Entstehung und Verbreitung eines neuen Begriffs: *Zoom Bombing*.

Um die Wahrscheinlichkeit zu verringern, dass Ihre Videokonferenzen »gebombt« werden, beachten Sie bitte die folgenden Empfehlungen:

- ✔ Führen Sie keine geheimen Gespräche über Videokonferenzen: Keine moderne kommerzielle Videokonferenzplattform ist für wirklich vertrauliche Gespräche geeignet. Denken Sie daran: Jede Software, auch Videokonferenz-Software, kann Sicherheitslücken enthalten, die ausnutzbar sind.
- ✔ Schützen Sie Ihre Sitzungen mit Passwörtern: Wenn Unbefugte versuchen, Ihren Anruf zu betreten, wird dies deutlich erschwert – ohne das Passwort können sie sich nicht einfach einwählen.
- ✔ Erstellen Sie für jedes Meeting einen neuen Raum: Manche Plattformen erlauben die wiederholte Nutzung derselben Meeting-ID. Tun Sie das nicht – sonst kann jemand, der Zugangsdaten zu einem Ihrer Meetings erlangt hat, auch einem späteren Meeting beitreten.
- ✔ Verwenden Sie einen Warteraum: Viele Videokonferenz-Apps bieten die Möglichkeit, neue Teilnehmer zunächst in einen virtuellen Warteraum zu leiten. Sie als Gastgeber entscheiden, wer tatsächlich in die Sitzung gelassen wird – entweder alle auf einmal oder individuell. Registrierte Teilnehmer können gegebenenfalls automatisch eingelassen werden, während unbekannte zunächst warten müssen.
- ✔ Sperren Sie Ihre Sitzungen: Sobald alle erwarteten Teilnehmer beigetreten sind, oder nach einer bestimmten Zeit, sperren Sie das Meeting, damit niemand weiteres beitreten kann.
- ✔ »Wer nicht dazugehört, fliegt raus«: Überprüfen Sie regelmäßig die Teilnehmerliste. Wenn Sie jemanden sehen, der nicht eingeladen war, entfernen Sie ihn. Gleiches gilt für störende Teilnehmer. Wenn Sie die Sitzung gesperrt haben, reicht meist eine einmalige Überprüfung nach dem Sperren. Haben Sie Co-Hosts, sollten Sie die Liste jedoch regelmäßig kontrollieren, da diese die Sperre möglicherweise aufheben können.
- ✔ Deaktivieren Sie private Chats: Wenn möglich, schalten Sie die Funktion aus, die es Teilnehmern erlaubt, sich privat Nachrichten zu senden. Wenn sie chatten möchten, sollen sie ihre gewohnten Chat-Apps verwenden.
- ✔ Erlauben Sie keine Bildschirmfreigabe für alle: Wenn kein konkreter Bedarf besteht, sollten nur Sie als Gastgeber den Bildschirm teilen dürfen – oder deaktivieren Sie die Funktion vollständig.
- ✔ Teilen Sie keine Zugangsdaten öffentlich: Vermeiden Sie es, Login-Informationen zu Meetings über öffentliche soziale Medien zu verbreiten. Bewerben Sie lieber das

Meeting allgemein und lassen Sie Interessenten sich anmelden; schicken Sie die Zugangsdaten dann individuell an registrierte und zugelassene Teilnehmer. Private Meetings sollten grundsätzlich niemals öffentlich angekündigt werden.

- ✔ Rufen Sie selbst an, um Informationen zu bestätigen: Wenn Sie von jemandem angerufen werden oder Zugangsdaten zu einem Meeting erhalten, können Sie nie sicher sein, dass die Person wirklich diejenige ist, für die sie sich ausgibt.

Stummschalten und Kamera blockieren

Verwenden Sie eine physische Abdeckung für die Kamera Ihres Geräts, wenn Sie diese nicht nutzen. Bei manchen Mobilgeräten, bei denen eine Abdeckung unpraktisch ist, gibt es andere Möglichkeiten, Kamera und Mikrofon zu deaktivieren. Wenn Sie zum Beispiel auf einem modernen Samsung Galaxy Smartphone oder Tablet vom oberen Bildschirmrand nach unten wischen, finden Sie im »Schnellzugriff« die Optionen *Kamerazugriff* und *Mikrofonzugriff*. Wenn Sie diese deaktivieren, kann keine App auf Kamera oder Mikrofon zugreifen.

Aufzeichnungen

Beachten Sie, dass viele Videokonferenzen aufgezeichnet werden – manchmal ohne Wissen aller Beteiligten.

Wenn Sie selbst eine Sitzung aufzeichnen, informieren Sie alle anderen Teilnehmer darüber. Manche Anbieter informieren automatisch, sobald eine Aufzeichnung aktiviert wird – aber nicht alle tun das … und nicht alle Teilnehmer, die etwas aufnehmen, nutzen die eingebaute Aufzeichnungsfunktion.

Social Engineering

Menschen, die von zu Hause aus arbeiten – also in einer Umgebung, die räumlich von jener ihrer Kolleginnen und Kollegen getrennt ist – sind anfälliger für bestimmte Arten von Social-Engineering-Angriffen. Das heißt, anfälliger als solche Beschäftigten, die gemeinsam vor Ort arbeiten. Mitarbeiter, die sich an unterschiedlichen Orten befinden, können die Echtheit einer Anfrage nicht so leicht überprüfen. Eine Finanz-Mitarbeiterin, die im Homeoffice eine Zahlungsanweisung vom CEO erhält, kann beispielsweise nicht einfach ins Nachbarbüro gehen und persönlich nachfragen, ob die Anfrage legitim ist.

Das wichtigste Element im Schutz vor Social-Engineering-Angriffen besteht darin sicherzustellen, dass allen Remote-Angestellten bewusst ist, dass sie ein potenzielles Angriffsziel sind. In anderen Worten: Awareness für das Problem zu schaffen. Menschen, die dieses verinnerlichen, verhalten sich in potenziell gefährlichen Situationen deutlich vorsichtiger als jene, die sich der Realität und Gefahrenlage nicht bewusst sind. Mit Schulungen und Probeläufen kann hier nachgebessert werden.

Regulatorische Anforderungen

Es klingt offensichtlich, muss aber trotzdem immer wieder gesagt werden: Die Arbeit remote und im Homeoffice entbindet einen nicht davon, sich an geltende Gesetze und Vorschriften zu halten. Die DSGVO und nationale Datenschutzgesetze wie etwas das Bundesdatenschutzgesetz gelten weiter.

Mitarbeiter im Homeoffice müssen sich dazu immer wieder ins Bewusstsein rufen, dass geschäftliche und berufliche Daten unter Umständen völlig anderen Regeln unterliegen als die privaten Daten. Mit seinen eigenen privaten Daten kann jeder machen, was er will (auch wenn nicht alles eine gute Idee ist). Für die geschäftlichen Daten gilt das keineswegs.

Im Homeoffice passiert es leicht, dass man die privat genutzten digitalen Werkzeuge auch für die Geschäftsdaten verwendet – beispielsweise einen Brief mit geschäftlichen Informationen mal eben von einem privat genutzten KI-Assistenten polieren oder übersetzen lässt. Oder mit dem privaten Handy ein Foto von einem Dokument macht, das die private Foto-App dann mit einem Server in der Cloud synchronisiert. Unter Umständen macht man sich damit aber schon strafbar – wenn es sich beispielsweise um geschäftliche Daten handelt, die nicht auf Server ins Ausland und nicht in eine privat genutzte Cloud gelangen dürfen.

Dies ist noch ein weiterer Grund, warum es sinnvoll ist, private und berufliche Systeme – wie weiter oben erläutert – im Homeoffice so weit wie möglich getrennt zu halten.

Teil III

Schützen Sie sich – vor sich selbst

IN DIESEM TEIL …

Ihre Konten sichern

Alles über sichere Passwörter lernen

Gegen Social Engineering verteidigen

Neue Technologien kennenlernen

IN DIESEM KAPITEL

Passen Sie auf! Man hat es auf Sie abgesehen

Konten vor den eigenen Fehlern schützen

Vorsichtig sein beim Anschluss von Hardware

Kapitel 7
Ihre Konten sichern

Das schwächste Glied in der Kette der Cybersicherheit sind fast immer Menschen und die größte Bedrohung für Ihre eigene Cybersicherheit sind mit hoher Wahrscheinlichkeit Sie selbst und die Mitglieder Ihrer Familie. Die beste Technologie und das umfangreichste technische Wissen der Welt ist wertlos, wenn wir nicht auf dem Schirm haben, dass wir uns meist selbst im Weg stehen.

Wiegen Sie sich nicht in falscher Sicherheit – Sie sind ein Ziel!

Der erste und womöglich wichtigste Schritt auf dem Weg zu digitaler Sicherheit für Sie ist zu verstehen, dass Sie ein Ziel sind und dass die bösen Buben Ihre Computersysteme, elektronisch zugänglichen Konten und alles, was sie sonst noch so in die Finger bekommen können, knacken wollen. Wiederholen Sie: »Ich bin ein Ziel.« Nun verinnerlichen Sie diesen Satz. Wenn Sie wirklich glauben, dass Kriminelle Ihren Computer und Ihr Smartphone knacken wollen, handeln Sie anders als jemand, der noch skeptisch ist. Zweifel können Sie in ernste Schwierigkeiten bringen.

Da auch Ihre Familienmitglieder Auswirkungen auf Ihre digitale Sicherheit haben können, müssen Sie ihnen ebenfalls verdeutlichen, dass sie potenzielle Ziele sind. Wenn Ihre Kinder online unbedachte Risiken eingehen, könnten sie nicht nur sich selbst, sondern auch Ihnen und Ihrer gesamten Familie schaden. In einigen Fällen ist es Angreifern sogar bereits gelungen, Unternehmen über kompromittierte Remote-Verbindungen anzugreifen, weil das Kind eines Mitarbeiters auf einem Computer Schindluder getrieben hatte, den der Mitarbeiter zur Anmeldung im Firmennetzwerk benutzte.

Die Gefahr, die von derartigen Attacken ausgeht, besteht oft nicht darin, dass ein Krimineller unmittelbar Geld oder Daten erbeutet. Meist will er dem Opfer auf andere Weise schaden, und zwar so, dass dem Gauner dadurch früher oder später finanzielle, militärische, politische oder andere Vorteile entstehen. Die Folgen solcher Angriffe sind oft schwerwiegender als wenn ein Krimineller lediglich ein paar Euro auf die Schnelle erbeuten will.

Externe Konten sichern

In Kapitel 4 lesen Sie mehr darüber, worauf Sie bei Ihren eigenen Geräten achten müssen. Für Ihre Cybersicherheit reicht das allerdings nicht aus, denn Sie haben zweifellos auch digitale Daten von großem Wert außerhalb Ihrer eigenen Reichweite gespeichert – in Datensystemen und Datenspeichern, über die Sie keine Kontrolle haben.

Über jeden von uns sind mit an Sicherheit grenzender Wahrscheinlichkeit Daten auf Computersystemen gespeichert, die verschiedenen Unternehmen, Organisationen und Behörden gehören. Manchmal befinden sich die Systeme innerhalb deren Gebäude, ab und zu sind sie in Rechenzentren gespeichert und wieder in anderen Fällen handelt es sich bei den Systemen selbst um virtuelle Maschinen, die von einem Drittanbieter angemietet werden. Außerdem ist es möglich, dass Daten in einem cloudbasierten System eines Anbieters liegen. Oft sind die Daten nicht einmal in dem Land gespeichert, in dem die Besitzerin der Daten lebt oder arbeitet.

Die Daten lassen sich in verschiedene Kategorien einteilen, je nachdem, an welchen Aspekten jemand interessiert ist. Um herauszufinden, wie sich die Daten sichern lassen, können Sie sie in die folgenden drei Gruppen einteilen:

- ✔ Konten und darin enthaltenen Daten, die der Nutzer selbst erstellt und kontrolliert
- ✔ Daten, die bei Organisationen liegen, mit denen der Nutzer willentlich und wissentlich Kontakt hatte, doch über die er keine Kontrolle hat
- ✔ Daten, die sich im Besitz von Organisationen befinden, mit denen der Nutzer nie zuvor wissentlich Kontakt hatte

Die Bedrohungen, die sich aus den verschiedenen Datentypen ergeben, unterscheiden sich und machen jeweils eine andere Strategie erforderlich.

Daten in Nutzerkonten sichern

Wenn Sie im Internet Ihre Bankangelegenheiten erledigen, online einkaufen oder einfach nur im Web surfen, geben Sie den Anbietern, mit denen Sie zu tun haben, allerhand Daten preis. Wenn Sie ein Online-Konto eröffnen, ein Kundenkonto bei einem Online-Händler oder ein Profil bei einem sozialen Netzwerk erstellen, kontrollieren Sie erhebliche Datenmengen über sich selbst, die aber von dem Anbieter gepflegt werden. Selbstverständlich können Sie den Schutz dieser Daten nicht vollständig kontrollieren, da sie sich nicht in Ihrem Besitz befinden. Selbstredend haben Sie auch ein großes Interesse daran, dass diese Daten geschützt werden, und wollen den Schutz dieser Daten Ihrerseits nicht untergraben.

Zwar ist jede Situation einzigartig und hat jedes Konto seine individuellen Merkmale, doch gibt es bestimmte Strategien, die Ihnen dabei helfen können, Ihre Daten auch bei Drittanbietern zu schützen. Natürlich lassen sich nicht alle Ideen der folgenden Abschnitte auf jede Situation anwenden – gleichen Sie sie mit Ihren persönlichen Bedürfnissen ab. Sehen Sie die folgenden Vorschläge als Best Practices – die Ihnen zwar keine vollständige Sicherheit verschaffen (das kann keine Maßnahme), aber Ihre Sicherheit doch wesentlich verbessern werden, bei überschaubarem Aufwand.

Seriöse Anbieter

Es ist nichts daran auszusetzen, wenn Sie kleine Unternehmen und Händler unterstützen – es ist sogar recht lobenswert. (Und auch große Firmen haben bereits ernste Sicherheitsvorfälle erlebt.) Wenn Sie aber auf der Suche nach dem neuesten technischen Schnickschnack auf einen Online-Shop stoßen, von dem Sie noch nie zuvor gehört haben und der die Ware zu einem erheblich günstigeren Preis anbietet, dann seien Sie achtsam. Es kann einen guten Grund für den Rabatt geben, es könnte aber auch eine Betrugsmasche sein.

Nehmen Sie Websites von Händlern, bei denen Sie etwas bestellen möchten, immer genauestens unter die Lupe. Wenn Ihnen etwas seltsam vorkommt, sollten Sie die Finger davon lassen. Informieren Sie sich zum Beispiel bei der Verbraucherzentrale, woran Sie Fake-Shops erkennen.

Offizielle Apps und vertrauenswürdige Softwarequellen

Es werden immer wieder Klone offizieller Apps auf den verschiedenen App-Plattformen gefunden. Wenn Sie eine Banking- oder Shopping-App eines bestimmten Unternehmens installieren, achten Sie darauf, dass es sich dabei um die offizielle App und nicht um irgendeine bösartige Nachmache handelt. Installieren Sie Apps nur von seriösen App-Plattformen, wie Google Play, Amazon AppStore und Apple App Store.

Installieren Sie keine Software, die aus einer nicht vertrauenswürdigen Quelle stammt. Malware, die Sie sich auf Ihren Computer holen, kann sensible Daten sowohl aus anderen Programmen als auch aus Ihren Online-Sitzungen abgreifen. Wenn eine Website Ihnen kostenlose Filme, Musik oder Software anbietet, die normalerweise Geld kosten, sollten Sie sich selbst fragen, womit der Anbieter sein Geld verdient – möglicherweise durch die Verbreitung von Schadsoftware. Abgesehen davon könnte es sich bei den angebotenen Medien um Raubkopien handeln.

Root und Jailbreak – keine gute Idee

Möglicherweise sind Sie versucht, Ihr Android-Handy zu *rooten* oder bei Ihrem iPhone ein *Jailbreak* durchzuführen. Mit diesen Eingriffen erlangen Sie zwar mehr Kontrolle über Ihr Gerät, allerdings untergraben Sie damit auch diverse Sicherheitsvorkehrungen des Smartphones. Sie erleichtern damit Schadsoftware, sensible Informationen von anderen Apps auf dem Gerät abzufangen, was die Sicherheit Ihrer Konten beeinträchtigt.

Sparsam mit sensiblen Daten umgehen

Ich kann mich nur wiederholen: Teilen Sie nicht jedem, der es wissen will, private Informationen mit. Verbreiten Sie nicht unnötig Ihre personenbezogenen Daten.

Je weniger Informationen ein Anbieter oder ein Unternehmen über Sie hat, desto weniger Daten sind gefährdet und desto weniger können sie mit anderen Daten in Verbindung gesetzt werden, sollte es zu einem Sicherheitsvorfall kommen.

Sichere Zahlungsdienstleister nutzen

Mit Zahlungsdienstleistern wie PayPal, Apple Pay oder Stripe können Sie Zahlungen abwickeln, ohne dass Sie Ihre Kreditkartennummer dabei dem Händler direkt mitteilen müssen. Wenn es bei einem Online-Händler ein Datenleck gibt, ist die Gefahr geringer, dass die gestohlenen Informationen über Ihr Nutzerkonto für Betrug (oder sogar Identitätsdiebstahl) verwendet werden, als wenn die Kreditkartendaten direkt beim Händler hinterlegt sind. Außerdem arbeiten bei diesen großen Zahlungsdienstleistern ganze Heerscharen an fähigen Sicherheitsexperten, die sich tagtäglich um den Schutz Ihrer Zahlungsdaten kümmern. Händler, die selbst Zahlungen abwickeln, können da kaum oder gar nicht mithalten.

Konten überwachen und Verdächtiges melden

Es ist ratsam, die eigenen Bank- und Kreditkartenkonten sowie Nutzerkonten bei Online-Händlern regelmäßig auf ungewöhnliche Aktivitäten zu überprüfen.

Schauen Sie sich dabei die Kontobewegungen nicht nur online an, sondern überprüfen Sie auch die monatlichen Kontoauszüge und Kreditkartenabrechnungen (unabhängig davon, wie sie Ihnen zugestellt werden) auf alles, was dort nicht hingehört.

Melden Sie Auffälligkeiten umgehend. Je schneller ein möglicher Betrugsfall der zuständigen Stelle mitgeteilt wird, desto größer ist die Chance, dass der Vorgang wieder rückgängig gemacht werden kann. Außerdem können damit weitere Betrügereien gestoppt werden. Je früher der Betrug gemeldet wird, desto wahrscheinlicher ist es, dass die Schurken geschnappt werden.

Passwortstrategie und Zwei-Faktor-Authentifizierung

Es ist die vorherrschende Meinung, dass Sie komplexe Passwörter für alle Systeme, Dienste und Konten benötigen. Doch in der Realität scheitern viele daran. Führen Sie daher eine gute Passwortstrategie ein. Mehr über die Auswahl von Passwörtern erfahren Sie in Kapitel 8.

Bei der *Zwei-Faktor-Authentifizierung* (2FA) benötigt ein Nutzer mindestens zwei der folgenden Komponenten, um seine Berechtigung zur Anmeldung bei einem Dienst nachzuweisen. (Microsoft hat für diese mehrstufige Authentifizierung übrigens den Begriff *Multi-Faktor-Authentifizierung* (MFA) eingeführt, der immer häufiger zu lesen ist.)

- Etwas, das der Nutzer kennt, zum Beispiel ein Passwort
- Etwas, das der Nutzer ist, zum Beispiel ein Fingerabdruck
- Etwas, das der Nutzer hat, zum Beispiel ein Hardware-Token

Für hochsensible Systeme sollten Sie Formen der Authentifizierung nutzen, die stärker sind, als es ein einziges Passwort ist. Die folgenden Authentifizierungsarten haben alle ihre Berechtigung in bestimmten Situationen:

- **Biometrie:** Dabei werden bestimmte menschliche Merkmale zur Identifizierung gemessen. Fingerabdrücke, Stimmabdruck, Retinascan oder die Art, wie Sie auf einer Tastatur tippen – alles Beispiele für biometrische Merkmale.
- **Digitale Zertifikate:** Diese weisen gegenüber einem System nach, dass ein bestimmter öffentlicher Schlüssel (»Public Key«) tatsächlich im Besitz desjenigen ist, der ihm gerade das Zertifikat präsentiert. Wenn dieser Inhaber in der Lage ist, die mit dem im Zertifikat erwähnten Public Key verschlüsselten Nachrichten zu entschlüsseln, bedeutet dies, dass er auch über den entsprechenden privaten Schlüssel (»Private Key«) verfügt, den nur der rechtmäßige Besitzer haben sollte.
- **Einmalpasswörter:** Diese Passwörter werden per App generiert oder Ihnen per SMS auf Ihr Handy geschickt, zum Beispiel als TAN für eine Banküberweisung.
- **Hardware-Tokens:** Das sind normalerweise kleine elektronische Geräte, die entweder in einen USB-Anschluss gesteckt werden oder eine Nummer anzeigen, die sich minütlich ändert, oder in die Nutzer eine Sicherheitsnummer eingeben und daraufhin eine passende Antwortnummer erhalten. Heute verfügen Smartphone-Apps über diese Funktionen und übernehmen damit – zumindest theoretisch – die Rolle eines Hardware-Tokens. Abbildung 7.1 zeigt Ihnen ein Beispiel eines Einmalpassworts, das zur Anmeldung bei Facebook generiert wurde. (Denken Sie daran, dass Smartphones im Gegensatz zu Hardware-Tokens vielen Sicherheitsbedrohungen ausgesetzt sind, weshalb Hardware-Tokens für bestimmte hochsensible Bereiche immer noch die bessere Wahl sind.)
- **Wissensbasierte Authentifizierung:** Sie basiert auf echtem Wissen und nicht auf der Beantwortung einer leichten Frage mit wenigen Antwortmöglichkeiten, die oft leicht zu erraten sind, wie zum Beispiel: »Welche Farbe hatte Ihr erstes Auto?« Technisch gesehen schaffen Sie durch das Hinzufügen einer wissensbasierten Authentifizierung zu einem Passwort keine echte Zwei-Faktor-Authentifizierung, da beides Dinge sind, die der Nutzer weiß. Dennoch verbessern Sie damit die Sicherheit, wenn die Fragen gut gewählt sind.

Die meisten Finanzinstitute, Social-Media-Plattformen und großen Online-Händler bieten eine Zwei-Faktor-Authentifizierung an – nutzen Sie sie.

Bedenken Sie Folgendes: Durch das Versenden eines Einmalpassworts per SMS auf das Smartphone eines Nutzers wird der Besitzer des Handys zwar theoretisch als derjenige verifiziert, der zur Anmeldung berechtigt ist (etwas, das der Nutzer hat), doch verschiedene Schwachstellen untergraben diese Annahme. So sind Kriminelle beispielsweise in der Lage, Textnachrichten abzufangen, ohne tatsächlich das Handy in den Händen zu halten.

Abbildung 7.1: Ein Einmalpasswort für die Anmeldung bei Facebook generiert durch den integrierten Codegenerator der Facebook-App

Abmelden, bitte!

Verlassen Sie sich nicht darauf, dass Systeme Sie automatisch abmelden oder dass Sie durch das Beenden Ihres Browsers oder selbst durch das Herunterfahren Ihres Computers von einem Dienst abgemeldet werden. Melden Sie sich jedes Mal manuell ab, wenn Sie alles erledigt haben. Bleiben Sie zwischen Ihren Sitzungen nicht angemeldet, außer Sie nutzen ein Gerät, bei dem Sie mit an Sicherheit grenzender Wahrscheinlichkeit wissen, dass es geschützt ist.

Mein Computer, mein Telefon

Benutzen Sie Ihren eigenen Computer und Ihr eigenes Smartphone. Sie wissen nicht, wie gut andere ihre Geräte sichern. Es könnte sich darauf Schadsoftware befinden, die Ihre Passwörter und andere sensible Informationen abfängt oder Ihre gesamte Session kapert und andere bösartige Aktivitäten durchführt. Außerdem gibt es selbst heute noch Apps und Websites, die Daten über die Endgeräte zwischenspeichern, die für den Zugriff verwendet werden – auch wenn das eine äußerst problematische Vorgehensweise ist. Überprüfen Sie das und achten Sie darauf, dass Sie keine Informationen über Ihre vertraulichen Online-Sitzungen hinterlassen.

Sperren Sie darüber hinaus jeden Computer – vorzugsweise Ihren eigenen –, mit dem Sie auf Ihre privaten Konten zugreifen und bewahren Sie ihn an einem räumlich sicheren Ort auf.

Getrennte Computer und getrennte Browser

Ziehen Sie es in Betracht, sich einen Computer anzuschaffen, den Sie ausschließlich für Onlinebanking und andere sensible Aufgaben verwenden. Für viele ist ein Zweitcomputer unpraktisch. Wenn Sie aber nichts dagegen haben, kann Ihnen ein getrennter Computer, über den Sie E-Mails schreiben, in den sozialen Netzwerken unterwegs sind und im Internet surfen, enorme Vorteile für Ihre Cybersicherheit bieten.

Wenn Sie keinen zweiten Computer anschaffen können, sollten Sie zumindest einen zweiten Browser für vertrauliche Aktivitäten wie Onlinebanking verwenden. Benutzen Sie dafür nicht den Browser, mit dem Sie Nachrichten und Blog-Beiträge lesen oder bei Facebook unterwegs sind.

Geräte sichern

Auf jedem Smartphone, jedem Laptop, jedem Tablet-PC und jedem Desktop-Rechner, mit dem Sie auf gesicherte Systeme zugreifen, sollte eine Sicherheitssoftware laufen. Diese Software sollte so eingestellt sein, dass sie Apps scannt, sobald sie heruntergeladen werden. Darüber hinaus sollte sie regelmäßige Überprüfungen des gesamten Geräts durchführen. Sorgen Sie außerdem dafür, dass die Software selbst immer auf dem aktuellsten Stand ist. Die meisten Virenscanner sind sehr viel wirksamer gegen neue Formen von Schadsoftware, wenn sie aktuell sind.

Software aktualisieren

Sie sollten nicht nur die Sicherheitssoftware stets aktuell halten, sondern auch immer alle verfügbaren Updates für Ihr Betriebssystem sowie Ihre Programme und Anwendungen installieren, um zu verhindern, dass Schwachstellen nicht zu Ihren Lasten ausgenutzt werden.

In Abbildung 7.2 sehen Sie die automatische Update-Funktion von Windows 11. Andere Betriebssysteme und Plattformen verfügen über vergleichbare Optionen.

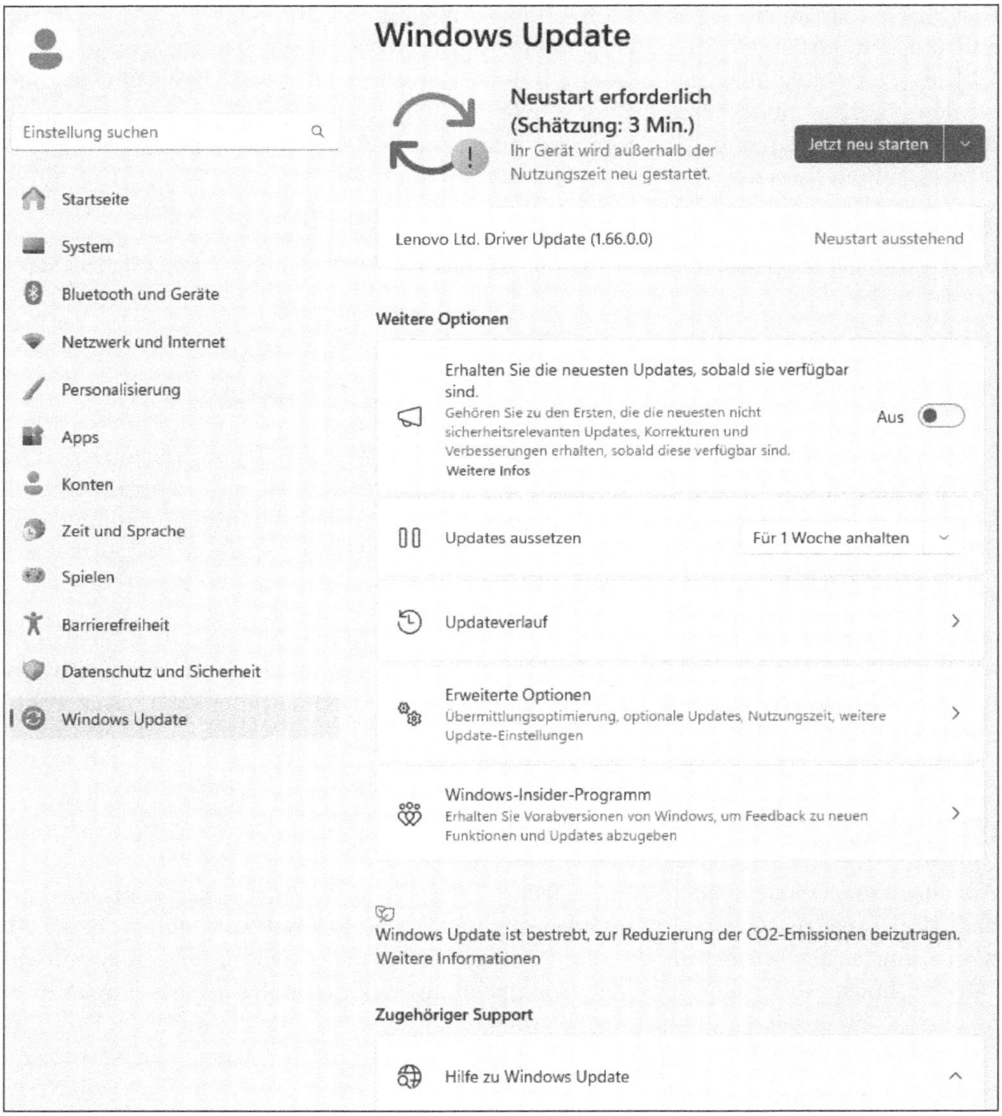

Abbildung 7.2: Die Updateoptionen von Windows 11

Aufgepasst bei öffentlichen WLAN-Netzwerken

Nutzen Sie für vertrauliche Vorgänge im Internet kein öffentliches WLAN-Netzwerk. Wenn Sie gerade keinen Zugriff auf ein sicheres privates Netzwerk haben, erledigen Sie Ihre Arbeit über Ihr mobiles Datennetz. Öffentliche WLAN-Netze bergen zu viele Risiken. (In Kapitel 19 erfahren Sie mehr darüber, wie Sie öffentliches WLAN sicher nutzen können.)

Verbinden Sie Ihre Geräte bloß nicht mit einem öffentlichen WLAN-Netzwerk in Gegenden, die anfällig für Cybergefahren sind, also für Hacking und die Verbreitung von Malware. Hacker-Konferenzen und bestimmte Länder wie China, die berüchtigt für Cyberspionage sind, sind Beispiele für Orte, an denen Sie verstärkt Bedrohungen ausgesetzt sind. Einige Cybersicherheitsfachleute raten sogar dazu, die Hauptgeräte dort komplett auszuschalten und einen Ersatzcomputer und ein Ersatz-Smartphone zu verwenden.

Selbst wenn Sie mit einem privaten Netzwerk verbunden sind, sollten Sie mal einen Blick über Ihre Schulter werfen. Geben Sie keine Passwörter für den Zugriff zu sensiblen Systemen ein oder führen Sie andere vertrauliche Aktivitäten durch, wenn andere leicht beobachten können, was Sie in Ihre Tastatur tippen oder was gerade auf Ihrem Bildschirm vor sich geht.

Sich selbst Grenzen setzen

Viele Anbieter im Internet erlauben es Ihnen, sich selbst Grenzen zu setzen, beispielsweise Ihr tägliches Überweisungslimit bei der Bank, die maximale Höhe des letzten Bezahlvorgangs mit Kreditkarte, bei der Ihre Kreditkarte nicht physisch eingesetzt wurde (wie es bei Online-Käufen der Fall ist), oder die Höchstgrenze an Waren, die Sie an einem Tag bestellen können.

Legen Sie diese Limits fest. Damit begrenzen Sie nicht nur den Schaden, den ein Krimineller anrichten kann, wenn er Ihre Konten knackt, sondern in manchen Fällen lösen Sie damit auch Betrugswarnungen aus und verhindern den Diebstahl, bevor er passiert.

Benachrichtigungen aktivieren

Wenn Ihre Bank, Ihr Kreditkartenanbieter oder Ihr Lieblingsladen im Internet Ihnen die Möglichkeit gibt, SMS- oder E-Mail-Benachrichtigungen zu aktivieren, sollten Sie ernsthaft in Betracht ziehen, dieses Angebot anzunehmen. Theoretisch gesehen ist es perfekt, wenn Sie der Anbieter jedes Mal benachrichtigt, sobald auf Ihrem Konto eine Bewegung stattgefunden hat. Praktisch gesehen könnte Sie die Fülle der Nachrichten überwältigen und dazu führen, dass Sie alle Benachrichtigungen ignorieren (wie die meisten). In diesem Fall ist es empfehlenswert, dass Sie sich nur über Vorgänge informieren lassen, die eine bestimmte Höchstgrenze überschreiten oder die dem Anbieter aus anderen Gründen betrügerisch vorkommen. Fragen Sie bei Ihren Diensten nach der passenden Lösung für Sie.

Wer war bei meinem Konto angemeldet?

Manche Anbieter speichern eine Liste der Geräte, mit denen jemand auf Ihr Konto zugegriffen hat. Überprüfen Sie diese Liste regelmäßig. Auf diese Weise können Sie potenzielle Sicherheitsprobleme schnell erkennen und darauf reagieren. Außerdem erfahren Sie nach der Anmeldung bei einem Konto oder bei einer App oft auch, wann und von wo Sie vor dem aktuellen Besuch eingeloggt waren. Wenn Ihnen diese Informationen bereits auf dem Silbertablett serviert werden, sollten Sie einen kurzen Blick darauf werfen. Wenn etwas nicht richtig aussieht, weil sich ein Krimineller vor Kurzem angemeldet und sich für Sie ausgegeben hat, erkennen Sie das höchstwahrscheinlich sofort.

Auf Betrugsalarm reagieren

Wenn Sie wegen eines möglichen Betrugs auf Ihrem Konto einen Anruf Ihrer Bank, Ihres Kreditkartenanbieters oder eines Online-Händlers erhalten, sollten Sie schnell reagieren. Tun Sie das allerdings keinesfalls gemeinsam mit der Person, die Sie angerufen hat. Sie könnte auch ein Betrüger sein. Rufen Sie stattdessen bei der Telefonnummer an, die Sie auf der offiziellen Website des Anbieters finden, und vergewissern Sie sich, dass wirklich etwas vorgefallen ist.

Verschlüsselte Websites besuchen

Wenn Sie eine Website besuchen, suchen Sie zunächst nach dem Vorhängeschloss-Symbol (siehe Abbildung 7.3), das Ihnen zeigt: Hier wird das verschlüsselte Übertragungsprotokoll HTTPS eingesetzt. Heute ist HTTPS fast überall zu finden. Selbst viele Websites, auf denen die Besucher gar keine sensiblen Daten eingeben, nutzen es. Wenn Sie das Symbol nicht finden können, wird das unverschlüsselte HTTP verwendet. In diesem Fall sollten Sie keine sensiblen Informationen preisgeben oder sich anmelden.

Abbildung 7.3: Eine sichere Website

Fehlt das Vorhängeschloss auf einer Website, die Sie auffordert, Benutzernamen und Passwort einzugeben, oder über die Sie Finanztransaktionen abwickeln, sollte Ihnen sofort klar sein, dass hier etwas ganz und gar nicht in Ordnung ist. Ist das Vorhängeschloss da, bedeutet das – entgegen landläufiger Meinung – leider aber nicht im Umkehrschluss, dass die Seite in jedem Fall sicher ist.

Vor Social Engineering schützen

Beim Social Engineering manipulieren Angreifer ihre Opfer mit psychologischen Tricks, damit Letztere Dinge tun, die sie sonst nie gemacht hätten, oder vertrauliche Informationen preisgeben, die sie normalerweise für sich behalten würden. Betrachten Sie daher alle E-Mails, SMS, Telefonanrufe oder Nachrichten über soziale Netzwerke von Banken, Kreditkartenanbietern, Krankenkassen, Geschäften und so weiter zunächst grundsätzlich als potenziell betrügerisch. Damit schützen Sie sich selbst davor, das nächste Opfer der Gauner zu werden.

Klicken Sie niemals auf Links in den beschriebenen Nachrichten. Nehmen Sie mit der Person, der Organisation oder dem Unternehmen Kontakt auf, indem Sie die URL in die Adresszeile Ihres Webbrowsers eingeben. In Kapitel 9 lesen Sie mehr darüber, wie Sie Social-Engineering-Angriffen vorbeugen können.

Der Weg über das Internet ist aber nicht der einzige, den Kriminelle nutzen, um Ihre Konten mittels Social Engineering zu knacken. Viele Schurken kundschaften ihre Opfer zunächst online aus und rufen dann – ganz altmodisch über das Telefon – beim Kundenservice eines der Unternehmen an, bei denen das Opfer ein Konto hat. Am Telefon gibt der Kriminelle vor, Sie zu sein, und bringt den Mitarbeiter am Telefon dazu, ihm Auskunft über Ihr Konto zu geben oder Änderungen in seinem Sinne vorzunehmen.

Schützen Sie sich und Ihre Konten, indem Sie – überall, wo es möglich ist – ein Passwort festlegen, das Sie dem Mitarbeiter beim Kundenservice mitteilen müssen, bevor dieser Ihnen Informationen über Ihr Konto geben oder Änderungen daran vornehmen kann. Viele Unternehmen bieten das an, aber nur wenige nutzen diese Möglichkeit.

Links sind tabu

Klicken Sie nicht auf Links in E-Mails oder Textnachrichten. Das Klicken auf Links ist die Hauptursache dafür, dass Menschen auf betrügerische Websites gelangen. Vor ein paar Jahren flatterte die E-Mail aus Abbildung 7.4 bei mir herein. Wäre ich der Versuchung erlegen und hätte auf den Link geklickt, den Sie dort sehen, wäre ich auf einer gefälschten PayPal-Website gelandet, die Anmeldedaten (Benutzername und Passwort) von PayPal-Nutzern abgreift und sie an Kriminelle verkauft, die dann damit Schindluder treiben.

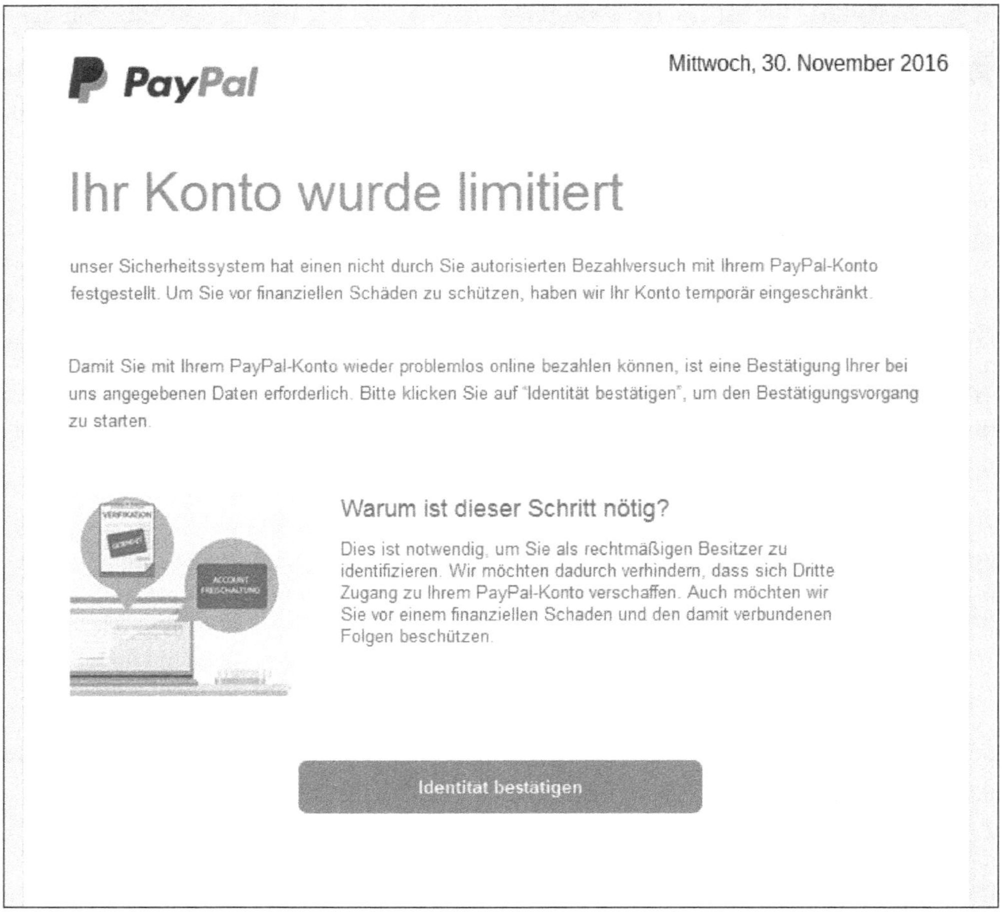

Abbildung 7.4: Eine fingierte PayPal-E-Mail

Social Media mit Sinn und Verstand

Seien Sie vorsichtig mit dem, was Sie in den sozialen Netzwerken der Welt mitteilen. Wenn Sie nicht aufpassen, geben Sie einerseits damit Kriminellen die Antworten auf Sicherheitsfragen, die Sie vielleicht zum Schutz Ihrer Konten einsetzen, und andererseits geben Sie den Betrügern Informationen an die Hand, die sie leicht für Social-Engineering-Angriffe missbrauchen können.

Datenschutzerklärungen lesen

Ich weiß: Datenschutzerklärungen sind lang und mühsam zu lesen. Machen Sie sich trotzdem die Mühe. Nur so erfahren Sie, ob Ihre Daten an Dritte weitergegeben oder sogar verkauft werden.

Daten schützen bei Anbietern, mit denen Sie interagiert haben

Wenn Sie im Internet mit jemandem Kontakt haben, befinden sich nicht alle Ihre Daten unter Ihrer Kontrolle. Wenn Sie eine Website mit den typischen Voreinstellungen eines Browsers besuchen, verfolgt diese Seite womöglich Ihre Aktivitäten. Da viele Websites Inhalte von Dritten beziehen – beispielsweise von Werbetreibenden –, verfolgen diese Seiten sogar Ihr Verhalten auf anderen Websites.

Wenn Sie ein Konto bei einer dieser Seiten mit aktiviertem Tracking haben und sich bei Ihrem Konto anmelden, könnten alle Seiten, die die bezogenen Inhalte nutzen, Ihre wahre Identität erfahren oder Informationen über Sie sammeln – obwohl Sie ihnen nie etwas über sich preisgegeben haben. Selbst wenn Sie kein Konto haben oder sich gar nicht anmelden, können Verhaltensprofile aufgebaut und für Marketingzwecke genutzt werden, selbst wenn nicht bekannt ist, wer Sie sind. (Natürlich könnten alle Seiten, die Profile über Sie gespeichert haben, sie mit Ihrer wahren Identität in Verbindung bringen, wenn Sie sich in der Zukunft irgendwann auf einer davon anmelden.)

Es ist sehr viel schwieriger, Daten über sich selbst zu schützen, die sich in den Händen Dritter befinden und über die Sie keine Kontrolle haben, als die Daten in den eigenen Konten zu schützen. Das bedeutet aber nicht, dass Sie vollkommen machtlos sind. (Paradoxerweise und auch traurigerweise schützen viele dieser Anbieter die Daten der Menschen besser, als sie es selbst tun.)

Vielleicht surfen Sie daher lieber ganz privat. Das können Sie beispielsweise mithilfe des Tor-Browsers tun. In Abbildung 7.5 sehen Sie, dass der Internet-Datenverkehr in diesem Browser über Computer auf der ganzen Welt geleitet wird, bevor er sein Ziel erreicht. Damit erschweren Sie es anderen, Sie zu verfolgen. In Kapitel 4 haben Sie bereits von den Vorzügen des Tor-Browsers erfahren. Er ist kostenlos und enthält viele Einstellungsmöglichkeiten für den Schutz Ihrer Privatsphäre, darunter die Blockierung von Cookies und Canvas Fingerprinting, was eine fortschrittliche Form der Nutzerverfolgung ist.

Wenn Ihnen Tor zu kompliziert erscheint, können Sie auch einen der namhaften VPN-Anbieter benutzen. Die verfolgen einen ähnlichen Zweck. Wenn Sie beim Surfen im Internet Technologien einsetzen, die es den Seiten erschweren, Sie zu verfolgen, ist die Wahrscheinlichkeit geringer, dass detaillierte Profile über Sie erstellt werden. Und je weniger Daten über Sie gesammelt werden, desto weniger Daten können gestohlen werden. Außerdem möchten Sie womöglich gar nicht, dass überhaupt Profile über Sie erstellt werden.

Es gibt eine Technologie, die zwar dem Namen nach Ihre Privatsphäre schützt, Tracking jedoch nicht so verhindert, wie es der Tor-Browser oder ein VPN-Tunnel schafft. Ich meine natürlich den privaten Modus, den Ihnen die meisten Webbrowser anbieten. Leider klaffen im privaten Modus gigantische Lücken, weshalb er den Namen nicht verdient.

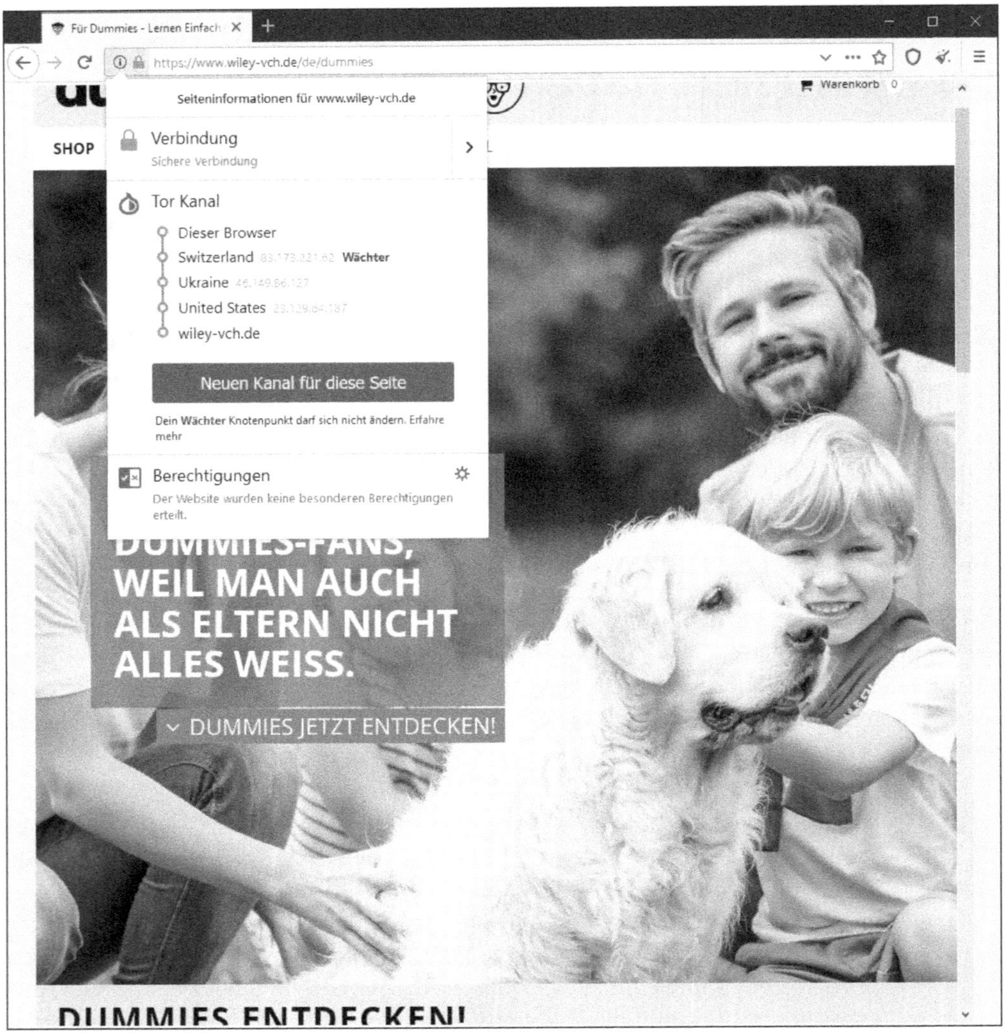

Abbildung 7.5: Das ist die Dummies-Website im Tor-Browser. Hier sieht es so aus, als stünde der Computer mit dem Browser in den USA und nicht in Deutschland.

Daten schützen bei Anbietern, mit denen Sie nicht interagiert haben

An zahlreichen Stellen sind erhebliche Datenmengen über Sie gespeichert, obwohl Sie nie wissentlich mit diesen Unternehmen oder den Websites interagiert haben. Sie haben diesen Anbietern auch sonst auf keine Weise erlaubt, Informationen über Sie zu sammeln. Mindestes eine der großen Social-Media-Plattformen entwickelt sogar Profile von Menschen, die bei dem Dienst gar kein Konto haben, die aber von anderen erwähnt werden oder mit Seiten interagiert haben, die Social-Media-Plug-ins oder ähnliche Technologien einsetzen. Der

Dienst kann dann diese Profile für Marketingzwecke verwenden – in manchen Fällen sogar, ohne die wahre Identität der Person zu kennen.

Das funktioniert so: Stellen Sie sich zwei verschiedene Unternehmen mit jeweils unterschiedlichen Websites vor, die dasselbe Werbenetzwerk nutzen. Wenn die Unternehmen Code auf ihren jeweils eigenen, getrennten Seiten einfügen, lädt dieser Code Werbung direkt aus dem Werbenetzwerk. Wenn ein Nutzer die erste Website besucht, kann das Werbenetzwerk ein Cookie an das Gerät des Nutzers senden. Dasselbe Werbenetzwerk kann dieses Cookie erneut auslesen, wenn der Nutzer die zweite Website besucht – weil beide Seiten den Nutzer, also Sie, mit demselben Werbenetzwerk interagieren lassen.

Darüber hinaus gibt es verschiedene Informationsdienstleister, die Daten aus verschiedenen öffentlichen Datenbanken zusammensuchen und daraus Profile erstellen. Darin befinden sich Informationen, von denen Sie nicht einmal wussten, dass sie öffentlich verfügbar waren.

Es gibt auch Ahnenforschungsdienste, die alle möglichen öffentlichen Aufzeichnungen nutzen und es auch anderen erlauben, Informationen über Dritte zu aktualisieren. Diese Funktion kann dazu führen, dass allerlei nicht-öffentliche Informationen über Ihre Person für Nutzer dieser Dienste zugänglich sind – ohne Ihr Wissen und ohne Ihre Einwilligung. Mit diesen Internetseiten ist es beispielsweise ein Leichtes, den Geburtsnamen Ihrer Mutter herauszufinden, der immer noch bei viel zu vielen Anbietern zur Authentifizierung abgefragt wird.

Abgesehen von Seiten, die bei der Erstellung eines Stammbaums helfen, gibt es viele professionelle Websites, die Informationen über Lebensläufe, Veröffentlichungen und vieles mehr enthalten. Auch Wirtschaftsauskunfteien wie die Schufa verfügen über eine gigantische Menge an Daten, die ihnen von Kreditkartenunternehmen, Finanzinstituten, Inkassounternehmen und anderen Vertragspartnern mitgeteilt werden.

Sie glauben gar nicht, wie viele Daten außerdem über Sie noch in alten Nachrichtenartikeln irgendwo im Internet schlummern. Das kann einerseits den Schutz Ihrer Privatsphäre beeinträchtigen, andererseits können diese Daten auch ein Sicherheitsrisiko sein, wenn sich darin Antworten zu Sicherheitsfragen verstecken, die Sie für die Authentifizierung bei Online-Diensten verwenden. Wenn dem so ist, sollten Sie sich an den Anbieter wenden, der die Daten verfügbar macht, und ihn auffordern, sie zu löschen. Sie können damit Erfolg haben.

Natürlich haben auch manche Organisationen wie Krankenversicherungen oder Apotheken medizinische Informationen über Sie gespeichert – Daten, über die Sie kaum Kontrolle haben.

Unter dem Strich ist es so: Höchstwahrscheinlich sind erhebliche Datenmengen über Sie gespeichert, obwohl Sie nie direkt Kontakt mit den Anbietern hatten, bei denen die Daten liegen. Natürlich sind diese Stellen verpflichtet, Ihre Daten zu schützen, allerdings wird das nicht immer ordentlich gemacht, wie wir oft wieder aus den Nachrichten erfahren müssen. Die traurige Tatsache ist: Wenn Sie die Daten nicht persönlich aktualisieren und verwalten, können Sie wenig ausrichten, um zu verhindern, dass sie missbräuchlich verwendet werden.

Vorsicht mit Hardware unbekannter Herkunft

Auch wenn wir inzwischen von 720-Kilobyte-Disketten zu 2-Terabyte-USB-Laufwerken übergegangen sind, hat sich eine Sache seit den 1980er-Jahren wenig verändert: Es ist gefährlich, datenspeichernde Hardware unbekannter Herkunft an den Computer anzuschließen. Ein USB-Laufwerk, eine Speicherkarte, ein fremdes Smartphone und alle möglichen anderen Geräte können Malware einschleppen, sobald man eine Verbindung herstellt.

Außerdem ermöglichen Sie jedes Mal, wenn Sie ein Hardwaregerät über eine USB-Verbindung mit einem Computer verbinden, potenziell eine Kommunikation zwischen den beiden Geräten. Aufgrund der Funktionsweise von »Plug and Play« wird ein bestimmter Code auf einem USB-Gerät ausgeführt, sobald das USB-Laufwerk erstmals angeschlossen wird – und wenn dieser Code manipuliert ist, kannst das ebenfalls zu einer Kompromittierung Ihres Geräts und des ganzen Netzwerks führen.

Darüber hinaus gibt es gefährliche USB-Geräte, die speziell dazu entwickelt wurden, Computer zu »grillen«: Solche Geräte laden sich über den USB-Anschluss auf, speichern den Strom in einem Kondensator und entladen ihn dann in einem einzigen starken Impuls in den USB-Port – wodurch die Elektronik des angeschlossenen Geräts in weniger als einer Sekunde dauerhaft beschädigt wird.

Selbst Handy-Ladegeräte und ähnliche Geräte können problematisch sein. Alles, was an einen USB-Anschluss angeschlossen wird, kann potenziell versuchen, mit dem USB-fähigen Gerät zu kommunizieren – oder es durch eine elektrische Überlastung zu zerstören.

Vorsicht also mit geliehener Hardware, mit gefundener Hardware und auch mit Hardware, die als vermeintliches Werbegeschenk verschenkt wird!

IN DIESEM KAPITEL

Passwörter auswählen

Passwörter ändern – oder eben nicht

Passwörter aufbewahren

Alternativen zu Passwörtern entdecken

Kapitel 8
Passwörter

Die meisten sind mit dem Konzept von Passwörtern und ihrem Nutzen für die Cybersicherheit vertraut. Trotzdem verbreiten sich falsche Vorstellungen und Informationen über Passwörter wie ein Lauffeuer, was oft darin mündet, dass Menschen ihre eigene Sicherheit mit schlechten Passwörtern untergraben. In diesem Kapitel lernen Sie bewährte Methoden und Strategien rund um das Thema Passwörter kennen. Passwörter sollen Ihre Sicherheit erhöhen und müssen gleichzeitig gut zu bewältigen sein.

Passwörter – die ursprüngliche Authentifizierung

Bei der *Passwortauthentifizierung* wird die Identität eines Nutzers (das kann ein Mensch oder ein Computerprozess sein) überprüft, indem er aufgefordert wird, ein Passwort einzugeben. Das Passwort sollte nur die zum Zugriff befugte Person kennen und ist eine geheime Information, auf die sich Nutzer und Anbieter zuvor geeinigt haben. Der Begriff Passwort impliziert zwar, dass die Information aus einem einzigen Wort besteht, heutige Passwörter können aber auch eine Kombination aus Zeichen sein, die weder in gesprochener noch in geschriebener Sprache ein Wort ergeben.

Obwohl es seit Jahrzehnten viele andere Authentifizierungsansätze und -technologien gibt – viele davon bieten erhebliche Vorteile gegenüber Passwörtern –, bleiben Passwörter faktisch der weltweite Standard für die Authentifizierung von Personen im Netz. Die immer wiederkehrenden Vorhersagen vom Untergang der Passwörter haben sich als falsch herausgestellt und die Anzahl der genutzten Passwörter steigt von Tag zu Tag.

Da die Passwortauthentifizierung so verbreitet ist und es immer wieder zum Klau von Passwortdatenbanken kommt, findet das Thema auch zunehmend mediale Beachtung. Oft werden dabei aber Missverständnisse und falsche Informationen verbreitet. Wenn Sie Ihre Cybersicherheit verbessern möchten, müssen Sie das Konzept der Passwörter verstehen.

Einfache Passwörter vermeiden

Passwörter können ihren Job nur erledigen und Systeme sichern, wenn sie für nicht autorisierte Personen schwer zu erraten sind. Kriminelle kommen auf verschiedene Wege an Passwörter:

- **Erraten beliebter Passwörter:** Es ist kein Geheimnis, dass *123456* und *passwort* immer noch beliebte Passwörter sind. Aktuelle Datenlecks beweisen das. Sie gehören sogar zu den Top Ten der beliebtesten Passwörter in Deutschland (siehe Kasten »Die beliebtesten Passwörter der Deutschen 2023«). Kriminelle nutzen diese traurige Wahrheit schamlos aus und versuchen oft, Konten mithilfe automatisierter Tools zu knacken. Die Tools geben ein Passwort nach dem anderen aus Listen mit beliebten Passwörtern ein, und sobald es einen Treffer gibt, wird dieser erfasst. Leider gibt es sehr viele Treffer.
- **Wörterbuchattacken:** Da viele Menschen Begriffe als Passwörter verwenden, die sich in einem Wörterbuch wiederfinden, nutzen Hacker automatisierte Tools, mit denen sie nach und nach Wörter aus einem Wörterbuch in ein System speisen. Auch hier erhalten die Hacker oft viele Treffer.
- **Credential-Stuffing:** Dabei nehmen Angreifer Listen von Benutzernamen und Passwörtern von einer Seite – zum Beispiel einer Seite, die gehackt und deren Passwortdatenbank geleakt wurde – und speisen diese Einträge nach und nach in ein anderes System ein, um zu testen, ob die Anmeldedaten des ersten Systems auch bei dem zweiten funktionieren. Da viele Menschen dieselben Kombinationen aus Benutzernamen und Passwort bei verschiedenen Systemen nutzen, ist Credential-Stuffing meist sehr effektiv.

Die beliebtesten Passwörter der Deutschen 2023

Das Hasso-Plattner-Institut (HPI) gibt jedes Jahr die Passwörter bekannt, die von den Deutschen am häufigsten verwendet werden. Dafür legt das Institut Daten zugrunde, die in dem jeweiligen Jahr Gegenstand eines Lecks waren. Hier sind die zehn häufigsten aus dem Jahr 2023:

1. 1123456789
2. 12345678
3. hallo

4. 1234567890
5. 1234567
6. password
7. password1
8. target123
9. iloveyou
10. gwerty123

Sie merken selbst: Kriminelle haben ein leichtes Spiel, wenn die Menschen schwache und leicht zu erratende Passwörter verwenden.

Überlegungen zum Thema Passwörter

Bei der Erstellung von Passwörtern sollten Sie immer daran denken, dass komplex nicht immer gleichbedeutend mit besser ist und dass die Passwortstärke davon abhängen sollte, wie sensibel die Daten und die Systeme sind, die es schützen soll. In den folgenden Abschnitten lesen Sie über leicht zu erratende Passwörter, komplizierte Passwörter, sensible Passwörter und Passwortmanager.

Leicht zu erratende Passwörter

Kriminelle wissen, dass viele Menschen den Namen oder das Geburtsdatum ihres Partners oder ihres Haustiers als Passwort verwenden. Daher schauen sich die Betrüger oft in den sozialen Netzwerken nach wahrscheinlichen Passwörtern um oder machen sich bei Google auf die Suche. Sie nutzen auch automatisierte Programme, um Listen mit häufig auftretenden Namen nacheinander in Zielsysteme einzugeben. Dabei müssen sie nur danebensitzen und warten, ob das angegriffene System irgendeinen der Namen als korrektes Passwort annimmt.

Kriminelle nutzen bei ihren Angriffen die Anfälligkeit dieser zwar personalisierten, aber dennoch leicht zu erratenden Passwörter aus. Das Problem ist allerdings noch viel größer: Manchmal holen die Hacker auf diese Weise auch Erkundigungen im Vorfeld ein. Sogar opportunistische Hacker können diesen Ansatz daher für sich zum Vorteil nutzen.

Es liegt in der Natur der Sache: Viele Leute haben sehr gebräuchliche Namen. Die automatisierten Tools, die es mit verbreiteten Namen versuchen, haben eine hohe Anzahl an Treffern.

Komplizierte Passwörter sind nicht immer besser

Um die Probleme schwacher Passwörter zu umgehen, empfehlen viele Experten die Verwendung langer und komplexer Passwörter, beispielsweise mit Groß- und Kleinschreibung, Zahlen und Sonderzeichen.

In der Theorie sind solche Passwörter durchaus sinnvoll, und wenn Sie dieses Schema nutzen, um eine kleine Anzahl sensibler Systeme zu schützen, kann es auch gut funktionieren. Wenn Sie diese Methode jedoch für viele Passwörter übernehmen, kann sie schnell andere Probleme verursachen, mit denen Sie Ihre Sicherheit untergraben:

- ✔ Eine gefährliche Mehrfachverwendung von Passwörtern
- ✔ Aufschreiben von Passwörtern an unsicheren Orten
- ✔ Verwendung von Passwörtern mit mangelnder Zufallsanordnung und vorhersehbaren Mustern (zum Beispiel die Verwendung eines Großbuchstaben als erstes Zeichen gefolgt von Kleinbuchstaben und zum Abschluss eine Zahl)

Da sich das menschliche Gehirn nicht viele komplexe Passwörter merken kann, können zu viele komplizierte Passwörter zu ernsthaften Sicherheitsrisiken führen.

Da die Komplexität von Passwörtern in der Realität nicht beibehalten werden kann, empfehlen immer mehr Fachleute daher, Passphrasen statt komplexer Passwörter zur Authentifizierung zu nutzen. *Passphrasen* sind Zeichenketten, die aus längeren Phrasen bestehen. Passwörter hingegen bestehen meist nur aus einem Wort oder einer Gruppe von Zeichen mit der Länge eines Wortes. Manchmal bestehen Passphrasen sogar aus vollständigen Sätzen. Stellen Sie sich eine Passphrase als langes (üblicherweise mindestens 25 Zeichen), aber dennoch leicht zu merkendes Passwort vor.

Unterschiedliche Passwörter für unterschiedliche Zwecke

Nicht alle Daten erfordern denselben Grad an Schutz. Der Staat schützt seine nicht vertraulichen Systeme auch nicht auf dieselbe Weise wie seine hochvertraulichen Informationen und Infrastrukturen. Folgen Sie diesem Beispiel und kategorisieren Sie – im Kopf oder auf Papier – alle Systeme, für die Sie einen sicheren Zugriff benötigen. Daraus leiten Sie Ihre eigenen Passwortstrategien ab.

Je nach Gefährdungslage können verschiedene Strategien zum Einsatz kommen: zufällige Passwörter, Passwörter, die aus mehreren Wörtern bestehen und mit Zahlen unterbrochen werden, Passphrasen oder ganz einfache Passwörter. Alle können ihre Berechtigung haben. Eine Zwei-Faktor-Authentifizierung (2FA) – sofern für den Zweck angemessen und verfügbar – kann und sollte Ihnen dabei helfen, Ihre Sicherheit zu erhöhen.

Es ist sinnvoll, für das Internetbanking ein stärkeres Passwort zu wählen als für einen Blog, bei dem Sie alle Jubeljahre einen Kommentar hinterlassen. Das Passwort für den Blog wiederum sollte stärker sein als das, was Sie für den Zugriff auf eine Nachrichtenseite nutzen, bei der Sie sich zwar anmelden müssen, auf der Sie aber nie selbst etwas kommentieren und bei der ein Hacken Ihres Kontos keinerlei negative Auswirkungen auf Sie hätte.

Was ist ein sensibles Konto?

Bei der Kategorisierung Ihrer Passwörter sollten Sie Folgendes beachten: Die meisten glauben, dass die stärksten Passwörter für das Onlinebanking oder den PayPal-Zugang benötigt werden, weil das die kritischsten Systeme sind. Das ist gar nicht immer der Fall. Ihr E-Mail-Konto sollte durch ein mindestens genauso gutes Passwort geschützt werden. Die meisten modernen Onlinesysteme und Anbieter erlauben den Nutzern, ihre Passwörter zurückzusetzen, indem sie ihre Identität über eine E-Mail nachweisen, die an die zuvor hinterlegte E-Mail-Adresse geschickt wurde. Daher könnte ein Krimineller mit Zugriff auf Ihr E-Mail-Konto sehr viel mehr Unfug anstellen, als nur unerlaubt E-Mails zu lesen: Er könnte damit die Passwörter für sehr viele Systeme zurücksetzen, darunter auch die zu sehr sensiblen Konten.

Viele Websites bieten Ihnen außerdem Authentifizierungen mit den Zugangsdaten Ihres Social-Media-Profils an, zum Beispiel mit Facebook oder X. Ein kompromittiertes Passwort eines Social-Media-Kontos kann dazu führen, dass Unberechtigte damit auch Zugriff auf andere Systeme bekommen. Einige davon sind womöglich deutlich kritischer als eine Social-Media-Seite, auf der Sie lediglich ein paar Bilder veröffentlichen.

Wenn Sie Ihre E-Mail-Adresse ändern, denken Sie übrigens auch daran, die Adresse bei allen Konten zu aktualisieren, die E-Mails zur Authentifizierung oder zum Zurücksetzen von Passwörtern verwenden. Ich habe kürzlich eine Domain gekauft, die früher von einem inzwischen übernommenen Cybersicherheitsunternehmen genutzt wurde – und konnte Passwort-Zurücksetzungs-E-Mails für noch aktive Konten empfangen!

Passwörter mehrfach verwenden – ab und zu erlaubt

Es überrascht Sie womöglich, diese Aussage in einem Buch über Cybersicherheit zu lesen, aber bleiben wir realistisch: Sie müssen kein ultrastarkes Passwort vergeben, nur weil auf einer Website die Erstellung eines Kontos erforderlich ist, dies aber – aus Ihrer Sicht – nichts Wertvolles schützt. Wenn Sie beispielsweise ein Konto anlegen, um Zugriff auf kostenfreie Ressourcen zu bekommen, und Sie haben sonst nichts von Wert in diesem Konto gespeichert, ja, es würde Sie nicht einmal stören, bei der nächsten Anmeldung ein neues Konto anzulegen, dann können Sie ein schwaches Passwort verwenden – und es auf ähnlichen Seiten wiederverwenden.

Kurz: Wenn der Zwang einer Registrierung und einer Anmeldung lediglich dem Betreiber der Seite dient – Tracking, Marketing und so weiter – und es für Sie völlig unerheblich ist, ob ein Krimineller die Zugangsdaten zu Ihrem Konto bekommt, können Sie ein schwaches Passwort verwenden. Damit entlasten Sie Ihr Gedächtnis für Seiten, bei denen es wirklich auf die Passwortstärke ankommt. Wenn Sie einen Passwortmanager verwenden, können Sie natürlich auch für diese unwichtigen Seiten ein starkes Passwort nehmen.

Mit Passwortmanagern das Gedächtnis entlasten

Alternativ können Sie ein Passwortverwaltungstool verwenden, das Ihre Passwörter sicher aufbewahrt. Passwortmanager sind Programme, die Sie dabei unterstützen, Passwörter zu verwalten. Sie können damit Passwörter generieren, abspeichern und komplexe Passwörter nachschlagen. Passwortmanager speichern üblicherweise alle darin enthaltenen Daten in einem verschlüsselten Format und erlauben Nutzern nur den Zugriff auf diesen Passworttresor durch die Eingabe eins starken Masterpassworts oder über eine Zwei-Faktor-Authentifizierung (siehe Abbildung 8.1).

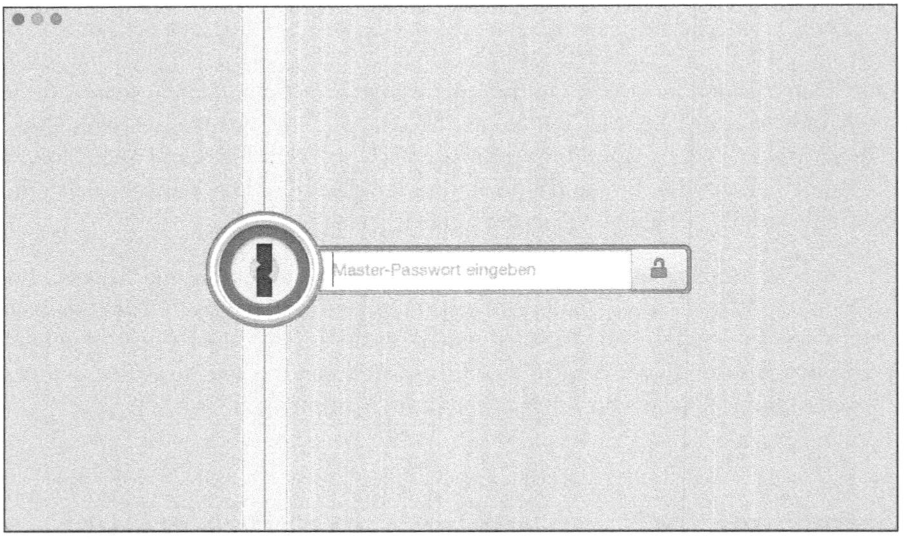

Abbildung 8.1: Einer der vielen Passwortmanager auf dem Markt

Diese Technologie können Sie getrost für allgemeine Passwörter verwenden, allerdings nicht für die, mit denen Sie auf sensible Dienste zugreifen. Verschiedene Passwortmanager wurden in der Vergangenheit bereits gehackt. Wenn etwas schiefgeht und Sie alles auf eine Karte gesetzt haben, befinden Sie sich mitten in Ihrem schlimmsten Albtraum.

Selbstverständlich sollten Sie jedes Gerät, mit dem Sie auf Ihren Passwortmanager zugreifen, gut absichern. Es gibt viele Passwortmanager da draußen. Alle nutzen Verschlüsselung, um die sensiblen Daten zu schützen, die sich darin befinden. Manche speichern die Daten lokal (zum Beispiel in einer Datenbank auf Ihrem Smartphone), andere in einer Cloud.

Viele moderne Smartphones sind heute mit einem sicheren Bereich ausgestattet. Das ist ein privater, verschlüsselter Bereich auf dem Handy, der getrennt in einer eigenen Umgebung läuft. Idealerweise speichern Sie alle Passwortinformationen, die sich auf einem mobilen Gerät befinden, geschützt in einem solchen sicheren Bereich ab.

Auf Daten, die in einem sicheren Bereich liegen, kann der Nutzer nur zugreifen, wenn er diesen sicheren Bereich betritt. In der Regel erfolgt der Zugang über eine entsprechende

App und die Eingabe eines speziellen Passworts. Die Geräte zeigen üblicherweise ein bestimmtes Symbol auf dem Bildschirm an, wenn der Nutzer mit Daten oder einer App arbeitet, die sich im gesicherten Bereich befinden.

Einprägsame und starke Passwörter

Die folgende Liste enthält Empfehlungen, die Ihnen dabei helfen sollen, starke Passwörter zu kreieren, die – für die meisten – viel leichter zu merken sind als eine scheinbar zufällige Aneinanderreihung von Buchstaben, Zahlen und Sonderzeichen:

- ✔ **Kombination aus Wörtern unterbrochen von Zahlen:** Kombinieren Sie drei oder mehr zusammenhanglose Wörter oder Eigennamen und unterbrechen Sie diese Wörter jeweils mit Zahlen. Zum Beispiel ist *schreibtisch2susanne7kaninchen* sehr viel einprägsamer als *6yBgv%j8P*. Allgemein gilt, je länger die Wörter innerhalb des Passworts sind, desto stärker ist das Passwort, das sich daraus ergibt.
- ✔ **Sonderzeichen vor jeder Zahl:** Wenn Sie gezwungen werden, Sonderzeichen zu verwenden, fügen Sie vor jeder Zahl ein Sonderzeichen ein. Sie können sogar dasselbe Sonderzeichen für alle Ihre Passwörter verwenden. Wenn Sie das Passwort aus dem vorherigen Punkt nehmen und dieser Empfehlung folgen, könnte das Passwort *schreibtisch%2susanne%7kaninchen* lauten. Vom Sicherheitsstandpunkt aus ist es vielleicht nicht die allerbeste Idee, immer dasselbe Sonderzeichen zu verwenden, allerdings entlastet es Ihr Gedächtnis. Die Sicherheit, die ein Passwort als alleinige Authentifizierung leisten kann, ist damit in der Regel trotzdem gewährleistet.
- ✔ **Fremdsprachliche Wörter:** Bestenfalls wählen Sie auch mindestens ein fremdsprachliches Wort oder einen Eigennamen aus. Nehmen Sie ein Wort, das Ihnen vertraut ist, das andere aber nicht schnell erraten werden. Nehmen Sie nicht den Namen Ihres Partners, Ihrer besten Freundin oder Ihres Haustiers.
- ✔ **Großbuchstaben an der gleichen Stelle:** Wenn Sie sowohl Groß- als auch Kleinbuchstaben verwenden müssen (oder Ihr Passwort noch mehr stärken möchten), verwenden Sie Großbuchstaben, die immer an derselben Stelle stehen. Stellen Sie sie aber nicht an den Anfang eines Wortes, da das die meisten Menschen tun. Wenn Sie beispielsweise wissen, dass Sie immer den zweiten und dritten Buchstaben des letzten Wortes großschreiben, ist *schreibtisch2susanne7kANinchen* nicht schwieriger zu merken als *schreibtisch2susanne7kaninchen.*

Passwörter ändern – wann und wie oft

Sie werden es vermutlich schon oft gehört haben, dass Sie Ihre Passwörter im Idealfall regelmäßig ändern sollten. Da ist dann sogar schon von Änderungen alle zwei Wochen die Rede. Theoretisch ist dieser Ansatz völlig richtig. Häufige Änderungen minimieren das Risiko auf vielfältige Weise, aber praktisch gesehen ist es ein schlechter Rat, dem Sie nicht folgen sollten.

Wenn Sie mehrere Bankkonten, Kreditkarten, einen Telefon- und Internetanbieter, verschiedene Social-Media-Profile, E-Mail-Konten und so weiter haben, sind Sie ratzfatz bei einem Duzend oder mehr kritischen Passwörtern. Würden Sie diese alle zwei Wochen ändern, wären Sie bei 312 neuen Passwörtern für sensible Systeme, die Sie sich im Laufe eines Jahres merken müssten – und vermutlich haben Sie noch viel mehr Passwörter. Bei vielen würde ein zweiwöchentlicher Wechsel der wichtigsten Passwörter dazu führen, dass sie sich jeden Monat einhundert neue Passwörter einprägen müssten. Wenn Sie also kein phänomenales, fotografisches Gedächtnis haben, ist die Wahrscheinlichkeit gering, dass Ihnen dieser Drahtseilakt gelingt. Werden Sie sich alle Passwörter merken können? Oder werden Sie die Passwörter einfach immer schwächer machen, damit Sie Ihnen nach den ständigen Änderungen besser im Gedächtnis bleiben?

Im Endeffekt führt das Ändern von Passwörtern dazu, dass sie viel schwerer im Kopf bleiben. Die Wahrscheinlichkeit steigt, dass Sie anfangen, sie aufzuschreiben und an unsicheren Orten aufzubewahren, schwächere Passwörter zu wählen oder Ihr altes Passwort nur minimal zu ändern (zum Beispiel *passwort2* statt *passwort1*).

Hier kommt die ungeschminkte Wahrheit: Wenn Sie starke und einzigartige Passwörter wählen und die Seiten, auf denen Sie diese Passwörter benutzen, nicht beeinträchtigt wurden (Datenleck, Sicherheitslücke, Schwachstelle), überwiegen bei häufigen Passwortänderungen die Nachteile gegenüber den Vorteilen. Es kann eine gute Idee sein, diese Passwörter alle paar Jahre zu ändern. Wenn es also überhaupt keinen Anlass zur Sorge gibt, können Sie getrost mehrere Jahre ein Passwort beibehalten, ohne größerer Gefahr ausgesetzt zu sein.

Wenn Sie einen Passwortmanager verwenden, der Passwörter ändern kann, können Sie ihn natürlich dementsprechend einstellen. Ich habe einmal mit einem kommerziellen Passwortmanagement-System gearbeitet, das den Systemadministratorzugang zu sensiblen Finanzsystemen schützte. Hier wurden die Passwörter der Administratoren nach jeder Anmeldung automatisch zurückgesetzt. Für den Privatanwender natürlich eine völlig übertriebene Maßnahme.

Passwort nach einem Vorfall ändern

Wenn ein Unternehmen (oder eine Organisation oder eine Behörde) Sie benachrichtigt, dass es bei ihm beziehungsweise ihr einen Sicherheitsvorfall gegeben hat und dass Sie Ihr Passwort ändern sollten, beachten Sie folgende Hinweise:

- ✔ Klicken Sie auf keine Links in der Nachricht, denn die meisten dieser Nachrichten sind Betrug.
- ✔ Statten Sie der Website oder der offiziellen Social-Media-Präsenz des Unternehmens einen Besuch ab, um zu überprüfen, ob die Meldung echt ist.
- ✔ Verfolgen Sie die Nachrichten, ob verlässliche Medien über einen derartigen Vorfall berichten.
- ✔ Wenn die Geschichte stimmt, besuchen Sie die Website des Unternehmens und ändern Sie Ihr Passwort.

Ändern Sie nicht nach jedem Vorfall alle Ihre Passwörter. Ignorieren Sie die Experten, die Panik verbreiten und Ihnen das als extra Vorsichtsmaßnahme nach jedem kleinen Vorfall und Datenleck ans Herz legen. Es ist nicht nötig. Verschwenden Sie nicht Ihre Zeit und Energie darauf. Es führt nur dazu, dass Sie Ihre Passwörter nicht mehr ändern, wenn es wirklich erforderlich ist. Nehmen wir mal an, Sie hören sich hinterher im Bekanntenkreis um und merken, dass niemand alle Passwörter geändert hat und es niemandem damit schlechter ergangen ist als Ihnen. Die nächste Warnung nehmen Sie dann womöglich nicht mehr so ernst.

Wenn Sie Passwörter auf Seiten mehrfach verwenden – was Sie nur bei ganz unwichtigen Seiten tun sollten – und Sie ein kompromittiertes Passwort auch an anderen Stellen verwendet haben, sollten Sie es überall dort ändern, wo Sie es eingesetzt haben. Packen Sie die Gelegenheit am Schopfe und vergeben Sie einzigartige Passwörter für alle Ihre sensiblen Konten.

Passwörter an Menschen weitergeben

Oft liest man den Hinweis, dass man keine Passwörter am Telefon, per SMS oder in einer E-Mail versenden soll und dass seriöse Anbieter Sie nicht nach einem Passwort fragen werden. Das klingt zunächst nach einem guten Rat, wenn es da nicht diesen einen Haken gäbe: Seriöse Anbieter fragen Sie am Telefon durchaus nach Ihrem Passwort! Wie können Sie also wissen, ob es gerade sicher ist, Ihr Passwort durchzugeben und wann nicht? Reicht es, die Anruferkennung zu überprüfen? Leider nicht. Betrüger kapern gerne die Anruferkennung seriöser Anbieter.

Sie sollten jemandem am Telefon sensible Informationen – wozu auch Ihr Passwort gehört – nur mitteilen, wenn Sie derjenige sind, der angerufen hat, und Sie sicher sind, dass Sie die richtige Nummer gewählt haben. Sie können einem Service-Mitarbeiter Ihrer Bank Ihre Telefon-PIN beim Anruf durchgeben, sofern Sie bei der Nummer angerufen haben, die auf Ihrer Bankkarte steht. Das Risiko ist dann überschaubar. Anders sieht es aus, wenn Sie aus dem Nichts angerufen werden und ein Fremder diese Informationen von Ihnen wissen will, um »Ihre Identität zu überprüfen«.

Passwörter speichern

Im Idealfall schreiben Sie Ihre Passwörter zu sensiblen Systemen nicht auf und speichern Sie auch sonst nirgends, abgesehen von Ihrem Gehirn. Für weniger sensible Passwörter können Sie einen Passwortmanager verwenden oder die Passwörter in verschlüsselter Form auf einem gut gesicherten Computer oder Gerät speichern. Wenn Sie Passwörter auf Ihrem Handy speichern, nutzen Sie dafür den sicheren Bereich. (Mehr zum Thema Passwortmanager und sichere Bereiche erfahren Sie im Abschnitt »Mit Passwortmanagern das Gedächtnis entlasten« weiter vorne in diesem Kapitel.)

Passwörter übermitteln

Theoretisch sollten Sie niemals ein Passwort in einer E-Mail oder als Inhalt einer SMS verschicken. Was aber sollen Sie tun, wenn Ihr Kind aus der Schule eine Nachricht schreibt, dass es das Passwort zu seinem E-Mail-Konto vergessen hat oder etwas in der Art?

Wenn Sie jemandem ein Passwort zukommen lassen müssen, rufen Sie denjenigen an und geben Sie ihm das Passwort erst, wenn Sie ihn an der Stimme erkannt haben. Falls Sie das Passwort schriftlich übermitteln müssen, nutzen Sie dafür eine verschlüsselte Verbindung, wie sie von vielen verschiedenen Chat-Anwendungen angeboten wird. Falls Ihnen keine derartige Anwendung zur Verfügung steht, können Sie das Passwort notfalls auch aufteilen. Versenden Sie einen Teil per E-Mail und den anderen als SMS.

Natürlich ist keiner dieser Wege ideal für die Übermittlung von Passwörtern, aber sie sind mit Sicherheit besser als das, was viele aktuell tun, nämlich Passwörter als SMS oder E-Mail im Klartext zu versenden.

Vielleicht möchten Sie Ihre Passwörter auch der Nachwelt übermitteln, nämlich Ihren Angehörigen für den Fall, dass Ihnen etwas passiert. Für diesen Fall schreiben Sie die Passwörter auf und legen Sie die Liste in ein Bankschließfach oder einen Safe. Nehmen Sie diese Liste nicht regelmäßig heraus. Wenn die Liste für Ihre Erben nützlich sein soll, achten Sie selbstverständlich darauf, sie aktuell zu halten.

Einige große Technologieanbieter, wie zum Beispiel Facebook und Apple, bieten zudem die Möglichkeit, festzulegen, wer nach Ihrem Tod Zugriff auf Ihre Konten erhalten soll.

Alternativen für Passwörter finden

Bei manchen Diensten können Sie Alternativen zur Passwortauthentifizierung nutzen. Es gibt zahlreiche Möglichkeiten, eine Person zu authentifizieren. Ein Nutzer von heute wird früher oder später vermutlich mit den folgenden Formen in Berührung kommen:

- Biometrische Authentifizierung
- SMS-basierte Authentifizierung
- App-basierte Einmalpasswörter
- Authentifizierung mit Hardware-Token
- USB-basierte Authentifizierung

Biometrische Authentifizierung

Biometrische Authentifizierung bedeutet, dass zur Authentifizierung ein einzigartiges Identifizierungskennzeichen Ihrer physischen Erscheinung benutzt wird, zum Beispiel Ihr Fingerabdruck. Biometrische Merkmale können – insbesondere in Kombination mit einem

Passwort – eine starke Authentifizierungsmethode sein und haben sicherlich ihre Berechtigung. Zwei beliebte Formen in der Welt der Verbraucher sind Fingerabdrücke und Iris-Erkennung.

In vielen Fällen ist ein starkes Passwort allerdings die bessere Lösung. Bevor Sie die biometrische Authentifizierung nutzen, sollten Sie folgende Punkte beachten:

- ✔ **Ihre Fingerabdrücke sind überall auf Ihrem Handy.** Sie halten Ihr Handy mit Ihren Fingern fest. Wie schwer wäre es wohl für Kriminelle, die Ihr Smartphone geklaut haben, diese Fingerabdrücke zu nehmen und damit den Fingerabdrucksensor Ihres Handys zu überlisten (siehe Abbildung 8.2)? Wenn sich auf dem Gerät sensible Daten befinden, sind diese womöglich bedroht. Vermutlich wird der durchschnittliche Dieb sich nicht lange damit aufhalten, Ihr Telefon zu entsperren, sondern es einfach löschen, aber wenn jemand wirklich an Ihre Daten will und Sie Ihren Fingerabdruck zum Sperren Ihres Geräts nutzen, sind Sie möglicherweise einer größeren Gefahr ausgesetzt, als Sie denken.
- ✔ **Biometrische Informationen lassen sich nicht zurücksetzen.** Anders als ein Passwort können Sie Ihren Fingerabdruck oder Ihre Iris nicht ändern. Trauen Sie den Unternehmen, denen Sie diese Informationen so bereitwillig geben, wirklich ihren Schutz zu?
- ✔ **Welchen Schaden kann Malware anrichten?** Nehmen wir an, dass sich Ihre biometrischen Informationen auf Ihrem Handy oder Ihrem Computer befinden. Was passiert, wenn Schadsoftware Ihr Gerät infiziert? Was geschieht, wenn ein Server gehackt wird, auf dem dieselben Informationen gespeichert sind? Sind Sie sich vollkommen sicher, dass die Daten gut verschlüsselt sind und dass die Software auf Ihrem Gerät die biometrischen Daten wirklich gegen jeden Angriff verteidigt hat?

Abbildung 8.2: Ein Fingerabdrucksensor auf einem Samsung-Smartphone

- **Kälte ist ein Problem.** Fingerabdrücke können selbst durch Handschuhe, die mit Smartphones kompatibel sind, nicht ausgelesen werden.
- **Brillen sind ein Problem.** Die millionenfach getragenen Brillen sind eine Herausforderung für Iris-Scanner. Bei manchen müssen Nutzer die Brille sogar abnehmen, um erkannt zu werden. Wenn Sie diese Authentifizierung für Ihr Smartphone nutzen, könnten Sie Probleme beim Entsperren Ihres Handys an einem sonnigen Tag im Freien bekommen.
- **Biometrie kann Ihre Rechte einschränken.** Wenn Strafverfolgungsbehörden oder Grenzbeamte bei der Einreise an die Daten auf Ihrem Handy kommen möchten, das mit Biometrie geschützt ist, könnten Sie gezwungen werden, Ihr Smartphone mithilfe dieser Technologie zu entsperren. Und was dann mit den Daten geschieht, können Sie nicht mehr beeinflussen.
- **Identitätsmissbrauch ist möglich.** Einige Authentifizierungsformen, zum Beispiel die Gesichtserkennung, die den biometrischen ähnlich sind, können mithilfe hochauflösender Videoaufnahmen überlistet werden und dem Gerät vorgaukeln, dass die Person anwesend ist und auf das Handy zugreifen will.
- **Stimmenbasierte Authentifizierung:** Sie ist für Sprachanrufe eine sinnvolle Ergänzung zu anderen Formen der Authentifizierung, wie zum Beispiel einem Passwort. Viele Unternehmen nutzen diese Technologie, um anrufende Kunden zu identifizieren, manchmal sogar ohne deren Wissen. Bei Online-Sitzungen ist die stimmenbasierte Authentifizierung allerdings nicht sehr komfortabel.

Die Biometrie hat durchaus ihre Berechtigung, aber denken Sie gut darüber nach, bevor Sie diese Formen der Authentifizierung aktivieren. Es ist sicherlich praktisch, ein Smartphone per Fingerabdruck zu entsperren, aber wägen Sie die Vor- und die Nachteile für Ihren persönlichen Fall gut ab.

Imitation von biometrischen Merkmalen: Ein Wettlauf

Wie lange haben Hacker gebraucht, einen neuen Fingerabdrucksensor zu knacken? Weniger als 24 Stunden. Innerhalb von 24 Stunden, nachdem das erste iPhone mit einem Fingerabdrucksensor auf den Markt kam, meldeten Hacker, ihn bereits geknackt zu haben. Die Technologie ist seitdem zwar besser geworden, aber dasselbe gilt für die Fähigkeiten der Kriminellen.

Auch Stimmenerkennung als biometrische Maßnahme kann bereits unterlaufen werden, weil mit KI-Hilfe Stimmen täuschend echt nachgeahmt werden können.

Zwischen der Weiterentwicklung biometrischer Merkmale und den Fähigkeiten der Hacker besteht also ein stetiger Wettlauf, der sich mit KI noch weiter beschleunigt hat.

SMS-basierte Authentifizierung

Bei der *SMS-basierten Authentifizierung* erhalten Sie einen Code auf Ihr Handy. Sie geben dann diesen Code auf einer Website ein, um Ihre Identität zu bestätigen. Wird eine echte Zwei-Faktor-Authentifizierung benötigt, ist diese Methode für sich allein gesehen noch nicht sicher genug. Gewitzte Kriminelle verfügen immer über Möglichkeiten, derartige Passwörter abzufangen. Auch Social-Engineering-Angriffe auf Telefonanbieter, mit denen die Handynummern von Menschen gekapert werden, bleiben ein Problem. Einmalpasswörter, die Sie als SMS auf Ihr Handy erhalten, kombiniert mit einem starken Passwort geben Ihnen einen kleinen Sicherheitsvorsprung gegenüber der alleinigen Verwendung eines Passworts.

Denken Sie dabei daran, dass Einmalpasswörter als Sicherheitsmaßnahme wirkungslos sind, wenn Sie sie an die Phishing-Website eines Kriminellen senden. In den meisten Fällen kann der Betrüger sie in Echtzeit an die richtige Seite zurückspielen. Sie merken nichts davon.

App-basierte Einmalpasswörter

Einmalpasswörter, die mithilfe einer App auf Ihrem Smartphone oder Ihrem Computer generiert werden, sind eine gute Ergänzung zu starken Passwörtern, sollten aber nicht als einzige Methode verwendet werden. App-basierte Einmalpasswörter sind grundsätzlich eine sicherere Art der Authentifizierung als SMS-basierte Einmalpasswörter (siehe den vorherigen Abschnitt), aber sie können auch unpraktisch sein. Wenn Sie beispielsweise ein neues Handy bekommen, müssen Sie die Information auf jeder Seite neu einstellen, auf der Sie Einmalpasswörter nutzen, die über eine Generator-App erstellt werden.

Auch hier gilt: Wenn Sie das App-generierte Passwort an die Phishing-Website eines Betrügers senden und nicht an die richtige Seite, kann der Kriminelle sie sofort zurückspielen, was die Sicherheitsvorteile des Passworts vollständig zunichtemacht.

Authentifizierung mit Hardware-Token

Hardware-Tokens (siehe Abbildung 8.3) generieren alle paar Sekunden neue Passwörter und ähneln den Apps, die ich im vorherigen Abschnitt beschrieben habe. Es gibt allerdings den großen Unterschied, dass Sie ein spezielles Gerät mit sich herumtragen müssen, um Einmalcodes zu erstellen. Manche Tokens funktionieren auch noch auf andere Weise mit einem Frage-Antwort-System: Die Seite, bei der Sie sich anmelden, zeigt eine Sicherheitsnummer an, die Sie in das Token eingeben, um die entsprechende Antwortnummer zu erhalten. Diese Nummer geben Sie dann auf der Seite zum Zweck Ihrer Authentifizierung ein.

Hardware-Tokens sind in der Regel sicherer als Generatoren, die als App auf einem Smartphone laufen, da sie sich nicht auf Geräten befinden, die von Malware infiziert werden oder aus der Ferne von Kriminellen übernommen werden können. Sie sind allerdings unpraktisch. Sie gehen schnell verloren und sind nicht immer wasserdicht. Sie landen gerne mal in der Waschmaschine, weil sie noch irgendwo in der Hosentasche versteckt waren. Danach sind sie zu nichts mehr zu gebrauchen.

Abbildung 8.3: Ein Generator von Einmalpasswörtern

USB-basierte Authentifizierung

Bei der *USB-basierten Authentifizierung* nutzen Sie ein USB-Gerät, das Informationen, beispielsweise ein digitales Zertifikat, gespeichert hat, die für die Authentifizierung nötig sind. Sie müssen bei der Verwendung allerdings aufpassen, dass Sie diese Geräte nur in Kombination mit vertrauenswürdigen Computern verwenden. Sie wollen schließlich nicht, dass das Gerät infiziert oder zerstört wird. Weiterhin sollten Sie gewährleisten, dass der Computer, der das Zertifikat entgegennimmt, dies nicht an Unbefugte weiterleitet. Viele moderne USB-basierte Authentifizierungsgeräte enthalten alle möglichen Formen der Verteidigung gegen Angriffe. Selbstverständlich können Sie die USB-Geräte nur an Computer und Apps anschließen, die eine entsprechende Authentifizierung unterstützen. Sie müssen das Gerät außerdem immer mit sich herumtragen und dafür sorgen, dass es nicht verloren geht oder beschädigt wird.

Passkeys von Google

Google-Passkeys sind ein Mechanismus, der sich auf die Authentifizierung über ein lokales Gerät stützt, anstatt Passwörter über das Internet zu übertragen. Durch die Verwendung eines Fingerabdrucks auf einem Smartphone kann das Passkey-System Sie beispielsweise auf einer Website anmelden, ohne dass Sie ein Passwort eingeben müssen.

Passkeys gelten in der Regel als benutzerfreundlicher als Passwörter und bieten einige Sicherheitsvorteile. Allerdings bergen sie auch ein Risiko: Wenn Sie auf einem Gerät einen Passkey erstellen, kann sich jeder, der dieses Gerät entsperren kann, potenziell auf mit einem Passkey geschützten Websites mit diesem Gerät anmelden.

Daher sollten Sie Passkeys nur auf Geräten erstellen, die Sie persönlich kontrollieren und die keine anderen Benutzer haben. Außerdem sollten Sie für diese Geräte unbedingt einen starken Sperrcode festlegen.

Auch Multifaktor-Authentifizierung hat Schwachstellen

Die Multifaktor-Authentifizierung, also die Verwendung mehrerer Faktoren wie Passwort, Hardware-Token, biometrisches Merkmal oder ähnlichen, ist zwar eine Verbesserung gegenüber der einfachen passwortbasierten Authentifizierung, aber kein Allheilmittel. Es ist seit Jahrzehnten bekannt, dass auch MFA mit verschiedenen Schwächen behaftet ist: zum Beispiel können Einmalcodes durch Man-in-the-Middle-Angriffe abgefangen werden, Telefonverbindungen und per SMS gesendete Einmalcodes können durch SIM-Swapping gestohlen werden und so weiter.

Dieses Prinzip erklärt auch, warum Sie beispielsweise an einem Geldautomaten trotz MFA (die PIN als erster Faktor ist etwas, das Sie wissen, und die Bankkarte als zweiter Faktor ist etwas, das Sie besitzen), trotzdem nur einen streng begrenzten und relativ niedrigen Betrag von Ihrem Konto abheben können.

IN DIESEM KAPITEL

Verschiedene Formen des Social Engineerings kennenlernen

Strategien der Betrüger verstehen

Eigene Schwachstellen identifizieren

Gefälschte Social-Media-Profile erkennen

Sich selbst und Ihre Familie vor den Psychotricks schützen

Kapitel 9
Social Engineering verhindern

Bei den meisten, ja wenn nicht sogar bei allen großen Sicherheitsvorfällen der letzten Jahre spielte *Social Engineering* in irgendeiner Form eine Rolle. Beim Social Engineering manipulieren Betrüger Ihr Verhalten so, dass Sie sich selbst schaden. Schützen Sie sich und Ihre Familie vor den hinterhältigen Tricks der Kriminellen. In diesem Kapitel erfahren Sie, wie Ihnen das gelingt.

Technologie ist nicht vertrauenswürdig

Würden Sie einem Fremden Ihr Onlinebanking-Passwort geben, wenn er Sie mitten auf der Straße anspricht und Ihnen gegenüber behauptet, er würde für Ihre Bank arbeiten? Nein? Gut so. Seien Sie genauso misstrauisch, wenn es um Technologie geht. Eine E-Mail in Ihrem Posteingang, in der jemand behauptet, Ihr neuer Bankberater zu sein, unterscheidet sich nicht von dem mysteriösen Fremden auf der Straße. Es gibt keinen Grund, warum Sie dem E-Mail-Schreiber mehr vertrauen sollten. Vertrauen Sie niemandem, der elektronisch mit Ihnen kommuniziert. Er könnte noch viel gefährlicher sein.

Wenn Sie nicht gerade mit digitaler Signatur arbeiten, dann erhalten Sie eine E-Mail im Zweifelsfall **nicht wirklich** von dieser Person. Ihr Computer teilt Ihnen lediglich mit, dass ein anderer Computer ihm gesagt hat – basierend darauf, was wiederum ein anderer Computer ihm gesagt hat, und so weiter –, dass die Person, die als »Absender« angegeben ist, Ihnen die betreffende Nachricht gesendet habe.

Das gilt übrigens auch für Telefonanrufe: Auch die Caller-ID, also die mitgesendete Telefonnummer, kann gefälscht werden.

Formen von Social-Engineering-Angriffen

Phishing-Angriffe sind die häufigste Art des Social Engineerings. (Mehr über Phishing und Social Engineering lesen Sie in Kapitel 2.) Abbildung 9.1 zeigt Ihnen ein Beispiel einer Phishing-E-Mail. Bei vielen derartigen Angriffen kontaktiert Sie der Kriminelle unter einem Vorwand. Er schafft damit eine Situation, mit der er das Vertrauen des Empfängers gewinnen will. Gleichzeitig unterstreicht er, wie wichtig es ist, schnell zu handeln. In dem Phishing-Beispiel aus Abbildung 9.1 gibt sich der Gauner als PayPal aus, warnt den Empfänger vor einer unberechtigten Zahlung und bietet dann seine Hilfe an, das eingeschränkte Konto wiederherzustellen. Wirklich clever. Für Sie hoffentlich nicht clever genug.

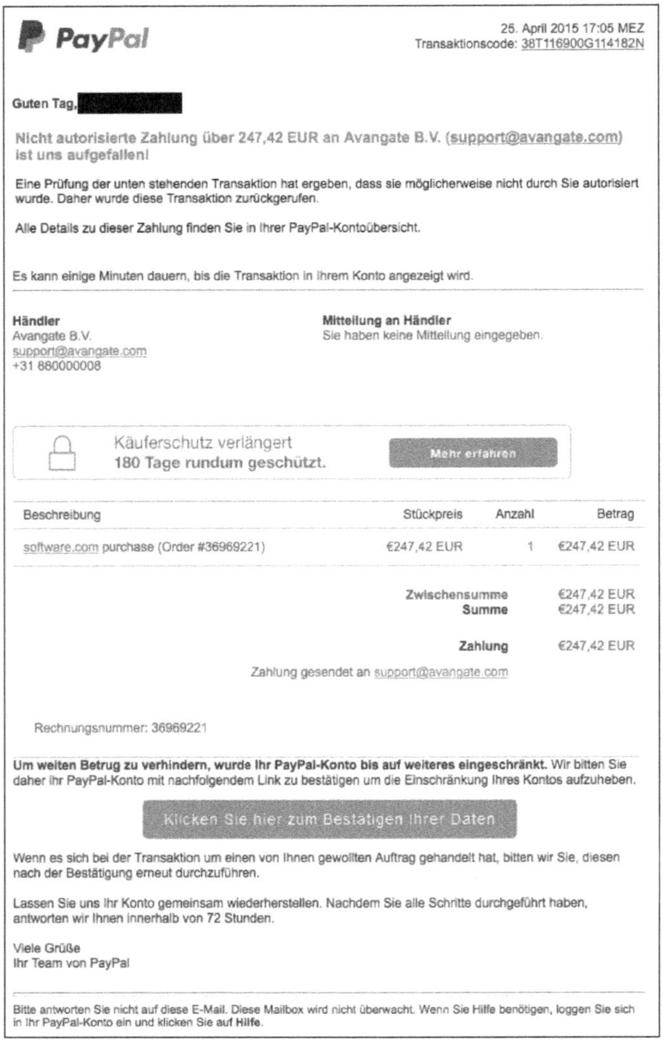

PayPal

25. April 2015 17:05 MEZ
Transaktionscode: 38T116900G114182N

Guten Tag, [redacted]

Nicht autorisierte Zahlung über 247,42 EUR an Avangate B.V. (support@avangate.com) ist uns aufgefallen!

Eine Prüfung der unten stehenden Transaktion hat ergeben, dass sie möglicherweise nicht durch Sie autorisiert wurde. Daher wurde diese Transaktion zurückgerufen.

Alle Details zu dieser Zahlung finden Sie in Ihrer PayPal-Kontoübersicht.

Es kann einige Minuten dauern, bis die Transaktion in Ihrem Konto angezeigt wird.

Händler
Avangate B.V.
support@avangate.com
+31 880000008

Mitteilung an Händler
Sie haben keine Mitteilung eingegeben.

Käuferschutz verlängert
180 Tage rundum geschützt.
Mehr erfahren

Beschreibung	Stückpreis	Anzahl	Betrag
software.com purchase (Order #36969221)	€247,42 EUR	1	€247,42 EUR

Zwischensumme	€247,42 EUR
Summe	€247,42 EUR
Zahlung	€247,42 EUR

Zahlung gesendet an support@avangate.com

Rechnungsnummer: 36969221

Um weiten Betrug zu verhindern, wurde Ihr PayPal-Konto bis auf weiteres eingeschränkt. Wir bitten Sie daher ihr PayPal-Konto mit nachfolgendem Link zu bestätigen um die Einschränkung Ihres Kontos aufzuheben.

Klicken Sie hier zum Bestätigen Ihrer Daten

Wenn es sich bei der Transaktion um einen von Ihnen gewollten Auftrag gehandelt hat, bitten wir Sie, diesen nach der Bestätigung erneut durchzuführen.

Lassen Sie uns Ihr Konto gemeinsam wiederherstellen. Nachdem Sie alle Schritte durchgeführt haben, antworten wir Ihnen innerhalb von 72 Stunden.

Viele Grüße
Ihr Team von PayPal

Bitte antworten Sie nicht auf diese E-Mail. Diese Mailbox wird nicht überwacht. Wenn Sie Hilfe benötigen, loggen Sie sich in Ihr PayPal-Konto ein und klicken Sie auf **Hilfe**.

Abbildung 9.1: Beispiel einer Phishing-Mail

In Kapitel 2 erhalten Sie einen Überblick über die verschiedenen Formen dieser Psycho-Manipulationen, worunter auch Spear-Phishing, Smishing, Vishing und der CEO-Fraud fallen. Es gibt aber noch weitere sehr beliebte Social-Engineering-Angriffe:

- **Baiting:** Hier wird dem Opfer ein Köder vorgesetzt. Ein Angreifer sendet eine E-Mail oder eine Chat-Nachricht – oder erstellt einen Beitrag in einem sozialen Netzwerk – und verspricht denjenigen eine Belohnung, die an einer Aktion teilnehmen. In Abbildung 9.2 wird zum Beispiel dem Opfer ein Geschenk (ein Apple iPhone X – wer hätte das nicht gern?) in Aussicht gestellt, wenn es an einer Umfrage teilnimmt. Manchmal ist an den Versprechungen etwas dran, aber meist nicht. Die Absender wollen Sie dazu verleiten, etwas zu tun, was Sie normalerweise unterlassen würden. Manchmal verlangen diese Betrüger im Anschluss eine Versandgebühr für den Gewinn, manchmal verbreiten sie Schadsoftware und manchmal sammeln sie sensible Informationen. Es gibt auch Malware, die selbst der Köder ist.

Verwechseln Sie Baiting nicht mit *Scambaiting*. Beim Scambaiting gaukeln Menschen den Betrügern vor, dass sie gutgläubig sind und auf ein Geschäft eingehen möchten. Die Gauner verschwenden dadurch ihr Geld und ihre Zeit, da die Scambaiter sie in Gespräche verwickeln und sie damit von weiteren Betrügereien abhalten. Es gibt auch Scambaiter, die Informationen über die Scammer sammeln und sie dann an Strafverfolgungsbehörden weitergeben. Oder sie veröffentlichen die Informationen im Internet, um andere Menschen vor ihnen zu warnen.

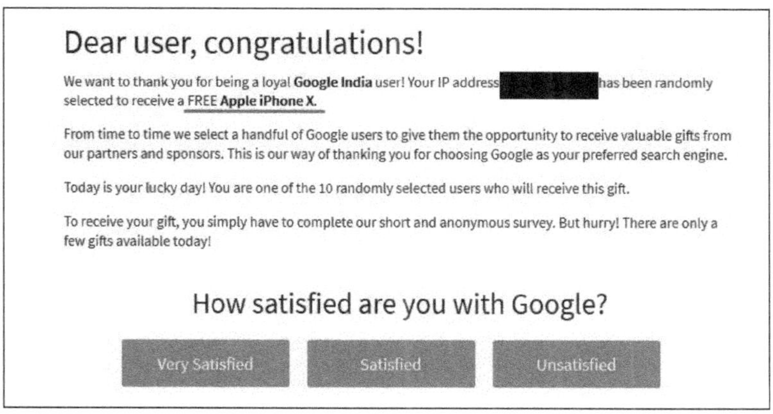

Abbildung 9.2: Eine Köder-Mail: Fallen Sie nicht darauf rein.

- **Quid pro quo:** Der Angreifer behauptet gegenüber dem Opfer, dass er dessen Hilfe benötigt, um eine Leistung zu erbringen. Ein Angreifer gibt zum Beispiel vor, Mitarbeiter des IT-Supports zu sein, und bietet Ihnen an, Sie bei der Installation eines neuen Sicherheitssoftwareupdates zu unterstützen. Wenn Sie das Angebot annehmen, führt der Gauner Sie stattdessen durch den Installationsprozess einer Schadsoftware.
- **Identitätsmissbrauch:** Manche Angreifer stehlen die Identität von Personen in den sozialen Medien, um sich dort mit ihren Opfern zu vernetzen. Diejenigen, für die sich

die Betrüger ausgeben, können echte, aber auch nicht existierende Personen sein. Die Betrüger, die hinter Profilen wie in Abbildung 9.3 und vielen anderen Konten dieser Art stecken, kontaktieren häufig diejenigen, die sich mit den Konten vernetzen und ihnen folgen. Sie geben vor, die dargestellte Person zu sein, und fordern ihre Follower auf, »Investitionen« zu tätigen. (Im Abschnitt »Allgemeine Cyberhygiene« später in diesem Kapitel erfahren Sie, wie Sie sich selbst vor Identitätsmissbrauch in den sozialen Medien schützen können.)

Abbildung 9.3: Beispiel eines Instagram-Kontos, das sich für mich selbst ausgibt – sogar mit Fotos meines echten Instagram-Kontos

- ✔ **Verlockende E-Mails:** Diese E-Mails verleiten Menschen dazu, Malware zu installieren oder auf verseuchte Links zu klicken, indem sie die Neugier oder sexuellen Bedürfnisse ausnutzen.
- ✔ **Tailgating:** Dabei handelt es sich um eine physische Form des Social Engineerings, bei der der Angreifer sich unerlaubt Zutritt zu einem Gebäude verschafft. Er folgt dabei einer befugten Person und bringt sie mit einem Trick dazu, ihn auch hineinzulassen. Der Angreifer tut dabei zum Beispiel so, als würde er gerade in seiner Tasche nach seiner Zugangskarte suchen, und behauptet dann, diese vergessen zu haben. Oder er verhält sich schlicht gesellig und lässt sich kurz die Tür aufhalten.
- ✔ **Watering-Hole-Angriff:** Bei dieser Attacke kombiniert der Angreifer Hacking und Social Engineering. Er nutzt dabei die Tatsache aus, dass Menschen bestimmten Website-Inhabern vertrauen (wie Tiere, die sich gemeinsam an einem Wasserloch

sicherer fühlen), sodass sie sogar auf deren Links klicken, obwohl sie sonst nie auf einen Link in einer E-Mail oder einer SMS klicken würden. Kriminelle starten Watering-Hole-Angriffe, indem sie Websites hacken und darauf verseuchte Links platzieren (oder sogar direkt Schadsoftware hinterlassen).

- **Virus-Hoax:** Kriminelle nutzen die Tatsache aus, dass sich viele vermehrt über Cybersicherheit Gedanken machen und Warnungen vor einer Cyberbedrohung häufig unverdiente Aufmerksamkeit zuteilwerden lassen. E-Mails mit falschen Virus-Warnungen können vergiftete Links enthalten, mit denen sich Nutzer Schadsoftware herunterladen. Oder die Nutzer werden in den E-Mails dazu aufgefordert, per E-Mail oder über eine Website den IT-Support zu kontaktieren. Diese Angriffe kommen in vielen verschiedenen Gewändern daher: Manche werden per Massenmail verbreitet, andere sehr gezielt verschickt. Einige Experten sind der Ansicht, dass Scareware, die Nutzer dazu nötigt, eine bestimmte Sicherheitssoftware zu kaufen (wie in Kapitel 2 nachzulesen ist), eine Form des Virus-Hoax ist. Andere sind nicht dieser Meinung, da bei Scareware das Angsteinjagen vorbei ist, sobald die Malware installiert ist. Eine Hoax-Nachricht hingegen gibt vor, dass die Schadsoftware bereits installiert ist.

- **Technische Fehler:** Kriminelle nutzen leicht die Tatsache aus, dass Menschen an technische Probleme gewöhnt sind, und untergraben damit diverse Sicherheitstechnologien. Nehmen wir zum Beispiel an, dass ein Krimineller eine Fake-Website erstellt hat. In dem Bereich, in dem normalerweise ein Sicherheitsbild gezeigt wird, platziert er auf der fingierten Website ein Warnsymbol, dass das Bild nicht richtig angezeigt werden kann. Der Besucher nimmt dies nicht als Gefahr wahr, da er daran gewöhnt ist, Fehlermeldungen und Symbole dieser Art zu sehen. Er führt es eher auf einen technischen Fehler statt auf ein Sicherheitsrisiko zurück.

Die sechs Prinzipien des Social Engineerings

Der Sozialpsychologie Robert B. Cialdini erläutert in seinem Buch »Die Psychologie des Überzeugens« aus dem Jahr 1984 sechs wichtige und grundlegende Konzepte, die oft eingesetzt werden, um andere zu beeinflussen. Social-Engineering-Angreifer, die Menschen zu einer Tat verleiten wollen, machen sich dieselben sechs Prinzipien zunutze. Aus diesem Grund fasse ich die Grundsätze für Sie mit Hinblick auf die Informationssicherheit zusammen.

Die folgende Liste soll Ihnen verdeutlichen, welche Methoden die Betrüger nutzen, um Ihr Vertrauen zu gewinnen:

- **Sozialer Beweis:** Der Mensch neigt dazu, das zu tun, was andere Menschen tun.

- **Reziprozität:** Wenn ihnen jemand etwas Gutes tut, haben Menschen allgemein das Gefühl, dass sie dieser Person im Gegenzug auch etwas Gutes tun müssen.

- **Autorität:** Menschen neigen dazu, Autoritätspersonen zu gehorchen, selbst wenn sie nicht mit ihnen einer Meinung sind und selbst wenn sie glauben, dass das, was von ihnen verlangt wird, fragwürdig ist.
- **Sympathie:** Menschen lassen sich in der Regel leichter von Menschen manipulieren, die sie mögen, als von anderen.
- **Konsistenz und Beständigkeit:** Wenn Menschen sich einem Ziel verpflichten und diese Verpflichtung verinnerlichen, wird sie Bestandteil ihres Selbstbilds und es ist wahrscheinlicher, dass sie das Ziel verfolgen, selbst wenn der ursprüngliche Grund für die Erreichung des Ziels überhaupt nicht mehr von Bedeutung ist.
- **Verknappung:** Wenn Menschen glauben, dass eine Ressource knapp ist, unabhängig davon, ob dies den Tatsachen entspricht, wollen sie sie haben, auch wenn sie sie nicht brauchen.

Freigiebigkeit in den sozialen Medien

Wenn Sie in den sozialen Medien zu viele Informationen preisgeben, geben Sie den Kriminellen Munition, die sie gegen Sie, Ihre Familie, Ihre Arbeitskollegen und Ihre Freunde für Social-Engineering-Angriffe verwenden können. Wenn Sie beispielsweise Ihr Profil in einem sozialen Netzwerk so konfiguriert haben, dass alle Nutzer dieses Netzwerks Ihre Beiträge sehen können, steigt Ihr Risiko enorm. Manchmal geschieht so etwas auch aus Versehen und ein Beitrag, der nur für eine kleine Personengruppe gedacht war, wird für die gesamte Welt sichtbar. Darüber hinaus gibt es auch immer wieder Softwarefehler bei den sozialen Netzwerken, aufgrund derer Unberechtigte Beiträge und Bilder von Menschen sehen konnten, obwohl sie das in ihren Privatsphäre-Einstellungen gar nicht erlaubt hatten.

Apropos Privatsphäre-Einstellungen: Familienbezogene Informationen, die so eingestellt sind, dass auch Personen außerhalb Ihrer Familie Zugriff darauf haben, können zu allen möglichen Problemen in Sachen Privatsphäre führen. Die Antworten zu vielen beliebten Sicherheitsfragen sind womöglich darin zu finden, zum Beispiel: »Wo lebt Ihr ältester Geschwisterteil?« oder »Wie lautet der Geburtsname Ihrer Mutter?«

Verlassen Sie sich nicht auf die Privatsphäre-Einstellungen der sozialen Netzwerke, um wirklich vertrauliche Daten zu schützen. Einige nehmen den Schutz Ihrer Daten sehr ernst, andere jedoch nicht.

Bestimmte Informationen können – wenn sie einmal in die Welt hinausposaunt wurden – den Schurken im Internet helfen, Sie oder jemanden, den Sie kennen, anzugreifen. Die folgenden Abschnitte beschreiben die Daten, bei denen Sie wirklich vorsichtig in den sozialen Medien sein sollten. Die Liste der möglichen Risiken ist nicht erschöpfend. Sie soll Ihnen lediglich ein paar Beispiele geben und Ihnen einen Eindruck von den möglichen Bedrohungen vermitteln, damit Sie in Zukunft mehr darauf achten, was Sie bereitwillig über die sozialen Netzwerke verbreiten.

Es gibt noch mehr Arten von Beiträgen, die auf Social-Media-Profilen veröffentlicht werden und Kriminellen bei ihren Social-Engineering-Angriffen helfen. Bedenken Sie die möglichen Folgen Ihrer Beiträge und nehmen Sie entsprechenden Privatsphäre-Einstellungen vor.

Kalender und Reisepläne

Ihr Kalender oder der eines anderen kann Kriminelle mit Informationen versorgen, die ihnen bei der Planung eines Angriffs helfen. Nehmen wir zum Beispiel an, Sie schreiben auf Ihrer Facebook-Profilseite, dass Sie zu einer Hochzeit eingeladen sind. Damit setzen Sie sich und andere Gäste der Gefahr aus, virtuell entführt zu werden. Bei einer *virtuellen Entführung* verlangt ein Krimineller Lösegeld im Gegenzug für die Rückkehr einer Person, von der der Kriminelle behauptet, er habe sie entführt, was aber in Wahrheit gar nicht stimmt.

Abgesehen davon ist so ein Beitrag eine regelrechte Einladung an Einbrecher, in ihr leer stehendes Haus einzusteigen. Posten Sie auch nichts über den Urlaub oder die Reise eines Familienmitglieds, da die Gefahr einer virtuellen Entführung (und die eines realen Einbruchs) steigt.

Auch wenn Sie der Welt mitteilen, dass Sie einen bestimmten Flug nehmen, kann das Kriminellen die Gelegenheit geben, Sie virtuell zu entführen oder einen CEO-Fraud bei einem Ihrer Kollegen zu versuchen. Der Kriminelle gibt sich dabei als Sie aus und verschickt an einen Ihrer Mitarbeiter eine E-Mail mit Anweisungen. Darin schreibt er, dass Sie drauf und dran sind, in ein Flugzeug zu steigen und telefonisch für eine Rückbestätigung der Anweisungen nicht erreichbar sind. Ihr Kollege soll den Anweisungen dann einfach so folgen. Mehr über den CEO-Fraud lesen Sie in Kapitel 2.

Finanzinformationen

Wenn Sie Ihre Kreditkartennummer oder Ihre Bankverbindung teilen, kann dies zu betrügerischen Abbuchungen und Kontobewegungen führen. Teilen Sie es ebenfalls nicht aller Öffentlichkeit mit, dass Sie gerade ein bestimmtes Finanzinstitut oder eine Bank aufgesucht haben. Kriminelle könnten versuchen, mithilfe von Social-Engineering-Taktiken bei diesen Instituten auf Ihre Konten zuzugreifen. Sie erhöhen damit unnötig Ihr Risiko, dass die Gauner Ihre Konten ins Visier nehmen. Außerdem könnten Sie verstärkt mit Phishing-, Vishing- und Smishing-Angriffen oder anderen Betrügereien bombardiert werden.

Sie sollten es auch unterlassen, über Ihre Investitionen wie Aktien, Anleihen, Goldanlagen oder Kryptowährungen zu schreiben. Damit setzen Sie sich verstärkt der Gefahr von Cyberangriffen aus. Kriminelle könnten annehmen, dass es bei Ihnen etwas zu holen gibt. Wenn Sie online bestimmte Anlageformen empfehlen, verstoßen Sie womöglich sogar gegen bestimmte Verordnungen oder Gesetze. Sie öffnen womöglich auch Tür und Tor für Kriminelle, die behaupten, von der Börsenaufsicht zu kommen und von Ihnen die Zahlung eines Bußgeldes verlangen, da Sie angeblich mit Ihren Anlageempfehlungen gegen Gesetze verstoßen hätten.

Persönliche Informationen

Das Einfachste zuerst: Schreiben Sie nicht Ihre Familienmitglieder in den Info-Bereich Ihres Facebook-Profils. In diesem Bereich werden die Facebook-Profile verlinkt und die Besucher erfahren genau, in welchem verwandtschaftlichen Verhältnis Sie zu dieser Person stehen. Mit der Offenlegung dieser Beziehungen geben Sie alle möglichen Informationen preis, die für Kriminelle von Wert sind. Sie verraten vermutlich nicht nur den Geburtsnamen Ihrer Mutter (Antwort auf Sicherheitsfragen!), sondern womöglich auch, wo Sie aufgewachsen sind. Anhand Ihres Profils erfahren die Gauner auch, wen sie – abgesehen von Ihrer Wenigkeit – sonst noch angreifen können oder bei einer virtuellen Entführung zwecks Lösegelds kontaktieren sollten.

Die folgenden Informationen sollten Sie in den sozialen Medien nicht öffentlich machen, da Sie damit Sicherheitsfragen beeinträchtigen können, die zur Authentifizierung genutzt werden, und Kriminellen die Möglichkeit geben, ihre Psychotricks bei Ihnen oder Ihrer Familie anzuwenden:

- ✔ Der zweite Vorname Ihres Vaters
- ✔ Der Geburtstag Ihrer Mutter
- ✔ Der Ort, an dem Sie Ihren Partner oder Ihre Partnerin kennengelernt haben
- ✔ Ihr Lieblingsurlaubsziel
- ✔ Der Name der ersten Schule, die Sie besucht haben
- ✔ Der Name der Straße, in der Sie aufgewachsen sind
- ✔ Die Marke, das Modell oder die Farbe Ihres ersten Autos oder das einer anderen Person
- ✔ Ihr Lieblingsessen oder Lieblingsgetränk oder das einer anderen Person

Informationen über Kinder

Wenn Sie Informationen über Ihre Kinder teilen, setzen Sie sich nicht nur selbst Cyberangriffen, sondern Ihre Kinder auch realen Gefahren aus. Fotos Ihrer Kinder können Entführern oft den entscheidenden Hinweis geben. Das Problem ist noch größer, wenn die Fotos einen Zeitstempel oder Geodaten (*Geotagging*) enthalten – das heißt, Informationen über die Zeit und den Ort, zu der beziehungsweise an dem das Foto aufgenommen wurde.

Zeitstempel und Geotagging müssen nicht zwangsläufig technisch lesbar sein. Wenn aus dem Bild klar hervorgeht, wo Ihre Kinder zur Schule gehen und wo sie nach der Schule ihren Hobbys nachgehen, setzen Sie sie womöglich großen Gefahren aus.

Darüber hinaus steigt das Risiko für Ihre Kinder und deren Freunde, wenn Sie die Namen der besuchten Schulen, Sportvereine oder Kindergärten veröffentlichen. Pädophile, Entführer oder andere Übelwollende könnten sie ins Visier nehmen. Es steigt auch die Gefahr, dass

Ihnen ein Einbrecher einen Besuch abstattet, wenn dieser weiß, dass Sie ohnehin gerade Ihre Kinder von der Schule abholen. Das Risiko kann noch viel größer werden, wenn sich anhand Ihrer Social-Media-Beiträge ein regelrechtes Muster ablesen lässt, wann Sie und Ihre Kinder sich wo genau befinden. Teilen Sie aus den gleichen Gründen ebenfalls nichts über Klassenfahrten oder Feriencamps Ihrer Kinder.

Informationen über Haustiere

Für den Namen Ihres aktuellen Haustiers oder Ihres ersten Haustiers gilt dasselbe wie für den Geburtsnamen Ihrer Mutter. Behalten Sie ihn für sich. Mit diesen Namen können Sie oder Personen, die Sie kennen, Opfer von Social-Engineering-Angriffen werden, da diese Informationen häufig als Antwort für Authentifizierungsfragen verwendet werden.

Berufliche Informationen

Wenn Sie Details darüber verbreiten, mit welchen Technologien Sie bei Ihrem aktuellen Job (oder bei Ihrem vorherigen) arbeiten, können Kriminelle anhand dieser Informationen nach Schwachstellen in den Systemen Ihres Arbeitgebers suchen oder mit Social-Engineering-Maschen Ihre Kollegen angreifen. Viele Virus-Hoaxe (falsche Viruswarnungen) und Scams (Betrugsmaschen) haben sich wie Lauffeuer verbreitet und dabei großen Schaden angerichtet. Kriminelle nutzen dabei die Angst vor Cyberangriffen aus und gehen davon aus, dass viele Menschen Fake-Informationen über Cybergefahren teilen, meist ohne sie vorher auf ihren Wahrheitsgehalt zu überprüfen.

Wenn Sie auf Ihrem Social-Media-Profil mit einem Verkehrsverstoß prahlen, lässt Sie das nicht nur in einem wenig guten Licht erscheinen, sondern kann die Strafverfolgungsbehörden auch mit den nötigen Informationen versorgen, um Sie zur Rechenschaft zu ziehen. Außerdem geben Sie Betrügern die Gelegenheit, sich für jemanden auszugeben, der sie nicht sind: als Mitarbeiter des Ordnungsamts, der Staatsanwaltschaft oder eines Gerichts oder als Anwalt, der Ihnen seine Dienste anbietet. Vielleicht werden Sie sogar sofort dazu aufgefordert, ein Bußgeld zu bezahlen, um einer angeblich drohenden Verhaftung zu entgehen. Abgesehen von der Gefahr von Social-Engineering-Attacken, kann es Ihnen beruflich und persönlich sehr schaden, wenn Sie im Internet öffentlich zugeben, das Gesetz gebrochen zu haben.

Viele Menschen veröffentlichen auf ihren Profilen in beruflichen sozialen Netzwerken sogar Informationen über die bei ihren Arbeitgebern verwendeten Systeme – manchmal offenbaren sie der Öffentlichkeit sogar, welche Sicherheitssysteme der Arbeitgeber einsetzt oder künftig einzusetzen erwägt. Selbst im Jahr 2025 können einige Kriminelle durch die Analyse entsprechender LinkedIn-Profile erkennen, welche Angriffstechniken bei bestimmten Zielpersonen oder Unternehmen mit hoher Wahrscheinlichkeit am effektivsten sind.

Medizinische oder juristische Ratschläge

Wenn Sie in Ihrem sozialen Netzwerk bereitwillig Ratschläge zu bestimmten medizinischen Themen geben oder bei juristischen Fragen genauestens Bescheid wissen, können Menschen daraus schließen, dass Sie oder eines Ihrer Familienmitglieder an einer bestimmten Krankheit leidet beziehungsweise in einen Rechtsstreit verwickelt ist.

Standort

Wenn Sie in den sozialen Medien Ihren Standort für alle freigeben, steigt dadurch das Risiko, dass Sie sich und Ihre Familie den Gefahren der realen Welt aussetzen. Kriminelle nutzen diese Information, um virtuelle Entführungen oder andere Verhaltensmanipulationen durchzuführen.

Mit Glückwünschen zum Geburtstag, die für alle sichtbar sind, geben Sie den Geburtstag einer Person preis. Wer aus Sicherheitsgründen ein falsches Geburtsdatum bei den sozialen Netzwerken angegeben hat, hat womöglich bereits bemerkt, dass auf einmal Glückwünsche von Fremden eintrudelten.

Wenn Sie ein Bild teilen, das Sie an einem Ort zeigt, der typisch für Menschen einer bestimmten Religion, sexuellen oder politischen Zugehörigkeit ist, können die Täter aus diesen Informationen alle möglichen Arten von Social-Engineering-Angriffen ableiten. Folgenden Fall habe ich mir nicht ausgedacht: Es gab einmal einen Mann, der sich am jüdischen Feiertag Jom Kippur in einer Synagoge befand, daher zu der Zeit nicht erreichbar war und virtuell entführt wurde. Die Kriminellen wussten, wann und wo er auf dem Weg zur Synagoge sein würde, riefen die Familie an und behaupteten, ihn entführt zu haben. Die Familie fiel auf den Betrug herein, da die Details alle stimmten und sie das »Opfer« mitten im Gottesdienst telefonisch nicht erreichen konnten.

Vorsicht bei viralen Trends

Ab und zu kommt es zu viralen Trends, bei denen viele die gleichen Inhalte teilen. Es gab Trends, bei denen sich Menschen Eiswasser über den Kopf schütteten und davon Videos machen, von ihrem Lieblingskonzert berichteten oder Fotos posteten, wie sie vor zehn Jahren im Vergleich zu heute aussahen. Die viralen Trends der Zukunft müssen nicht zwangsläufig etwas mit vorherigen Trends zu tun haben. Jeder Beitrag, der sich schnell über die sozialen Netzwerke verbreitet, »geht viral«.

Auch wenn die Teilnahme an diesen Trends Spaß macht – schließlich machen alle mit –, sollten Sie sich über die möglichen Konsequenzen im Klaren sein. Wenn Sie beispielsweise preisgeben, welche Konzerte Sie besucht haben und welche davon Ihre Lieblingskonzerte waren, sagt das viel über Sie als Person aus, insbesondere in Verbindung mit anderen Profildaten. Sie begeben sich damit in Gefahr, Opfer eines Social-Engineering-Angriffs zu werden.

Falsche Kontakte in den sozialen Netzwerken

Die sozialen Netzwerke bieten ihren Nutzern viele berufliche und persönliche Vorteile, aber sie schaffen eben auch enorm viele Gelegenheiten für die Machenschaften Krimineller. Viele haben das tiefe Bedürfnis, mit anderen über die sozialen Medien zu kommunizieren, und sind auf diesen Plattformen sehr vertrauensselig. Sie freuen sich über die Nachricht mit der Freundschaftsanfrage von Joseph Steinberg und nehmen wie selbstverständlich an, dass es sich um den echten Joseph Steinberg handelt – meist ist das nicht der Fall.

Kriminelle wissen, dass sie an allerhand Informationen über Sie, Ihre Familie oder Ihre Arbeitskollegen kommen, wenn sie sich mit Ihnen über die sozialen Medien vernetzen. Die ergatterten Informationen nutzen sie, um sich für Sie, einen Verwandten oder einen Kollegen auszugeben. Sie schleusen sich mithilfe psychologischer Manipulationen in Unternehmenssysteme ein, stehlen Geld oder begehen andere Verbrechen.

Um auf die privaten Daten bei Facebook, Instagram oder LinkedIn zuzugreifen, bedienen sich die Betrüger einer beliebten Taktik: Sie erstellen gefälschte Profile nicht existierender Personen und versenden Kontaktanfragen an echte Personen, von denen viele sie annehmen. Eine weitere Taktik ist, dass Scammer Konten einrichten, mit denen sie real existierende Menschen imitieren. Sie befüllen die Profile mit Profilbildern und anderen Materialen, die sie von deren Social-Media-Profilen gestohlen haben.

Wie können Sie sich vor Betrug dieser Art schützen? Die folgenden Abschnitte enthalten ein paar Ratschläge, wie Sie schnell gefälschte Konten erkennen können, damit Sie den Betrügern gar nicht erst auf den Leim gehen und die Anfrage annehmen.

Wenn ein Profil ein bestimmtes Merkmal nicht erfüllt, bedeutet das nicht zwangsläufig, dass es gefälscht ist. Doch wenn Sie die Grundsätze aus den folgenden Abschnitten anwenden, sollten Sie in der Lage sein, einen Großteil der Fake-Profile zu erkennen und sich vor Problemen zu schützen.

Foto

In vielen Fake-Profilen prangen Bilder attraktiver Models – weiblich, wenn das Ziel Männer sind, und männlich, wenn das Ziel weiblich ist. Bei den Bildern handelt es sich oft um lizenzfreie Standardfotos, sogenannte Stockfotos, gelegentlich sind sie aber auch von realen Nutzern gestohlen worden.

Wenn Sie eine Social-Media-Anfrage von jemandem bekommen, bei dem Sie sich nicht daran erinnern, ihn je getroffen zu haben, und das Bild so aussieht wie hier beschrieben, ist Vorsicht angesagt. Sollten Sie sich nicht ganz sicher sein, können Sie auch eine Bilderrückwärtssuche bei Google durchführen, um zu überprüfen, wo das Bild sonst noch so auftaucht.

Sie können auch den Namen der Person suchen (oder bei Xing oder LinkedIn eingeben) und nachschauen, ob woanders ähnliche Bilder auftauchen. Besonders raffinierte Betrüger laden allerdings verschiedene Bilder auf die einzelnen Seiten hoch.

Enthält das Profil in der Anfrage gar kein Bild, sollten Sie ebenfalls aufpassen. Bedenken Sie aber, dass – insbesondere in den sozialen Netzwerken, die nicht beruflich genutzt werden – einige Menschen Emojis, Karikaturen und so weiter als Profilbilder nutzen.

Verifizierung

Wenn ein Profil von einer öffentlichen Person zu stammen scheint, von der Sie annehmen können, dass das Konto vom Anbieter verifiziert wurde (das heißt, es ist mit einem blauen Häkchen-Symbol versehen, um zu zeigen, dass es sich dabei um das echte Konto einer öffentlichen Person handelt), Sie aber kein Verifizierungssymbol sehen, ist das ein deutliches Anzeichen dafür, dass etwas nicht in Ordnung ist.

Es ist wenig wahrscheinlich, dass ein verifiziertes Konto auf einem großen sozialen Netzwerk gefälscht wurde (auch wenn es in der Vergangenheit vorgekommen ist, dass verifizierte Konten kurzzeitig von Hackern geentert worden waren).

Gemeinsame Freunde oder Kontakte

Betrüger haben höchstwahrscheinlich nicht viele Freunde oder Kontakte mit Ihnen gemeinsam. Auch die Anzahl der Kontakte zweiten Grades (bei Facebook sind das Freunde von Freunden) dürfte nicht allzu üppig ausfallen.

Nehmen Sie nicht automatisch an, dass ein Profil echt ist, nur weil es ein oder zwei Kontakte mit Ihnen gemeinsam hat. Manche Ihrer Kontakte oder Freunde könnten auf den Betrug hereingefallen sein und sich mit der Fake-Person vernetzt haben, wodurch der Kriminelle überhaupt erst auf Sie gekommen ist. Aber selbst bei einem derartigen Szenario wird die Anzahl der gemeinsamen Kontakte höchstwahrscheinlich recht klein sein im Vergleich zu echten gemeinsamen Kontakten. Es wird Ihnen vermutlich auch schwerfallen, Anzeichen dafür zu finden, dass zwischen Ihrem Freund und dem vermuteten Betrüger eine Beziehung in der echten Welt besteht.

Sie kennen Ihre Kontakte besser als jeder andere. Seien Sie wachsam, wenn die Kontakt- und Freundschaftsanfragen keinen Sinn ergeben. Schauen Sie besser zweimal hin, wenn jemand versucht, sich mit Ihnen zu vernetzen, dieser Jemand aber niemanden in der Branche kennt, in der er angeblich arbeitet, dafür aber mit drei Ihrer eher gutgläubigen Freunde vernetzt ist, die in drei verschiedenen Ländern leben und sich untereinander überhaupt nicht kennen.

Relevante Beiträge

Ein weiteres Alarmsignal ist, wenn der Profilinhaber untypische Inhalte teilt. Wenn jemand behauptet, als Kolumnist für ein Nachrichtenmagazin zu schreiben, aber nie auch nur einen Artikel von sich verlinkt, ist vermutlich etwas faul an der Sache.

Anzahl der Kontakte

Ein leitender Angestellter mit vielen Jahren Berufserfahrung wird vermutlich viele berufliche Kontakte haben, insbesondere bei LinkedIn oder Xing. Je weniger Kontakte jemand mit dieser Karrierestufe bei LinkedIn hat (je weiter die Zahl von 500 oder mehr entfernt ist), desto misstrauischer sollten Sie sein. Natürlich hat jedes LinkedIn- oder Xing-Profil irgendwann einmal mit null Kontakten angefangen, weshalb neue, echte Profile verdächtig aussehen können, auch wenn sie es gar nicht sind. Doch Hand aufs Herz: Wie viele Personen in Leitungsfunktion kennen Sie, die sich erst kürzlich ein Profil angelegt haben? Selbstverständlich ist eine geringe Anzahl an Kontakten und ein neues LinkedIn- oder Xing-Profil nicht ungewöhnlich für eine Person, die gerade erst ins Berufsleben gestartet ist, oder für Menschen, die in bestimmten Branchen oder in bestimmten Funktionen oder bei bestimmten Unternehmen oder Behörden arbeiten – ein Mitarbeiter des BND wird kaum bei LinkedIn über seine Karriere Auskunft geben –, aber wenn Sie in diesen Branchen selbst tätig sind, wissen Sie das vermutlich ohnehin bereits.

Vergleichen Sie die Anzahl der Kontakte mit dem Alter des Profilinhabers und der Anzahl der Beiträge, die er geteilt oder gepostet hat. Eine Person, die seit zehn Jahren bei Facebook ist und regelmäßig Beiträge veröffentlicht, sollte mehr als nur ein oder zwei Kontakte haben.

Branche und Wohnort

Der gesunde Menschenverstand sollte auch beim Thema Wohnort und Branche zum Einsatz kommen. Wenn Sie im Bereich Technologie arbeiten und keine Haustiere haben und eine LinkedIn-Anfrage von einer Tierärztin von der anderen Seite des Erdballs bekommen, die Sie bisher noch nie getroffen haben, könnte daran etwas faul sein. Gleiches gilt, wenn Sie eine Facebook-Anfrage von jemandem bekommen, mit dem Sie rein gar nichts gemeinsam haben.

Sie sollten im Umkehrschluss aber nicht annehmen, dass alle Angaben in einem Profil korrekt sind und dass bei vielen Gemeinsamkeiten zwischen Ihnen und dem Absender alles in bester Ordnung ist. Es kann durchaus sein, dass jemand öffentlich verfügbare Informationen über Ihre Interessen im Vorfeld ausgeforscht hat.

Ähnliche Anfragen

Wenn Sie viele Anfragen von Menschen mit ähnlich klingenden Titeln erhalten oder von Personen, die vorgeben, bei der gleichen Firma zu arbeiten, und Sie kennen diese Menschen nicht und wissen, dass Ihre Firma mit diesem Unternehmen aktuell nichts zu tun hat, dann ist Vorsicht geboten. Wenn diese Personen mit niemandem vernetzt zu sein scheinen, der tatsächlich bei dem Unternehmen arbeitet, sollte dies ein Warnsignal sein.

Zur Überprüfung können Sie immer auch bei dem Unternehmen anrufen, eine E-Mail schreiben oder einen echten Kontakt fragen, ob die Kontaktanfrage von einem echten Mitarbeiter kommt. Dann müsste er schließlich im Mitarbeiterverzeichnis stehen.

Duplikate

Wenn Sie eine Freundschaftsanfrage einer Person erhalten, mit der Sie bereits bei Facebook befreundet sind, fragen Sie Ihren bestehenden Kontakt, ob er gerade dabei ist, sein Konto zu wechseln. Häufig kommen diese Anfragen von Betrügern.

Kontaktinformationen

Überprüfen Sie die Plausibilität der Kontaktdaten. Bei fingierten Personen ist es unwahrscheinlicher, dass sie über E-Mail-Adressen von echten Unternehmen verfügen, und selten handelt es sich dabei um E-Mail-Adressen großer Unternehmen. Meist geben sie auch nicht die Anschrift ihres Arbeitgebers bekannt. Überhaupt gilt: Wenn in einem Profil rein gar keine Kontaktinformationen angegeben sind, anhand derer Sie die Person hinter dem Profil erreichen können – E-Mail, Telefon oder ein anderes soziales Netzwerk –, ist Vorsicht angesagt.

LinkedIn-Premium-Status und -Empfehlungen

Da LinkedIn eine kostenpflichtige Premium-Mitgliedschaft anbietet, meinen viele Experten, dass der Premium-Status ein gutes Anzeichen dafür ist, ob ein Konto echt ist oder nicht, da Kriminelle meist nicht für ein Konto zahlen würden. Es stimmt zwar, dass die meisten fingierten Konten keinen Premium-Status haben, manche Betrüger investieren aber sehr wohl in eine Premium-Mitgliedschaft, um ihre Profile glaubwürdiger erscheinen zu lassen. Manchmal zahlen sie mit gestohlenen Kreditkarten. Es kostet sie letztlich daher überhaupt nichts. Bleiben Sie wachsam, auch wenn ein Profil das Premium-Symbol hat.

Bei LinkedIn gibt es außerdem die Möglichkeit, Empfehlungen zu schreiben. Betrüger werden nicht von viele realen Personen empfohlen. Vorhandene Empfehlungen könnten von anderen falschen Mitgliedern stammen, deren Konten auch verdächtig aussehen.

Gruppenaktivitäten

Bei Fake-Profilen ist es weniger wahrscheinlich als bei realen Personen, dass sie Mitglieder in geschlossenen Gruppen sind, bei denen Neumitglieder vor ihrem Beitritt verifiziert werden. Die meisten werden vermutlich auch nicht an tiefer gehenden Unterhaltungen in geschlossenen und offenen Gruppen bei Facebook oder LinkedIn teilnehmen. Wenn sie Mitglieder in geschlossenen Gruppen sind, wurden diese womöglich von Betrügern eingerichtet und haben noch mehr fingierte Profile als Mitglieder. Die Inhaber gefälschter Profile können auch Mitglieder vieler offener Gruppen sein. Das sind Gruppen, denen sie beigetreten sind, um die Liste der Mitglieder einsehen zu können und dann mit den Mitgliedern über Anfragen des Typs »Ich sehe, wir sind in derselben Gruppe. Wollen wir uns vernetzen?« in Kontakt zu treten.

Es ist keinesfalls Grund genug, eine Kontakt- oder Freundschaftsanfrage eines sozialen Netzwerks zu akzeptieren, nur weil Sie in der gleichen Gruppe sind wie die Person, von der die Anfrage stammt.

Stimmen die Verhältnisse?

Real existierende Personen, die LinkedIn oder Facebook so viel benutzen, dass sie Mitglied in vielen verschiedenen Gruppen sind, füllen in der Regel auch fleißig ihre Profilinformationen aus. Eine Kontaktanfrage einer Person, die zwar Mitglied in vielen Gruppen ist, aber kaum Informationen über sich im Profil preisgibt, ist eher verdächtig. Aus dem gleichen Grund ist ein Instagram-Konto auffällig, wenn es zwar 20.000 Follower, aber lediglich zwei Bilder veröffentlicht hat. Die Verhältnisse stimmen einfach nicht.

Was macht einen Menschen zum Menschen?

Viele gefälschte Konten enthalten in ihren Profilen klischeehaft klingende Hobbys und Angaben zur beruflichen Laufbahn. Allerdings enthalten sie meist nur wenige andere Einzelheiten, die dafür sprechen, dass es sich hier um eine wahre Person handelt. Diese Punkte sollten Ihnen – unter anderem – verdächtig vorkommen:

- ✔ **LinkedIn:** Bei falschen Personen sind die Abschnitte mit Empfehlungen, ehrenamtlicher Arbeit und Ausbildung unstimmig.
- ✔ **Facebook:** Das Profil eines Betrügers ist nullachtfünfzehn und die Beiträge sind so allgemein, dass Millionen von Menschen denselben Beitrag hätten schreiben können.
- ✔ **X:** Fake-Profile retweeten die Beiträge anderer, teilen aber nie ihre Meinung in eigenen Tweets mit oder kommentieren Tweets.
- ✔ **Instagram:** Bilder sind von anderen Konten gestohlen oder es handelt sich um Standardfotos aus dem Internet. Keines der Bilder zeigt die Person, die angeblich Inhaber des Kontos ist.

In den Beiträgen eines Profilinhabers finden Sie manchmal Begriffe oder Phrasen, die Sie zusammen mit dem Namen der Person in eine Suchmaschine eingeben können. Damit prüfen, Sie, ob dieses Profil tatsächlich der Person gehört, deren Identität hier vorgegeben wird. Sie können auch eine Bildersuche mit Instagram-Fotos durchführen. Wenn Sie feststellen, dass die Bilder einer anderen Person gehören, stimmt da etwas nicht.

Klischeehafte Namen

Manche fingierten Profile nutzen wohlklingende Namen, die aber so häufig vorkommen, dass eine Google-Suche nach dieser bestimmten Person sich sehr viel schwieriger gestaltet, als sie es bei jemandem wäre, der einen ungewöhnlichen Namen hat.

Betrüger nutzen in ihren Fake-Profilen auffällig oft Vor- und Nachnamen, die mit demselben Buchstaben anfangen – häufiger als im echten Leben. Ob sie die Namen schön finden oder sich einfach einen Spaß daraus machen, bleibt allerdings ihr Geheimnis.

Kenntnisse

Wenn die beschriebenen Kenntnisse nicht zu der Arbeit oder der bisherigen Laufbahn des Profilinhabers passen, seien Sie wachsam. Wenn beispielsweise jemand angibt, Germanistikprofessorin zu sein, und dann viele Grammatik- und Rechtschreibfehler in ihrem Profil macht, ist hier vermutlich etwas faul. Gleiches gilt für Fälle, in denen der Abschluss nicht zur aktuellen Tätigkeit passt. Ein Mathematikprofessor, der als Fitnesstrainer arbeitet, ist zumindest ungewöhnlich.

Rechtschreibung

Rechtschreibfehler passieren in den sozialen Netzwerken. Es sollte allerdings ein echtes Warnsignal sein, wenn jemand seinen eigenen Namen oder den seines Arbeitgebers falsch schreibt. In beruflichen Netzwerken wie LinkedIn oder Xing sollten derartige Fehler eher nicht vorkommen.

Verdächtige Laufbahn

Personen, die ein paar Mal zu oft oder zu schnell hintereinander befördert wurden und in zu vielen Leitungspositionen tätig waren, sind womöglich nicht die, die sie vorgeben zu sein. Vom einfachen Angestellten zum Vorstandsvorsitzenden in drei Jahren ist eine ungewöhnliche Karriere, die fast zu schön klingt, um wahr zu sein.

Es gibt selbstverständlich Menschen, die einen Karrieresprung nach dem anderen machen, und Personen (dazu gehöre ich persönlich auch), die viele verschiedene Positionen auf ihrem beruflichen Weg innehatten. Betrüger neigen allerdings dazu, es bei ihrer angeblichen Karriere zu übertreiben. Viele wechseln aus Fachabteilungen auf Management-Posten, es ist aber ungewöhnlich, dass jemand erst den Vertrieb leitet, dann die Rechtsabteilung übernimmt und anschließend als Technikvorstand arbeitet. Alle diese Posten erfordern schließlich unterschiedliche Kenntnisse, Ausbildungen und womöglich sogar Zulassungen.

Wenn Sie sich beim Lesen eines beruflichen Werdegangs bei dem Gedanken »Wer's glaubt!« ertappen, haben Sie vermutlich recht damit.

Prominente

Wenn Sie bei LinkedIn Anfragen von Personen erhalten, die sich in der Karriereleiter weit über Ihnen befinden, kann dies ein Anzeichen dafür sein, dass hier etwas nicht in Ordnung ist. Gleiches gilt für Facebook-Freundschaftsanfragen von Prominenten oder anderen Personen, deren Anfrage Ihnen zwar schmeichelt, aber eher unwahrscheinlich ist.

Es ist sicher verlockend, die Anfragen anzunehmen. (Das ist natürlich einer der Gründe, warum die Betrüger diese Art fingierter Konten einrichten.) Doch nehmen Sie sich einen Moment Zeit und denken Sie nüchtern darüber nach: Wenn Sie gerade Ihren ersten Job nach der Uni angetreten haben, glauben Sie dann wirklich, dass der Vorstandsvorsitzende einer großen Bank völlig aus dem Nichts daran interessiert ist, sich mit Ihnen zu vernetzen? Und glauben Sie wirklich, dass Miss Germany mit Ihnen befreundet sein möchte?

Bei Facebook, Instagram und X sind die meisten Prominenten-Konten außerdem verifiziert. Wenn Sie also tatsächlich die Anfrage einer bekannten Persönlichkeit erhalten, sollten Sie schnell erkennen können, ob das Konto echt ist.

Deep Fakes und virtuelles Kidnapping

KI macht es Kriminellen leicht, realistisch aussehende, gefälschte Bilder, Tonaufnahmen oder Videos von einer Person zu erstellen. Also: Nur weil eine Person solche Materialien auf ihrem Social-Media-Profil hat, können Sie nicht darauf schließen, dass diese Person tatsächlich existiert!

Deep Fakes werden mitunter auch verwendet, um Mitarbeiterinnen und Mitarbeiter in Buchhaltungsabteilungen dazu zu bringen, Zahlungen an Kriminelle zu veranlassen – etwa indem sich Kriminelle als CEO ausgeben und den CFO bitten, eine Zahlung an einen »neuen Lieferanten für ein Sonderprojekt« oder Ähnliches zu leisten. Oder sie geben sich als Geschäftspartner aus, der für eine erbrachte Leistung bezahlt werden soll, und weisen die Buchhaltung an, das Zielkonto einer Überweisung auf ein anderes Bankkonto zu ändern.

Deep Fakes werden auch für sogenanntes virtuelles Kidnapping eingesetzt: Eine solche nachgeahmte Entführung bezeichnet eine Situation, in der ein Krimineller versucht, Menschen glauben zu machen, dass ein geliebter Mensch entführt wurde. Ziel ist es, von den Angehörigen Lösegeld zu erpressen.

Andere Varianten solcher Betrugsmaschen bestehen darin, den Opfern zu erzählen, dass ein Angehöriger in einen Autounfall verwickelt sei und den Unfallort erst verlassen dürfe, nachdem er die angeblich verletzte Partei bezahlt habe, und Ähnliches.

In vielen Fällen erfahren die virtuellen Entführer über die Social-Media-Konten der angeblich entführten Person, wann diese voraussichtlich telefonisch nicht erreichbar ist – zum Beispiel während eines lauten Konzerts oder auf einem nächtlichen Interkontinentalflug. Die Kriminellen kontaktieren die Opfer dann genau in diesem Zeitraum, wenn diese die angeblich entführte Person nicht erreichen können.

Heutzutage beinhalten manche Deep-Fake-Angriffe, dass sich Kriminelle als der geliebte Mensch ausgeben – indem sie dessen Stimme imitieren oder sogar ein gefälschtes Video erstellen – und dann Geld anfordern. Auch wenn die meisten Eltern nicht glauben möchten, dass ein Krimineller ihre Kinder so gut imitieren könnte, dass sie darauf hereinfallen: Realität ist, dass KI-Werkzeuge heute bereits weit genug entwickelt sind, um genau das zu tun.

Daher sollten Familien Methoden zur gegenseitigen Authentifizierung festlegen. Oft ist dafür kein Passwort erforderlich – eine einfache Frage wie »Wo waren wir letztes Jahr im Urlaub?« oder »Mit wem haben wir Weihnachten gegessen?« kann schon ausreichen. Achten Sie jedoch darauf, keine Fragen zu stellen, die jemand beantworten könnte, der Zugriff auf Ihre E-Mails oder Social-Media-Posts hat!

Sicherheit durch falsche Informationen

Manche Experten raten, falsche Informationen als Antworten für verbreitete Sicherheitsfragen zu verwenden. Wessen Mutter einen sehr häufig vorkommenden Geburtsnamen hat, könnte sich einen fingierten Geburtsnamen für die Mutter ausdenken, der dann auf allen Seiten zum Einsatz kommt, die diese Information als Teil des Authentifizierungsvorgangs abfragen. Diese Vorgehensweise senkt tatsächlich in gewisser Weise das Risiko für Social Engineering. Vor allem zeigt das mit erschreckender Deutlichkeit, wie schlecht Sicherheitsfragen zur Authentifizierung von Personen geeignet sind. Wer nach dem Geburtsnamen der Mutter fragt, fragt im Grunde nach einem Passwort und gibt gleichzeitig den Hinweis, dass das Passwort ein Nachname ist!

Da es im Zeitalter der sozialen Medien vergleichsweise leicht ist, das Geburtsdatum einer Person herauszufinden, empfehlen manche Sicherheitsexperten für die Nutzung im Internet die Erstellung eines zweiten, falschen Geburtsdatums. Manche raten dazu, dies auch in den sozialen Netzwerken zu nutzen, um Social-Engineering-Angriffe zu verhindern und es Unternehmen und Personen zu erschweren, das Social-Media-Profil mit anderen öffentlichen Informationen in Verbindung zu setzen.

Auch wenn diese Empfehlungen ihre Berechtigung haben, sollten Sie bedenken, dass sich das theoretisch unendlich weiterspinnen lässt: Unterschiedliche Geburtsdaten für jede Seite, mit der Sie interagieren, bieten Ihnen zum Beispiel größeren Schutz, als wenn Sie sich nur ein Fake-Geburtsdatum ausdenken. Wer soll da noch den Überblick behalten?

In der Regel reicht es allerdings aus, ein falsches Geburtsdatum und einen falschen Geburtsnamen Ihrer Mutter zu haben. So müssen Sie sich nur unwesentlich mehr merken, als wenn Sie die richtigen Informationen nutzen würden. Kommen Sie aber nicht durcheinander, wenn die Eingabe der richtigen Daten gesetzlich erforderlich ist (zum Beispiel, wenn Sie ein Konto eröffnen).

Sicherheitssoftware

Sicherheitssoftware schützt nicht nur Ihren Computer und Ihr Smartphone vor Hacking, viele Programme bieten auch Schutz vor Social-Engineering-Angriffen. Einige filtern beispielsweise Phishing-E-Mails heraus, andere sorgen dafür, dass Spamanrufe bei Ihnen nicht durchkommen. Es ist zwar sinnvoll, Software dieser Art einzusetzen, aber verlassen Sie sich nicht allzu sehr darauf. Wenn es weniger Social-Engineering-Angriffe durch Ihre technologische Abwehr schaffen, sind Sie womöglich nicht ganz so sehr auf der Hut, wenn doch einer Ihre Verteidigungslinie durchbricht. Auch für Smartphones gibt es Sicherheitspakete, mit denen sich beispielsweise Spam-Anrufe reduzieren lassen. Überprüfen Sie, was Ihnen Ihr Smartphone an Voreinstellungen bieten kann, oder fragen Sie bei Ihrem Mobilfunkanbieter nach.

Allgemeine Cyberhygiene

Ein allgemeine gute Cyberhygiene kann Social-Engineering-Angriffe ebenfalls reduzieren. Wenn Ihre Kinder Zugriff auf Ihren Computer haben, Sie aber alle Ihre Daten verschlüsseln, die Kinder ein getrenntes Benutzerkonto und keine Administratorrechte haben, sind die Daten auf Ihrem Computer in Sicherheit, selbst wenn ein Krimineller sich mit Manipulation und Psychotricks in das Benutzerkonto Ihres Kindes schleicht.

Am einfachsten verhindern Sie Social Engineering und technologische Angriffe, wenn Sie nicht auf verdächtige E-Mails antworten, nicht auf irgendwelche fragwürdigen Links klicken und keine persönlichen Informationen an mögliche Betrüger preisgeben.

IN DIESEM KAPITEL

Die Vor- und Nachteile einer Cyberversicherung

Relevante Gesetze und Vorschriften

Maßnahmen für sicheren Internetzugriff

Kapitel 10
Cybersicherheit für Selbstständige und Freiberufler

Fast alles, was in diesem Buch steht, ist sowohl für Privatpersonen als auch für kleine Unternehmen, Selbstständige und Freiberufler interessant. Für diejenigen, die elektronische Systeme auch geschäftlich einsetzen, gibt es allerdings noch ein paar zusätzliche Aspekte, die es zu beachten gilt. Sie finden sie in diesem Kapitel.

Cybersicherheit ist Ihre Verantwortung

Ganz egal, ob Sie als freiberufliche Fotografin, selbstständiger Coach oder Betreiber eines kleinen Onlineshops tätig sind: Die Cybersicherheit Ihres Unternehmens liegt in Ihrer Verantwortung. Sie sind nicht nur für den Schutz Ihrer persönlichen, sondern auch für Ihre geschäftlichen Daten und die Ihrer Kunden und Geschäftspartner verantwortlich. Führen Sie sich stets vor Augen, was ein Verlust Ihrer Daten für Ihr Geschäft bedeuten würde. Ihr Unternehmen ist die Grundlage Ihrer Existenz. Treffen Sie entsprechende Sicherheitsvorkehrungen. Dieses Buch ist ein guter Anfang.

Versicherung gegen Cyberschäden

Viele Versicherungen bieten Zusatzpolicen für kleine und mittelständische Unternehmen an, mit denen diese sich gegen Schäden aus Cyberangriffen absichern können. Für die meisten kleinen Unternehmen stehen die Kosten für eine derartige Versicherung vermutlich nicht im Verhältnis zu ihrem Nutzen. Wenn Sie aber glauben, dass die Folgen einer Cyberattacke katastrophal für Sie wären und Ihre berufliche Tätigkeit damit zum Erliegen kommen könnte, sollten Sie doch über eine Cyberversicherung nachdenken. Achten Sie beim Vergleich der Versicherungen immer darauf, dass fast alle Policen bestimmte Schäden ausschließen. Schauen Sie sich daher genau an, was von der Versicherung übernommen wird und was nicht. Achten Sie auch auf die abgedeckte Schadenshöhe. Wenn Sie einen Vertrag abgeschlossen haben, bei dem nach einem Hack einfach nur zwei Stunden lang ein Fachmann vorbeikommt und versucht, Ihre Daten wiederherzustellen, nützt Ihnen das nicht viel.

Eine Versicherung gegen Cyberschäden ist niemals ein Ersatz für gute Cybersicherheitsmaßnahmen. Es ist sogar so, dass Versicherungsunternehmen von Unternehmen die Einhaltung bestimmter Cybersicherheitsstandards verlangen, bevor diese überhaupt eine Versicherung abschließen können. Der Versicherer könnte im Ernstfall sogar die Zahlung verweigern, wenn er herausfindet, dass der Versicherte zumindest teilweise aufgrund von fahrlässigem Verhalten gehackt wurde oder wenn er sich nicht an bestimmte Standards oder Vorschriften gehalten hat, die von dem Versicherungsunternehmen vorgegeben waren.

Gesetze und Vorschriften einhalten

Als Selbstständiger oder Freiberufler müssen Sie sich in Hinblick auf Cybersicherheit an verschiedene Gesetze, vertragliche Vereinbarungen und Branchenvorschriften halten. Möglicherweise kann Sie Ihre Industrie- und Handelskammer oder Ihr Berufsverband dabei unterstützen und Sie beraten, welche Gesetze und Richtlinien Sie betreffen. Bedenken Sie dabei aber, dass das keinen Ersatz für einen Fachanwalt darstellt, der sich auf diesen Bereich spezialisiert hat. Ein Experte kann Ihnen genau sagen, was Sie tun müssen und was überflüssig ist.

Datenschutzgrundverordnung und ePrivacy-Richtlinie

Mit ihrem Inkrafttreten am 25. Mai 2018 hat die Datenschutzgrundverordnung (DSGVO) der Europäischen Union für ordentlich Wirbel und viele Unsicherheiten gesorgt, insbesondere auch bei Webseitenbetreibern, Selbstständigen und Kleinunternehmern. Datenschutzerklärungen wurden umgeschrieben, Websites vorübergehend offline genommen und alle fünf Minuten flatterte eine E-Mail in das Postfach, die einen über geänderte AGB informierte oder um erneute Bestätigung des Newsletter-Abonnements bat.

Die EU-Datenschutzgrundverordnung gilt für alle Unternehmen und Organisationen (zum Beispiel auch Vereine), die Daten von EU-Bürgern verarbeiten. Sie gilt unabhängig von Größe, Branche, Land oder Standort und auch unabhängig davon, ob sich der EU-Bürger, dessen Daten verarbeitet werden, physisch in der EU befindet. Wenn Sie als Selbstständiger in Deutschland Daten von EU-Bürgern verarbeiten, müssen Sie sich genauso an die DSGVO halten wie ein amerikanisches Unternehmen, das Kunden in Deutschland hat. Wenn Unternehmen personenbezogene Daten von EU-Bürgern nicht angemessen schützen, können gemäß DSGVO hohe Bußgelder verhängt werden. Zwei prominente Beispiele sind die Ankündigungen der britischen Datenschutzbehörde, die Fluggesellschaft British Airways und die Hotelkette Marriott aufgrund von DSGVO-Verletzungen – Kundendaten waren im großen Stil geklaut worden – mit einem Bußgeld von umgerechnet rund 204 Millionen Euro beziehungsweise 110 Millionen Euro zu belegen.

Vernachlässigen Sie als Selbstständiger oder Freiberufler das Thema Datenschutz nicht. Auch wenn die zunächst befürchtete große Abmahnwelle bisher ausgeblieben ist, sollten Sie sich informieren und entsprechende Maßnahmen ergreifen – sofern Sie das bisher nicht ohnehin schon getan haben. Lassen Sie sich im Zweifel anwaltlich beraten.

Die ePrivacy-Richtlinie, oft auch als »Cookie-Richtlinie« bezeichnet, wurde bereits 2002 verabschiedet und regelt den Schutz der Privatsphäre in der elektronischen Kommunikation – etwa bei Telefonie, E-Mail oder Internetdiensten. Sie verpflichtet Betreiber von Websites und Kommunikationsdiensten unter anderem dazu, Nutzerinnen und Nutzer über die Verwendung von Cookies und anderen Tracking-Technologien zu informieren und deren Einwilligung einzuholen.

Da die Richtlinie jedoch in nationales Recht umgesetzt werden muss, existieren innerhalb der EU bis heute unterschiedliche Regelungen zum Datenschutz in der elektronischen Kommunikation. Die geplante ePrivacy-Verordnung sollte dies ändern, indem sie einheitliche und unmittelbar geltende Vorschriften in allen Mitgliedstaaten schafft. Während die DSGVO allgemein den Schutz personenbezogener Daten regelt, hätte sich die ePrivacy-Verordnung speziell auf den Schutz der Kommunikationsinhalte und Metadaten konzentrieren sollen – unabhängig davon, ob diese personenbezogen sind oder nicht. Dieses Vorhaben wurde jedoch 2025 zurückgezogen und stattdessen ist das »Digital Package« in Planung: ein Artikelgesetz für das europäische Digitalrecht.

Bundesdatenschutzgesetz

Gemeinsam mit der DSGVO trat auch das neue Bundesdatenschutzgesetz in Kraft (BDSG-neu). Darin werden die Regelungen der Datenschutzgrundverordnung speziell für Deutschland konkretisiert und ergänzt. Das Gesetz enthält beispielsweise ergänzende Vorschriften dazu, unter welchen Voraussetzungen ein Datenschutzbeauftragter bestellt werden muss. Außerdem sind darin Regelungen zum Datenschutz für Beschäftigte sowie zu den möglichen Strafen und Bußgeldern bei datenschutzrelevanten Verstößen enthalten.

Informieren Sie sich, welche der zusätzlichen Regelungen aus dem BDSG-neu für Sie und Ihr kleines Unternehmen relevant sind. Das neue Bundesdatenschutzgesetz steht dabei nicht für sich allein, sondern muss immer in Verbindung mit der DSGVO betrachtet werden, da es einen ergänzenden und präzisierenden Charakter hat.

Internetzugriff regeln

Selbstständige und Freiberufler müssen beim Zugriff auf Internet und Informationssysteme einige Punkte bedenken, die für Privatpersonen eher selten relevant sind. Als Unternehmer müssen Sie verschiedene Vorkehrungen treffen, um sich gegen Bedrohungen zu verteidigen. In den folgenden Abschnitten gehe ich auf einige Punkte ein, die für Sie wichtig sein können.

Gastzugang

Wenn Sie Gästen und Kunden, die Sie an Ihrem Arbeitsplatz oder in Ihrem Büro besuchen, Internetzugriff geben müssen, sollten Sie ein getrenntes Netzwerk für sie einrichten. Die meisten modernen Router verfügen über eine derartige Funktion. Schauen Sie mal in den Einstellungen nach. Meist findet sich diese Option unter einem Namen wie Gastzugang oder Gästenetzwerk (siehe Abbildung 10.1).

Abbildung 10.1: Richten Sie einen Gastzugang ein.

Eingehende Verbindungen

Einer der größten Unterschiede zwischen Privatpersonen und Unternehmern ist, dass Unternehmen Zugriff von außen durch nicht vertrauenswürdige Personen erlauben. Außenstehende Personen müssen in der Lage sein, Kommunikation zu Ihnen herzustellen, was zu Interaktion mit Ihren internen Servern führt.

Wenn Sie beispielsweise einen kleinen Onlineshop betreiben, über den Sie Ihre selbst gemachten Töpferwaren verkaufen, müssen Sie es den unbekannten und den grundsätzlich nicht vertrauenswürdigen Käufern ermöglichen, bei Ihnen zu bestellen (siehe Abbildung 10.2). Sonst verdienen Sie kein Geld. Diese Personen besuchen Ihre Website, verbinden sich mit Ihrem Zahlungssystem und Ihrem internen Bestellverfolgungssystem. (Privatpersonen erlauben in aller Regel keinen externen Zugriff auf ihre Computer.)

Da Sie als Einzelkämpfer vermutlich nicht über die Mittel und das Know-how verfügen, Webserver und E-Mail-Server angemessen zu sichern (außer Sie sind selbst Berater für Cybersicherheit), ist es klug, für Systeme mit eingehenden Verbindungen die Software und die

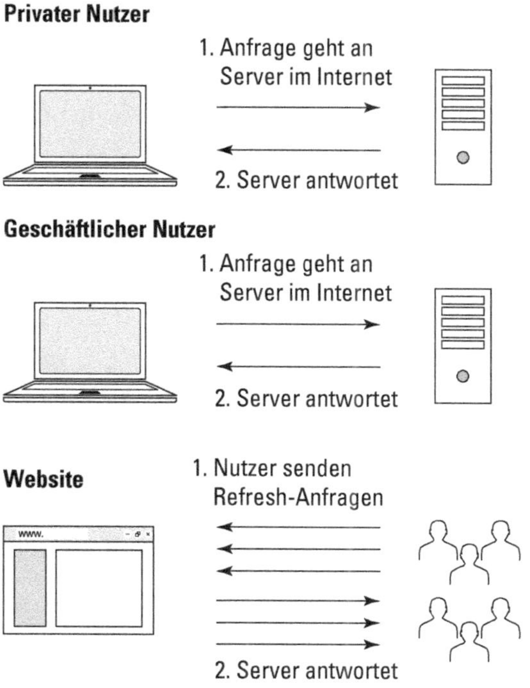

Abbildung 10.2: Eingehende Verbindungen

Infrastruktur anderer Anbieter zu nutzen. Diese werden von Fachleuten eingerichtet und gewartet. Dabei haben Sie als Selbstständiger verschiedene Möglichkeiten. Diese Liste ist nicht erschöpfend:

- **Große Verkaufsplattformen:** Wenn Sie im Internet Waren verkaufen und diese nur über große Plattformen wie Amazon, Rakuten oder eBay anbieten, stellen diese Seiten einen großen Sicherheitspuffer zwischen Ihren Unternehmenssystemen und der Außenwelt dar. Diese Firmen verfügen über umfassende Sicherheitstechnologien, um die Seiten, mit denen die Kunden Kontakt haben, vor Angriffen zu schützen. In vielen Fällen müssen die kleinen Unternehmen bei diesen Plattformen keine eingehenden Anfragen erlauben, und falls doch, dann kommen diese Anfragen von den Systemen der Plattform und nicht von der Außenwelt. Natürlich gibt es viele Faktoren, die Ihre Entscheidung beeinflussen, ob Sie über eine große Plattform verkaufen oder nicht. Diese Online-Marktplätze behalten zum Teil saftige Provisionen ein. Wenn Sie alle Faktoren in die Waagschale werfen, vergessen Sie die Vorteile für Ihre Sicherheit nicht.

- **Shop-Lösung aus einer Hand:** In diesem Fall verwaltet der Anbieter den Großteil der Infrastruktur und der Sicherheit für Sie, aber Sie können Ihren Onlineshop an Ihre Bedürfnisse anpassen und ihn selbst verwalten. Bei diesem Modell erhalten Sie nicht das gleiche Niveau an Isolierung von der Außenwelt wie beim vorherigen Modell, aber es bietet Ihnen einen größeren Schutz vor Angriffen, als wenn Sie Ihre eigene Plattform betreiben. Es gibt zahlreiche Anbieter für Shop-Lösungen. Erkundigen Sie sich, welcher Ihre Anforderungen am besten erfüllt.

- ✔ **Eigene Plattform beim Anbieter gehostet:** Bei diesem Modell ist der Anbieter für die Sicherheit der Serverinfrastruktur zuständig. Dieser Ansatz bietet Ihnen mehr Sicherheit, als wenn Sie selbst alles in die Hand nehmen. Ihr Code wird vor Angreifern auf der Suche nach Schwachstellen aber nicht geschützt. Die Verantwortung für die Wartung und Sicherheit der Plattform selbst liegt bei Ihnen.
- ✔ **Eigenes System:** Sie betreiben Ihr eigenes System, das entweder auf Ihrem eigenen oder auf einem fremden Server gehostet wird, und beauftragen einen Experten, der sich um die Sicherheit kümmert. Die Sicherheit Ihrer Plattform und Ihrer Infrastruktur liegt in Ihrer Verantwortung, allerdings lagern Sie einen Großteil der eigentlichen Arbeit an einen Dienstleister aus.

Gegen DoS-Angriffe verteidigen

Wenn Sie Ihre Waren oder Dienstleistungen über das Internet anbieten, sollten Sie darauf achten, dass Sie sich mit Sicherheitstechnologien gegen Denial-of-Service-Angriffe verteidigen. Wenn Sie über renommierte Plattformen verkaufen, verfügen diese wahrscheinlich bereits über entsprechende Technologien. Auch wenn Sie eine Cloud-Plattform eines Anbieters nutzen, sorgt dieser womöglich für Ihren Schutz. Wenn Sie Ihre Seite selbst betreiben, müssen Sie auch selbst dafür sorgen, dass Ihre Website – und damit Ihr Geschäft – nicht so leicht in die Offline-Welt katapultiert werden kann.

Website mit HTTPS

Wenn Sie für Ihre selbstständige oder freiberufliche Tätigkeit eine Website betreiben, achten Sie darauf, dass Sie ein gültiges TLS/SSL-Zertifikat installieren. Damit gewährleisten Sie, dass die Besucher mit Ihnen über eine sichere und verschlüsselte Verbindung kommunizieren können. Die Besucher wissen dann sicher, dass die Seite zu Ihnen gehört. Erkundigen Sie sich bei Ihrem Hosting-Anbieter. Es gibt auch Sicherheitspakete, die Sie nicht nur vor Denial-of-Service-Angriffen schützen, sondern auch ein solches Zertifikat enthalten.

Fernzugriff auf Systeme

Wenn Sie aus der Ferne auf Ihre Unternehmenssysteme zugreifen möchten, sollten Sie ein Virtual Private Network (VPN) und eine Zwei-Faktor-Authentifizierung dafür nutzen. Das VPN sollte einen verschlüsselten Tunnel zwischen Ihnen und Ihren Unternehmenssystemen herstellen und nicht zwischen Ihnen und dem VPN-Anbieter. Der Tunnel verhindert, dass die Kommunikation zwischen Ihnen und dem Unternehmen ausgespäht wird. Außerdem ermöglicht es Ihnen, von unterwegs auf die Systeme zuzugreifen, ganz so, als wären Sie gerade in Ihrem Büro. Zwei-Faktor-Authentifizierung ist in Kapitel 7 Thema.

Vorsicht bei IoT-Geräten

Viele Unternehmen nutzen heute vernetzte Kameras, Alarmanlagen und so weiter. Achten Sie auch auf die Sicherheit dieser Geräte. Sie sollten in anderen Netzwerken (oder virtuellen

Netzwerksegmenten) laufen als die Computer, die Sie für Ihren täglichen Geschäftsbetrieb verwenden. Kontrollieren Sie den Zugriff zu diesen Geräten und erlauben Sie niemandem, unberechtigte IoT-Geräte an Ihr Unternehmensnetzwerk anzuschließen. Mehr über IoT-Geräte lesen Sie in Kapitel 11.

Verschiedene Netzwerke

Je nach Größe oder Art Ihres Unternehmens kann es sinnvoll sein, verschiedene Computer mit unterschiedlichen Netzwerksegmenten zu verbinden. Ein selbstständiger Softwareentwickler sollte beispielsweise nicht in demselben Netzwerk seinen Code schreiben, in dem er seine Buchhaltung erledigt.

Vorsicht bei Kartenzahlung

Wenn Sie Kredit- und/oder EC-Karten als Zahlungsmittel akzeptieren und Ihre Zahlungen nicht über die große Website eines Online-Händlers abwickeln, sollten Sie mit Ihrem Anbieter über verschiedene Anti-Betrugstechnologien sprechen und prüfen, welche für Ihren Shop zur Verfügung stehen.

Gegen Stromausfall sichern

Nutzen Sie eine unterbrechungsfreie Stromversorgung (USV) für alle Systeme, bei denen Sie es sich nicht leisten können, dass diese auch nur für einen kurzen Moment offline sind. Sorgen Sie dafür, dass die Stromversorgung auch bei längeren Stromausfällen gewährleistet wird. Wenn Sie im Internet Waren oder Dienste anbieten, könnten Ihnen sonst offene Bestellungen und auch zukünftige Bestellungen verloren gehen. Das kann nicht nur zu einem unmittelbaren Verlust an Geld führen, sondern auch Ihren Ruf schädigen. Selbst wenn Sie nur für kurze Zeit nichts verkaufen können, springen Ihnen womöglich Kunden ab.

IN DIESEM KAPITEL

Neue Technologien und ihre Auswirkungen auf Cybersicherheit verstehen

Virtuelle und erweiterte Realitäten kennenlernen

Kapitel 11
Neue Technologien bringen neue Gefahren

Unsere Welt hat sich in den letzten Jahrzehnten radikal verändert. Jeden Bereich unseres Lebens hat der digitale Fortschritt durchdrungen. Vor nicht allzu langer Zeit dienten Filmkameras, Fotokopiergeräte, geschlossene Überwachungssysteme und Rundfunkempfänger mit Radiowellen jeweils nur einem einzigen Zweck. Heute nutzen wir Geräte, die die Funktionen all dieser und vieler anderer Geräte in einem einzigen vereinen. Neue und fortschrittliche Computertechnologiemodelle sind dazugekommen und sorgen für eine derart tiefe Technologisierung unseres Alltags, die uns noch vor wenigen Jahren wie Science-Fiction vorgekommen wäre. Heute sind diese Technologien so normal und verbreitet, dass Kinder es kaum glauben können, wenn Erwachsene ihnen erklären, wie anders die Welt aussah, als sie selbst Kinder waren.

Die neuen Technologien und die digitale Transformation unseres Lebens hat allerdings auch die Kehrseite, dass sie immer größere Gefahren für die Informationssicherheit bergen. In diesem Kapitel lernen Sie einige Technologien kennen, die Auswirkungen auf unser Leben und auf unsere Cybersicherheit haben. Die Liste ist keinesfalls vollständig. Sie kann es gar nicht sein, da sich laufend neue Technologien entwickeln und daraus immer neue Bedrohungen für die Informations- und Cybersicherheit entstehen.

Das Internet der Dinge

Tja, es ist noch gar nicht so lange her, da waren klassische Computer – Desktop-Rechner, Laptops und Server – die einzigen Geräte, die mit dem Internet verbunden waren. Heute sieht das völlig anders aus. Von Smartphones und Sicherheitskameras über Kaffeemaschinen und Fitnessgeräte – elektronische Geräte aller Art enthalten heute als Kern einen Computer und viele dieser Helferlein sind durchgehend mit dem Internet verbunden. Das *Internet der Dinge* oder *Internet of Things* (IoT), wie das Ökosystem der vernetzten Geräte genannt wird, ist in den vergangenen Jahren exponentiell angewachsen.

Interessanterweise ist die überwältigende Mehrheit dieser IoT-Geräte Bestandteil gewerblicher und industrieller Systeme, auch wenn Verbraucher die vernetzten Geräte tagtäglich online und offline in Geschäften angeboten bekommen. Die Zuverlässigkeit von Versorgungsunternehmen, Fabriken und anderen Produktionsstätten, Krankenhäusern und vielen weiteren Säulen unserer wirtschaftlichen und gesellschaftlichen Existenz sind stark von stabiler und sicherer Technologie abhängig.

Selbstverständlich können alle Computergeräte – ob klassische Computer oder smarte Geräte – Schwachstellen haben, gehackt oder für andere bösartige Zwecke ausgenutzt werden. Ist beispielsweise eine Kamera mit dem Internet verbunden, damit Sie damit Ihr Zuhause oder Ihr Geschäft aus der Ferne überwachen können, sind möglicherweise auch Hacker in der Lage, auf dieselbe Video-Übertragung zuzugreifen. Derartige Geräte können auch gekapert werden, um dann für Angriffe auf andere Systeme missbraucht zu werden.

Im Oktober 2016 nutzte das Mirai-Botnetz viele infizierte Internet-der-Dinge-Geräte und katapultierte den beliebten DNS-Dienst Dyn so in die Offline-Welt. (DNS ist das System, das Computernamen in maschinenlesbare numerische Adressen umwandelt, die sogenannten IP-Adressen.) Durch diesen Angriff auf Dyn waren viele bekannte Websites und Dienste, darunter auch Twitter (heute: X), Netflix, Spotify, GitHub und Reddit, für viele Nutzer nicht erreichbar, da die URLs nicht mehr in IP-Adressen umgewandelt werden konnten.

Ein weiterer aufsehenerregender Cybersicherheitsvorfall, der das Internet of Things (IoT) betraf, ereignete sich im Jahr 2017, als Hacker ein Casino über ein scheinbar harmloses, vernetztes Aquarium-Thermometer angriffen. Das Thermometer war in der Lobby des Casinos installiert und sollte eigentlich nur dazu dienen, die Wassertemperatur im Aquarium automatisch zu überwachen und an ein zentrales Verwaltungssystem zu melden. Doch genau diese Internetverbindung wurde den Betreibern zum Verhängnis: Das Gerät war unzureichend gesichert und verfügte über standardisierte Zugangsdaten, die von den Angreifern leicht ausgenutzt werden konnten.

Über diese Schwachstelle verschafften sich die Hacker Zugang zum internen Netzwerk des Casinos. Einmal im System, bewegten sie sich seitlich durch verschiedene Netzbereiche, bis sie Zugriff auf sensible Datenbanken erhielten. Schließlich gelang es ihnen, eine Liste mit Informationen über wohlhabende VIP-Kunden des Casinos zu stehlen und diese an einen externen Server zu übertragen. Der Fall erregte international großes Aufsehen, da er deutlich machte, wie unscheinbare IoT-Geräte zu einem ernsthaften Sicherheitsrisiko werden können. Wo genau sich das Casino befand, wurde bis heute geheim gehalten. Eine IT-Sicherheitsfirma referierte auf einer Konferenz im Jahr 2018 über diesen Fall.

Das Internet der Dinge ermöglicht noch weitere ernsthafte Sabotagen. Stellen Sie sich die potenziellen Auswirkungen vor, die das Hacking eines industriellen Systems haben könnte, das für die Herstellung von Medizinprodukten genutzt wird. Nehmen wir einmal an, dass Fehler oder Hintertüren im Code in den Computer eingeschleust werden, der das medizinische Gerät steuert. Könnte es sogar Menschenleben kosten, wenn sie ausgenutzt werden, sobald das Gerät in Betrieb genommen wird?

Hacker-Angriffe können Systeme beeinträchtigen, die von vernetzten Geräten gesteuert werden, selbst wenn diese Systeme nicht mit dem öffentlichen Internet verbunden sind.

Und mit dem Siegeszug von *Smart Home* kontrollieren IT-Systeme mittlerweile schon den intimsten Lebensbereich von Menschen.

Stellen Sie sich folgende Fragen: Ist es sehr abwegig, dass Hacker Lösegeld im Austausch dafür fordern, dass sie die Aufzeichnungen der Sicherheitskameras Ihres Hauses nicht veröffentlichen? Ist es so abwegig, dass Hacker Lösegeld fordern und drohen, die Kühlschränke abzuschalten und damit alle Lebensmittel verderben zu lassen? Oder dass es Cyberkriminelle gibt, die Ihren Kühlschrank ausschalten, sobald Sie zur Arbeit gehen, und ihn wieder einschalten, kurz bevor Sie nach Hause kommen, mit der Absicht, dessen Inhalt zu verderben und Sie zu vergiften?

Könnten Kriminelle intelligente Autos (und das ist fast jedes Auto, das innerhalb der letzten Jahre gebaut wurde) hacken und dadurch Unfälle auslösen? Oder könnten sie von Ihnen Lösegeld erpressen, damit sie im Gegenzug Ihr Auto nicht gegen die Wand fahren lassen? Bevor Sie diese Fragen beantworten, sollten Sie wissen, dass Sicherheitsfachleute schon mehr als einmal gezeigt haben, wie Hacker die Kontrolle über Autos übernehmen und die Bremsen blockieren können. Was passiert also, wenn selbstfahrende Autos und LKW zur Norm werden? Die Bedrohungen werden mit fortschreitender technologischer Entwicklung immer größer. Das Internet der Dinge schafft eine Welt voller Möglichkeiten, aber gleichzeitig schafft es auch eine immer größere Angriffsfläche für Kriminelle. Wenn Cybersicherheit nicht gewährleistet wird, steht für uns viel auf dem Spiel.

Kryptowährungen und Blockchain

Kryptowährungen sind digitale Vermögenswerte (manchmal als digitales Zahlungsmittel verstanden), die als Tauschmedium funktionieren. Sie nutzen verschiedene kryptografische Verfahren, um die Erstellung neuer Einheiten zu steuern sowie die Richtigkeit und Sicherheit von (Finanz-)Transaktionen zu verifizieren.

Parteien, die sich gegenseitig nicht vertrauen, können mithilfe moderner Kryptowährungen miteinander interagieren und Geschäfte abschließen, ohne dass sie dafür einen vertrauenswürdigen Dritten benötigen. Kryptowährungen nutzen die *Blockchain-Technologie*. Dabei werden Transaktionen in einem sogenannten *Distributed Ledger* dokumentiert. Das Ledger ist eine Art Datenbank, die auf mehrere Standorte oder Teilnehmer verteilt ist. Die Integrität dieses Ledgers wird durch den Einsatz verschiedener Verfahren geschützt, die gewährleisten sollen, dass nur berechtigte Transaktionen von den anderen Teilnehmern im Ledger berücksichtigt werden.

Da Kryptowährungen über eine Transaktionsliste im Ledger erfasst werden, gibt es technisch gesehen kein sogenanntes *Wallet* für die Kryptowährung. Die Währung ist rein virtuell und wird nirgendwo gespeichert, nicht einmal elektronisch. Vielmehr sind die Eigentümer der Kryptowährung diejenigen, die die verschiedenen Adressen im Ledger kontrollieren, denen die Kryptowährung zugeordnet ist, nachdem sie alle Transaktionen im Ledger durchgeführt haben.

Ein Beispiel verdeutlicht die Funktionsweise: Wenn Adresse 1 über zehn Einheiten einer Kryptowährung und Adresse 2 über fünf Einheiten einer Kryptowährung verfügt und eine

Transaktion erfasst wird, dass Adresse 1 eine Einheit der Kryptowährung an Adresse 2 sendet, hat Adresse 1 anschließend neun Einheiten der Kryptowährung und Adresse 2 sechs. Ist doch gar nicht so kompliziert, oder?

Damit aber nur die rechtmäßigen Eigentümer der Kryptowährung Geld von ihren Adressen senden können, nutzen Kryptowährungen in der Regel eine fortschrittliche Verschlüsselungstechnik, bei der jede Adresse über ihre eigene Kombination aus öffentlichem und privatem Schlüssel (Public und Private Key) verfügt. Nur der Eigentümer ist im Besitz des privaten Schlüssels. Wenn Sie Einheiten einer Kryptowährung von einer Adresse an eine andere senden möchten, müssen Sie die Transaktion mit Ihrem privaten Schlüssel bestätigen.

Wer den privaten Schlüssel für eine bestimmte Ledger-Adresse kennt, kann so viele Einheiten der Kryptowährung versenden, wie in dem Ledger dieser Adresse zugeordnet sind. Aus diesem Grund und weil sich Kryptowährungen schwer zu den tatsächlichen Eigentümern – ob Person oder Unternehmen – zurückverfolgen lassen, versuchen Kriminelle häufig, Einheiten von Kryptowährungen durch Hacking-Angriffe zu erbeuten. Wenn ein Cyber-Schurke den privaten Schlüssel für eine Kryptowährungsadresse von einem Computer stiehlt, kann er schnell und einfach die verfügbaren Einheiten des Opfers auf eine andere Adresse übertragen, über die er die Kontrolle hat. Egal auf welche Weise der Kriminelle an den Schlüssel kommt: Wenn er ihn einmal hat, muss er gar nichts mehr hacken. Er muss nur noch mithilfe des privaten Schlüssels die Einheiten der Kryptowährung auf seine eigene Adresse transferieren.

Da Kryptowährungen nicht zentral verwaltet werden, sollte sich der rechtmäßige Eigentümer nach einem derartigen Diebstahl nur wenig Hoffnung machen, dass er sein Geld zurückbekommt, selbst wenn er den Diebstahl bemerkt. Eine Rückabwicklung einer Transaktion setzt in den meisten Fällen die praktisch unerreichbare Zustimmung der Mehrheit der Teilnehmer innerhalb des Kryptowährungsökosystems voraus. Es ist extrem unwahrscheinlich, dass ein derartiger Konsens zu erreichen ist, außer es wurden so viele Einheiten der Kryptowährung gestohlen, dass die Integrität der gesamten Währung bedroht ist. Viele Teilnehmer würden es trotzdem ablehnen, Transaktionen rückgängig zu machen, da ein derartiger Vorgang eine größere Bedrohung für die Integrität der Kryptowährung darstellt als ein großer Diebstahl. Möglicherweise wäre sogar die Schaffung einer neuen Kryptowährung nötig. (Dieser Vorgang nennt sich *Fork*, was sich im Deutschen am besten mit *Gabelung* beschreiben lässt. Die Kryptowährung wird dabei aufgespalten und eine neue entsteht.)

Abgesehen von der Tatsache, dass Hacker leicht Geld stehlen können, ermöglichen Kryptowährungen auch andere Arten von Cyberverbrechen. Die meisten Lösegelder, die mithilfe von Ransomware erpresst werden, sollen beispielsweise in Form einer Kryptowährung bezahlt werden. Kryptowährungen sind die Lebensader von Ransomware. Anders als Banküberweisungen oder Zahlungen per Kreditkarte lassen sich Zahlungen von Kryptowährungen fast unmöglich zu realen Personen zurückverfolgen und sind praktisch unumkehrbar, sobald die Transaktion abgeschlossen ist.

Kriminelle haben außerdem die Fähigkeit, Kryptowährungen zu *schürfen*. Dabei stehlen die Gauner die Rechenkraft fremder Computer, um damit verschiedene komplexe Berechnungen durchzuführen, die sowohl für den Abschluss von Kryptowährungstransaktionen als auch für die Erstellung neuer Krypto-Einheiten benötigt werden. Diese *Kryptominer* sind eine Malware, die heimlich die CPU-Zyklen infizierter Computer steuert, damit diese die erforderlichen Berechnungen vornehmen. Wenn dann neue Einheiten der Kryptowährung generiert werden, erhalten die Kriminellen die Kontrolle darüber. Das Schürfen von Kryptowährungen ist für Kriminelle ein einfaches Mittel, mit ihrem Hacking an Geld zu kommen. Gehackte Computer können auf diese Weise zu regelrechten Gelddruckmaschinen werden, ohne dass die Opfer selbst (wie beim Einsatz von Ransomware) dabei eine größere Rolle spielen.

Cyberkriminelle haben außerdem von dem dramatischen Wertanstieg von Kryptowährungen profitiert. Wer vor einigen Jahren Bitcoin – die vielleicht bekannteste Kryptowährung – als Zahlungsmittel für Ransomware-Lösegelder akzeptierte und die Einheiten damals nicht komplett in eine andere reguläre Währung umtauschte, kann sich heute enormer Renditen erfreuen. In manchen Fällen ist der Euro- oder Dollar-Wert der Kryptowährungen um das Hundertfache oder sogar Tausendfache angestiegen. Ein paar der gerisseneren Gauner haben vermutlich einen Teil der Kryptowährungen während der Markteuphorie im Jahr 2017 zu Geld gemacht und sitzen jetzt auf einem kleinen Vermögen, das sie in neue Technologien zur Begehung von Cyberverbrechen investieren.

Die den Kryptowährungen zugrunde liegende Blockchain-Technologie kann auch für Cybersicherheitsmaßnahmen genutzt werden. Eine verteilte Datenbank kann für die Speicherung von Informationen über Backup-Server und redundante Datensicherungen besser geeignet sein als bestehende Strukturen. Durch die Verteilung steigt die Anzahl der Einfallspunkte, die erforderlich sind, um das gesamte System zum Zusammenbruch zu bringen. Außerdem können verteilte Abwehrmechanismen gegen DDoS-Angriffe (Distributed-Denial-of-Service) wirksamer und kostengünstiger sein, als die aktuell eingesetzten Modelle, bei denen eine einzige massive Infrastruktur Attacken abwehren soll.

Die Blockchain-Technologie bietet außerdem die Möglichkeit, transparente Aufzeichnungen von Transaktionen oder von Aktivitäten zu erstellen. Diese Transaktionen können von jedem eingesehen, jedoch von niemandem verändert werden und nur befugte Teilnehmer können erlauben, dass neue Transaktionen vorgenommen werden.

Künstliche Intelligenz

Künstliche Intelligenz (KI) bezieht sich auf die Fähigkeit eines elektronischen Systems, seine Umgebung wahrzunehmen und so zu handeln, dass die Wahrscheinlichkeit maximiert wird, dass es seine Ziele erreicht, selbst wenn es über die Beschaffenheit der Umgebung und der Situation, in der es sich befindet, vorher keine Informationen hat.

Klingt kompliziert? Ist es auch. Es ist schwierig, künstliche Intelligenz aus praktischer Perspektive zu definieren. Konzepte und Systeme, die vor zehn oder zwanzig Jahren als künstliche Intelligenz bezeichnet wurden, zum Beispiel Gesichtserkennungstechnologien, werden heute meist als herkömmliche Computersysteme betrachtet.

Heute wird Computersystemen meist eine künstliche Intelligenz zugeschrieben, wenn sie zum Lernen in der Lage sind. Das heißt, diese Systeme imitieren die Art und Weise, wie

Menschen aus vergangenen Erlebnissen lernen, um in einer neuen Situation auf eine bestimmte Weise zu handeln. Systeme mit künstlicher Intelligenz werden nicht vorprogrammiert, um anhand bestimmter Regeln zu handeln, sondern sie betrachten Datensätze, um daraus ihre eigenen allgemeinen Regeln zu entwickeln und entsprechende Entscheidungen zu treffen. Die Systeme optimieren laufend ihre eigenen Regeln, sobald sie mit Daten in Kontakt kommen und merken, welche Auswirkungen die Anwendung ihrer eigenen Regeln auf diese Daten haben.

Künstliche Intelligenz wird unsere Welt so sehr verändern wie damals die industrielle Revolution. Bei der industriellen Revolution wurde die Muskelkraft der Menschen durch Maschinen ersetzt, da diese schneller und genauer, weniger anfällig für Müdigkeit oder Krankheiten waren und weniger kosteten. Künstliche Intelligenz ist der Austausch menschlicher Gehirne durch Computergehirne. Letztendlich werden sich auch diese als schneller und genauer und als weniger anfällig für Müdigkeit oder Krankheiten herausstellen.

Künstliche Intelligenz hat auch große Auswirkungen auf den gesamten Bereich der Cybersicherheit:

- ✔ Ein wachsender Bedarf für Cybersicherheit
- ✔ Der Einsatz künstlicher Intelligenz als Sicherheitstool
- ✔ Der Einsatz künstlicher Intelligenz als Hacking-Tool

Letzteres wird sogar im Bereich des Social Engineering (Kapitel 9) immer relevanter, da mit sogenannter generativer KI (also Text- und Bildgeneratoren, beispielsweise ChatGPT) täuschend echte Fakes von Personen, Dokumenten und Orten erzeugt werden können: als Text, Foto und sogar Video.

Wachsender Bedarf für Cybersicherheit

Durch die wachsende Anzahl von Systemen mit künstlicher Intelligenz erhöht sich auch der Bedarf für starke Cybersicherheit. Computersysteme können zunehmend wichtige Entscheidungen treffen, ohne dass der Mensch daran beteiligt ist. Das bedeutet, dass sich die negativen Auswirkungen mangelhaft gesicherter Computersysteme dramatisch verstärken werden. Stellen Sie sich vor, ein Krankenhaus setzt KI-Systeme ein, um Bilder zu analysieren und Diagnosen zu stellen. Wenn dieses System oder seine Daten gehackt werden, könnten falsche Berichte ausgegeben werden und dies dazu führen, dass Menschen Schaden nehmen, ja sogar sterben. Leider sind diese Probleme nicht mehr nur rein theoretischer Natur (siehe Kasten »Künstliche Intelligenz kann MRT-Bilder fälschen«).

Künstliche Intelligenz kann MRT-Bilder fälschen

2019 fanden israelische Forscher heraus, dass KI-Technologie medizinische Bildgebungssysteme so manipulieren konnte, dass sowohl Radiologen als auch KI-Systeme zur Diagnose von Krankheiten basierend auf Scans in die Irre geführt wurden. Nicht vorhandene Krebserkrankungen wurden diagnostiziert und vorhandene übersehen. Selbst nachdem die Forscher den Radiologen mitteilten, dass eine künstliche Intelligenz die Bilder fälschte, waren die Ärzte nicht in der Lage, korrekte Diagnosen zu stellen. Bei 60 Prozent der unauffälligen Scans, bei denen Tumore durch die künstliche Intelligenz hinzugefügt wurden, diagnostizierten sie Krebs, und übersahen ihn bei 87 Prozent der Bilder, bei denen die KI die Tumore entfernt hatte.

Natürlich sind diese Forschungsergebnisse nur die Spitze des Eisbergs. Industrielle KI-Systeme können so manipuliert werden, dass sie Produkte gefährlich verändern und KI-Verkehrssysteme, die Routen optimieren und Sicherheit verbessern sollen, könnten mit Daten gefüttert werden, die Gefahren erhöhen oder für unnötige Verspätungen sorgen.

Übeltäter können auch die Integrität von KI-Systemen beeinträchtigen, ohne die Systeme zu hacken. Sie nehmen einfach kleine, kaum feststellbare Veränderungen in den großen Datensätzen vor. Das funktioniert, da die Entscheidungen, die von künstlichen Intelligenzsystemen getroffen werden, eben nicht auf vordefinierten Regeln basieren, die den Entwicklern dieser Systeme bekannt sind. Daher ist es so wichtig, dass alle Bestandteile dieser Systeme geschützt werden. Wenn die Probleme einmal eingeschleust sind, sind meist weder Menschen noch andere Maschinen in der Lage, sie zu finden. Sie wissen womöglich nicht einmal, dass etwas im Argen liegt. Wenn KI-Projekte also erfolgreich sein sollen, müssen schwere Geschütze für die Cybersicherheit dieser Systeme aufgefahren werden.

Einsatz als Cybersicherheitstool

Eine der größten Herausforderungen für Cybersicherheitsfachleute ist heute, dass es kaum genügend Zeit gibt, alle Benachrichtigungen von Cybersicherheitsprogrammen zu analysieren und entsprechend zu handeln. Eines der größten Einsatzgebiete für künstliche Intelligenz im Bereich Cybersicherheit ist daher, dass sie bei der Priorisierung von Benachrichtigungen helfen kann. Das KI-Programm lernt zunächst, welche Systeme in der Regel verwendet werden, welche Aktivitäten nicht normal sind und welche der alten Benachrichtigungen tatsächlich auf schwerwiegende Probleme und nicht auf gutartige Aktivitäten oder kleinere Schwierigkeiten hinweisen. Künftige Versionen von KI-Systemen dieser Art werden vermutlich selbst auf die Benachrichtigungen reagieren und sie gar nicht mehr an den Menschen weitergeben.

Einsatz als Hacking-Tool

Künstliche Intelligenz ist nicht nur ein Abwehrtool, es kann auch eine mächtige Waffe in den Händen der Angreifer sein. Ich werde in diesem Buch aus Gründen, die offensichtlich sind, nicht im Detail darauf eingehen, wie KI für Angriffe genutzt werden kann, sondern nur ein paar allgemeine Beispiele nennen.

KI-Systeme können beispielsweise dafür verwendet werden, andere Systeme zu scannen und zu analysieren, um Fehler in der Programmierung und Konfiguration zu finden. Systeme mit künstlicher Intelligenz können auch dafür genutzt werden, Organigramme, soziale Medien, Unternehmenswebsites, Pressemitteilungen und so weiter zu durchkämmen, um Social-Engineering-Angriffe zu entwickeln und unter Umständen sogar gleich durchzuführen.

Künstliche Intelligenz kann auch eingesetzt werden, um Authentifizierungssysteme zu untergraben. Ein System, das Aufnahmen mit der Stimme einer Person enthält, die unterschiedliche Dinge sagt, könnte ein stimmenbasiertes Authentifizierungssystem hereinlegen, indem es die entsprechende menschliche Stimme imitiert. Das funktioniert selbst dann, wenn das Authentifizierungssystem die KI auffordert, Wörter zu formulieren, von denen die künstliche Intelligenz keine Aufnahme hat. Es ist schließlich lernfähig.

Beim Thema KI als Cybersicherheitstool stehen sich Cyberangreifer und Cyberverteidiger direkt gegenüber. Alle versuchen, die bessere KI zu entwickeln, um die gegnerische Seite zu schlagen.

Virtual Reality erleben

Als *Virtual Reality* (VR) oder *virtuelle Realität* wird eine Wahrnehmung beschrieben, die in einer computergenerierten Umgebung und nicht in der realen Welt stattfindet. Bei den aktuellen Virtual-Reality-Technologien trägt der Nutzer eine Art von Headset, über das ihm virtuelle Bilder angezeigt werden und das die reale Umgebung für ihn ausblendet. (Statt ein Headset zu tragen, betritt der Nutzer manchmal auch einen speziellen Raum, der mit einem oder mehreren Projektoren ausgestattet ist und eine ähnliche Wirkung erzielt.) Diese Bilder, kombiniert mit Klängen und in manchen Fällen mit körperlichen Bewegungen und anderen spürbaren Wahrnehmungen, geben dem Nutzer das Gefühl, dass er sich wirklich in der virtuellen Umgebung befindet. Wer eine Virtual-Reality-Ausrüstung trägt oder nutzt, kann sich in der virtuell geschaffenen Welt bewegen und mit ihr interagieren.

Virtual Reality beinhaltet mindestens visuelle und akustische Komponenten, es können aber auch Vibrationen oder andere sensorische Reize gegeben werden. Selbst ohne zusätzliche sensorische Informationen kann es sein, dass der Mensch tiefere Sinneseindrücke erlebt, denn das menschliche Gehirn interpretiert das, was es in der virtuellen Umgebung sieht und hört, als reale Wahrnehmung. Wenn Sie in einer virtuellen Umgebung mit der Achterbahn fahren, dreht sich Ihnen womöglich wirklich der Magen um, sobald es steil bergab geht, obwohl Sie sich in Wirklichkeit keinen Meter bewegen.

Immersive virtuelle Umgebungen können den Wahrnehmungen in der realen Welt ähneln, sie können aber auch ganz andere sein. Für virtuelle Realitäten gibt es viele mögliche Anwendungen. Sie werden im Tourismus (zum Beispiel als virtuelle Museumstour), in der Unterhaltung (Computerspiele aus der Ich-Perspektive) und in der Aus- und Weiterbildung (virtuelle Sezierung) eingesetzt.

Virtual-Reality-Systeme sind selbstverständlich computerbasiert und daher denselben Sicherheitsproblemen ausgesetzt wie andere Computersysteme. Bei der virtuellen

Realität kommen allerdings noch eine Reihe weiterer Sicherheits- und Datenschutzbedenken hinzu:

- ✔ Kann jemand ein VR-Ökosystem hacken und visuelle Angriffe starten, die bei den Nutzern Anfälle oder Kopfschmerzen auslösen? (Es ist bekannt, dass Blinklichter und Lichtblitze in Zeichentrickfilmen oder anderen Darstellungen Auslöser für Anfälle sein können.)
- ✔ Können andere anhand Ihrer Leistung in einer VR-Anwendung über Ihre körperlichen Fähigkeiten entscheiden? Kann eine Behörde jemandem den Führerschein verweigern, wenn derjenige sich bei VR-Autospielen schlecht angestellt hat? Kann ein KFZ-Versicherer heimlich Daten über den Fahrstil in einer virtuellen Realität sammeln und die Versicherungsbeiträge entsprechend erhöhen?
- ✔ Können Hacker eine virtuelle Umgebung stören, zum Beispiel Kunstwerke in einer offiziellen virtuellen Tour eines Museums durch obszöne Inhalte ersetzen?
- ✔ Können sich Hacker als eine Autoritätsperson ausgeben, zum Beispiel als Lehrer in einem virtuellen Klassenzimmer, indem sie einen Avatar erstellen, der dem des Lehrers ähnlich sieht, und dadurch die anderen Nutzer dazu bringen, sich selbst zu schaden, zum Beispiel indem sie Antworten bei Prüfungen abgreifen und diese als ihre eigenen ausgeben?
- ✔ Können Hacker sich für einen Arbeitskollegen oder ein Familienmitglied ausgeben und dadurch an sensible Informationen gelangen und diese missbrauchen?
- ✔ Können Hacker virtuelle Welten so manipulieren, dass sie damit Geld in der realen Welt verdienen, zum Beispiel durch Gebühren, sobald ein bestimmter Ort betreten wird?
- ✔ Können Hacker virtuelle Währungen stehlen, die in diversen virtuellen Realitäten verwendet werden?
- ✔ Können Hacker die Kontrolle über die Wahrnehmung eines Benutzers erlangen, um zu sehen, was dieser erlebt, oder um die Wahrnehmung sogar zu verändern?

Ich könnte die Liste der theoretisch möglichen neuen Gefahren durch die virtuelle Realität endlos fortschreiben. Die Zeit wird zeigen, welche davon zu praktischen Problemen in der realen Welt werden.

Augmented Reality erleben

Augmented Reality (AR) oder *erweiterte Realität* beschreibt eine Technologie, bei der computergenerierte Bilder, Geräusche, Gerüche, Bewegungen oder andere sensorische Informationen über die Wahrnehmung des Anwenders in der realen Welt gelegt werden und die dabei reale und künstliche Elemente kombiniert. Augmented-Reality-Technologie kann Elemente zur Wahrnehmung des Benutzers hinzufügen, zum Beispiel den Namen einer sich nähernden Person über ihrem Kopf anzeigen oder Elemente entfernen oder verschleiern, zum Beispiel den Schriftzug »Gegen Hass« über eine Hakenkreuz-Flagge legen.

VR-Headseits sind für Endverbraucher schon lange verfügbar. Ein aktuelles Beispiel ist die Meta *Quest*. In einigen Systemen wird auch mit AR gearbeitet. Und AR gibt es auch ohne Headset: Pokémon Go ist ein Beispiel für ein Spiel mit AR-Technologie, das extrem erfolgreich war.

Erweiterte Realität wird in den kommenden zehn Jahren wahrscheinlich ein großer Bestandteil des modernen Lebens werden. Es können sich daraus viele der Bedrohungen entwickeln, die auch für die virtuelle Realität bestehen. Darüber hinaus entstehen Risiken aus der Verschmelzung realer und virtueller Realitäten, wie zum Beispiel die Konfiguration von Systemen, bei der verschiedene Elemente in der realen Welt falsch mit virtuellen Daten verknüpft werden. Auch hier gilt: Die Zeit wird es zeigen. Wenn Sie AR- oder VR-Technologien ausprobieren möchten, sollten Sie sich allerdings über die möglichen Sicherheitsprobleme im Klaren sein.

Pokémon Go

Pokémon Go ist ein Augmented-Reality-Spiel für mobile Geräte, das im Juli 2016 auf den Markt kam, als Gemeinschaftsprojekt zwischen Niantic, Nintendo und The Pokémon Company. Es nutzt das GPS-Ortungssystem des Mobilgeräts, um virtuelle Wesen, sogenannte Pokémon, zu orten, zu fangen, sie in Kämpfe zu verwickeln und zu trainieren. Die Wesen werden auf dem Bildschirm des Mobilgeräts angezeigt und innerhalb der realen Umgebung, in der sich der Spieler gerade befindet, platziert. Sie werden über die reale Umgebung gelegt, die der Spieler sehen würde, wenn er die Kamera des mobilen Geräts darauf ausrichten würde.

Teil IV
Einen Sicherheitsvorfall händeln

IN DIESEM TEIL …

Die Anzeichen für einen Sicherheitsvorfall erkennen

Einen Vorfall bei einer anderen Person bemerken

Sich von gehackten Konten, Computern und Netzwerken erholen

Mit Ransomware und Malware umgehen

Bei Diebstahl von Computer oder Mobilgerät handeln

IN DIESEM KAPITEL

Die Unterschiede zwischen offensichtlichen und versteckten Vorfällen kennenlernen

Anzeichen für versteckte Vorfälle erkennen

Kapitel 12
Einen Sicherheitsvorfall erkennen

Trotz Ihrer unermüdlichen und tapferen Anstrengungen, Ihre Computersysteme und Daten zu schützen, werden Sie früher oder später mit nahezu einhundertprozentiger Wahrscheinlichkeit in irgendeiner Form von einem Vorfall betroffen sein. Die interessante Frage ist dabei nur, ob der Vorfall in Ihrem eigenen System oder in einem anderen System eintritt.

Da letztendlich Sie selbst verantwortlich für die Sicherheit Ihres Computersystems sind, müssen Sie in der Lage sein, Anzeichen für einen möglichen Vorfall zu erkennen. Wenn es einem Hacker gelingt, in Ihre Systeme einzudringen, müssen Sie dessen Zugang so schnell wie möglich unterbinden. Wenn Ihre Daten manipuliert oder zerstört wurden, müssen Sie sie von einer Sicherungskopie vollständig wiederherstellen können. Wenn Systeme nicht mehr funktionieren, müssen Sie sie wieder auf Spur bringen.

In diesem Kapitel lernen Sie die Symptome eines sicherheitsrelevanten Vorfalls kennen. Mit diesem Wissen sind Sie hoffentlich gut genug gerüstet, um zu erkennen, wenn etwas nicht in Ordnung ist, und um die richtigen Gegenmaßnahmen einzuleiten.

Wenn Sie von einem Anbieter, bei dem Daten von Ihnen gespeichert sind, eine Benachrichtigung erhalten, dass Ihre Daten angegriffen wurden oder Teil eines Datenlecks waren, lesen Sie Kapitel 13 weiter.

Offensichtliche Vorfälle erkennen

Am schnellsten erkennen Sie Vorfälle, bei denen der Angreifer Ihnen mitteilt, dass Sie gerade Opfer eines Angriffs wurden und Ihnen den Beweis dafür auch gleich mitliefert. Drei der häufigsten Methoden für offensichtliche Angriffe sind Ransomware, Defacement und die Zerstörung von Daten.

Ransomware

Ransomware ist eine Art Schadsoftware, die Daten auf einem Gerät verschlüsselt oder davon entwendet und für deren Entschlüsselung beziehungsweise Rückgabe die Zahlung eines Lösegelds verlangt (siehe Abbildung 12.1). In der Regel enthält eine Ransomware-Meldung die Forderung, dass das Lösegeld innerhalb eines bestimmten Zeitraums bezahlt werden muss (in Abbildung 12.1 bleiben dem Opfer noch 10 Tage) verbunden mit der Warnung, dass die Daten ansonsten unwiederbringlich zerstört werden. In Kapitel 2 ist das Thema Ransomware ausführlich beschrieben.

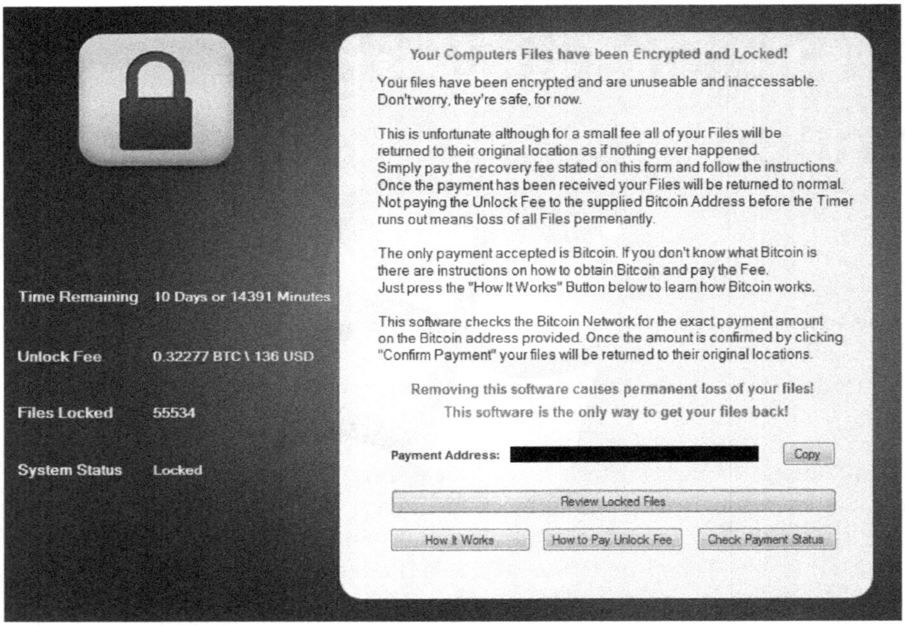

Abbildung 12.1: Eine Ransomware-Meldung informiert Sie über eine Infektion.

Wenn Ihr Gerät Ihnen eine Meldung wie die aus Abbildung 12.1 präsentiert und Sie auf wichtige Dateien keinen Zugriff mehr haben, weil sie entweder verschwunden sind oder verschlüsselt wurden, können Sie ziemlich sicher sein, dass Sie Gegenmaßnahmen ergreifen müssen, um das Problem zu beheben.

Es existiert mittlerweile fingierte Smartphone-Ransomware (ja, was es nicht alles gibt!), die solche Nachrichten anzeigt, aber überhaupt keine Daten verschlüsselt, zerstört oder stiehlt. Bevor Sie Maßnahmen ergreifen, sollten Sie immer überprüfen, ob es sich um echte Ransomware handelt.

Das BSI und andere Experten raten dazu, den Forderungen von Ransomware-Angreifern nicht nachzukommen, also kein Lösegeld zu bezahlen. Und zwar aus zwei Gründen: Zum einen wissen Sie nicht, ob die Kriminellen sich an ihren Teil der Abmachung halten, oder ob sie einfach Ihr Geld einstecken und Ihre Daten trotzdem verloren bleiben. Und zweitens ermutigt das Zahlen von Lösegeldern andere Kriminelle, dieses Geschäftsmodell zu verfolgen.

Defacement

Defacement ist ein englischer Begriff und bedeutet so viel wie Entstellung oder Verunstaltung. Beim Defacement verunstalten die Angreifer die Systeme des Opfers, zum Beispiel durch eine Meldung, dass Hacker die Seite angegriffen haben (in gewisser Weise eine Art virtuelles U-Bahn-Graffiti) oder dass die Hacker eine bestimmte Sache unterstützen. Letzteres ist oft bei Hacktivisten der Fall. Ein Beispiel für Defacement sehen Sie in Abbildung 12.2. Es wird vermutet, dass die sogenannte Syrian Electronic Army dahintersteckt.

Abbildung 12.2: So kann Defacement aussehen: eine von Hackern verunstaltete Website.

Wenn Sie eine Website betreiben – privat oder beruflich – und sie verunstaltet wurde oder Sie beim Hochfahren Ihres Computers eine Benachrichtigung nach dem Motto »Gehackt von Hacker XY« erhalten, können Sie ziemlich sicher davon ausgehen, dass das stimmt und Sie entsprechende Maßnahmen ergreifen müssen. Der Vorfall kann natürlich auch bei Ihrem Webhosting-Anbieter passiert sein. Das Problem muss nicht zwangsläufig Ihr lokaler PC sein. Mehr dazu lesen Sie in Kapitel 13.

Angebliche Zerstörung von Daten

Daten oder Programme können von Hackern zerstört werden, aber genauso gut können technische oder menschliche Fehler dafür verantwortlich sein. Die Tatsache, dass Daten gelöscht wurden, bedeutet daher nicht automatisch, dass ein Vorfall vorliegt. Wenn allerdings jemand behauptet, verantwortlich für den Datenverlust zu sein, steigt die Wahrscheinlichkeit, dass ein Hack der Grund für Ihre Datenprobleme ist.

Wenn Sie jemand kontaktiert und behauptet, eine oder mehrere bestimmte Dateien gelöscht zu haben, von deren Existenz nur jemand wissen kann, der Zugriff auf das System hat, und wenn dann wirklich nur diese Datei oder diese Dateien fehlen, können Sie ziemlich sicher sein, dass Sie es hier nicht mit dem Ausfall einzelner Festplattensektoren oder SSD-Chips zu tun haben.

Versteckte Vorfälle erkennen

Während sich manche Vorfälle eindeutig als solche erkennen lassen, sind die meisten recht schwer zu entdecken. Sicherheitsvorfälle sind manchmal sogar so schwer auszumachen, dass sie selbst bei Unternehmen, die zum Teil Millionen von Euro in Systeme zur Erkennung von Sicherheitslücken investieren, für lange Zeit unentdeckt bleiben – manchmal über Jahre! In den folgenden Abschnitten lesen Sie mehr über die Anzeichen, die darauf hinweisen könnten, dass Ihr Computer, Ihr Tablet oder Ihr Smartphone gehackt wurde.

Bitte beachten Sie, dass das Auftreten eines einzigen Anzeichens keine Garantie dafür ist, dass etwas nicht stimmt. Es gibt zahlreiche andere Gründe dafür, warum sich Geräte seltsam verhalten oder ein oder mehrere der Symptome zeigen, die in den folgenden Abschnitten beschrieben sind. Ein Hack muss nicht zwangsläufig die Ursache dafür sein.

Wenn sich ein Gerät aber auf einmal in vielerlei Hinsicht verdächtig verhält oder Probleme auftreten, direkt nachdem Sie auf einen Link in einer E-Mail oder in einer SMS geklickt, eine Software aus einer Quelle mit potenziell mangelhaften Sicherheitsverfahren heruntergeladen und installiert, einen fragwürdigen Anhang geöffnet oder etwas anderes getan haben, das im Rückblick gar nicht so klug war, müssen Sie vermutlich Abhilfemaßnahmen ergreifen. Wie diese aussehen können, ist in Kapitel 13 beschrieben.

Wenn Sie versuchen herauszufinden, ob es in Ihrem System einen Cybervorfall gegeben hat oder nicht, sollten Sie auch die Umstände berücksichtigen. Wenn direkt nach dem automatischen Update Ihres Betriebssystems Probleme auftauchen, ist die Wahrscheinlichkeit einer bedrohlichen Lage geringer, als wenn Sie die gleichen Probleme bekommen, nachdem Sie auf einen Link in einer verdächtigen E-Mail geklickt haben, in der Ihnen eine Million Euro angeboten wurden, wenn Sie eine Zahlung für einen nigerianischen Prinzen abwickeln. Beurteilen Sie die Situation nüchtern und geraten Sie nicht in Panik. Wenn tatsächlich etwas faul ist, können Sie immer noch handeln, um den Schaden zu begrenzen (siehe Kapitel 13).

Verlangsamtes Gerät

Malware, die sich auf Ihrem Computer, Tablet oder Smartphone eingenistet hat, macht sich oft dadurch bemerkbar, dass es die Leistung des Geräts spürbar absenkt. Wenn Schadsoftware Daten überträgt, kann dies manchmal auch die Verbindung des Geräts zum Internet oder sogar zu internen Netzwerken verlangsamen.

Denken Sie auch daran, dass Aktualisierungen des Betriebssystems oder Updates anderer Software die Geräteleistung negativ beeinflussen können. Geraten Sie daher nicht in Panik, wenn sich die Leistung Ihres Geräts verschlechtert, nachdem Sie Ihr Betriebssystem aktualisiert oder ein Software-Upgrade aus einer vertrauenswürdigen Quelle installiert haben. Ebenso gilt: Wenn der Arbeitsspeicher Ihres Geräts voll ist oder Sie viele Apps installieren, die eine hohe Prozessorleistung und viel Bandbreite erfordern, kann es gut sein, dass die Leistung darunter leidet, ohne dass Malware an Bord ist.

Wenn Sie wissen möchten, was auf Ihrem Computer gerade so los ist, werfen Sie bei einem Windows-Betriebssystem einen Blick in den Task-Manager. Drücken Sie dafür gleichzeitig die Tasten Strg+Alt+Entf. Auf einem Mac nutzen Sie dafür die Aktivitätsanzeige. Klicken Sie rechts oben auf dem Bildschirm in der Menüleiste auf das Vergrößerungsglas und geben Sie `Aktivitätsanzeige` in das Suchfeld ein. Nach den ersten Buchstaben sollte der Name dieses Programms bereits als Treffer ausgewählt sein. Mit der ↵-Taste öffnen Sie es.

Kein Start des Task-Managers

Wenn Sie versuchen, den Task-Manager in Windows (siehe Abbildung 12.3) oder die Aktivitätsanzeige auf einem Mac (siehe vorherigen Abschnitt) zu starten und das Programm startet nicht, kann es sein, dass Ihr Computer mit Schadsoftware infiziert ist. Verschiedene Arten von Malware sind dafür bekannt, dass sie den Start und die Ausführung dieser Tools verhindern.

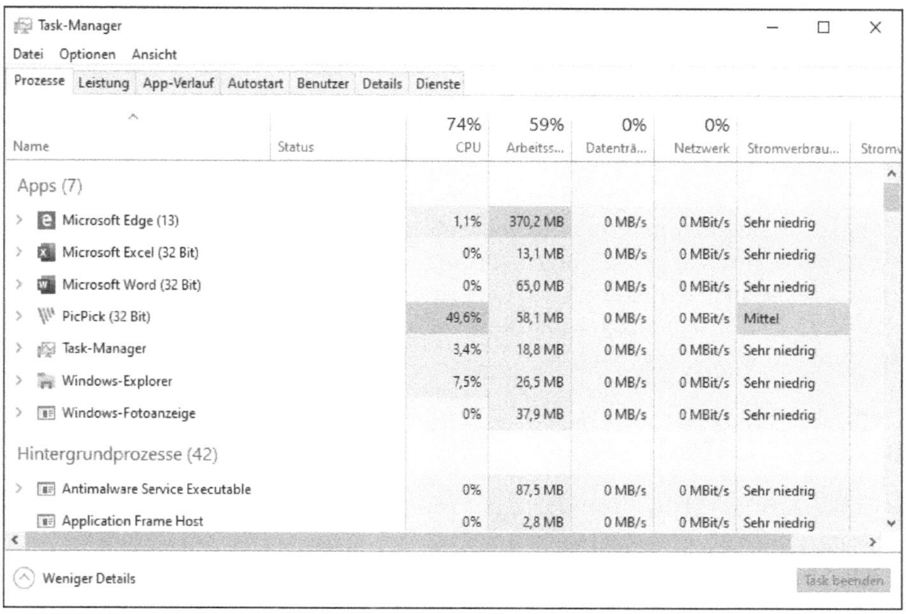

Abbildung 12.3: Der Windows-Task-Manager

Kein Start des Registrierungs-Editors

Wenn Sie versuchen, den Registrierungs-Editor (zu sehen in Abbildung 12.4) auf Ihrem Windows-Computer zu starten – geben Sie die ersten Buchstaben in das Suchfeld der Taskleiste ein –, und er sich nicht öffnet, könnte Ihr Computer mit Schadsoftware infiziert sein. Verschiedene Arten von Malware sind dafür bekannt, dass sie die Ausführung des Registrierungs-Editors verhindern.

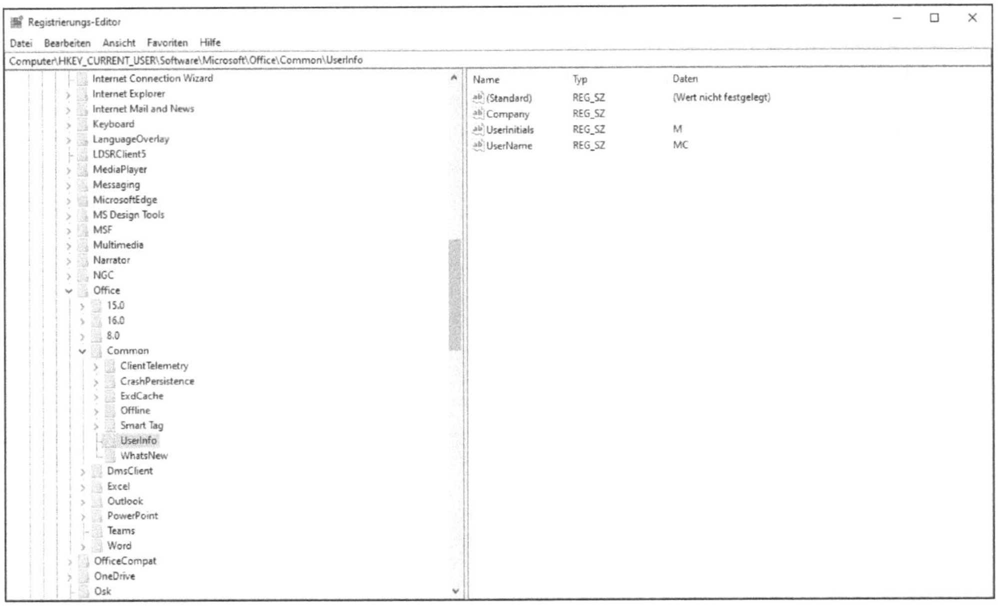

Abbildung 12.4: Der Windows-Registrierungs-Editor

Wenn Sie den Registrierungs-Editor öffnen, erhalten Sie womöglich die Mitteilung der Benutzerkontensteuerung, dass Sie Administratorrechte für die Ausführung benötigen. Diese Warnung ist normal und kein Anzeichen für ein Problem. Es sollte Sie auch daran erinnern, dass Änderungen in der Registrierungsdatenbank ernste Konsequenzen haben können: Nehmen Sie keine vor, wenn Sie nicht ganz genau wissen, was Sie tun.

Probleme mit Latenz

Die *Latenz* ist die Zeit, die Daten benötigen, um von einem Ort zum anderen übertragen zu werden. Wenn Sie Verzögerungen bemerken, die ungewöhnlich groß sind, könnte es ein Problem geben. Es ist natürlich möglich, dass das Problem bei Ihrem Internetanbieter oder an einer anderen Stelle besteht und auf Ihrem lokalen Gerät alles in Ordnung ist. Wenn die Latenz-Probleme allerdings nur bei einem Ihrer Geräte auftreten und nicht bei allen, die mit demselben Netzwerk verbunden sind, und wenn ein Neustart des betroffenen Geräts keine Besserung bringt, kann es sein, dass es in irgendeiner Form durch Schadsoftware beeinträchtigt wurde.

Wenn Ihr Gerät über ein Kabel mit dem Netzwerk verbunden ist, tauschen Sie das Kabel zunächst aus und probieren Sie es mit einem neuen. Wenn das Problem dann verschwindet, war die Ursache sehr wahrscheinlich eine schadhafte Kabelverbindung.

Verbindungsprobleme und Buffering

Ein Symptom für Verbindungsprobleme, das leicht und ohne viel technisches Vorwissen festzustellen ist, sind lange Buffering-Zeiten, das heißt, dass beim Streamen von Videos aus dem Internet das Bild einfriert, bis die nächsten Bildframes geladen sind (siehe Abbildung 12.5). Alle haben ab und zu mit Buffering zu kämpfen, aber wenn Sie früher bei einer Verbindung keine Probleme hatten, nun aber ständig davon geplagt werden, oder wenn nur ein einziges Gerät betroffen ist, das diese Verbindung nutzt, und andere nicht, können dies Hinweise auf ein angegriffenes System sein.

Abbildung 12.5: Am Kreis in der Mitte lässt es sich erkennen: Hier kommt ein Video-Stream mit dem Laden nicht hinterher.

Wenn das Gerät über ein Kabel mit dem Netzwerk verbunden ist, sollten Sie zunächst überprüfen, ob das Kabel vielleicht beschädigt ist und dadurch die Probleme verursacht werden.

Probleme dieser Art können auch ein Anzeichen dafür sein, dass Sie einen blinden Passagier in Ihrer Internetverbindung haben, der unerlaubt mitsurft. Auch das ist eine Art Cyberangriff.

Geänderte Geräteeinstellungen

Wenn Sie bemerken, dass sich einige der Einstellungen Ihrer Geräte verändert haben und Sie sich absolut sicher sind, dass Sie diese Änderungen nicht selbst vorgenommen haben, kann dies ein Anzeichen für Gefahr sein.

Selbstverständlich gibt es auch Software, die Einstellungen verändert (eher auf klassischen Computern, weniger bei Smartphones), weshalb es möglich ist, dass auch diese Änderungen einen rechtmäßigen Ursprung haben. Die meisten Softwarepakete nehmen allerdings keine Änderungen vor, ohne Sie darüber zu benachrichtigen. Wenn die Änderungen von erheblichem Umfang sind, ist Vorsicht geboten.

Versand und Empfang seltsamer E-Mails

Wenn Ihnen Ihre Freunde oder Kollegen berichten, dass sie E-Mails von Ihnen erhalten haben, die Sie nicht verschickt haben, ist mit großer Wahrscheinlichkeit etwas faul. Das gilt insbesondere für den Fall, wenn die Nachrichten wie Spam aussehen. Umgekehrt gilt: Wenn Sie E-Mails erhalten, von denen der Absender behauptet, sie nicht geschickt zu haben, könnte auch ein Sicherheitsproblem vorliegen.

Bedenken Sie, dass es viele Gründe dafür geben kann, dass Spam-Nachrichten auftauchen, die scheinbar von Ihnen stammen. Es können auch Angriffe auf andere Systeme abgesehen von Ihren eigenen Geräten und Konten dafür verantwortlich sein.

Versand und Empfang seltsamer Textnachrichten

Wenn Ihre Freunde oder Kollegen Ihnen sagen, dass sie SMS oder andere Smartphone-Textnachrichten von Ihnen bekommen haben, die Sie nicht verschickt haben, könnte Ihr Smartphone gehackt worden sein. Ebenso können Nachrichten von Personen, die diese nie gesendet haben, ein Anzeichen dafür sein, dass bei denen ein Sicherheitsleck besteht.

Neue und unbekannte Software

Wenn auf Ihrem Gerät plötzlich Apps oder Programme erscheinen, die Sie nicht installiert haben, könnte das ein Anzeichen für ein Sicherheitsproblem sein. Bei einigen mobilen Geräten installieren die Anbieter zwar selbst manchmal bestimmte Apps, ohne dass Sie etwas davon erfahren, in jedem Fall sollten Sie sich die Sache näher anschauen, wenn auf einen Schlag neue Apps auftauchen. Suchen Sie über Ihre Lieblingssuchmaschine nach den Apps und lesen Sie nach, wie vertrauenswürdige Computertechnik-Websites sie bewerten. Wenn diese Anwendungen bei niemandem sonst auf den Geräten erscheinen, könnten Sie ein ernsthaftes Problem haben.

Bedenken Sie, dass Installationsroutinen eines Programms manchmal auch andere Anwendungen installieren. Es geschieht beispielsweise recht häufig, dass Programme, die den Nutzern gratis angeboten werden, weitere Programme installieren, um für diese Werbung zu machen. In der Regel fragen die Installationstools noch nicht einmal um Erlaubnis, ob sie die anderen Programme installieren dürfen. Meist ist lediglich ein unscheinbares Häkchen gesetzt, wodurch die weitere Software installiert wird.

Denken Sie immer daran: Wenn Sie jemand anders an Ihren Computer gelassen haben, ist es möglich, dass derjenige dort etwas installiert hat (seriös oder unseriös).

Akkuprobleme und Hitzeentwicklung

Wenn auf Ihrem Gerät im Hintergrund Schadsoftware läuft, verbraucht sie Energie und führt womöglich dazu, dass sich der Akku Ihres Laptops, Ihres Smartphones oder Tablets schneller entlädt. Malware ist auch eine Belastung für den Prozessor Ihres Geräts und kann dazu führen, dass sich Ihr Gerät schneller aufheizt als zuvor. Wenn die eingebauten Lüfter lauter sind und häufiger anspringen als früher oder Ihr Gerät spürbar wärmer wird, könnte Ihr Gerät infiziert sein.

Veränderte Dateien

Wenn sich die Inhalte von Dateien verändert haben, ohne dass Sie sie wissentlich verändert haben und ohne dass Sie Software nutzen, von der Sie erwarten, dass sie die Dateien verändert, könnte etwas faul sein. Wenn jemand anders auf Ihren Computer und auch auf die veränderten Dateien Zugriff hatte, sollten Sie denjenigen zunächst darauf ansprechen, bevor Sie Malware oder Hackern die Schuld geben. Vielleicht hat derjenige ja etwas an Ihren Dateien verändert.

Gleiches gilt für fehlende Dateien. Wenn Dateien verschwinden, ohne dass Sie sie gelöscht haben und ohne dass Sie Software einsetzen, die Dateien löscht, liegt hier womöglich etwas im Argen. Selbstverständlich können auch technische Fehler oder menschliches Fehlverhalten der Grund für verschwundene Dateien sein – und wenn Sie jemand anders an Ihren Computer lassen, ist er vielleicht der Schuldige.

Ungewöhnliche Darstellung von Websites

Wenn jemand Malware auf Ihrem Gerät eingeschleust hat, wodurch Ihr Gerät als *Proxy* verwendet wird, kann dies dazu führen, dass manche Webseiten anders dargestellt werden. Proxy bedeutet hier, dass sich die Schadsoftware zwischen Ihrem Browser und dem Internet eingeklinkt hat und die Kommunikation dazwischen weiterleitet (und dabei die Inhalte der Kommunikation mitliest und eventuell sogar manipuliert).

Unerwarteter Proxy-Server

Wenn Ihr Gerät als Proxy eingestellt wurde, könnte es sein, dass hier ein Unbefugter die Daten mitlesen möchte, die auf Ihrem Gerät empfangen und von Ihrem Gerät gesendet werden. Er könnte auch versuchen, die Inhalte Ihrer Sitzung zu verändern oder sie gleich komplett zu kapern. Es gibt seriöse Programme, die Proxy-Server konfigurieren, allerdings sollten diese Proxy-Informationen angezeigt werden, sobald die Software installiert und erstmals ausgeführt wird. Wenn sie auftauchen, nachdem Sie auf einen fragwürdigen Link geklickt oder ein Programm aus einer wenig vertrauenswürdigen Quelle heruntergeladen haben, haben Sie womöglich ein Problem.

In Abbildung 12.6 sehen Sie die normalen Einstellungen für Proxy-Server in Windows 11. Wenn da etwas steht, was Sie nicht selbst eingegeben hatten, besteht Handlungsbedarf.

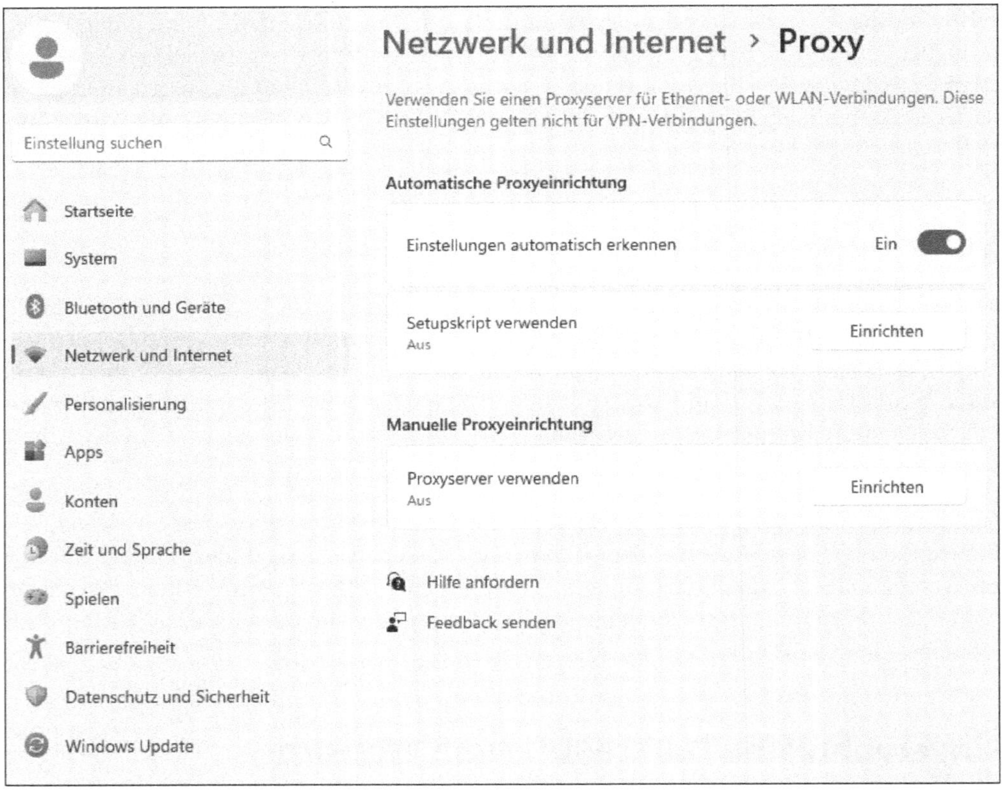

Abbildung 12.6: Die Proxy-Einstellungen in Windows 11

Fehlerhafte Programme und Apps

Wenn Apps oder Programme, die bisher einwandfrei auf Ihrem Gerät funktioniert haben, auf einmal Mätzchen machen, könnte dies ein Anzeichen dafür sein, dass Malware oder ein Proxy hier sein Unwesen treibt und die Funktionalität der Anwendungen beeinträchtigt.

Wenn die Probleme direkt nach einem Update Ihres Betriebssystems auftreten, ist es sehr viel wahrscheinlicher, dass das Update und nicht Schadsoftware der Grund für das seltsame Verhalten ist.

Deaktivierte Sicherheitsprogramme

Wenn die Sicherheitssoftware, die normalerweise auf Ihrem Gerät läuft, plötzlich deaktiviert, entfernt oder so konfiguriert wurde, dass sie bestimmte Probleme ignoriert, könnte dies ein Zeichen dafür sein, dass ein Hacker in Ihr Gerät eingedrungen ist und die Verteidigungsmechanismen abgeschaltet hat, damit er bei seinen Machenschaften nicht gestört wird und Sie keine Warnmeldungen erhalten, während er sein Unwesen treibt.

Erhöhter Datenverbrauch und Anzahl der SMS

Wenn Sie bemerken, dass der Datenverbrauch Ihres Smartphones oder die Menge der SMS größer ist als erwartet, insbesondere wenn dieser Anstieg direkt nach einem verdächtigen Ereignis erfolgt, könnte dies ein Anzeichen dafür sein, dass Malware Daten von Ihrem Gerät auf ein anderes überträgt. Sie können sogar pro App Ihren Datenverbrauch überprüfen. Wenn eine App gemessen an ihrem Funktionsumfang unverhältnismäßig viele Daten nutzt, könnte ein Problem vorliegen.

Wenn Sie eine App über die Plattform eines Drittanbieters installiert haben, können Sie versuchen, die App zu löschen und sie aus einer vertrauenswürdigen Quelle neu zu installieren. Bedenken Sie dabei allerdings, dass eine Neuinstallation der Anwendung das Problem nicht immer behebt, wenn sich auf Ihrem Gerät tatsächlich eine Schadsoftware befindet. Selbst wenn die App ursprünglich die Quelle der Infektion war, könnte sich die Malware bereits ausgebreitet haben.

Erhöhter Netzwerkverkehr

Wenn Sie bei der Überprüfung der Netzwerkauslastung Ihres Geräts – über WLAN oder Netzwerkkabel – höhere Aktivitäten als normal bemerken, könnte dies ein Zeichen dafür sein, dass Schadsoftware Daten von Ihrem Gerät auf andere überträgt, insbesondere dann, wenn der Anstieg direkt nach einem verdächtigen Vorfall erfolgt.

Bei manchen Systemen können Sie die Datennutzung für jede App überprüfen. Wenn eine oder mehrere Apps mehr Daten verbrauchen, als Sie bei ihrer Funktionalität erwarten würden, könnte etwas faul sein. Versuchen Sie die Neuinstallation der Anwendung aus einer vertrauenswürdigen Quelle, wenn Sie sie aus einer weniger vertrauenswürdigen Quelle heruntergeladen hatten. Wenn sich wirklich Malware auf dem Gerät befindet, bringt die frische Installation aber womöglich keine Besserung, auch wenn die App die Quelle der Infektion war.

Installieren Sie ein Programm zur Bandbreitenüberwachung auf dem betroffenen Gerät. Damit finden Sie heraus, wie viele Daten Ihr Computer und jedes Programm verbraucht.

Ungewöhnliche geöffnete Ports

Computer und andere Geräte, die mit dem Internet verbunden sind, kommunizieren über virtuelle Ports. Kommunikation für verschiedene Anwendungen gelangt über verschiedene Ports auf Ihr Gerät. Die Ports sind durchnummeriert und die allermeisten von ihnen sollten immer *geschlossen* sein, das heißt keine Kommunikation hineinlassen.

Wenn Ports, die auf Ihrem Computer normalerweise geschlossen sind, plötzlich geöffnet sind und Sie keine Software installiert haben, die diese Ports nutzt, ist das in aller Regel ein Hinweis auf ein Problem. Wenn Sie ein Windows-Gerät nutzen und sich ein bisschen mit Netzwerken auskennen, können Sie den Befehl `netstat` über die Kommandozeile eingeben, um herauszufinden, welche Ports gerade geöffnet sind und welche Verbindungen auf Ihrem Gerät eingehen.

Häufige Systemabstürze

Wenn Ihr Computer, Ihr Tablet oder Ihr Smartphone auf einmal anfängt, häufiger abzustürzen als in der Vergangenheit, könnte Schadsoftware ein Grund dafür sein. Wenn Sie gerade erst Ihr Betriebssystem aktualisiert haben, ist vermutlich das Upgrade der Grund für das Problem.

Wenn Sie häufiger den allseits gefürchteten blauen Bildschirm (siehe Abbildung 12.7) oder andere Meldungen zu Gesicht bekommen, die Ihnen mitteilen, dass es auf Ihrem Computer einen so großen Fehler gegeben hat, dass er neu gestartet werden muss, haben Sie ein Problem. Das kann technischer Natur sein, es kann aber auch durch Schadsoftware oder Hacker verursacht werden.

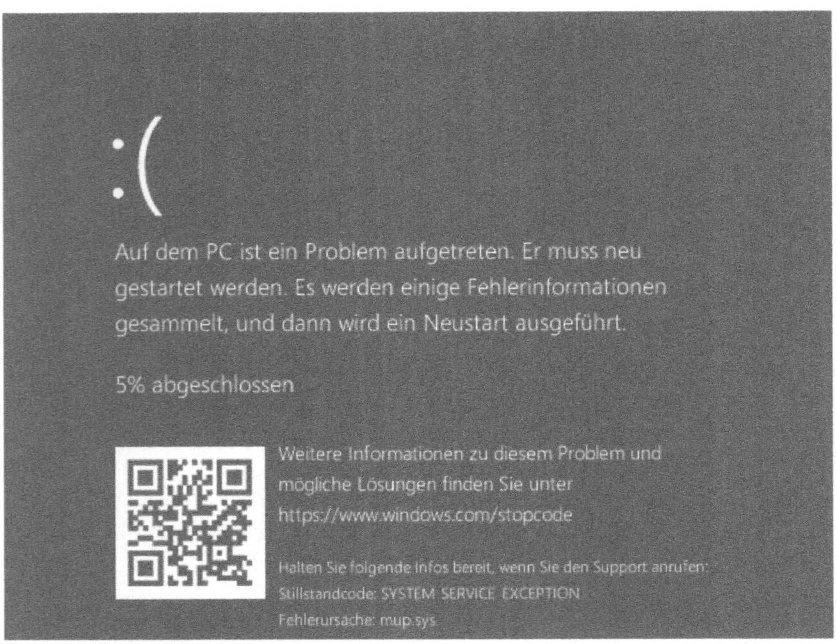

Abbildung 12.7: Die moderne Version des blauen Bildschirms nach einem Absturz

Ungewöhnlich hohe Telefonrechnung

Es ist bekannt, dass Kriminelle Smartphones hacken, um damit teure Ferngespräche zu führen, und Ihr Gerät dabei als Proxy verwenden. Die Gauner können auch ein gehacktes Gerät nutzen, um damit SMS an internationale Telefonnummern zu versenden. Es gibt vielfältige Möglichkeiten, wie die Kriminellen ein Handy für ihre Zwecke ausnutzen können.

Zugriffsanforderung durch unbekannte Programme

Die meisten Sicherheitssoftwarepakete für Computer warnen den Benutzer, sobald ein Programm erstmals versucht, auf das Internet zuzugreifen. Wenn Sie derartige Warnungen erhalten und das Programm nicht kennen, das Zugriff verlangt, oder Sie das Programm kennen, aber nicht verstehen, warum es Internetzugriff benötigen sollte (zum Beispiel die Rechner-App oder der Editor von Windows), dann ist womöglich etwas nicht ganz in Ordnung.

Aktivierung externer Geräte

Wenn eines oder mehrere Ihrer externen Eingabegeräte (wie Kameras, Scanner oder Mikrofone) sich unerwartet einschalten (beispielsweise, wenn Sie sie gar nicht benutzen), kann dies ein Hinweis darauf sein, dass Malware oder Hacker mit den Geräten kommunizieren oder sie gerade irgendwie verwenden. Es sind Angriffe bekannt, bei denen Kriminelle Kameras aus der Ferne eingeschaltet haben, um Personen auszuspionieren.

Wer hat die Kontrolle über Ihr Gerät?

Menschen mit bösen Absichten kapern manchmal Computer und verwenden sie aus der Ferne, als würden sie direkt davorsitzen. Wenn Sie bemerken, dass sich Ihr Gerät so verhält, als würde jemand es steuern – beispielsweise bewegt sich der Mauszeiger oder es werden Tastatureingaben vorgenommen, obwohl Sie Maus beziehungsweise Tastatur gerade gar nicht verwenden –, ist dies womöglich ein Anzeichen dafür, dass irgendwer die Kontrolle über Ihren Computer übernommen hat.

Neue Standardsuchmaschine

Als ein Bestandteil von Angriffen ändern Hacker manchmal die Standardsuchmaschine, die zum Browsen im Internet verwendet wird. Wenn sich die Standardsuchmaschine in Ihrem Webbrowser geändert hat, Sie diese Änderung aber selbst gar nicht vorgenommen haben, ist möglicherweise ein Hacker dafür verantwortlich. Sollten Sie etwas Derartiges bemerken, empfehle ich Ihnen, einen Blick auf die Standard-Apps bei Ihren Windows-Einstellungen zu werfen und diese auf Werkseinstellungen zurückzusetzen. (In Windows 11 überprüfen Sie die Standard-Apps wie in Abbildung 12.8 gezeigt.)

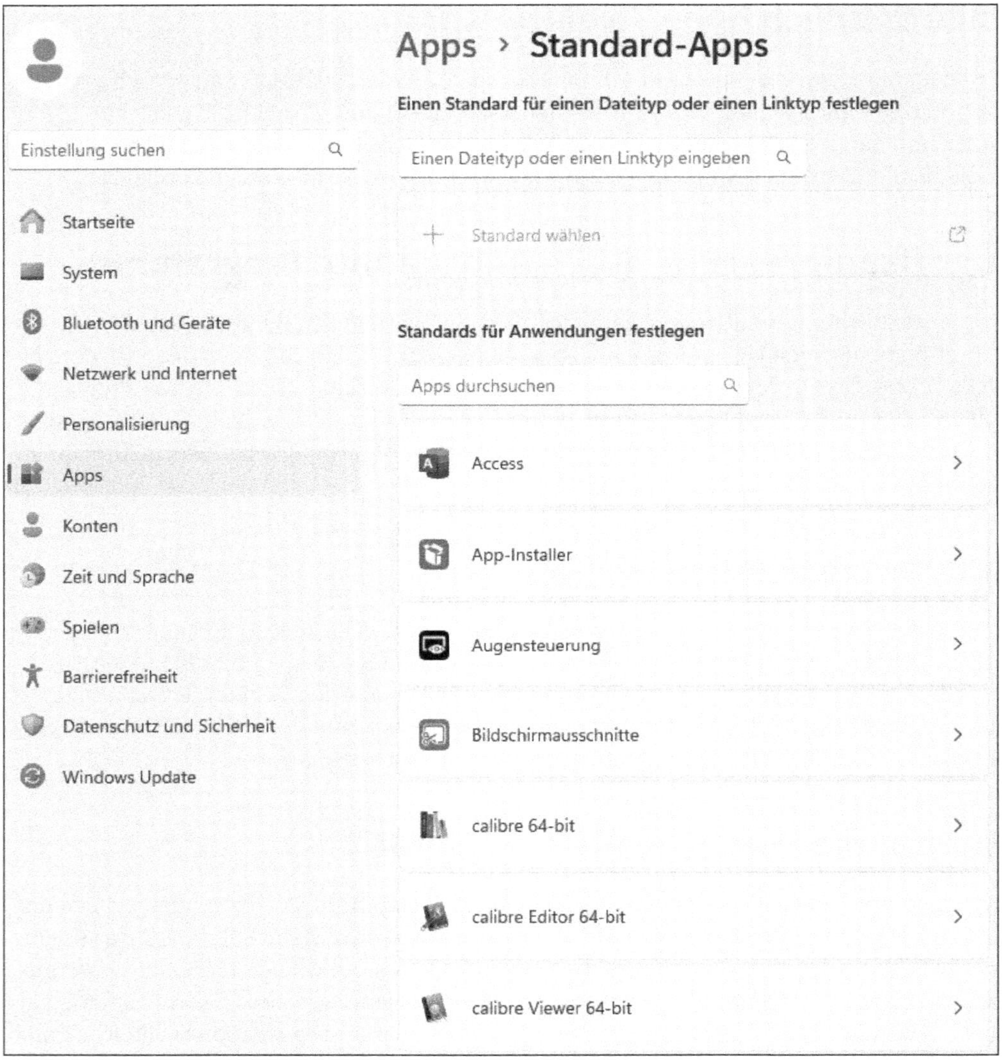

Abbildung 12.8: Das Einstellungsfenster für Standard-Apps bei Windows 11

Geändertes Gerätepasswort

Wenn sich das Passwort geändert hat, mit dem Sie sich bei Ihrem Smartphone, Ihrem Tablet oder Ihrem Computer anmelden, und Sie die Änderung nicht selbst vorgenommen haben, ist der Grund dafür meist ein schwerwiegenderes Problem.

Aufdringliche Popups

Popup-Fenster, die auf Ihrem Computer erscheinen, wenn Sie gerade keinen Webbrowser verwenden, sind immer ein Warnsignal. Gleiches gilt für Popups, die Ihnen ans Herz legen, »Sicherheitssoftware« zu erwerben oder Websites mit zweifelhaftem Ruf zu besuchen.

Verschiedene Arten von Schadsoftware machen sich in Form von Popup-Fenstern bemerkbar, die den Nutzer zu einer bestimmten Handlung auffordern (siehe Abbildung 12.9). Wenn Sie so etwas sehen, seien Sie wachsam. Malware dieser Art ist häufig auf Laptops oder Desktop-Computern anzutreffen, aber es gibt sie auch für Smartphones.

Abbildung 12.9: Keine Sorge, Ihr Computer ist nicht infiziert. Diese Warnung soll Ihnen Angst einjagen, damit Sie eine falsche Sicherheitssoftware kaufen.

Neue Browser-Add-on

Über die Installation von neuen Browser-Add-ons , also Erweiterungen, sollten Sie informiert werden. Wenn sich ein Add-on ohne Ihr Wissen installiert hat, liegt vermutlich ein Problem vor. Manche Arten von Schadsoftware gelangen beispielsweise über verseuchte Browser-Symbolleisten auf Ihren Rechner. Überprüfen Sie die Add-ons in den Einstellungen Ihres Browsers. Wie das Verwalten von Add-ons im Firefox aussieht, sehen Sie in Abbildung 12.10.

Neue Browser-Startseite

Zu den verschiedenen Angriffsarten der Hacker gehört auch, dass sie die Startseite des Browsers ändern, den der Nutzer verwendet. Vorsicht ist geboten, wenn die Startseite Ihres Browsers ohne Ihr Zutun plötzlich eine ganz andere ist.

Blockierung von E-Mails durch Spamfilter

Wenn Ihre E-Mails ihre beabsichtigten Empfänger bisher immer problemlos erreicht haben und auf einmal von Spamfiltern blockiert werden, ist dies womöglich ein Anzeichen dafür, dass sich jemand an Ihrer E-Mail-Konfiguration zu schaffen gemacht hat. Ihre Nachrichten könnten über einen Server geleitet werden, der es dem Übeltäter ermöglicht, Ihre E-Mails mitzulesen, zu blockieren oder sogar zu verändern. Das stufen die Sicherheitssysteme der Empfänger dann häufig als problematisch ein.

Abbildung 12.10: Die Add-on-Verwaltung in Firefox

Zugriff auf problematische Websites

Nehmen wir einmal an, Sie nutzen Ihren Computer, Ihr Tablet oder Smartphone in einem Netzwerk, das bekanntermaßen problematische Seiten und Netzwerke blockiert (viele Unternehmen, Organisationen und Behörden setzen derartige Technologien für ihre Netzwerke ein). Wenn Sie dann auf einmal feststellen, dass Ihr Gerät ohne Ihr Wissen versucht hat, auf diese fragwürdigen Seiten zuzugreifen, könnte Ihr Gerät gehackt worden sein.

Ungewöhnliche Unterbrechungen

Wenn Telefonate auf Ihrem Smartphone unterbrochen werden, Sie trotz guter Signalstärke keinen Anruf tätigen können oder wenn Sie während Ihrer Gespräche seltsame Geräusche hören, könnte etwas im Argen liegen. In den meisten Fällen sind diese Symptome auf technische Fehler zurückzuführen und haben nichts mit Hacking zu tun. In einigen Fällen kann aber ein Sicherheitsvorfall Grund für diese Schwierigkeiten sein. Sollten Sie also entsprechende Symptome bemerken, kurz nachdem Sie etwas getan haben, das Sie jetzt infrage stellen oder bereuen, sollten Sie sich überlegen, ob Sie Abhilfemaßnahmen ergreifen müssen (siehe Kapitel 13).

Geänderte Spracheinstellungen

Es kommt sehr selten vor, dass Menschen die Spracheinstellungen ihrer Computer nach der ersten Einrichtung ändern und nur wenige Softwarepakete tun dies. Wenn Ihr Computer daher auf einmal Menüs oder Meldungen in einer fremden Sprache anzeigt oder eine Sprache anbietet, die Sie selbst nie installiert haben, liegt vermutlich ein Problem vor.

Unerklärliche Geräteaktivitäten

Wenn sich im Gesendet-Ordner Ihres E-Mail-Kontos Nachrichten befinden, die Sie nie verschickt haben, wurde Ihr Gerät oder Ihr E-Mail-Konto wahrscheinlich gehackt. Ähnliches gilt für Ihren Downloads-Ordner: Wenn dort Dateien auftauchen, die Sie nicht heruntergeladen haben, war es eventuell jemand anders.

Unerklärliche Online-Aktivitäten

Wenn auf Ihrem Social-Media-Profil Beiträge erscheinen, die Sie nicht veröffentlicht haben und die auch keine App mit entsprechender Berechtigung gepostet haben kann, haben Sie es ganz eindeutig mit einem sicherheitsrelevanten Vorfall zu tun. Vielleicht ist Ihr Konto geknackt worden und Ihre Geräte sind weiterhin geschützt, vielleicht ist aber auch eines Ihrer Geräte gehackt worden und wurde somit zum Einfallstor für den unbefugten Zugang zu Ihrem Konto. Aufpassen sollten Sie auch, wenn in der Liste der bisher gemieteten Filme und Serien bei Ihrem Streamingdienst Medien angezeigt werden, die Sie selbst nie bestellt haben, oder wenn Käufe in der Bestellhistorie bei einem Online-Händler auftauchen, die Sie nie getätigt haben. Und so weiter und so fort.

Plötzliche Neustarts

Zwar sind Neustarts ein integraler Bestandteil vieler Betriebssystemupdates, allerdings sollten sie nicht außer der Reihe vorkommen. Wenn Ihr Gerät ohne Ihre Veranlassung regelmäßig neu startet, läuft da etwas falsch. Die einzige Frage ist dann noch, ob das Problem technischer Natur ist oder ob ein Sicherheitsvorfall Grund für das seltsame Verhalten ist.

Bekanntes Datenleck

Wenn Sie wissen, dass Ihre Daten Teil eines Lecks sind, sollten Sie dem Problem selbstverständlich auf den Grund gehen. Dazu gehört, dass Sie nach irgendwie gearteten Problemen auf all Ihren Geräten – Smartphones, Tablets und Computern – suchen.

Weiterleitung zur falschen Website

Sollten Sie sich absolut sicher sein, dass Sie die richtige Internetadresse eingegeben haben und trotzdem zur falschen Website geleitet werden, liegt da etwas im Argen. Das Problem kann ein Zeichen für ein Sicherheitsleck an anderer Stelle sein, es kann aber auch bedeuten, dass Ihr Gerät betroffen ist. Wenn die Fehlleitung nur bei einem bestimmten Gerät und nicht bei anderen Geräten in demselben Netzwerk vorkommt, ist es sehr wahrscheinlich, dass dieses Gerät angegriffen wurde. Auf keinen Fall sollten Sie sensible Aufgaben (wie das Anmelden auf einer Website) auf einem Gerät erledigen, das Sie falsch weiterleitet.

Ein brennendes Festplattenlämpchen

Wenn das Lämpchen Ihrer Festplatte durchgängig oder nahezu durchgängig leuchtet, könnte es sein, dass Schadsoftware auf Ihrer Festplatte gerade ihr Unwesen treibt. Es gibt selbstverständlich auch gute Gründe dafür, warum das Lämpchen auch bei Nichtbenutzung des Computers mal angeht (und dann auch aus legitimen Gründen länger leuchtet). Wenn dies also der einzige Hinweis auf ein Problem ist, geraten Sie nicht in Panik.

Anderes abnormales Verhalten

Es ist völlig unmöglich, alle erdenklichen Symptome aufzulisten, die durch Malware verursacht werden. Wenn Sie sich also klar machen, dass Sie ein potenzielles Ziel für Angriffe sind und dass abweichendes Verhalten Ihrer Geräte ein Hinweis auf mögliche Probleme sein kann, erhöhen Sie die Chancen, dass Sie es bemerken, wenn etwas nicht in Ordnung ist. Dann können Sie auch angemessen auf einen Vorfall reagieren.

IN DIESEM KAPITEL

Nach einem Hack auf die Beine kommen

Mit einem Datenleck umgehen

Kapitel 13
Nach einem Sicherheitsvorfall

Es ist passiert. Ihr Computer ist gehackt worden oder Ihre persönlichen Daten waren Teil eines Datenlecks bei einem Anbieter, der Informationen von Ihnen gespeichert hat. Was nun? In diesem Kapitel erfahren Sie, was Sie in diesen Situationen unternehmen sollten.

Vorsicht ist besser als Nachsicht

Der beste Tipp für den Umgang mit einem Vorfall ist immer noch dieser: Es gibt keinen besseren Schutz als gute Prävention. Mit keinen noch so guten Abhilfemaßnahmen nach einem Vorfall können Sie dasselbe Schutzniveau erreichen, wie Sie es mit geeigneten Vorbeugemaßnahmen schaffen.

Wenn Sie den verschiedenen Empfehlungen und Anweisungen zum Schutz Ihrer elektronischen Schätze in diesem Buch gefolgt sind, stehen Sie bei einem Vorfall weit besser da als bei Nichtbeachtung. Vorbeugung hilft Ihnen nicht nur beim Umgang mit einem Vorfall, sondern sorgt auch dafür, dass Sie ihn überhaupt erst entdecken. Ohne vorbeugende Maßnahmen merken Sie unter Umständen nicht einmal, dass es ein sicherheitsrelevantes Ereignis gegeben hat, geschweige denn gelingt es Ihnen, den Angriff einzudämmen und zu beenden. (Wenn Sie sich nicht sicher sind, ob ein Vorfall eingetreten ist, der Ihre Cybersicherheit bedroht, lesen Sie Kapitel 12.)

Ruhig und besonnen handeln

Es ist eine völlig normale menschliche Reaktion, wenn Sie nach einem Cybervorfall wütend oder aufgeregt sind, sich verletzt fühlen oder in Panik geraten. Um angemessen auf einen Vorfall zu reagieren, müssen Sie allerdings logisch und klar denken und in geordneter Weise reagieren. Atmen Sie einmal tief durch und sagen Sie sich, dass alles wieder in Ordnung kommt und dass selbst die erfolgreichsten Menschen und Unternehmen früher oder später von einem derartigen Angriff ereilt werden.

Handeln Sie nicht irrational. Versuchen Sie nicht, mit einer Google-Suche Lösungen für Ihr Problem zu finden. Es gibt im Internet sehr viele schlechte Ratschläge. Was noch viel schlimmer ist: Es gibt viele fingierte Internetseiten, die behaupten, Ihnen bei der Entfernung von Schadsoftware zu helfen, stattdessen aber Malware auf Ihren Computer einschleusen, sobald Sie auf diese Websites zugreifen. Laden Sie keinesfalls Sicherheitssoftware oder etwas Derartiges von fragwürdigen Seiten herunter.

Handeln Sie vor allem schnell, und zwar so schnell wie möglich. Unterbrechen Sie das, was Sie gerade tun, und konzentrieren Sie sich darauf, das Problem zu lösen. Beenden Sie alle Programme, die Sie gerade verwenden, speichern Sie Ihre offenen Dokumente und Ihre Arbeit ab (und sichern Sie sie auf einem Medium, das Sie vor der nächsten Benutzung auf Schadsoftware überprüfen) und machen Sie sich daran, den Status quo wiederherzustellen.

Wenn ein Vorfall eingetreten ist, ist die Zeit Ihr größter Feind. Je schneller Sie den Angreifer davon abhalten können, Ihre Dateien zu stehlen, Ihre Daten zu beschädigen oder weitere Geräte in Ihrem Netzwerk anzugreifen, desto größer sind Ihre Chancen auf Erfolg.

Einen Profi engagieren

Im Idealfall suchen Sie sich einen Cybersicherheitsexperten, der Ihnen beim Umgang mit dem Vorfall hilft. Dieses Buch gibt Ihnen zwar einen guten Leitfaden an die Hand, aber letztlich kann es die langjährige Erfahrung und die technischen Fähigkeiten eines Profis nicht ersetzen.

Holen Sie sich bei einer ernsten Computer- und Datenkrise einen Experten an Bord und handeln Sie nach derselben Logik wie in anderen Bereichen Ihres Lebens: Wenn Sie schwer erkranken, gehen Sie zum Arzt oder ins Krankenhaus. Wenn Sie verhaftet werden und eines Verbrechens angeklagt werden, nehmen Sie sich einen Anwalt. Und wenn das Finanzamt eine Steuerprüfung ankündigt, holen Sie sich Hilfe bei einem Steuerberater.

Maßnahmen ohne professionelle Unterstützung

Wenn Sie – aus welchen Gründen auch immer – keinen Profi engagieren können, sollten Sie die folgenden Schritte befolgen, die im Grunde genommen auch jeder Experte abarbeitet:

1. Finden Sie heraus, was passiert ist (oder gerade noch passiert).
2. Dämmen Sie den Angriff ein.
3. Beenden und beseitigen Sie den Angriff.

Schritt 1: Was ist passiert (oder passiert gerade)?

Finden Sie so viel wie möglich über den Angriff heraus, damit Sie entsprechend handeln können. Wenn ein Angreifer Dateien von Ihrem Computer auf ein anderes Gerät überträgt, sollten Sie die Verbindung Ihres Geräts zum Internet umgehend kappen.

Die meisten Privatanwender verfügen nicht über das technische Verständnis, um die Art des Angriffs angemessen analysieren und verstehen zu können – außer es handelt sich um einen offensichtlichen Angriff (siehe Kapitel 12). Sammeln Sie so viele Informationen wie möglich:

- ✔ Was ist passiert?
- ✔ Welche Informationssysteme und Datenbanken sind betroffen?
- ✔ Was könnten Kriminelle oder andere Übeltäter mit dem gestohlenen Material anfangen?
- ✔ Welche Daten und Programme sind betroffen?
- ✔ Wer – abgesehen von Ihnen selbst – könnte aufgrund des Vorfalls Gefahren ausgesetzt sein? (Dazu gehören auch mögliche Auswirkungen auf Ihren Arbeitgeber.)

Verbringen Sie nicht zu viel Zeit mit diesem Schritt. Sie müssen zügig handeln, nicht nur dokumentieren. Dennoch gilt: Je mehr Informationen Sie haben, desto größer die Chancen, dass Sie einen ähnlichen Angriff in der Zukunft verhindern können.

Wenn ein Angriff unbemerkt bleibt

Mangelndes Fachwissen des Durchschnittsnutzers in diesem Bereich ist nicht verwunderlich und auch keine Schande. Die meisten Unternehmen, die gehackt werden oder ein Datenleck haben, bemerken dies manchmal erst Monate, nachdem die Angreifer ihre Attacke begonnen haben! Und dabei verfügen viele dieser Unternehmen über ihre eigenen Sicherheitsspezialisten. Kaum zu glauben, aber Expertenschätzungen zufolge bemerken Unternehmen versteckte Sicherheitslücken erst nach sechs Monaten bis hin zu einem Jahr nach dem ersten Angriff.

Schritt 2: Den Angriff eindämmen

Isolieren Sie den Angreifer und sperren Sie ihn aus den angegriffenen Geräten aus. Zur Eindämmung gehören folgende Punkte:

- ✔ **Netzwerkverbindungen sofort unterbrechen:** Um die Netzwerkverbindungen aller Ihrer Geräte in einem Netzwerk zu beenden, schalten Sie den Router aus, indem Sie seine Stromzufuhr unterbrechen. Einfach ausgedrückt: Ziehen Sie den Stecker aus der

Wand. (*Hinweis*: In einer Unternehmensumgebung ist dieser Schritt meist nicht durchführbar.)

- ✔ **Ethernet-Kabel abstecken:** Ein Angriff auf Ihr Netzwerk kann sich allerdings bereits auf andere Geräte in Ihrem Netzwerk verbreitet haben. Wenn das der Fall ist, trennen Sie das Netzwerk vom Internet und trennen Sie jedes einzelne Gerät von Ihrem Netzwerk, bis Sie es auf Sicherheitsprobleme hin überprüft haben.
- ✔ **WLAN auf infiziertem Gerät deaktivieren:** Wie bereits erwähnt, kann sich ein Angriff bereits auf andere Geräte in dem Netzwerk ausgebreitet haben. Wenn dem so ist, trennen Sie das Netzwerk vom Internet und trennen Sie jedes Ihrer Geräte von Ihrem Netzwerk, indem Sie das WLAN am Router und an allen Zugangspunkten und nicht nur auf dem infizierten Gerät deaktivieren.
- ✔ **Mobilfunkverbindungen unterbrechen:** Mit anderen Worten: Aktivieren Sie den Flugmodus.
- ✔ **Bluetooth und NFC deaktivieren:** Beide Technologien sind kabellose Kommunikationstechnologien, die mit Geräten funktionieren, die sich in räumlicher Nähe befinden. Verbindungen darüber sollten blockiert werden, da die Möglichkeit besteht, dass sich Infektionen ausbreiten und Hacker von Gerät zu Gerät springen.
- ✔ **Zugriffsrechte entziehen:** Wenn Sie Ihr Gerät gemeinsam mit anderen nutzen und der Angreifer auf ein anderes Benutzerkonto als das Ihrige auf irgendeine Weise Zugriff erlangt hat, sollten Sie dem Konto vorübergehend jegliche Rechte entziehen.

Netzwerkverbindung trennen

Sie können die Internetverbindung trennen, indem Sie physisch den Router oder die Netzwerkverbindung ausstöpseln, Sie können aber auch die Verbindung auf Ihren Geräten deaktivieren. Um die Netzwerkverbindung eines Windows-Computers zu deaktivieren, wählen Sie in der App EINSTELLUNGEN die Kategorie NETZWERK UND INTERNET. Klicken Sie im Bereich NETZWERKEINSTELLUNGEN ÄNDERN auf den Link ADAPTEROPTIONEN ÄNDERN. Das Fenster NETZWERKVERBINDUNGEN öffnet sich. Wählen Sie die betroffene Verbindung (oder eine nach der anderen) aus, klicken Sie mit der rechten Maustaste darauf und wählen Sie im Kontextmenü DEAKTIVIEREN.

Wenn Sie aus irgendeinem Grund auf Ihrem Gerät Zugang zum Internet benötigen, um die Aufräumarbeiten durchzuführen, trennen Sie die Internetverbindung zwischen allen anderen Geräten in Ihrem Netzwerk, um zu verhindern, dass sich der Angriff über Ihr Netzwerk auf Ihre anderen Geräte ausbreitet. Diese Vorgehensweise ist allerdings alles andere als ideal. Sie sollten das infizierte Gerät vom Rest der Welt trennen und nicht nur von Ihren anderen Geräten.

Schritt 3: Den Angriff beenden und beseitigen

Die Eindämmung eines Angriffs (siehe vorherigen Abschnitt) ist nicht dasselbe wie dessen Beendigung und Beseitigung. Schadsoftware, die sich auf einem infizierten Gerät befindet, ist auch noch da, wenn Sie das Gerät vom Internet getrennt haben. Dasselbe gilt für Schwachstellen, die von einem Hacker oder einer Schadsoftware ausgenutzt wurden, um die Kontrolle über Ihr Gerät zu erlangen. Sobald Sie den Angriff eingedämmt haben, müssen Sie Ihr System säubern. In den folgenden Abschnitten erfahren Sie, welche Schritte Sie unternehmen können.

Notfall-Bootmedium und abgesicherter Modus

Wenn Sie eine Notfall-Boot-DVD/CD oder einen USB-Stick haben, dann starten Sie damit Ihren Computer. Die meisten Nutzer haben eine derartige CD oder DVD meist nicht zur Hand. Wenn Sie keine haben, überspringen Sie diese Schritt-für-Schritt-Anweisung und gehen Sie zur nächsten.

1. **Entfernen Sie alle USB-Speichersticks, DVDs, CDs, Disketten (ja, die gibt es auch noch) und alle anderen externen Laufwerke von Ihrem Computer.**

2. **Legen Sie die Boot-Disk in das CD/DVD-Laufwerk oder stecken Sie den Boot-USB-Stick ein.**

3. **Schalten Sie Ihren Computer aus.**

4. **Warten Sie zehn Sekunden und drücken Sie dann den Ein-/Ausschalter, um Ihren Computer einzuschalten.**

5. **Wenn Sie einen Windows-Computer nutzen und er nicht von der CD (oder dem USB-Stick) startet, schalten Sie das Gerät aus und warten Sie zehn Sekunden. Starten Sie dann neu und drücken Sie dabei die BIOS-Starttaste (unterschiedliche Computer haben verschiedene Tasten, aber bei den meisten ist es eine F-Taste wie F1 oder F2), um damit in die BIOS-Einstellungen zu gelangen. Wählen Sie – wenn vorhanden – das CD/DVD-Laufwerk beziehungsweise den USB-Stick zum Booten aus, bevor Sie versuchen, von der Festplatte zu starten.**

6. **Verlassen Sie die BIOS-Einstellungen und starten Sie erneut.**

Wenn Sie einen Windows-PC verwenden, starten Sie Ihren Computer im *abgesicherten Modus*. Im abgesicherten Modus laufen beim Start des Systems nur die wichtigsten Systemdienste und Programme. So gelangen Sie in den abgesicherten Modus:

1. **Entfernen Sie alle USB-Speichersticks, DVDs, CDs, Disketten und alle anderen externen Laufwerke von Ihrem Computer.**

2. **Schalten Sie Ihren Computer aus.**

3. **Warten Sie zehn Sekunden und drücken Sie dann den Ein-/Ausschalter, um Ihren Computer einzuschalten.**

4. **Während Ihr Computer hochfährt, drücken Sie wiederholt die Taste F8 auf Ihrer Tastatur, um das Bootmenü aufzurufen.**

5. **Sobald Sie das Bootmenü sehen, wählen Sie die Option zur Aktivierung des abgesicherten Modus.**

Wenn Sie einen Mac-Computer benutzen, starten Sie ihn im *gesicherten Modus*. Der gesicherte Modus entspricht nicht ganz dem abgesicherten Modus von Windows. Macs starten immer mit aktivierter Netzwerkverbindung. Trotzdem ist der gesicherte Modus besser als ein normaler Systemstart. Gehen Sie wie folgt vor:

1. **Entfernen Sie alle USB-Speichersticks, DVDs, CDs, Disketten und alle anderen externen Laufwerke von Ihrem Computer.**

2. **Schalten Sie Ihren Computer aus.**

3. **Warten Sie zehn Sekunden und drücken Sie dann den Ein-/Ausschalter, um Ihren Computer einzuschalten.**

4. **Während Ihr Computer hochfährt, halten Sie die ⇧-Taste auf Ihrer Tastatur gedrückt.**

Ältere Macs (Betriebssystemversionen 6–9) starten in einem Superuser-Modus ohne Erweiterungen, wenn der Nutzer während des Startens die ⇧-Taste gedrückt hält. Die Empfehlung, im gesicherten Modus zu starten, gilt nur für Macs mit einem neueren Betriebssystem.

Sicherungskopie erstellen

Hoffentlich können Sie diesen Abschnitt ignorieren, weil Sie meine Ratschläge im Kapitel über Backups (Kapitel 14) beherzigt haben. Wenn Sie aber Ihre Daten nicht vor Kurzem gesichert haben, sollten Sie dies jetzt tun. Mit einer Sicherungskopie eines gehackten Geräts werden Sie womöglich nicht alle Ihrer Daten retten können (da einige bereits beschädigt sein könnten oder fehlen), aber wenn Sie kein Backup haben, machen Sie jetzt eines. Am sinnvollsten ist es, wenn Sie Ihre Dateien auf einen externen USB-Speicherstick kopieren, den Sie nicht an andere Geräte anschließen, bevor Sie ihn nicht gründlich mit einer Sicherheitssoftware überprüft haben.

Unnötige Dateien löschen (optional)

An diesem Punkt können Sie Dateien löschen, die Sie nicht mehr brauchen. Dazu gehören auch temporäre Dateien, die irgendwann zu Dauergästen geworden sind (eine Liste dieser Dateien finden Sie in Kapitel 14 zum Thema Backups).

Sie fragen sich womöglich, warum Sie ausgerechnet jetzt Dateien löschen sollten. Es ist ohnehin ratsam, regelmäßige Wartungsmaßnahmen durchzuführen und da Sie jetzt gerade sowieso Ihren Computer säubern, ist der Zeitpunkt günstig. Je weniger die Sicherheitssoftware scannen und analysieren muss, desto schneller ist sie damit fertig. Außerdem versteckt sich Schadsoftware gerne in temporären Dateien, daher entfernen Sie unter Umständen auch gleich etwas Malware.

Windows-Nutzer können temporäre Dateien ganz leicht über das integrierte Datenträgerbereinigungs-Tool löschen:

1. **In Windows 10 oder 11 suchen Sie im Suchfeld in der Taskleiste nach `Datenträgerbereinigung` und wählen Sie die entsprechende App aus.**
2. **Wählen Sie das Laufwerk aus, das Sie bereinigen möchten, und klicken Sie auf OK.**
3. **Wählen Sie anschließend die Dateitypen aus, die Sie loswerden möchten, und klicken Sie auf die Schaltfläche OK.**
4. **Bestätigen Sie die Löschung der Dateien.**

Sicherheitssoftware laufen lassen

Ich hoffe, dass Sie auf Ihrem Gerät bereits Sicherheitssoftware installiert haben. Wenn das der Fall ist, führen Sie einen vollständigen Systemscan durch.

Eine Warnung ist an dieser Stelle angebracht: Sicherheitssoftware, die auf einem angegriffenen Gerät läuft, könnte selbst beeinträchtigt oder machtlos gegenüber der Bedrohung sein (schließlich ist der Vorfall trotz Sicherheitstool eingetreten).

Auch wenn bei diesem Scan keine Bedrohungen gefunden werden, ist es ratsam, ein Sicherheitstool von einer bootfähigen CD oder einem USB-Stick oder – bei manchen Produkten – von einem anderen Computer in Ihrem Heimnetzwerk laufen zu lassen.

Nicht alle Sicherheitssoftwarepakete erwischen alle Malware-Varianten. Sicherheitsexperten, die ein Gerät säubern, lassen daher oft Sicherheitssoftware verschiedener Hersteller über ein Gerät laufen.

Wenn Sie einen Mac haben (der im gesicherten Modus mit Netzwerkverbindungen startet), installieren Sie die Sicherheitssoftware-Updates, bevor Sie eine vollständige Systemüberprüfung durchführen.

Schadsoftware oder Angreifer können Dateien zu einem System hinzufügen, Dateien entfernen oder verändern. Sie können auch Ports öffnen. Sicherheitssoftware sollte alle diese Szenarien berücksichtigen. Schauen Sie sich die Berichte an, die von der Software nach der Überprüfung erstellt werden, und schauen Sie sich an, was entfernt oder repariert wurde. Diese Informationen könnten wichtig sein, wenn Programme beispielsweise nach einer Bereinigung nicht mehr funktionieren. (Sie müssen unter Umständen Programme neu installieren, bei denen Dateien aufgrund der Malware-Infektion entfernt wurden.) E-Mail-Datenbanken müssen womöglich wiederhergestellt werden, wenn Schadsoftware in E-Mails gefunden wurde und die Sicherheitssoftware nicht in der Lage war, den Schaden vollständig zu beseitigen.

Die Informationen in den Berichten der Sicherheitssoftware können sich auch als nützlich für einen Cybersicherheitsexperten oder IT-Profi herausstellen, wenn Sie später einen hinzuziehen. Die Berichte können Ihnen ebenfalls Hinweise darauf geben, wo der Angriff begonnen und was ihn ermöglicht hat. Das kann Ihnen dabei helfen, eine Wiederholung des Vorfalls zu vermeiden.

Sicherheitstools spüren häufig Dinge auf, die den Schutz Ihrer Privatsphäre beeinträchtigen könnten oder Werbung beinhalten. Sie erhalten beispielsweise Warnungen Ihrer Sicherheitssoftware, dass Tracking-Cookies oder Adware entdeckt wurde. Keins von beidem stellt ein ernsthaftes Problem dar, aber vielleicht möchten Sie die Adware lieber entfernen, weil die Werbung Sie nervt. In vielen Fällen können Sie bei Software gegen Zahlung einer Gebühr auf eine werbefreie Version umsteigen. Wenn es also darum geht, nach einem Cyberangriff wieder auf die Beine zu kommen, stehen diese Dinge nicht wirklich an erster Stelle auf der Prioritätenliste.

Manchmal informiert Sie Ihre Sicherheitssoftware darüber, dass Sie ein Add-on ausführen müssen, um eine Tiefenreinigung Ihres Systems vorzunehmen. Die Hersteller erklären dies meist damit, dass es Viren oder andere Schadsoftware gibt, die sehr schwer zu entdecken sind und die herkömmliche Virenscanner nicht immer entdecken. Wenn Sie von Ihrem Tool eine derartige Meldung bekommen, dann sollten Sie den Rat befolgen, aber achten Sie unbedingt darauf, dass Sie die zusätzliche Komponente von der offiziellen und seriösen Quelle beziehen. Laden Sie sich niemals eine Scanner-Software herunter, wenn die Aufforderung dazu nicht das Ergebnis eines Scanvorgangs Ihrer bereits installierten Software ist. Es gibt viele fingierte Popups, die Sie zum Download von »Sicherheitssoftware« verleiten wollen, bei denen Sie sich aber nur weitere Schadsoftware einfangen.

Beschädigte Software neu installieren

Softwarepakete, von denen Sie wissen, dass sie von einem Angriff betroffen waren, sollten Sie deinstallieren und dann frisch neu installieren. Selbst wenn die Sicherheitssoftware das Problem scheinbar beseitigt hat. Wenn Sie das tun, achten Sie – wie immer – darauf, dass Sie die Software aus einer seriösen Quelle neu herunterladen.

Neustart und Scan

Wenn Sie bei einem Computer mit Windows als Betriebssystem das System gesäubert haben, starten Sie ihn im abgesicherten Modus mit aktiviertem Netzwerk. Befolgen Sie dafür die Schritte aus dem Abschnitt »Notfall-Bootmedium und abgesicherter Modus« weiter vorne in diesem Kapitel. Wählen Sie diesmal aber den abgesicherten Modus mit Netzwerktreibern (und nicht den normalen abgesicherten Modus), aktivieren Sie die Sicherheitssoftware, laden Sie alle Updates herunter und führen Sie eine erneute Software-Überprüfung durch. Wenn keine Updates gefunden wurden, müssen Sie Ihren Computer nicht erneut scannen. Wenn Sie einen Mac nutzen, müssen Sie auch keine erneute Überprüfung vornehmen, da der gesicherte Modus hier immer mit Netzwerkverbindung läuft.

Installieren Sie alle verfügbaren Updates und Sicherheitspatches. Wenn Sie auf Ihrem Gerät Software haben, die Sie noch nicht auf die neueste Version aktualisiert haben und die Schwachstellen enthalten könnte, holen Sie dies während der Reinigungsarbeiten nach.

Wenn Sie Zeit dafür haben, führen Sie eine erneute vollständige Systemüberprüfung durch, nachdem Sie alle Updates installiert haben. Es gibt verschiedene Gründe dafür. Einerseits wollen Sie, dass die Sicherheitssoftware Ihr System mit ihren eigenen aktuellsten Informationen über Schadsoftware und andere Bedrohungen überprüft und andererseits soll die heuristische Analyse-Engine den Normalzustand Ihres Systems erfassen, wenn alle Updates installiert sind.

Problematische Wiederherstellungspunkte löschen

Die Systemwiederherstellung ist ein nützliches Tool, es kann aber auch gefährlich sein. Wenn ein System einen Wiederherstellungspunkt zu einer Zeit erstellt hat, in der sich Malware auf dem Gerät befand, stellen Sie bei einer Systemwiederherstellung dieses Punkts höchstwahrscheinlich auch die Schadsoftware wieder her!

Nachdem Sie Ihr System gesäubert haben, sollten Sie daher alle Wiederherstellungspunkte löschen, die aus einer Zeit stammen könnten, in der Ihr System angegriffen wurde. Wenn Sie sich unsicher sind, ob ein Wiederherstellungspunkt problematisch ist, löschen Sie ihn sicherheitshalber. Für die meisten Nutzer bedeutet das die Löschung aller Systemwiederherstellungspunkte.

Zum Löschen aller Wiederherstellungspunkte gehen Sie wie folgt vor:

1. **Geben Sie in das Suchfeld in der Taskleiste `Wiederherstellungspunkt` ein und wählen Sie den Suchtreffer WIEDERHERSTELLUNGSPUNKT ERSTELLEN aus.**
2. **Es öffnet sich das Fenster SYSTEMEIGENSCHAFTEN der Systemsteuerung mit der Registerkarte COMPUTERSCHUTZ.**
3. **Klicken Sie auf die Schaltfläche KONFIGURIEREN. Ein weiteres Fenster öffnet sich.**
4. **Klicken Sie auf die Schaltfläche LÖSCHEN und bestätigen Sie die Löschung aller Wiederherstellungspunkte mit einem Klick auf die Schaltfläche FORTSETZEN.**

Einstellungen wiederherstellen

Angreifer und Schadsoftware haben womöglich verschiedene Einstellungen auf Ihrem Gerät verändert. Malware ändert beispielsweise gerne mal die Startseite Ihres Browsers. Es ist wichtig, dass Sie als Browser-Startseite wieder eine sichere Seite einrichten, da die von der Schadsoftware eingerichtete Startseite dazu führen könnte, dass sich die Malware erneut installiert oder Ihnen anderweitig Schaden zufügt. In den folgenden Abschnitten erfahren Sie, wie Sie die Startseite in verschiedenen Browsern ändern.

Wenn Sie die Smartphone- oder Tablet-Version einer der in diesem Abschnitt beschriebenen Browser verwenden, kommt es zu kleineren Abweichungen bei der Vorgehensweise. Sie sollten anhand dieser Anleitung aber trotzdem in der Lage sein, die notwendigen Schritte abzuleiten.

- **Chrome:** Klicken Sie auf das Menüsymbol mit den drei Punkten rechts oben in der Ecke und anschließend auf EINSTELLUNGEN. Scrollen Sie bis zum Bereich BEIM START herunter und nehmen Sie die gewünschten Einstellungen vor.
- **Firefox:** Klicken Sie auf das Menüsymbol mit den drei horizontalen Linien rechts oben in der Ecke und klicken Sie anschließend auf EINSTELLUNGEN. Wählen Sie den Punkt STARTSEITE aus und stellen Sie im Bereich NEUE FENSTER UND TABS alles nach Ihren Wünschen ein.
- **Safari:** Klicken Sie im Menü SAFARI auf EINSTELLUNGEN. Wählen Sie den Tab ALLGEMEIN aus. Konfigurieren Sie die Startseite im Feld HOMEPAGE.
- **Edge:** Klicken Sie auf das Menüsymbol mit den drei Punkten oben rechts in der Ecke. Klicken Sie auf EINSTELLUNGEN und konfigurieren Sie die Startseite in den Punkten IHRE STARTSEITE FESTLEGEN sowie MICROSOFT EDGE ÖFFNEN MIT und NEUE TABS ÖFFNEN MIT.

System neu aufsetzen

Manchmal ist es einfacher, das System von Grund auf neu zu installieren, anstatt die bisher genannten Schritte durchzuführen. Da es vorkommt, dass Sicherheitstools Bedrohungen nicht erkennen oder da Nutzer Fehler bei den Aufräumarbeiten machen, empfehlen viele Experten, wenn möglich, nach einem Vorfall die Neuinstallation eines Systems.

Wenn Sie ein System nach einem Hack oder anderem Angriff neu aufsetzen möchten, ist es trotzdem sinnvoll, eine Überprüfung mit einer Sicherheitssoftware durchzuführen, da es einige seltene Formen von Schadsoftware gibt, die selbst nach einer neuen Installation bestehen bleiben (zum Beispiel Malware, die das BIOS neu programmiert, oder bestimmte Bootsektor-Viren). Außerdem ist es klug, alle Geräte zu überprüfen, die sich zusammen mit dem angegriffenen Gerät während der Attacke oder danach in demselben Netzwerk befanden, damit das frisch installierte Gerät sich nicht gleich wieder etwas einfängt. In Kapitel 15 erfahren Sie, wie Sie ein Gerät zurücksetzen und neu installieren.

Umgang mit gestohlenen Daten

Wenn Ihr Computer, Smartphone oder Tablet angegriffen wurde, kann es sein, dass sensible Informationen darauf gestohlen oder von einem Kriminellen missbraucht wurden. Sie sollten nun beispielsweise alle Passwörter ändern, die auf dem Gerät gespeichert waren, und alle Konten überprüfen, auf die Sie von Ihrem Gerät ohne Anmeldung zugreifen konnten (weil sich die Seite aufgrund einer Einstellung nach einer erfolgreichen Anmeldung an Sie erinnert hat), damit es auch hier keine Probleme gibt. Wenn Sie Ihre Passwörter in einem ausreichend verschlüsselten Format gespeichert haben, ist eine Änderung weniger dringend, als wenn sie im Klartext oder mit schwacher Verschlüsselung gespeichert waren. Nur wenn Sie sich ganz sicher sind, dass die Verschlüsselung auch in ferner Zukunft nicht geknackt werden kann, können Sie auf die Änderung verzichten. Um auf Nummer sicher zu gehen, rate ich Ihnen, sie dennoch zu ändern.

Wenn Sie vermuten, dass Informationen entwendet wurden, die jemand dazu verwenden könnte, Ihre Identität zu stehlen, ist es womöglich auch ratsam, Ihre Konten vorübergehend zu sperren und bei der Polizei Anzeige zu erstatten. Tragen Sie eine Kopie dieser Anzeige immer bei sich. Wenn Sie dann zum Beispiel von einer Streife angehalten werden, weil es angeblich einen Haftbefehl gegen Sie gibt, können Sie die Anzeige als Beweis dafür präsentieren, dass Ihnen persönliche Daten gestohlen wurden, die für einen Identitätsmissbrauch verwendet werden könnten. Ein derartiges Schriftstück verhindert vielleicht nicht alle Scherereien, aber es kann in einer Situation wie dieser eine Hilfe sein.

Wenn Sie glauben, dass Ihre Kredit- oder Bankkartendaten gestohlen wurden, kontaktieren Sie Ihre Bank unter der Telefonnummer, die auf der Rückseite Ihrer Kredit- oder EC-Karte steht, und teilen Sie ihr mit, dass Ihr Bank- oder Kreditkartenkonto womöglich in die falschen Hände gefallen ist, und bitten Sie um die Ausstellung einer neuen Karte einschließlich neuer Nummer. Überprüfen Sie auch Ihr Konto auf verdächtige Bewegungen. Schreiben Sie sich jedes getätigte Telefonat auf: wann es stattgefunden hat, mit wem Sie gesprochen haben und was das Ergebnis des Gesprächs war.

Je sensibler die Informationen sind, desto wichtiger ist es, dass Sie handeln, und zwar schnell. Ihre Daten lassen sich zum Beispiel folgendermaßen kategorisieren:

- ✔ **Nicht privat, aber nutzbar für Identitätsmissbrauch:** Informationen wie Name, Adresse und Telefonnummer sind für jeden zugänglich, der an sie herankommen will, auch ohne sie zu hacken. (Denken Sie nur an die dicken Telefonbücher, die immer noch an alle Haushalte verteilt werden.) Diese Daten können in Verbindung mit anderen Informationen zur Ausübung diverser Verbrechen genutzt werden, insbesondere wenn arglose andere Menschen Fehler machen (zum Beispiel einen Bibliotheksausweis ausstellen, ohne nach einem Ausweis zu fragen).

  Andere öffentlich zugängliche Informationen, wie zum Beispiel die Namen Ihrer Kinder sind zwar öffentlich hinterlegt, aber ein Krimineller, der diese Informationen mit anderen Daten von Ihrem Computer in Verbindung bringt, könnte Ihnen Probleme bereiten.

- ✔ **Sensibel:** E-Mail-Adressen, Handynummer, Kreditkartennummern ohne Kartenprüfnummer (CVC-Code), Bankkartennummern, die die Eingabe einer PIN erfordern, Immatrikulationsnummer, Reisepass- oder Personalausweisnummer, vollständiges Geburtsdatum einschließlich Jahr und so weiter und so fort. Diese Daten können zu Sicherheitsgefahren werden, wenn sie in falsche Hände gelangen. Eine gestohlene E-Mail-Adresse kann beispielsweise zu einer ausgefeilten Phishing-Attacke führen, bei der andere Informationen, die von Ihrem Computer stammen, ausgenutzt werden. Es kann Hacking-Angriffe auf Ihre Konten geben, Sie könnten mit Spam-E-Mails bombardiert werden und vieles mehr. Diese Art der gestohlenen Informationen kann außerdem für Identitätsdiebstahl und Finanzbetrug ausgenutzt werden, auch wenn dazu noch weitere Daten benötigt werden, um wirklich eine ernsthafte Gefahr darzustellen.

- ✔ **Hochsensibel:** Sozialversicherungsnummer, Passwörter zu Online-Konten, Bankkontennummern (wenn sie von einem potenziellen Kriminellen abgegriffen werden und nicht, wenn Sie sie bei einem vertrauenswürdigen Online-Shop als Zahlungsmittel angeben), PINs, Kreditkartendaten inklusive Kartenprüfnummer (CVC-Code), Antworten auf Sicherheitsfragen, die Sie zum Schutz Ihrer Konten verwendet haben, und so weiter. Diese Informationen können allein für sich genommen bereits missbraucht werden.

Lösegeld zahlen - oder nicht?

Wenn Sie Sicherungskopien Ihrer Daten besitzen, können Sie Ransomware auf dieselbe Weise entfernen wie andere Schadsoftware auch. Wenn dabei Daten verloren gehen, stellen Sie sie einfach aus Ihren Backups wieder her.

Wenn Sie Opfer eines Ransomware-Angriffs geworden sind und über keine aktuellen oder vollständigen Sicherungskopien verfügen, müssen Sie eine schwierige Entscheidung treffen. Es liegt selbstverständlich nicht in Ihrem Interesse, einem Kriminellen Lösegeld zu zahlen, um Ihre Daten zurückzubekommen, aber wenn diese Daten wichtig für Sie sind, dann wollen Sie diese Kröte eventuell doch schlucken. In vielen Fällen geben Ihnen die Gauner Ihre Daten allerdings nicht einmal dann zurück, wenn Sie das Lösegeld zahlen. Sie verschwenden in dem Fall nicht nur Geld, sondern verlieren auch noch für immer Ihre Daten. Sie müssen selbst entscheiden, ob Sie dieses Risiko eingehen. (Meine Hoffnung ist, dass dieser Abschnitt eine starke Motivation für Sie ist, Sicherungskopien zu erstellen, wie es in Kapitel 14 beschrieben ist.) Das BSI und andere Experten raten von Lösegeldzahlungen ab – weil der Erfolg unsicher ist und auch, um andere Kriminelle nicht zu ermutigen.

Bevor Sie das Lösegeld an den Erpresser zahlen, sollten Sie einen IT-Sicherheitsprofi hinzuziehen. Manche Arten von Ransomware können mithilfe von Sicherheitstools entfernt und ihre Auswirkungen rückgängig gemacht werden. Sofern Ihre Sicherheitssoftware Ihnen nicht sagt, dass sie die Verschlüsselung der Ransomware rückgängig machen kann, sollten Sie nicht selbst versuchen, die Ransomware zu entschlüsseln. Es gibt fortschrittliche Ransomware-Typen, die Ihre Daten dauerhaft löschen, sobald sie bemerken, dass jemand versucht, die Daten zu entschlüsseln. Bedenken Sie auch, dass es Ransomware gibt, die Ihre Daten nicht verschlüsselt, sondern von Ihrem Gerät entfernt und erst zurückgibt, sobald das Lösegeld bezahlt ist. Einem Sicherheitstool könnte es gelingen, die Ransomware vom Gerät zu entfernen, es kann in der Regel aber nicht die entführten Daten wiederherstellen.

Als privater Nutzer verteidigen Sie sich am besten gegen die Auswirkungen von Ransomware, indem Sie regelmäßige Backups anfertigen und diese getrennt (das heißt nicht angeschlossen an irgendein Gerät) aufbewahren.

Lehren für die Zukunft

Es ist wichtig, aus Vorfällen zu lernen. Wenn Sie herausfinden können, was schiefgelaufen ist und wie ein Hacker in Ihre Systeme gelangen konnte (direkt oder mithilfe von Schadsoftware), können Sie für sich Methoden und Vorgehensweisen entwickeln, die Ihnen helfen, Vorfälle in Zukunft zu verhindern. Ein Cybersicherheitsexperte kann Sie dabei unterstützen.

Umgang mit Datenlecks eines Anbieters

Fast alle Internetnutzer erhalten früher oder später die Nachricht eines Unternehmens oder einer Behörde (oder von beiden), dass persönliche Daten möglicherweise Bestandteil eines Lecks waren. Wie Sie in diesem Fall damit umgehen, hängt von vielen verschiedenen Faktoren ab, aber in den folgenden Abschnitten erfahren Sie das Wichtigste.

Grund für die Mitteilung

Es gibt verschiedene Arten von Vorfällen, aufgrund derer Unternehmen Sie benachrichtigen. Nicht alle stellen für Sie dasselbe Risiko dar. Die Gründe können vielfältig sein:

- ✔ Eine unverschlüsselte Datenbank mit personenbezogenen Daten wurde definitiv gestohlen.
- ✔ Eine verschlüsselte Datenbank mit personenbezogenen Daten wurde definitiv gestohlen.
- ✔ Es wurden unbefugte Aktivitäten auf einem Computer festgestellt, auf dem Ihre Daten gespeichert sind.
- ✔ Es wurden unbefugte Aktivitäten auf einem Computer festgestellt, allerdings nicht auf dem, der Ihre Daten enthält, sondern einem, der sich in demselben logisch verbundenen Netzwerk befindet.
- ✔ Es wurde ein Diebstahl von Kredit- oder EC-Kartennummern festgestellt, wie er beim Skimming oder Hacking eines Kartenlesegeräts an einem Point-of-Sale vorkommen kann.
- ✔ Es wurde festgestellt, dass Computer, Festplatten, andere Speichermedien oder Dokumente in Papierform unsachgemäß entsorgt wurden oder dass zumindest diese Möglichkeit besteht.
- ✔ Es wurde festgestellt, dass Informationen auf unzulässige Weise verbreitet wurden, wie zum Beispiel durch Versenden sensibler Daten an die falschen Personen, durch Verschicken unverschlüsselter E-Mails und so weiter, oder dass zumindest diese Möglichkeit besteht.

In allen diesen Fällen kann Handlungsbedarf bestehen. Wenn Ihnen ein Unternehmen mitteilt, dass ihm eine unverschlüsselte Passwortdatenbank inklusive Ihres Passworts gestohlen wurde, ist der Handlungsbedarf selbstverständlich groß! Größer, als wenn Sie erfahren, dass es in einem System in demselben Netzwerk wie dem Computer, auf dem Ihr Passwort verschlüsselt gespeichert ist, eine unbefugte Aktivität gegeben hat.

Vorfälle rufen Betrüger auf den Plan

Kriminelle bemerken es sofort, wenn ein Sicherheitsvorfall oder ein Datenleck viel Aufmerksamkeit bekommt, und nutzen das oft für ihre eigenen bösartigen Zwecke aus.

Eine beliebte und verbreitete Taktik der Betrüger ist es, fingierte E-Mails zu versenden, in denen sie sich als das betroffene Unternehmen oder die betroffene Organisation ausgeben. Diese E-Mails enthalten zum Beispiel Aufforderungen, eine Kreditüberwachung abzuschließen oder einen Antrag auf Schadensersatz auszufüllen. Die Links, die in diesen Nachrichten enthalten sind, führen Sie natürlich auf Phishing-Seiten, die Ihnen Schadsoftware einschleusen oder leiten auf Seiten, die Ihre Daten abgreifen. Die Gauner sind dabei meist sehr schnell. Im Februar 2015 kursierten E-Mails, in denen sich Betrüger als

Anthem, Inc. ausgaben. Nicht einmal einen Tag zuvor hatte die große US-amerikanische Krankenversicherungsgesellschaft bekannt gegeben, dass sie Opfer eines Cyberangriffs geworden war.

Passwörter

Bei den meisten Cybervorfällen, die es in die Schlagzeilen schaffen, geht es um den Diebstahl von Passwortdatenbanken. Moderne Passwort-Authentifizierungssysteme sind dazu da, Ihre Passwörter in diesen Fällen zu schützen.

Passwörter werden normalerweise im *Hashformat* gespeichert, das heißt, sie werden verschlüsselt abgelegt. Wenn Sie Ihr Passwort bei der Anmeldung eingeben, wird der Hashwert Ihrer Eingabe mit dem Hashwert verglichen, der in der Passwortdatenbank hinterlegt ist. Ihr eigentliches Passwort wird also nirgends gespeichert und befindet sich nicht im Klartext in der Datenbank. Stiehlt ein Hacker eine Datenbank, hat er damit noch nicht automatisch Zugriff auf Ihr Passwort.

In der Theorie funktioniert das System. In der Praxis sind allerdings nicht alle Authentifizierungssysteme perfekt implementiert. Passwortdatenbanken mit Hashwerten haben viele verschiedene Schwachstellen, die sich ausnutzen lassen. Manche ermöglichen es Kriminellen sogar, Passwörter zu entziffern, selbst wenn sie als Hash gespeichert sind. Wenn ein Hacker beispielsweise bemerkt, dass der Hashwert für ein Passwort in der Datenbank bei sehr vielen Nutzern derselbe ist, kann er daraus schließen, dass es sich dabei um ein weitverbreitetes Passwort handelt (vielleicht sogar um »Passwort« selbst), das meist schnell zu knacken ist. Es gibt zwar Abwehrmöglichkeiten für derartige Angriffe, aber viele Authentifizierungssysteme setzen sie nicht ein.

Wenn Sie nun von einem Unternehmen benachrichtigt werden, dass es ein Datenleck gegeben hat und dass eine verschlüsselte Version Ihres Passworts gestohlen wurde, sollen Sie besser Ihr Passwort ändern. Geraten Sie aber nicht in Panik. In den allermeisten Fällen ist Ihr Passwort durch das Hashing geschützt (außer Sie haben ein verbreitetes, schwaches Passwort gewählt, was Sie natürlich nicht tun sollten). Wenn Sie aus irgendwelchen Gründen das kompromittierte Passwort auch auf anderen Seiten verwendet haben und nicht möchten, dass sich Unbefugte dort anmelden, sollten Sie Ihr Passwort auch dort ändern und das neue Passwort ab sofort für keinen anderen Dienst benutzen.

Zahlungsdaten

Wenn Sie glauben, dass Ihre Kredit- oder Bankkartendaten nicht mehr sicher sind, gehen Sie wie folgt vor:

- ✔ **Kreditüberwachung nutzen:** Gehackte Unternehmen bieten potenziell Betroffenen von Vorfällen oft ein oder zwei Jahre lang kostenlose Kreditüberwachung an. Zwar sollten Sie sich nie darauf verlassen, dass diese Dienste einen vollständigen Schutz gegen Identitätsdiebstahl bieten, aber trotzdem bringen sie auch Vorteile. Da Sie die Einrichtung eines Kontos lediglich fünf Minuten Ihrer Zeit kosten wird, sollten Sie das Angebot in Anspruch nehmen.

- **Kreditauskunft überprüfen:** Wenn Sie bemerken, dass Konten auftauchen, die Sie nicht eröffnet haben, sollten Sie das entsprechende Unternehmen sofort informieren. Je schneller Sie einen möglichen Betrug melden, desto weniger Schaden haben Sie am Ende.
- **Benachrichtigungen aktivieren:** Wenn Ihr Kreditkartenanbieter oder Ihre Bank Ihnen die Möglichkeit anbietet, Benachrichtigungen über neue Transaktionen per SMS oder E-Mail zu senden, dann nutzen Sie diese Funktion. Auf diese Weise erfahren Sie sofort, wenn etwas nicht stimmt.
- **Kontoauszüge überprüfen:** Sorgen Sie dafür, dass Sie auch weiterhin Ihre monatlichen Kontoauszüge und Kreditkartenabrechnungen erhalten und dass diese nicht an jemand anders geschickt werden.
- **Zu elektronischen Kontoauszügen wechseln:** Falls möglich, wechseln Sie von der postalischen zur elektronischen Zustellung Ihrer Kontoauszüge oder Kreditkartenabrechnungen und überprüfen Sie regelmäßig, ob neue Auszüge oder Abrechnungen verfügbar sind. Wenn Ihr Anbieter oder Ihre Bank Ihnen auf Wunsch eine Nachricht zukommen lässt, sobald eine neue Abrechnung oder ein Auszug verfügbar ist, nehmen Sie dieses Angebot ruhig an. Sichern Sie das Empfangsgerät für diese Nachrichten – ob SMS oder E-Mail – aber gut ab.

Dokumente von Behörden

Wenn Ihr Reisepass, Personalausweis oder Führerschein von einem Vorfall betroffen ist, sollten Sie die ausstellende Behörde kontaktieren und die weitere Vorgehensweise in Erfahrung bringen. Dokumentieren Sie alles, was Ihnen gesagt wird und wer es Ihnen gesagt hat. Sie sollten auch die Website der entsprechenden Behörde besuchen. Vielleicht werden dort auch Handlungsanweisungen für Fälle wie Ihren gegeben. Manchmal wird die Behörde Ihnen raten, neue Papiere ausstellen zu lassen, wofür Sie dann persönlich zum Amt müssen. In anderen Fällen rät Ihnen die Behörde womöglich dazu, gar nichts zu unternehmen, kennzeichnet aber Ihr Konto für den Fall, dass die Dokumente als Ausweis in einer anderen Behörde verwendet werden.

Dokumente von Uni oder Arbeitgeber

Wenn Ihre Identifikationsdaten von Ihrer Universität oder Ihrem Arbeitgeber kompromittiert wurden, sollten Sie Ihre Uni oder Ihren Arbeitgeber darüber informieren. Diese Informationen könnten von Kriminellen dazu missbraucht werden, sich dort für Sie auszugeben. Außerdem können Gauner damit an weitere sensible Informationen über Sie kommen.

Konten in den sozialen Medien

Wenn eines Ihrer Social-Media-Konten von einem Vorfall betroffen ist, sollten Sie den Betreiber der Plattform umgehend darüber informieren. Alle großen Plattformen verfügen über Mechanismen für den Umgang mit gestohlenen Konten, da dies täglich Brot für sie ist. Um Ihr Konto beim Anbieter wiederherzustellen, werden Sie unter Umständen aufgefordert, eine Kopie Ihres Personalausweises vorzulegen.

Oft ist es auch ratsam, Personen, mit denen Sie auf der kompromittierten Social-Media-Plattform verbunden sind, über den möglichen Missbrauch Ihres Kontos zu informieren, denn: wer auch immer Ihr Konto übernommen hat, könnte sich als Sie ausgeben und Ihren Kontakten beispielsweise Nachrichten mit Geldforderungen oder anderen betrügerischen Bitten senden. Wenn Sie auf der betroffenen Plattform öffentliche Beiträge veröffentlichen, kann es zudem sinnvoll sein, eine öffentliche Warnung zu posten, um möglichst viele Menschen zu erreichen.

Sie können über Ihre nicht kompromittierten Social-Media-Konten mitteilen, dass das betroffene Konto übernommen wurde. So können Sie verhindern, dass viele Ihrer Kontakte auf mögliche Betrugsversuche hereinfallen – etwa, wenn der Angreifer über das Konto Geldforderungen oder andere Aufforderungen veröffentlicht. Darüber hinaus können Sie auch E-Mail, SMS oder Telefon nutzen, um gefährdete Personen direkt zu warnen.

Denken Sie außerdem daran, dass soziale Netzwerke häufig auch zur Anmeldung auf anderen Websites verwendet werden. Dadurch steigt das Risiko für Sie erheblich, wenn eines Ihrer Social-Media-Konten kompromittiert wird. Während Sie daran arbeiten, die Kontrolle über Ihre Konten zurückzuerlangen, sollten Sie daher die Anmeldedaten bei allen Diensten ändern, bei denen Sie sich über soziale Medien authentifiziert haben.

Teil V
Backups und Wiederherstellung

IN DIESEM TEIL ...

Verschiedene Backup-Möglichkeiten kennenlernen

Ein Gerät vor der Wiederherstellung aus einer Sicherungskopie vorbereiten

Aus einem Backup wiederherstellen

IN DIESEM KAPITEL

Die Bedeutung von Backups verstehen

Wie Sie Daten von Smartphones, Apps und Online-Accounts sichern

Verschiedene Arten von Sicherungskopien kennenlernen

Unterschiedliche Arten von Backups anfertigen

Kapitel 14 Backups

In der Theorie ist die Erstellung von Backups Ihrer Daten ganz einfach. In der Praxis stellt es sich dann meist als etwas komplizierter heraus, eine effiziente und wirksame Backup-Strategie umzusetzen. Um richtige und gute Backups anzufertigen, müssen Sie nicht nur Ihre Backup-Optionen kennen, sondern Sie müssen auch an viele andere Details denken. Wo bewahren Sie Ihre Sicherungskopien auf? Wie sieht es mit Verschlüsselung, Passwörtern und Bootmedien aus? In diesem Kapitel erfahren Sie alles darüber und noch einiges mehr.

Backups sind Pflicht und keine Kür

In der Cybersicherheit sind *Backups* oder *Sicherungskopien* zusätzliche Kopien Ihrer Daten (dazu gehören Dokumente, Programme oder andere Computerdateien), die Sie für den Fall anfertigen, dass die Originale beschädigt oder zerstört werden oder verloren gehen. Die Erstellung von Backups ist einer der wichtigsten Mechanismen gegen Datenverlust und kann Sie vor großem Ärger bewahren. Früher oder später will fast jeder – ja, wenn nicht sogar jeder – auf Daten zugreifen, die aus irgendwelchen Gründen nicht mehr zugänglich sind.

Diese Fälle treten regelmäßig auf. Manchmal sind es menschliche Fehler, zum Beispiel wenn Sie aus Versehen eine Datei löschen, Ihnen der Laptop gestohlen wurde oder Sie einen USB-Stick mit Daten verlegt haben. Manchmal sind es technische Gründe, die zum Datenverlust führen, beispielsweise wenn eine Festplatte nach vielen Jahren das Zeitliche segnet oder Ihr Smartphone in die Pfütze fällt. Und manchmal verschwinden Daten aufgrund von Cyberangriffen wie einer Infektion mit Ransomware. Bei Ransomware ist ein aktuelles Backup die einzig zuverlässige Rettung.

Leider gehen viele davon aus, dass sie ihre Daten ausreichend sichern, nur um dann im Ernstfall festzustellen, dass bei der Sicherung etwas schiefgelaufen ist und sie überhaupt keine ordentlichen Backups haben. Das sollte Ihnen nicht passieren! Erstellen Sie regelmäßig Sicherungskopien. So oft, dass Sie nicht in Panik geraten, wenn Sie tatsächlich einmal Ihre Daten aus einem Backup wiederherstellen müssen. Als Faustregel sollten Sie sich merken: Wenn Sie nicht sicher sind, ob Sie oft genug Backups erstellen, dann tun Sie es nicht häufig genug.

Bei Backups geht es nicht darum, dass sie für Sie da sind, *falls* Sie Daten verlieren, sondern *wenn* Sie Daten verlieren. Glauben Sie mir: Früher oder später verliert jeder Mensch Daten, sofern er regelmäßig mit elektronischen Geräten arbeitet.

Backups von Daten aus Apps und Online-Konten

Obwohl sich ein Großteil dieses Kapitels auf die Sicherung von Daten konzentriert, die sich auf Ihrem Laptop oder einem anderen lokalen Datenspeicher befinden, ist es ebenso wichtig, Daten zu sichern, die nicht innerhalb Ihrer eigenen »Infrastruktur« gespeichert werden, sondern von Dritten gehostet werden, weil Sie deren Systeme nutzen.

Wenn Sie Daten in der Cloud speichern oder einen Drittanbieter zur Speicherung oder Verwaltung Ihrer Systeme oder Daten nutzen, kann es sein, dass der Anbieter Ihre Daten sichert – oder auch nicht. Häufig geschieht dies ohne Ihr Wissen (oder die Aufforderung zur Zustimmung ist gut versteckt).

Wenn Sie Daten zum Beispiel auf Google Drive speichern, haben Sie keine Kontrolle darüber, wie viele Kopien Google davon erstellt. Ebenso kann ein Dienst wie Facebook alle Inhalte sichern, die Sie hochladen, unabhängig von Ihren Privatsphäre-Einstellungen oder sogar dann, wenn Sie Inhalte löschen.

In manchen Fällen ähneln Sicherungskopien von Drittanbietern lokalen Datensicherungen – nur Sie selbst können die Daten darin entschlüsselt lesen. In anderen Fällen jedoch kann jede Partei mit Zugriff auf die Backups auch Ihre Daten einsehen.

Zwar verfügen große Anbieter in der Regel über robuste, redundante Backup- und Infrastruktur-Systeme, was bedeutet, dass Daten bei ihnen oft sicherer verfügbar bleiben als auf heimischen Geräten – dennoch bestehen weiterhin Risiken.

SMS-Nachrichten

Ihr Mobilfunkanbieter kann Sicherungsmöglichkeiten für Ihre SMS-Textnachrichten bereitstellen, und das Betriebssystem Ihres Telefons kann allgemeine Gerätesicherungsfunktionen anbieten, die sämtliche SMS-Nachrichten einschließen. Falls nicht, oder wenn Sie solche Backups nicht nutzen möchten, können verschiedene Apps aus dem Google Play Store oder dem Apple App Store heruntergeladen werden, die solche

Funktionen speziell bereitstellen. Wenn Sie alle Ihre SMS-Nachrichten zusammen mit internetbasierten Nachrichten in einer kombinierten Nachrichtenoberfläche empfangen, sollte die App, die diese Oberfläche bereitstellt, die entsprechenden Sicherungsfunktionen bieten.

Soziale Medien

Jede große Social-Media-Plattform ermöglicht Ihnen den Download sämtlicher Daten Ihres jeweiligen Kontos. Auch wenn viele Menschen glauben, dass es keinen Grund gebe, solche Daten zu sichern (schließlich sichere der Anbieter selbst alle Kontodaten), gibt es tatsächlich gute Gründe dafür.

Erstens: Wenn Ihr Social-Media-Konto kompromittiert und von einem Hacker übernommen würde und dieser Inhalte Ihres Kontos löschte, könnten Sie Schwierigkeiten haben, diese Inhalte zurückzuerlangen – selbst dann, wenn Sie den Zugang zum Konto wiederherstellen. Dies gilt sogar dann, wenn der Anbieter selbst ein Backup Ihrer Originaldaten besitzt; bedenken Sie, dass die Wiederherstellung Ihrer Daten nicht seine höchste Priorität ist.

Zweitens: Es gibt keine Garantie dafür, dass Social-Media-Anbieter für immer existieren. Menschen sind wechselhaft, und selbst Plattformen, die derzeit als »too big to fail« erscheinen, sind das keineswegs. Noch vor gar nicht allzu vielen Jahren war MySpace die dominierende Plattform, und nur wenige Menschen kannten etwas namens »The Face Book«. Wie sich die Dinge verändert haben! So wurde etwa StudiVZ, das deutsche Facebook, nach Jahren des Schattendaseins 2022 völlig abgeschaltet. Und obwohl MySpace in gewisser Form noch existiert, sind Friendster (das mehr als 100 Millionen Nutzer hatte) und Yik Yak (mit einer Bewertung von über 400 Millionen US-Dollar) verschwunden – und mit ihnen jeglicher Zugang zu den Daten, die sie einst für Menschen gespeichert hatten. Ebenfalls verschwunden sind Google Plus und Vine, und obwohl die Unternehmen, die sie betrieben, weiterhin als Technologiegiganten existieren (Vine wurde von Twitter (heute: X) übernommen), sind die Plattformen tot und die Inhalte kaum noch zugänglich. Und auch ein Social-Media-Anbieter selbst kann gehackt werden oder aus anderen Gründen offline gehen.

Die genauen Mechanismen zur Sicherung von Daten variieren zwischen den Plattformen, aber typischerweise gibt es innerhalb der Einstellungen oder Hilfemenüs eine Funktion wie KONTODATEN HERUNTERLADEN oder ähnliches. Sie sollten diese Funktion gelegentlich nutzen. Bedenken Sie, dass Social-Media-Plattformen und andere Internetdienste die Daten nicht unbedingt sofort zum Download bereitstellen – es kann Tage oder sogar Wochen dauern. Außerdem kann das Herunterladen zeitaufwendig sein. Eine Person berichtete kürzlich, dass Google über eine Woche benötigte, um seine Daten zusammenzustellen, und dass anschließend mehr als 500 einzelne Downloadlinks bereitgestellt wurden.

WhatsApp

WhatsApp, das 2014 von Facebook (heute Meta) übernommen wurde, ist vermutlich das weltweit am weitesten verbreitete Kommunikationsmittel; der Betreiber gibt an, dass das Tool mehr als 2 Milliarden Nutzerinnen und Nutzer weltweit hat.

Um die WhatsApp-Daten auf einem Android-Gerät zu sichern, öffnen Sie das Menü EINSTELLUNGEN oben rechts auf dem Bildschirm, tippen Sie auf CHATS, dann auf CHAT-BACKUP und tippen Sie entweder auf SICHERN, um ein Backup manuell zu erstellen, oder konfigurieren Sie die entsprechenden Einstellungen für regelmäßige automatische Sicherungen. Auf Apple-Geräten finden Sie die Chat-Backup-Funktion, indem Sie in der unteren rechten Ecke auf EINSTELLUNGEN tippen, dann CHATS auswählen und anschließend CHAT-BACKUP.

Google Photos

Wenn Sie Google Photos verwenden, können Sie Google separat anweisen, Kopien Ihrer Fotos und Videos von Ihrem Telefon mit Speicherplatz in der Cloud (Google Drive) zu synchronisieren. Öffnen Sie dazu Ihr Profilbild in der Google-Photos-App oben rechts, tippen Sie auf FOTOS-EINSTELLUNGEN, dann auf BACKUP & SYNC und schalten Sie die Funktion ein.

Andere Apps

Viele andere Apps bieten ebenfalls Sicherungsfunktionen an. Prüfen Sie die Einstellungen der jeweiligen App oder konsultieren Sie bei Bedarf Online-Hilfeforen, wenn Ihnen die Sicherungsoptionen nicht sofort ersichtlich sind.

Wenn Sie App-Daten sichern und diese Sicherungen auf der lokalen Festplatte oder SSD Ihres Laptops speichern und anschließend das Laptop-Laufwerk sichern, wie in den folgenden Abschnitten beschrieben, enthalten Ihre Laptop-Backups automatisch auch Kopien Ihrer App-Backups. Wenn Sie Apps überwiegend auf einem Smartphone verwenden, sollten Sie Ihre Backups idealerweise nicht ausschließlich dort speichern.

Backups in die und aus der Cloud

Im Allgemeinen bezeichnet Cloud-Computing die Nutzung von über das Internet bereitgestellten Rechenressourcen (anstatt eines lokalen Speichers), um Daten zu speichern, zu verwalten, zu verarbeiten und zu sichern. Cloud-Computing bringt natürlich verschiedene Sicherheitsfragen mit sich, bietet aber sowohl für Privatpersonen als auch für Unternehmen große Vorteile. Cloud-basierte Backups sind einer dieser Vorteile.

Sicherung von Daten in Cloud-Konten

Das Sichern von Daten von Ihrem Telefon oder Computer in einem Cloud-Konto ist eine bequeme Möglichkeit sicherzustellen, dass Sie Ihre Materialien nicht verlieren, wenn Ihrem Gerät etwas zustößt. Praktisch gesehen ist es außerdem sehr wahrscheinlich, dass das Informationssicherheitsteam eines großen Cloud-Anbieters deutlich besser darin geschult ist, Daten zu schützen, als die meisten Einzelpersonen es sind. Solche Teams verfügen auch über Werkzeuge, die Privatpersonen normalerweise weder besitzen noch bezahlen könnten.

Wenn Sie jedoch automatische Backups vom Gerät in die Cloud aktivieren, sollten Sie vier Punkte im Hinterkopf behalten:

1. Wenn Sie Dateien auf Ihrem Gerät löschen, werden sie möglicherweise auch automatisch in Ihrem Cloud-Konto gelöscht, und je nach Anbieter kann es schwierig, teuer oder unmöglich sein, diese aus dessen Backups wiederherzustellen.
2. Wenn Ihr Gerät von Ransomware betroffen wird, können die dadurch verschlüsselten Dateien unter Umständen mit in das Cloud-Backup synchronisiert werden, wodurch die Wiederherstellung Ihrer Daten unmöglich wird.
3. Große Cloud-Speicherplattformen sind attraktive Ziele für Hacker, da sie dort potenziell auf erheblich mehr Daten zugreifen können als auf einem einzelnen privaten Laptop. In manchen Fällen ist es für Angreifer sogar leichter, per Social Engineering Zugriff auf Daten bei einem Cloud-Anbieter zu erhalten als auf einem privaten Gerät.
4. In bestimmten Fällen und Rechtsordnungen kann es sein, dass ein Cloud-Anbieter von Regierungsstellen verpflichtet wird, Zugriff auf Ihre Daten zu gewähren, ohne Sie vorher darüber zu informieren.

Die Verschlüsselung von Backups, die in der Cloud gespeichert werden, kann einige dieser Risiken abmildern, ist jedoch kein vollständiger Schutz. Für die meisten Menschen ist es dennoch sinnvoll, Cloud-Backups als Teil eines umfassenden Backup-Konzepts zu verwenden – insbesondere dann, wenn die Backups verschlüsselt werden, sodass deren Inhalt für den Anbieter nicht lesbar ist.

Sicherung von Daten aus Cloud-Konten

Alle wertvollen Daten, die Sie bei einem Cloud-Anbieter speichern, sollten zusätzlich an einem anderen Ort gesichert werden. Auch wenn die Wahrscheinlichkeit gering ist, kann ein Anbieter ausfallen, gehackt werden, insolvent gehen oder anderweitig beeinträchtigt sein, sodass Sie vielleicht nicht mehr rechtzeitig auf Ihre Daten zugreifen können. Und wenn so ein Ereignis eintritt, wird die Wiederherstellung Ihrer persönlichen Daten kaum oberste Priorität im Unternehmen haben.

Zudem führt die Verwendung von Cloud-Backups zu Risiken, die bei der Nutzung lokaler, eigener Systeme nicht bestehen. »Die Cloud« ist letztlich keine mystische, unverwundbare Infrastruktur, sondern schlicht Computer, die jemand anderem gehören. Wann immer Sie sensible Daten – auch in Form von Backups – in der Cloud speichern, befinden diese sich tatsächlich auf einem fremden physischen System. Es ist möglich, dass der Cloud-Anbieter bessere Sicherheitsmaßnahmen hat als Sie selbst, aber Sie sollten nicht erwarten, dass die Nutzung der Cloud sämtliche Risiken automatisch beseitigt.

Backups von Smartphones

Sowohl Google als auch Apple bieten Funktionen zur automatischen Synchronisierung von Daten an. Diese sorgen dafür, dass eine Kopie Ihrer aktuellsten Daten gespeichert wird und erleichtern außerdem den Wechsel auf ein neues Telefon. Allerdings bedeutet eine solche

Synchronisierung auch, dass Löschungen ebenfalls synchronisiert werden. Wenn Sie also Daten auf dem Gerät löschen, verschwinden diese möglicherweise auch im Backup. Daher sollten Sie trotz Synchronisierung weiterhin regelmäßige Sicherungen vornehmen.

Wie Sie automatische und manuelle Backups vornehmen, finden Sie in den Einstellungen Ihres Android- oder Apple-Geräts.

Backups von Kryptowährungen

Da Kryptowährungen in einem Ledger nachgehalten werden und nicht in einer Bank gespeichert sind, besteht die Sicherung von Kryptowährungen darin, die privaten Schlüssel zu sichern, mit denen die Adressen in diesem Ledger kontrolliert werden. Man sichert also nicht die Kryptowährung selbst, sondern den Zugriff darauf. Aus Sicherheitsgründen werden solche Schlüssel häufig nicht elektronisch gespeichert. Stattdessen werden sie auf Papier gedruckt und in einem Bankschließfach oder einem feuerfesten Safe aufbewahrt.

Wenn Sie eine Hardware-Wallet verwenden, um die Schlüssel zu verwalten, besteht das Backup häufig aus einer Wiederherstellungsphrase, auch *Recovery Seed* genannt, also einer Liste von Wörtern, mit der das Gerät die benötigten privaten Schlüssel erneut erzeugen kann. Allgemein gilt, dass diese Wiederherstellungsphrase handschriftlich notiert und nicht elektronisch gespeichert werden sollte – und idealerweise ebenfalls in einem Schließfach oder Safe aufbewahrt wird.

Wenn jemand Zugriff auf diesen Papier-Backup oder die Wiederherstellungsphrase erhält, kann diese Person Ihre gesamte Kryptowährung übertragen, ohne dass Sie eine Möglichkeit hätten, das rückgängig zu machen.

Wenn Sie Kryptowährungen über eine Börse (Exchange) verwahren, sind Ihre Bestände technisch gesehen mit denen anderer Nutzer vermischt; das Exchange verwaltet für Sie lediglich Kontostände. In diesem Fall besitzen Sie keine Wiederherstellungsphrase, sondern sind vollständig auf die Sicherheit und Zahlungsfähigkeit des Anbieters angewiesen.

Es gibt Berichte über Wallet-Anbieter, die Nutzer dazu auffordern, ihre Wiederherstellungsphrase regelmäßig einzugeben. Dies ist aus Sicherheitsgründen nicht zu empfehlen. Die Phrase sollte nicht regelmäßig verwendet werden, sondern ausschließlich sicher aufbewahrt werden (zum Beispiel auf Papier in einem Bankschließfach) und keinesfalls an einem Ort gespeichert werden, von dem sie über Hacking oder Malware erbeutet werden könnte.

Sicherung von Passwörtern

Wann immer Sie Listen mit Passwörtern sichern, sollten Sie dies auf sichere Weise tun. Für besonders wichtige Passwörter, die sich selten ändern und nicht kurzfristig benötigt werden, kann es am sichersten sein, keine digitale Kopie davon zu besitzen. Stattdessen kann es sinnvoll sein, solche Passwörter von Hand auf Papier zu notieren und das Papier in einem Bankschließfach aufzubewahren.

Verschiedene Formen von Backups

Sicherungskopie ist nicht gleich Sicherungskopie. Sie lassen sich in viele verschiedene Kategorien einteilen. Eine Möglichkeit für eine Kategorisierung ist die Frage danach, was genau gesichert wird. In den folgenden Abschnitten lernen Sie verschiedene Backup-Formen anhand dieser Klassifizierung kennen.

Vollständige Systemsicherung

Eine *vollständige Systemsicherung* ist ein Backup Ihres gesamten Systems einschließlich des Betriebssystems, der Programme und Apps, der Einstellungen sowie der Daten. Dieser Begriff wird sowohl für die Sicherung eines Smartphones als auch für das Backup eines großen Servers in einem Rechenzentrum verwendet. Technisch gesehen beinhaltet eine vollständige Systemsicherung Backups aller Laufwerke, die an ein System angeschlossen sind, und nicht nur der integrierten. Wenn Laufwerke allerdings nur von Zeit zu Zeit an ein System angeschlossen werden und nicht für den primären Einsatz des Systems benötigt werden, könnte man die Inhalte dieser Laufwerke von der vollständigen Systemsicherung ausschließen. Das gilt insbesondere für den Fall, wenn sie normalerweise an andere Systeme angeschlossen sind oder Sicherungskopien von ihnen als Bestandteil anderer System-Backups angefertigt werden. Für die meisten privaten Anwender bedeutet die vollständige Systemsicherung allerdings genau das, wonach es klingt: Sie sichern alles.

Eine vollständige Systemsicherung wird auch als *Systemimage* oder *Systemabbild* bezeichnet, da die Sicherung im Grunde ein Abbild des Systems enthält, wie es zu einem bestimmten Zeitpunkt aussah. Wenn Sie bei einem Gerät, das Ihnen abgeschmiert ist, über ein Systemimage verfügen, sollten Sie in der Lage sein, das gesamte System wiederherzustellen, damit es so funktioniert und so aussieht, wie zu dem Zeitpunkt, an dem Sie das Abbild erstellt haben.

Vollständige Systemsicherungen sind Backups, aus denen sich Systeme in der Regel am zügigsten wiederherstellen lassen. Ihre Erstellung dauert allerdings auch länger als die anderer Sicherungskopien. Darüber hinaus benötigen sie mehr Speicherplatz.

Eine wichtige Warnung: Da eine Systemsicherung auch Einstellungen, Hardware-Treiber und so weiter speichert, können Sie nicht immer einfach so ein Systemabbild eines Computers auf einem anderen wiederherstellen. Wenn Sie ein Abbild von einem Computer mit Windows 10 als Betriebssystem erstellt haben und dann ein neueres Gerät kaufen, das auf Windows 11 ausgelegt ist und eine ganz andere Hardware hat, könnte es passieren, dass das Systemimage des älteren Geräts auf dem neueren nicht einwandfrei läuft. Umgekehrt ist das Problem noch viel größer: Nehmen wir einmal an, Sie haben »für den Fall der Fälle« noch einen alten Computer und dieser Fall tritt tatsächlich ein, dann werden Ihre Versuche, das Backup des neueren Computers auf dem älteren wiederherzustellen, teilweise oder ganz fehlschlagen.

Wiederherstellungsimage

Ein Sonderfall des Systemimages ist das *Wiederherstellungsimage* oder *Wiederherstellungsabbild*. Viele moderne Computer – Laptops, Tablets oder Smartphones – verfügen darüber. Wenn Sie ein neues Gerät kaufen, enthält es ein Abbild mit allen Werkseinstellungen, einschließlich des Betriebssystems, der Original-Software und allen Standardkonfigurationen. Dieses Image liegt in einer versteckten Partition oder einem anderen Speichermechanismus, auf den der Nutzer im Normalbetrieb nicht zugreifen kann.

Sie können zu jedem beliebigen Zeitpunkt dieses versteckte Image wiederherstellen und Ihren Computer damit auf Werkseinstellungen zurücksetzen. Ihr Gerät sieht dann exakt so aus wie zu dem Zeitpunkt, als es brandneu war.

Zwei Warnungen sollten Sie dabei beachten:

- ✔ Manche Geräte überschreiben das Wiederherstellungsimage mit neuen Systemabbildern, wenn bestimmte Upgrades des Betriebssystems durchgeführt werden.
- ✔ Wenn Sie Ihren Computer auf das Wiederherstellungsimage zurücksetzen, werden auch alle Sicherheitsupdates entfernt, die seit der Erstellung des Wiederherstellungsimages installiert wurden. Sobald das neue Image installiert ist, holen Sie sich so schnell wie möglich alle Updates, und zwar bevor Sie aus irgendeinem anderen Grund online gehen!

Später erstellte Systemimages

Manche Systeme erstellen in regelmäßigen Abständen Systemabbilder, die Sie wiederherstellen können, ohne dass Sie zu den Werkseinstellungen zurückkehren müssen. Windows 11 beispielsweise enthält diese Funktion.

Stellen Sie ein Systemimage nur wieder her, wenn Sie sicher wissen, dass die Probleme, aufgrund derer Sie Ihren Computer zurücksetzen müssen, zu dem Zeitpunkt der Erstellung des Systemabbilds noch nicht aufgetreten waren.

Original-Installationsmedien

Original-Installationsmedien sind für Programme geeignet, die Sie gekauft und installiert haben, nachdem Sie Ihr Gerät erworben haben. Wenn eine Software auf DVD oder CD geliefert wurde, können Sie für den Fall, dass es Probleme gibt, die Software von dem physischen Datenträger neu installieren.

Beachten Sie, dass Sie Updates, die Sie seit dem Kauf der Software heruntergeladen und installiert haben, erneut herunterladen und installieren müssen. Eventuell passiert das automatisch bei der Neuinstallation, es kann aber auch sein, dass Sie manuell nachhelfen müssen.

Heruntergeladene Software

Wenn Sie seit dem Kauf Ihres Geräts Softwarepakete heruntergeladen haben, wurden Ihnen einige davon, ja wenn nicht sogar alle, als digitaler Download zur Verfügung gestellt. Wenn Software als Download bereitgestellt wird, erhalten Sie keine physische Kopie. Sie können aber nach dem Download eine Kopie der Installationsdatei auf einem oder mehreren Datenträgern ablegen, zum Beispiel auf einem USB-Stick, einer CD oder DVD. Alternativ können Sie die Datei auch auf Ihrer Festplatte speichern. Achten Sie dann aber darauf, dass diese Festplatte auch mit Backups gesichert wird, wenn sie Bestandteil Ihrer Computerinfrastruktur ist.

Manche Stores, die Software zum Herunterladen anbieten, behalten Kopien der Software für Sie in einer Art virtuellem Schließfach, damit Sie diese zu einem späteren Zeitpunkt herunterladen können. Diese »Backups« sind nützlich, aber achten Sie unbedingt darauf, wie lange der Store Ihr Produkt in Ihrem Schließfach speichert. Ich kenne Leute, die ernsthafte Probleme bekommen haben, da sie sich auf diese Sicherungskopien verlassen hatten, dann aber festgestellt haben, dass die Software nicht mehr verfügbar war, als sie sie dringend benötigten.

Musik- und Videodateien werden von den Plattformen theoretisch auf ewig vorgehalten, mindestens aber so lange, wie die Dateien auch für andere zum Verkauf stehen. Bei Software kann diese Aufbewahrungsdauer sehr viel kürzer sein, wenn ein Hersteller neue Versionen der Software veröffentlicht, die Vorgänger vom Markt nimmt und irgendwann den Support für die veralteten Versionen einstellt.

Vollständiges Daten-Backup

Eine Alternative zu einer Sicherung des gesamten Systems ist eine vollständige Sicherung aller Daten, die sich in dem System befinden, jedoch nicht der Software und des Betriebssystems. (Die Konfigurationen für das Betriebssystem und die installierten Programme sind oft in Ordnern gespeichert und werden bei dieser Form des Backups daher auch gesichert.) Eine vollständige Datensicherung ermöglicht es dem Nutzer, alle seine Daten auf einen Schlag wiederherzustellen, wenn etwas schiefgeht. Je nachdem, welches Tool Sie für die Datensicherung verwenden, können Sie möglicherweise auch nur einen Teil der Daten wiederherstellen, zum Beispiel eine einzige Datei, die Sie aus Versehen gelöscht haben.

Wenn Sie Daten aus diesem Backup wiederherstellen, stellen Sie keine Programme und Apps wieder her. Wenn ein System komplett wiederhergestellt werden muss, müssen Sie vor dem Zurückspielen Ihrer gesicherten Daten Ihren Computer vermutlich auf Werkseinstellungen zurücksetzen (oder auf ein später erstelltes Image des Computers) und die gesamte Software neu installieren. Das ist sehr viel aufwendiger als die Wiederherstellung eines Systemabbilds. Es ist aber auch viel besser übertragbar. Die Wiederherstellung läuft hier meist völlig problemlos, selbst zwischen Geräten, die sich stark vom Ursprungsgerät unterscheiden. Reduzieren Sie die Wahrscheinlichkeit, dass Ihr wiederhergestelltes System aufgrund fehlender Sicherheitspatches angegriffen wird, indem Sie die neu installierte Software sofort mit Updates versorgen.

Inkrementelles Backup

Inkrementelle Backups erfolgen, nachdem ein komplettes Backup erstellt wurde. Sie enthalten nur Sicherungskopien von den Daten, die sich seit dem letzten Backup – vollständig oder inkrementell – verändert haben (oder – bei einem System-Backup – die Teile des Gesamtsystems, die sich verändert haben). Inkrementelle Backups lassen sich in der Regel sehr viel schneller als vollständige Backups erstellen, da der überwiegende Teil der Daten sich bei den meisten Systemen nicht regelmäßig ändert. Aus dem gleichen Grund benötigen inkrementelle Backups weniger Speicherplatz als vollständige.

Um alle Daten zu rekonstruieren, muss für die Wiederherstellung allerdings die letzte vollständige Datensicherung verwendet werden sowie alle inkrementellen Backups, die seitdem erstellt wurden.

Wenn Sie inkrementelle Backups erstellen möchten, sollten Sie die Anzahl der Backups begrenzen, die Sie nach einer vollständigen Sicherung erstellen lassen. Wenn Sie beispielsweise nur ein vollständiges Backup am ersten Tag des Monats machen und dann an allen weiteren Tagen des Monats je ein inkrementelles Backup durchführen und am letzten Tag des Monats etwas schiefgeht, müssen Sie im schlimmsten Fall dreißig Backups wiederherstellen, um an alle Ihre Daten zu kommen.

Viele Menschen (und auch viele Unternehmen) machen vollständige Systemsicherungen am Wochenende und erstellen dann an jedem Tag in der Woche ein inkrementelles Backup. Damit erreichen sie eine gute Balance zwischen effizientem Backup-Vorgang und mühsamem Wiederherstellungsprozess.

Differenzielles Backup

Differenzielle Backups enthalten alle Dateien, die sich seit dem letzten vollständigen Backup verändert haben. (Sie ähneln der ersten Reihe inkrementeller Backups, die nach einer Komplettsicherung erstellt werden.) Eine Reihe von differenziellen Backups benötigt mehr Zeit und verbraucht mehr Speicherplatz als inkrementelle Backups, aber weniger als dieselbe Anzahl vollständiger Backups. Die Wiederherstellung aus differenziellen Sicherungen ist schneller und einfacher als aus inkrementellen, da eine Wiederherstellung nur aus dem letzten vollständigen Backup und dem letzten differenziellen Backup erfolgen muss.

Wenn Sie sich für differenzielle Backups entscheiden, sollten Sie sich gut überlegen, wie viele Sicherungen Sie erstellen lassen, bevor Sie das nächste vollständige Backup machen. Wenn differenzielle Backups zu groß werden, haben Sie bei der Erstellung keinen Leistungsgewinn und eine Wiederherstellung wird länger dauern als von einem vollständigen Backup. Viele Menschen (und viele Unternehmen) machen am Wochenende komplette Systemsicherungen und erstellen dann pro Tag in der Woche ein differenzielles Backup.

Gemischte Backups

Inkrementelle und differenzielle Backups werden in Verbindung mit vollständigen Backups erstellt, wie Sie in Tabelle 4.1 sehen.

	Vollständiges Backup	Inkrementelles Backup	Differenzielles Backup
1. Backup	Alle Daten	-	-
2. Backup	Alle Daten	Änderungen zu 1. Backup	Änderungen zu 1. Backup
3. Backup	Alle Daten	Änderungen zu 2. Backup	Änderungen zu 1. Backup

Tabelle 4.1: Ein Vergleich zwischen vollständigen, inkrementellen und differenziellen Backups

Vermischen Sie nicht inkrementelle und differenzielle Backups innerhalb Ihrer Sicherungsstrategie, da das sehr komplex wird und zu Verwirrung und Fehlern führen kann, die Sie teuer zu stehen kommen können.

Kontinuierliche Backups

Bei *kontinuierlichen Backups* wird jede Änderung der Daten (oder des Systems und der Daten) als Backup gesichert.

Kontinuierliche Backups sind eine tolle Sache bei einem Festplattenausfall Ihres primären Systems – das Backup ist verfügbar und aktuell –, aber es hilft Ihnen wenig bei einer Infektion mit Schadsoftware oder einer Zerstörung von Daten, da die Schadsoftware in der Regel bis in das Backup vordringt.

Eine Ausnahme bilden komplexe Backup-Systeme, die jede Backup-Aktion aufzeichnen und die Fähigkeit haben, diese umzukehren. Diese Sicherungen können problematische Teile der Sicherungskopien bis zu dem Punkt rückgängig machen, an dem sie aufgetreten sind.

Die Erstellung kontinuierlicher Sicherungskopien ist auch als *Synchronisierung* bekannt. Der Prozess ist in Ihren elektronischen Geräten oder innerhalb verschiedener Softwarepakete womöglich mit diesem Begriff beschrieben.

Partielle Backups

Partielle Backups sind Sicherungskopien, die Teile von Daten enthalten. Im Gegensatz zu vollständigen Backups werden bei partiellen Backups nicht alle Datenelemente gesichert. Wenn Ihr System völlig kaputt ist, wäre es vermutlich unmöglich, alle Ihre Daten mithilfe partieller Backups wiederherzustellen.

Partielle Backups können auch inkrementell aufgebaut werden, wobei das erste Backup einer Reihe alle Elemente eines Datensatzes enthält, die gesichert werden sollen, und alle folgenden Backups in der Reihe nur die Elemente des Datensatzes enthalten, die sich verändert haben. Sie können auch wie ein vollständiges Backup aufgebaut sein. In diesem Fall werden alle Elemente eines Datensatzes des partiellen Backups jedes Mal gesichert, unabhängig davon, ob sie sich seit dem letzten Backup verändert haben oder nicht.

Partielle Sicherungskopien sollen nicht den Zweck eines vollständigen Backups für den Fall eines Angriffs mit Schadsoftware oder etwas in der Art erfüllen. Sie können aber in anderen Situationen nützlich sein, wenn zum Beispiel ein bestimmter Satz an Dateien getrennt gesichert werden soll aufgrund der

Bedürfnisse einer bestimmten Person oder aufgrund der Sensibilität des Materials. Nehmen wir folgende Situation an: Die IT-Abteilung eines Unternehmens fertigt vollständige und inkrementelle Sicherungskopien aller Dateien an, die auf einem gemeinsam genutzten Netzwerklaufwerk liegen. Trotzdem könnte beispielsweise die Buchhalterin, die ständig Zugriff auf bestimmte auf diesem Laufwerk gespeicherte Tabellenkalkulationen benötigt – ohne die sie nicht in der Lage wäre zu arbeiten –, ihr eigenes Backup nur von diesen Tabellen anlegen. Sie kann diese Sicherungskopie verwenden, wenn etwas mal nicht mehr einwandfrei läuft, sie unterwegs ist oder im Homeoffice arbeitet, und muss dafür dann nicht die IT-Abteilung ihrer Firma bemühen.

Backups von Ordnern

Backups von Ordnern ähneln partiellen Backups. Bei ihnen wird – wie der Name schon sagt – ein bestimmter Ordner gesichert. Zwar können Backup-Tools die Erstellung von Sicherungskopien von Ordnern erleichtern, doch zum Leidwesen vieler Cybersicherheitsprofis und IT-Abteilungen erstellen Nutzer diese Art von Backup oft ad hoc und kopieren zum Feierabend Ordner manuell auf Festplatten, SSD-Laufwerke oder USB-Sticks. Diese Backups sind nicht als ausreichender Schutz für den Ernstfall zu betrachten.

Theoretisch können diese Backups natürlich funktionieren und zur Wiederherstellung von Daten genutzt werden. Die Realität allerdings zeigt, dass diese Spontan-Backup-Vorgehensweise fast nie zu ordentlichen Sicherungskopien führt: Die Menschen vergessen die Backups oder sie sind zu sehr in Eile, sie vergessen bestimmte Daten, die gesichert werden müssten, sie bewahren Backups auf unsicheren Geräten an unsicheren Orten auf oder verlieren die Geräte, auf denen sie die Backups gespeichert haben. Verstehen Sie, was das Problem dabei ist?

Wenn Sie sich sicher sein wollen, dass Sie Zugriff auf Ihre Backups haben, wenn Sie sie brauchen – und früher oder später werden Sie sie brauchen –, dann verlassen Sie sich nicht auf die Sicherung einzelner Ordner.

Speichern Sie die Sicherungskopie eines Ordners nie auf demselben Laufwerk ab, auf dem der Originalordner liegt. Wenn das Laufwerk ausfällt, verlieren Sie sowohl die ursprünglichen Daten als auch die Sicherungskopie.

Backups von Laufwerken

Backups von Laufwerken ähneln Backups von Ordnern, allerdings wird dabei nicht nur ein einzelner Ordner, sondern ein gesamtes Laufwerk gesichert. Backups von Laufwerken schützen zwar zu einem gewissen Grad, bieten aber selten ausreichend Schutz gegen das Risiko eines Datenverlusts.

Bewahren Sie niemals die Sicherungskopie eines Laufwerks auf demselben Laufwerk auf, das Sie gesichert haben. Wenn Ihr Laufwerk ausfällt, geht Ihnen beides verloren: das Originallaufwerk mit den Daten und Ihr Backup.

Backups von virtuellen Laufwerken

Ein Sonderfall eines Laufwerk-Backups ist der, wenn eine Person oder ein Unternehmen ein verschlüsseltes virtuelles Laufwerk verwendet. Ein Nutzer könnte beispielsweise seine Daten in einem BitLocker-Laufwerk in Windows speichern. *BitLocker* ist ein Dienstprogramm, das in vielen Windows-Versionen enthalten ist und es ermöglicht, ein virtuelles Laufwerk zu erstellen, das anderen Nutzern wie jedes andere Laufwerk angezeigt wird, wenn es sich gerade in Benutzung befindet, aber wie eine riesige verschlüsselte Datei aussieht, wenn es gerade nicht verwendet wird. Um auf das Laufwerk zugreifen zu können, muss der Nutzer es entsperren, in der Regel durch Eingabe eines Passworts.

Diese Laufwerke werden oft als verschlüsselte Datei im Zuge eines vollständigen inkrementellen, Ordner- oder Laufwerk-Backups gesichert. Alle Inhalte des verschlüsselten Laufwerks werden ohne Angabe des Namens gesichert und bleiben für jeden unzugänglich, der nicht über das Passwort zur Entschlüsselung des Laufwerks verfügt. Viele Backup-Tools bieten zusätzlich zu den strukturierteren Backup-Formen auch Laufwerkssicherungen an.

Bei manchen Softwareherstellern wird die Erstellung eines Images eines gesamten Laufwerks auch als *Klonen* bezeichnet.

Zwar schützen Sie mit dieser Vorgehensweise die Inhalte des verschlüsselten Laufwerks, da sie in den Backups mit derselben Verschlüsselung aufbewahrt werden, die für das Original eingesetzt wurde, beachten Sie aber folgende Fallstricke:

- Wenn Sie nur eine winzige Änderung an einer einzigen Datei innerhalb des virtuellen Laufwerks vornehmen, verändert sich die gesamte verschlüsselte Datei. Eine Änderung von nur einem Kilobyte kann schnell dazu führen, dass ein inkrementelles Backup eine Datei von der Größe eines Terabytes sichern muss.
- Das Backup ist nutzlos, wenn Sie nicht wissen, wie Sie das Laufwerk entschlüsseln. Verschlüsselung ist zwar ein guter Verteidigungsmechanismus gegen Unbefugte, die in Ihren sensiblen Daten herumschnüffeln wollen, sie bedeutet aber auch, dass das Backup für sich genommen nicht zur vollständigen Wiederherstellung geeignet ist. Die Probleme sind vorprogrammiert, wenn Sie versuchen, Jahre nach der ersten Erstellung ein Backup wiederherzustellen, aber das Passwort nicht mehr wissen, oder wenn die Person, die das Backup irgendwann einmal erstellt hat, nicht verfügbar ist, Sie aber Daten daraus wiederherstellen müssen.
- Wie bei allen verschlüsselten Daten besteht das Risiko, dass die Verschlüsselung bei immer leistungsfähigeren Computern – insbesondere der Entwicklung von Quantencomputern – keinen ausreichenden Schutz mehr bei Brute-Force-Angriffen bietet. Zwar können Produktionssysteme zweifellos mit der Zeit mit besseren Verschlüsselungen ausgestattet werden (das ist seit der 56-Bit-Verschlüsselung in den 1990er Jahren auch geschehen), aber Backups, die mit veralteter Verschlüsselungstechnologie erstellt wurden, könnten von Unbefugten entschlüsselt werden. Verschlüsselung schützt Ihre sensiblen Daten in den Backups daher nicht für alle Ewigkeit. Sie müssen diese Sicherungskopien an sicheren Orten aufbewahren und sie vernichten, wenn Sie sie nicht länger benötigen.

Ausnahmen

Einige Dateien und Ordner müssen nicht gesichert werden. Wenn Sie ein vollständiges Image Ihres Laufwerks erstellen, sind sie natürlich trotzdem enthalten, denn dann sieht das Abbild exakt so aus wie das ursprüngliche Laufwerk.

Von Auslagerungsdateien Ihres Betriebssystems oder anderen temporären Dateien, die bei einer Wiederherstellung Ihres Systems keinen Zweck erfüllen, müssen Sie kein Backup erstellen.

Im Folgenden lernen Sie einige Beispiele der Dateien und Ordner kennen, die Sie auf einem Windows-11-Computer von Ihren Backups ausschließen können. Wenn Sie eine Backup-Software nutzen, enthält sie vermutlich bereits eine voreingestellte Liste von Ausnahmen, die in etwa so aussehen könnte:

- ✔ **Papierkorb:** Er enthält temporäre Backups gelöschter Dateien, falls ein Nutzer seine Meinung ändert und eine gelöschte Datei doch noch benutzen möchte.
- ✔ **Browser-Cache:** Dieser Zwischenspeicher enthält temporäre Internetdateien aus Webbrowsern wie Microsoft Edge, dem Internet Explorer, Firefox, Chrome, Vivaldi oder Opera.
- ✔ **Temporäre Dateien:** Sie haben meistens die Dateiendung *.tmp* oder *.temp.*
- ✔ **Auslagerungsdateien des Betriebssystems:** Das ist zum Beispiel die Datei *pagefile.sys.*
- ✔ **Systemdatei für Ruhezustand:** Diese Datei lautet *hyberfil.sys.*
- ✔ **Backups:** Außer Sie möchten ein Backup Ihrer Backups, wie zum Beispiel des Dateiversionsverlaufs erstellen.
- ✔ **Systemdateien eines Betriebssystem-Upgrades:** Bei Windows-Computern, deren Betriebssystem aktualisiert wurde, finden Sie diese Datei in der Regel unter *C:\Windows.old.*
- ✔ **Microsoft-Outlook-Cache-Dateien (.ost):** Lokale Outlook-Dateien (*.pst*) sollten allerdings in einem Backup gesichert werden, da sie sich in vielen Fällen als die wichtigsten Dateien einer Sicherungskopie herausstellen!
- ✔ **Performance-Log-Dateien:** Sie sind in Verzeichnissen namens *PerfLogs* abgelegt.
- ✔ **Junk-Dateien:** Sie werden von Nutzern als temporäre Dateien angelegt, um Informationen zu speichern, zum Beispiel eine Textdatei, in die der Nutzer eine Telefonnummer hineingetippt hat, die er aber längst unter seinen Kontakten im Smartphone abgelegt hat.

Programminterne Backup-Funktionen

Manche Programme und Anwendungen verfügen über eine integrierte Backup-Funktion, die Sie davor schützt, Ihre Arbeit zu verlieren, wenn Ihr Computer abstürzt, die Stromzufuhr unterbrochen wird oder Ihr Akku leer ist. Ein Beispiel ist Microsoft Word, bei dem

Nutzer einstellen können, wie oft für die Funktion AutoWiederherstellen Dateien gespeichert werden sollen. Die Funktion ist für die meisten Nutzer sehr nützlich. Auch ich habe schon davon beim Schreiben dieses Buches profitiert!

Zwar unterscheidet sich die genaue Vorgehensweise in den einzelnen Word-Versionen, in den meisten aktuellen Versionen finden Sie die Einstellung über folgenden Weg: Wählen Sie in einem geöffneten Dokument die Registerkarte Datei aus und klicken Sie anschließend auf Optionen. Wählen Sie nun links den Menüpunkt Speichern aus. Konfigurieren Sie dann AutoWiederherstellen ganz nach Ihren Wünschen.

Es dauert oft nur wenige Sekunden, die in Programme integrierten Backup-Funktionen zu konfigurieren. Meist laufen sie im Hintergrund, ohne dass Sie irgendetwas sonst tun müssen. Sie können Ihnen viel Ärger ersparen. Wenn eine derartige Funktion existiert, sollten Sie sie in aller Regel aktivieren.

Backup-Tools kennenlernen

Sie können viele verschiedene Tools verwenden, um Sicherungskopien zu erstellen, sie zu verwalten und sie wiederherzustellen. Tools können beispielsweise verschiedene Arten von Backups automatisieren oder den Prozess einer kontinuierlichen Synchronisierung steuern. Backup-Tools gibt es in allen Preisklassen, je nachdem wie robust und skalierbar sie sind.

Backup-Software

Backup-Software wurde speziell zu dem Zweck entwickelt, Backups zu erstellen, zu verwalten und wiederherzustellen. Es gibt zahlreiche Hersteller, die diese Art von Software anbieten. Dabei variieren die genauen Funktionen je nach Produkt oder Plattform (zum Beispiel zwischen Windows- und Mac-Versionen desselben Backup-Softwarepakets). Manche Angebote sind für Privatnutzer geeignet, andere sind für große Unternehmen entwickelt worden und wiederum andere liegen irgendwo dazwischen.

Sie können eine Backup-Software dazu nutzen, manuelle oder automatische Sicherungskopien anzulegen. Sie können sie so einstellen, dass bestimmte Systeme, Daten, Laufwerke oder Ordner zu bestimmten Zeiten gesichert werden. Außerdem können Sie verschiedene Backup-Modelle wählen, zum Beispiel vollständig, inkrementell oder differenziell.

Backups werden nur erstellt, wenn ein Gerät eingeschaltet ist. Sorgen Sie also dafür, dass Ihr Computer gerade läuft, wenn ein Backup gemacht wird. (Manche Backup-Softwarepakete können so konfiguriert werden, dass ein ausgelassenes Backup nachgeholt wird, sobald das Gerät das nächste Mal eingeschaltet wird oder ungenutzt ist.)

Es dauert manchmal ein bisschen, bis die Backup-Software eingerichtet ist, aber sobald es einmal geschafft ist, kann sie den Sicherungsprozess im Gegensatz zu anderen Backup-Methoden deutlich erleichtern.

Im Idealfall stellen Sie Ihr System so ein, dass automatische Backups zu bestimmten Zeitpunkten durchgeführt werden, damit Sie auch wirklich welche erstellen und es nicht auf die lange Bank schieben, weil Sie all die anderen Dinge erledigen, um die man sich im Leben eben kümmern muss. Wenn Sie allerdings an einem besonders wichtigen Projekt arbeiten und gerade stundenlang am Computer gearbeitet haben, empfehle ich Ihnen, noch ein zusätzliches manuelles Backup anzustoßen, um Ihre Arbeit zu schützen. Es wäre sonst schade um Ihre Zeit!

Fallen Sie nicht auf fingierte Backup-Software herein! Betrüger bieten im Internet kostenlose Backup-Software an, die Schadcode mit unterschiedlichem Schweregrad enthält. Die Spanne reicht von nerviger Adware zu Daten klauenden Viren. Sorgen Sie dafür, dass Ihre Backup-Software (wie jede Sicherheitssoftware, die Sie einsetzen) aus einer vertrauenswürdigen Quelle stammt.

Laufwerksspezifische Backup-Software

Einige externe Festplatten und SSDs enthalten bereits eine Backup-Software. Diese Software ist meist sehr intuitiv und anwenderfreundlich. Viele Nutzer finden es sehr praktisch, auf diese Art und Weise Backup-Routinen einzuführen.

Drei Dinge sollten Sie bei der Nutzung allerdings beachten:

- ✔ Lassen Sie das Laufwerk nicht mit dem System verbunden, das Ihren Hauptdatenträger enthält.
- ✔ Sie müssen eventuell alle Ihre Backup-Laufwerke von demselben Hersteller erwerben, um Backup- oder Wiederherstellungsvorgänge nicht zu verkomplizieren.
- ✔ Die Software unterstützt meist nicht so gut neue Technologien, da sie von anderen Herstellern stammen als die allgemein verbreiteten Backup-Softwarelösungen.

Windows-Sicherung

Windows verfügt über eine integrierte Basis-Software für Backups, die *Windows-Sicherung*. Die Software enthält verschiedene Funktionen und vielen reicht sie aus. Es ist in jedem Fall besser, Backups mit der Windows-Sicherung zu erstellen, als gar kein Backup zu machen. Auf einem Computer mit Windows 11 gelangen Sie folgendermaßen zur Windows-Sicherung:

Rufen Sie die Systemsteuerung über das Startmenü auf. Klicken Sie in der Kategorie SYSTEM UND SICHERHEIT oder in der Symbolansicht direkt auf den Link SICHERN UND WIEDERHERSTELLEN (WINDOWS 7).

Diese Art der Wiederherstellung wird von Microsoft eigentlich seit Windows 7 als veraltet betrachtet, aber weiter angeboten.

Darüber hinaus gibt es den *Dateiversionsverlauf*, der Ihre Dateien sichert und alle Bearbeitungszustände speichert. Auf den Dateiversionsverlauf können Sie auch über die Systemsteuerung zugreifen. Suchen Sie in der Kategorie SYSTEM UND SICHERHEIT oder in der Symbolansicht den entsprechenden Link. Wenn Sie über ausreichend Festplattenspeicher verfügen und viel am Computer arbeiten, sollten Sie Ihre Dateien sehr häufig sichern. Um zu erfahren, wie Sie aus dem Windows-Dateiversionsverlauf Dateien wiederherstellen, lesen Sie Kapitel 16.

Smartphone- und Tablet-Backup

Viele Geräte enthalten eine Funktion, um automatisch Daten in die Cloud hochzuladen. Diese Synchronisierung ermöglicht es Ihnen, die Daten auf einem neuen Gerät wiederherzustellen, wenn Ihr altes gestohlen wurde oder verloren gegangen ist. Selbst bei Geräten, die nicht von Haus aus über diese Funktion verfügen, können Sie eine Software laufen lassen, die denselben Zweck für bestimmte Ordner oder Laufwerke erfüllt.

Die Synchronisierungsfunktion bietet einen starken Schutz, es bedeutet aber auch, dass Ihre Daten *in der Cloud* liegen, im Grunde also auf einem fremden Computer. Sie sind daher sowohl für den Clouddienstanbieter (bei den meisten Smartphones Apple oder Google) zugänglich als auch potenziell für Strafverfolgungsbehörden, die einen entsprechenden richterlichen Beschluss haben, sowie für kriminelle Insider oder Hacker, die irgendwie Zugriff auf die Daten erlangen.

Selbst wenn Sie überhaupt kein Verbrechen begangen haben, können Behörden die Anbieter trotzdem zur Herausgabe Ihrer Daten auffordern, wenn sie mit Verbrechen anderer in Verbindung gebracht werden. Selbst wenn Sie davon ausgehen, dass die Behörden Ihre Daten nicht missbrauchen, könnten sie durch Datenlecks und Sicherheitslücken letztendlich doch von Personen gestohlen werden, die eben genau das tun. Sie haben daher Grund genug, den Behörden beim Schutz Ihrer Daten zu misstrauen.

Bevor Sie sich für oder gegen die Synchronisierungsfunktion entscheiden, sollten Sie alle Vor- und Nachteile abwägen.

Manuelles Kopieren von Dateien oder Ordnern

Manuelle Backups sind genau das, was der Name sagt: Backups, die manuell durchgeführt werden, oft durch das Kopieren von Dateien, Ordnern oder beidem vom Hauptlaufwerk auf einen Netzwerkordner oder einen USB-Stick.

Manuelle Backups haben durchaus ihre Berechtigung, aber allein für sich genommen stellen sie keine gute Backup-Strategie dar. Meist erstellen die Menschen sie nicht regelmäßig genug, bewahren sie nicht sicher auf und erstellen häufig nicht von allen Daten Sicherungskopien, die gesichert werden müssten.

Automatisiertes Kopieren von Dateien oder Ordnern

Backups, die als *automatisierte Aufgabe* durchgeführt werden, sind im Grunde genommen manuelle Backups auf Speed und nicht mit kontinuierlichen, automatischen Backups zu verwechseln. Es handelt sich dabei um manuelle Backups, die automatisch von einem Computer und nicht von Hand angestoßen werden. Zwar reduziert eine Automatisierung des Sicherungsprozesses die Gefahr, dass ein Backup vergessen wird oder aufgrund von Stress und Eile nicht erstellt wird, dennoch ist es riskant, einzelne Dateien und Ordner zu kopieren. Wenn kritische Informationen aus irgendwelchen Gründen nicht im richtigen Ordner abgelegt sind, kann es sein, dass sie gar nicht gesichert werden.

Eine mögliche Ausnahme davon sind virtuelle Laufwerke. Wenn Sie den Prozess des Kopierens der Datei automatisieren, die das gesamte Laufwerk enthält, in dem Sie Ihre gesamten Dateien speichern, können diese Sicherungskopien ausreichend sein. Für die meisten privaten Nutzer hingegen stellt die Einrichtung einer automatischen Kopierroutine keine praktikable Lösung dar. Die Nutzung einer Backup-Software ist die sehr viel einfachere und bessere Option.

Backups von Drittanbietern

Wenn Sie Daten bei einem Cloud- oder anderen Anbieter gespeichert haben, ist es möglich, dass der Anbieter von den physischen und/oder virtuellen Systemen, auf denen Ihre Daten liegen, Sicherungskopien erstellt (oder eben nicht). Meist geschieht das ohne Ihr Wissen oder ohne Ihre Zustimmung. Wenn Sie Daten bei Google Drive speichern, haben Sie beispielsweise rein gar keine Kontrolle darüber, wie viele Kopien Ihrer Daten Google anfertigt. Wenn Sie einen Anbieter wie Facebook nutzen und Daten auf die Server des Social-Media-Giganten hochladen – ganz unabhängig von den Privatsphäre-Einstellungen, die Sie für Uploads vorgenommen haben –, kann Facebook so viele Backups Ihrer Daten an so vielen Orten erstellen, wie es lustig ist (sogar, wenn Sie Daten gelöscht haben).

In einigen Fällen können Backups von Drittanbietern auch Backups von Laufwerken sein. Dabei erstellt ein Anbieter Sicherungskopien Ihrer Daten, aber nur Sie – derjenige, dem die Daten »gehören« – können die gesicherten Daten in unverschlüsselter Form aus dem Backup auslesen. In anderen Fällen sind die Daten aber womöglich für jeden zugänglich, der auf das Backup zugreifen kann.

Die meisten großen Anbieter verfügen über redundante Infrastrukturen und Backup-Systeme, das heißt, dass die Wahrscheinlichkeit sehr viel höher ist, dass die gesicherten Daten in diesen Infrastrukturen jederzeit für die Nutzer zugänglich bleiben – im Gegensatz zu Daten in den meisten Privathaushalten.

Der richtige Aufbewahrungsort für Backups

Wichtige Backups müssen richtig aufbewahrt werden, damit sie schnell und einfach zugänglich sind, wenn sie benötigt werden. Eine ungeeignete Aufbewahrung von Sicherungskopien kann die Sicherheit der Daten, die in den Backups liegen, erheblich untergraben.

Sie haben sicher auch schon die Geschichten gehört, in denen unverschlüsselte Backup-Datenträger mit sensiblen Informationen verloren gegangen oder gestohlen worden sind.

Es gibt nicht die eine richtige Aufbewahrung für Backups. Sie können Ihre Sicherungskopien auf verschiedene Arten erstellen, was auch dazu führt, dass Sie sie an unterschiedlichen Orten aufbewahren.

Lokale Aufbewahrung

Es ist empfehlenswert, eine *lokale Kopie* Ihres Backups aufzubewahren. Lokal bedeutet dabei in der Nähe eines Heimcomputers oder schnell zugänglich für den Besitzer eines Smartphones, Tablets oder Laptops. Wenn Sie aus Versehen eine Datei löschen, können Sie diese schnell aus dem Backup wiederherstellen.

Sie sollten nie alle Ihre Sicherungskopien lokal aufbewahren. Wenn Sie Ihre Backups in Ihrem Haus aufbewahren und dieses beispielsweise bei einer Naturkatastrophe schwer beschädigt wird, könnten Sie nicht nur Ihren primären Datenträger (zum Beispiel Ihren Heimcomputer), sondern auch alle Ihre Backups verlieren.

Backups sollten immer an einem sicheren Ort abgelegt werden, nicht im Bücherregal. Ein feuer- und wasserfester Safe, der entweder im Boden verankert oder an der Wand angebracht ist, ist eine gute Möglichkeit.

Denken Sie auch daran, dass Festplatten und andere magnetische Laufwerke bestimmte Arten von Katastrophen weniger gut überstehen als SSD-Laufwerke, USB-Sticks oder andere Datenträger, die einen Speicherchip enthalten.

Offsite-Aufbewahrung

Einer der Gründe, warum Sie Sicherungskopien erstellen, ist die Möglichkeit, Daten (und Systeme) wiederherzustellen, wenn die Hauptkopie der Daten, zum Beispiel Ihr Computer, zerstört wird. Daher sollten Sie mindestens ein Backup *offsite*, das heißt an einem anderen Ort als Ihren primären Datenträger aufbewahren.

Bei der Frage, wie weit entfernt das Backup aufbewahrt werden sollte, gehen die Meinungen auseinander. Im Allgemeinen sollten Sicherungskopien weit genug entfernt aufbewahrt werden, dass eine Naturkatastrophe, die gefährliche Auswirkungen auf den Hauptdatenträger hat, nicht auch die Sicherungskopie in Mitleidenschaft ziehen kann.

Einige bewahren Backups ihrer Daten in einer feuer- und wasserfesten Hülle innerhalb eines Bankschließfachs auf. Bankschließfächer überleben in der Regel Natur- oder andere Katastrophen, daher wird Ihre Sicherungskopie wohl überleben, selbst wenn die Bank in der Nähe Ihrer Wohnung oder Ihres Büros liegt und womöglich mehrere Tage nicht zugänglich ist.

Cloud-Backups

Sicherungskopien in der Cloud abzulegen, bietet alle Vorteile der Offsite-Aufbewahrung. Selbst wenn Sie alle Ihre Geräte und Systeme bei einer Katastrophe verlieren, liegen Ihre Daten fast immer wohlbehalten in der Cloud. Die Chancen stehen außerdem gut, dass das Informationssicherheitsteam bei einem großen Anbieter von Cloudlösungen über sehr viel mehr Wissen über die sichere Speicherung von Daten verfügt als die meisten Einzelpersonen. Meist nutzen die Anbieter auch starke Tools, die sich Privatanwender nicht leisten können.

Cloud-basierte Backups haben aber auch ihre Nachteile.

Wenn Sie Sicherungskopien Ihrer Daten in der Cloud ablegen, vertrauen Sie dem Anbieter der Cloudlösung den Schutz Ihrer Daten an. Zwar verfügt dieser Anbieter über mehr Wissen auf dem Gebiet und hat bessere Tools, aber sein Hauptaugenmerk liegt sicher nicht bei Ihnen. Wenn es bei dem Anbieter zu einer Sicherheitslücke kommt und Großkunden davon betroffen sind, könnten die Prioritäten bei diesen Kunden liegen und nicht bei Ihnen, der Sie nur ein kleiner Fisch sind. Die Dienste großer Anbieter sind außerdem häufig Ziele von Hackern, da sie wissen, dass dort riesige Datenschätze liegen, die viel größer sind als das, was sich auf Ihrem Heimcomputer finden lässt. Es ist auch möglich, dass Strafverfolgungsbehörden mit entsprechenden richterlichen Beschlüssen Zugriff auf Ihre Daten erlangen können, selbst wenn Sie gar nicht das Ziel der Behörden sind oder jemand anders in Verdacht steht.

Für die meisten ist es durchaus sinnvoll, Backups in der Cloud aufzubewahren, weil die Vorteile gegenüber den Nachteilen überwiegen. Das gilt insbesondere, wenn Sie Ihre Sicherungskopien verschlüsseln und sie damit unzugänglich für den Cloud-Anbieter machen.

Lassen Sie sich nicht von dem wohlklingenden Begriff *Cloud* täuschen. Das bedeutet nichts anderes, als dass Ihre Daten auf einem fremden Computer gespeichert sind. Wenn Sie sensible Daten – dazu gehören auch sensible Daten in Backups – in der Cloud speichern, legen Sie diese in Wirklichkeit auf dem physischen Computer eines anderen ab. Der Cloud-Anbieter verfügt womöglich über bessere Sicherheitsmechanismen als Sie selbst, aber gehen Sie bitte nicht davon aus, dass sich Cybersicherheitsgefahren bei einer Cloud-Nutzung auf magische Weise in Luft auflösen.

Netzwerkspeicherung

Die Aufbewahrung von Sicherungskopien auf einem Netzwerklaufwerk bietet einen Mix aus Funktionen aus den verschiedenen bis hierin genannten Aufbewahrungslösungen für Backups.

Wie bei einem lokalen Backup ist ein Netzwerk-Backup in der Regel jederzeit verfügbar, wenn auch manchmal mit einer etwas geringeren Geschwindigkeit.

Wie bei einem Offsite-Backup steht der Netzwerkserver mit dem Backup von der Hauptdatenquelle getrennt, wodurch die Sicherungskopie vor Problemen geschützt ist, die am

Aufbewahrungsort des primären Datenträgers entstehen. Anders als bei einem Offsite-Backup können sich die Daten aber auch in demselben Gebäude befinden wie die Hauptdaten, außer Sie wissen sicher, dass die Dateien extern gespeichert sind.

Wie bei einem Cloud-Backup können netzwerkbasierte Backups auf anderen Geräten in Ihrem Netzwerk wiederhergestellt werden. Anders als bei einer Cloud-Sicherung ist es möglich, dass nur Geräte innerhalb desselben privaten Netzwerks darauf zugreifen können. (Das kann in einigen Situationen problematisch, aus Sicherheitssicht aber auch eine gute Sache sein.)

Bei der Netzwerkspeicherung sind häufig redundante Laufwerke im Einsatz. Außerdem werden dabei meist automatische Backups erstellt. Beides erhöht den Schutz Ihrer Daten im Vergleich zu vielen anderen Optionen.

Wenn Sie ein Netzwerk für die Aufbewahrung Ihrer Backups nutzen, müssen Sie dafür sorgen, dass die Mechanismen, die Sie zum Erstellen eines Backups nutzen (beispielsweise eine Backup-Software) über die passenden Netzwerkrechte verfügt, um auf das Medium zu schreiben. In den meisten Fällen müssen Sie einen Benutzernamen erstellen und ein Passwort vergeben.

Verschiedene Aufbewahrungsorte

Es gibt keinen Grund, nur einen Aufbewahrungsort für Ihre Backups zu haben. Für die schnelle Wiederherstellung Ihrer Daten gilt: An je mehr Orten Sie Ihre Daten sicher aufbewahren, desto besser. Unterschiedliche Orte bieten unterschiedlichen Schutz in unterschiedlichen Situationen.

Viele fahren gut mit einer lokalen Sicherungskopie, um eine versehentlich gelöschte Datei schnell wiederherstellen zu können, und einem zweiten Backup in der Cloud für den Fall einer Naturkatastrophe oder eines Hausbrandes.

Bedenken Sie dabei aber immer, dass Sie alle Orte sichern müssen, an denen Sie Ihre Backups aufbewahren. Wenn Sie sich unsicher sind, ob ein Ort sicher genug für ein Backup ist, seien Sie vorsichtig und bewahren Sie dort keins auf, nur weil Sie denken: »Je mehr Backups, desto besser.«

Da unterschiedliche Aufbewahrungsorte für Ihre Sicherungskopien verschiedene Stärken und Schwächen haben, erhöhen Sie Ihren Schutz gegen Gefahren, wenn Sie mehrere Orte für Ihre Backups auswählen.

Tabus für die Aufbewahrung von Backups

Lassen Sie Ihr Backup-Medium niemals an Ihren Computer oder Ihr Netzwerk angeschlossen, außer Sie haben noch eine weitere Sicherungskopie, aus der Sie Ihre Daten für den Fall eines Angriffs mit Schadsoftware wiederherstellen können. Ransomware, die Ihren Computer infiziert und den Zugriff auf Dateien verhindert, könnte sonst dasselbe mit dem angeschlossenen Backup machen.

Sobald Sie ein Backup erstellt haben, lassen Sie die Festplatte oder das SSD-Laufwerk nicht an die Systeme oder Netzwerke angeschlossen, die Sie gesichert haben. Malware, die das Hauptsystem infiziert, kann sich sonst auch auf Ihre Sicherungskopien ausbreiten. Wenn Sie das Backup-Medium wieder entfernen, können Sie Ihre Daten hoffentlich nach einem Ransomware-Angriff schnell wiederherstellen. Wenn nicht, müssen Sie womöglich in den sauren Apfel beißen und einem Kriminellen ein saftiges Lösegeld zahlen.

Wenn Sie Ihre Backups auf Medien wie CD-Rs oder DVD-Rs speichern, die nur einmal beschrieben und mehrmals gelesen werden können, können Sie das Backup im angeschlossenen Laufwerk belassen, nachdem Sie die CD oder DVD fertig gebrannt haben.

Verschlüsselung von Backups

Backups können schnell zur Schwachstelle bei der Datensicherheit werden. Es gibt viele Menschen, die sehr auf den Schutz ihrer persönlichen Daten bedacht sind, und Unternehmen, die ebenso genau auf ihre vertraulichen Unternehmensdaten aufpassen, die aber versäumen, dasselbe Maß an Sicherheit auf die exakt gleichen Daten anzuwenden, sobald sie in Form von Backups gespeichert sind.

Immer wieder hören wir Meldungen in den Nachrichten, bei denen sensible Daten gefährdet wurden, weil sie in unverschlüsselter Form auf Backup-Medien gespeichert wurden, die gestohlen wurden oder verloren gingen.

Im Allgemeinen gilt: Wenn Sie sich nicht sicher sind, ob Sie Ihr Backup verschlüsseln sollten, tun Sie es besser.

Verschlüsseln Sie Ihre Sicherungskopien, wenn sie sensible Daten enthalten. In der Regel wird dies der Fall sein. Wenn Daten wichtig genug sind, dass Sie davon Backups erstellen, stehen die Chancen recht gut, dass immerhin Teile davon sensibel sind und verschlüsselt werden sollten.

Schützen Sie das Passwort, das zum Entschlüsseln der Backups benötigt wird. Beachten Sie, dass es eine Weile dauern könnte, bis Sie die Sicherungskopien benötigen, und verlassen Sie sich daher nicht auf Ihr Gedächtnis, wenn Sie das Passwort nicht gerade regelmäßig zum Testen Ihrer Backups benutzen.

Ein Hinweis aus der Praxis: Viele professionelle Systemadministratoren, die tagtäglich mit vielen verschiedenen Backups zu tun haben, haben noch nie ein Backup gesehen, das nicht verschlüsselt werden musste.

Häufigkeit von Backups

Auch bei der Frage, wie oft Sie Ihre Systeme und Ihre Daten sichern sollten, lässt sich keine allgemeine Regel aufstellen, die immer und für jeden passt. Eine Faustregel ist aber: Mit den Backups wollen Sie gewährleisten, dass Sie niemals so viel Ihrer Arbeit verlieren, dass es Ihnen echte Schmerzen bereitet.

Ein vollständiges Backup pro Tag erfordert den größten Speicherplatz und auch die meiste Zeit zur Erstellung. Es bedeutet allerdings auch, dass mehrere Kopien Ihrer Daten existieren. Das heißt, wenn ein Backup gleichzeitig mit dem primären Datenträger kaputt geht, gehen wahrscheinlich weniger Daten verloren und Sie benötigen auch weniger Backups, um Ihr System und Ihre Daten vollständig wiederherzustellen.

Ein vollständiges Backup jeden Tag ist für viele machbar, insbesondere, wenn sie ihre Sicherungskopien abends nach der Arbeit oder nachts erstellen lassen. Diese Strategie bietet den besten Schutz. Da die Kosten für Speicherplatz in den letzten Jahren stark gesunken sind, können sich das auch die meisten Privatanwender leisten.

Manche Menschen und Unternehmen entscheiden sich für ein vollständiges Backup einmal in der Woche und ergänzen diese Sicherungskopie mit täglich erstellten inkrementellen oder differenziellen Backups. Inkrementelle Backups lassen sich am zügigsten erstellen. Bei differenziellen Backups geht die Wiederherstellung schneller und die Anzahl der Backups für eine vollständige Wiederherstellung wird auf maximal zwei statt sieben reduziert.

Ziehen Sie zusätzliche manuelle oder automatische In-App-Backups in Betracht, wenn Sie über den Tag hinweg an wichtigen Aufgaben arbeiten. Durch die integrierte Sicherungsfunktion in Word können Sie beispielsweise verhindern, dass Sie bei einem Absturz Ihres Computers die Arbeit von Stunden verlieren. Auch kann Sie das manuelle Kopieren von Dokumenten auf einen zweiten Speicherort retten, wenn Ihre Festplatte oder Ihr SSD-Laufwerk ausfällt.

Bei Programmen, die nicht über integrierte Backup-Funktionen verfügen, können Sie sich die Dateien, an denen Sie gerade arbeiten, selbst in regelmäßigen Abständen per E-Mail zuschicken. Auch wenn diese Vorgehensweise sicher keine ausgefeilte Backup-Strategie darstellt, können Sie damit zwischen den regulären Sicherungszyklen Backups erstellen, die dann in gewisser Weise auch offsite – nämlich auf Ihrem E-Mail-Server – gespeichert sind. Damit gewährleisten Sie, dass selbst bei einem plötzlichen Absturz Ihres Computers nicht die Arbeit eines ganzen Tages verloren geht.

Merken Sie sich als Faustregel: Wenn Sie sich nicht sicher sind, ob Sie häufig genug Backups erstellen, tun Sie es vermutlich nicht. Bessern Sie Ihre Strategie nach.

Backups entsorgen

Backups werden häufig über sehr lange Zeiträume gespeichert. Manchmal werden Daten so lange aufbewahrt, dass die Verschlüsselung, die zum Schutz der sensiblen Daten auf dem Backup-Medium verwendet wird, nicht mehr ausreicht, um die Informationen vor neugierigen Blicken zu schützen.

Es ist daher sehr wichtig, dass Sie von Zeit zu Zeit Ihre Backups vernichten und sie neu erstellen.

Sowohl Hardware- als auch Software-Formate ändern sich im Laufe der Zeit. Wenn Sie in den Achtzigern Daten auf Bandlaufwerke gespeichert haben, in den frühen Neunzigern auf Bernoulli-Boxen oder auf Zip-Laufwerke in den späten Neunzigern, könnten Sie Schwierigkeiten bekommen, wenn Sie die Backups heute wiederherstellen möchten, da Sie womöglich nicht mehr an die nötige Hardware, kompatible Treiber oder andere Software kommen, die zum Lesen der Sicherungskopien auf einem modernen Computer nötig sind.

Wenn Sie Backups von Daten unter Zuhilfenahme von verschiedenen DOS-Programmen oder frühen 16-Bit-Windows-Programmdateien – erforderlich für die Verarbeitung der Inhalte – erstellt haben, gelingt es Ihnen womöglich nicht mehr, die Daten in diesen Backups auf einem modernen Computer wiederherzustellen, da Sie die Programmdateien darauf gar nicht zum Laufen bekommen. Sie werden offensichtlich auch Probleme haben, ein vollständiges Systemimage von einem Computer von vor zwanzig Jahren auf einem modernen Gerät wiederherzustellen. (Es könnte Ihnen mithilfe einer virtuellen Maschine gelingen, was jedoch das technische Können der meisten Anwender übersteigt.)

Selbst ältere Dateiversionen funktionieren möglicherweise nicht mehr richtig. Word-Dokumente aus der Mitte der Neunziger beispielsweise – die mit verschiedenen Arten von Malware verseucht sein können – öffnen sich nicht mehr in aktuellen Versionen, außer ein Benutzer erlaubt den Zugriff, was gerade in bestimmten Unternehmensumgebungen problematisch sein kann. Ein Dateiformat, das nur von einer bestimmten Software verwendet wurde, die aber bereits seit Langem vollständig vom Markt verschwunden ist, lässt sich womöglich nicht mehr öffnen.

Alte Backups haben ohnehin kaum noch einen Wert für Sie. Sobald Sie eine Sicherungskopie nicht mehr benötigen oder wenn der Schutz Ihrer Daten nicht mehr gewährleistet werden kann, sollten Sie es entsorgen.

Wie können Sie sich also von Backup-Datenträgern aller Art befreien? Können Sie sie einfach in den Hausmüll werfen?

Nein, bitte nicht! Das würde die Sicherheit Ihrer Daten in den Backups vollständig untergraben. Nutzen Sie stattdessen eine der folgenden Methoden zur Vernichtung:

- ✔ **Überschreiben:** Verschiedene Software-Programme überschreiben jeden Sektor des Speichermediums mehrmals (die genaue Anzahl hängt von der Sicherheitsebene ab, die der Nutzer vorher einstellt), wodurch die anschließende Wiederherstellung der Daten sehr erschwert, wenn nicht sogar unmöglich gemacht wird.
- ✔ **Entmagnetisierung:** Es gibt Entmagnetisierungsgeräte (sogenannte Degausser), die magnetische Datenträger (wie beispielsweise Festplatten und Disketten) einem starken magnetischen Feld aussetzen und die Daten darauf somit löschen.
- ✔ **Verbrennen:** Häufig ist es ausreichend, einen Datenträger hohen Temperaturen auszusetzen, um ihn zu zerstören. Versuchen Sie das jedoch nicht bei sich zu Hause. Wenn Sie Ihre ausrangierten Datenträger auf diese Weise löschen wollen, suchen Sie sich einen Profi mit entsprechender Erfahrung. Die Art des Verbrennungsvorgangs hängt vom Speichermedium ab.

- ✔ **Schreddern:** Dabei werden die Datenträger in winzig kleine Teilchen geschnitten. Im Idealfall bleibt nur noch Staub übrig. Ein altmodischer Schredder, der Datenträger in Streifen schneidet, wird im Allgemeinen nicht als sichere Entsorgung angesehen, wenn diese nicht vorher überschrieben oder entmagnetisiert wurden.

Ich kann gar nicht oft genug betonen, wie wichtig es ist, Backups richtig aufzubewahren und korrekt zu entsorgen. Es hat bereits ernsthafte Datenlecks gegeben, weil Backup-Datenträger nach vielen Jahren der Aufbewahrung verloren gegangen und dann in falsche Hände gefallen waren.

Backups testen

Viele gehen davon aus, dass sie ordentliche Backups haben, und stellen dann beim Versuch der Wiederherstellung der Sicherungskopien fest, dass die Daten darauf beschädigt sind. Es ist daher von wesentlicher Bedeutung, Backups zu testen.

Theoretisch sollten Sie jedes erstellte Backup testen und überprüfen, ob auch jedes Element im Backup wiederhergestellt werden kann. Praktisch ist das für die meisten kaum durchführbar. Gehen Sie stattdessen folgendermaßen vor: Testen Sie das erste Backup, das Sie mit einer Software erstellen, überprüfen Sie die Funktion AUTOWIEDERHERSTELLEN bei der ersten Verwendung von Word und so weiter.

Es gibt Backup-Software, die eine *Verifizierung* von Sicherungskopien anbietet. Das heißt, dass die Software nach der Erstellung eines Backups überprüft, ob die Originaldaten und die Backup-Daten miteinander übereinstimmen. Eine Verifizierung nach einem Backup kostet zwar Zeit, sie ist den Aufwand aber wert, da Sie auf diese Weise sichergehen können, dass nicht falsch gesichert wurde oder sonstige Beschädigungen während des Vorgangs aufgetreten sind.

Ein Bootmedium erstellen

Wenn Sie ein System neu aufsetzen, werden Sie Ihren Computer booten müssen. Aus diesem Grund sollten Sie als Bestandteil Ihrer Backup-Strategie auch ein bootfähiges Medium erstellen. Bei den meisten Smartphones und Tablets von heute ist es nicht nötig, ein Bootmedium zu erstellen, da die Geräte durch das Zurücksetzen auf Werkseinstellungen bootfähig werden.

So einfach ist das allerdings bei Computern nicht immer. Wenn Sie das erste Backup erstellen, sollten Sie idealerweise auch gleich ein Bootmedium erstellen, von dem aus Sie sicher starten können (mit anderen Worten: ohne Malware). Die meisten Backup-Softwarepakete führen Sie Schritt für Schritt durch diesen Vorgang und manche Computerhersteller machen dasselbe, wenn Sie das System erstmals in Betrieb nehmen. Verschiedene Sicherheitssoftwarepakete werden auch als bootfähige CDs oder DVDs vertrieben.

IN DIESEM KAPITEL

Zwei grundlegende Arten des Zurücksetzens kennenlernen

Ihre Geräte zurücksetzen – weich und hart

Kapitel 15

Geräte zurücksetzen

In Kapitel 14 lesen Sie alles über Sicherungskopien und warum sie ein kritischer Bestandteil jeder Cybersicherheitsplanung sind. Die Wahrscheinlichkeit liegt bei nahezu einhundert Prozent, dass Sie irgendwann den Zugriff auf wichtige Dateien verlieren und Ihr Backup dann zum Lebensretter wird. In diesem Kapitel erfahren Sie, wie Sie Ihren Computer zurücksetzen, und ich verrate Ihnen, was Sie wissen müssen, um Ihr Gerät so zurückzusetzen, damit es wieder (so gut) wie neu ist.

Die zwei Arten des Zurücksetzens

Der einfachste Weg ist manchmal, Ihr Gerät auf Werkseinstellungen zurückzusetzen, alle Ihre Apps und Programme neu zu installieren und Ihre Dateien anschließend aus einem Backup zurückzukopieren. Damit merzen Sie oft auch die Probleme aus, die Sie überhaupt erst zum *Zurücksetzen*, zum *Reset*, gezwungen haben.

Manche Formen von Schadsoftware können ein Zurücksetzen auf Werkseinstellungen, den sogenannten *Factory Reset*, überleben. Wenn sich Ihr Gerät Malware eingefangen hat, sollten Sie das Problem auf dem Schirm haben, falls Sie planen, Ihr Gerät zurückzusetzen. Oder wenden Sie sich gleich an einen Profi.

Allerdings setzen selbst Factory Resets ein Gerät häufig nicht wirklich in den Zustand zurück, in dem es ursprünglich ausgeliefert wurde. Einige wesentliche Änderungen, die im Laufe der Nutzung vorgenommen wurden, werden dabei nicht rückgängig gemacht. So wird zum Beispiel in vielen Fällen ein BIOS, das seit dem Erwerb des Geräts aktualisiert wurde, durch ein ZURÜCKSETZEN AUF WERKSEINSTELLUNGEN nicht wieder auf die ursprüngliche Version zurückgesetzt. Und wie später noch erläutert wird, gilt: Wenn Updates, die heruntergeladen wurden, auch das für die Wiederherstellung verwendete WERKABBILD aktualisiert haben, dann wird auch ein durch den Werksreset NEU hergestelltes System diese aktualisierten Komponenten enthalten.

Aus Sicherheitsperspektive ist das aus mindestens zwei Gründen wichtig:

1. Malware, die das BIOS infiziert hat, wird durch einen Werksreset möglicherweise nicht entfernt.

2. Wenn Sie physische Installationsmedien (zum Beispiel CD oder DVD) für Software besitzen, die Sie zuvor auf dem Gerät installiert hatten, und diese nach dem Reset erneut installieren möchten – einschließlich der anschließenden Online-Updates –, müssen Sie bedenken, dass die auf den Medien enthaltenen Versionen in seltenen Fällen nicht mehr mit dem inzwischen aktualisierten BIOS kompatibel sein können. In solchen Fällen kann die Installation möglicherweise fehlschlagen.

Es wird vermutlich auch vorkommen, dass Ihr Gerät mal abstürzt, also auf Eingaben nicht mehr reagiert und nicht mehr normal funktioniert. Für technische Laien ist das oft beängstigend, da viele glauben, dadurch Daten zu verlieren. Der passende Reset eines Computers ist in diesen Fällen allerdings recht einfach und fast immer bleiben die Daten der Nutzer erhalten (Dateien, die gerade in Benutzung sind, überleben meist nur in dem Zustand, den sie beim letzten Speichervorgang hatten.) Das Zurücksetzen eines Geräts kann weich und hart erfolgen. Es ist wichtig, dass Sie die Unterschiede zwischen dem *Soft Reset* und dem *Hard Reset* verstehen.

Soft Reset

Der *Soft Reset* beschreibt im Grunde den Vorgang, bei dem Sie Ihr Gerät ausschalten und es kurz darauf wieder einschalten. Es werden dabei keine Programme, keine Daten und keine Malware entfernt.

Eine verbreitete Nutzung des Soft Resets ist der Neustart eines Geräts, wenn es abstürzt oder nicht mehr reagiert. Der Reset kann auch helfen, wenn Sie mal wieder mit dem gefürchteten blauen Bildschirm konfrontiert wurden (siehe Abbildung 15.1).

Ältere Geräte

Die meisten modernen Geräte verfügen über eine Soft-Reset-Funktion, aber einige ältere nicht. Bei diesen Geräten ist der Akku aber häufig entnehmbar, sodass Sie mit dem Entfernen des Akkus und damit der Unterbrechung jeglicher Stromversorgung des Geräts denselben Effekt erzielen.

Windows-Computer

Bei den meisten Windows-Geräten kann ein Soft Reset durchgeführt werden, indem der Ein-/Ausschalter zehn Sekunden zum Herunterfahren gedrückt wird. Durch das Gedrückthalten des Ein-/Ausschalters wird die Stromzufuhr sowohl vom Akku als auch vom Netzteil (selbst wenn der Akku angeschlossen und voll aufgeladen ist) unterbrochen und der Computer ausgeschaltet. Wenn das Gerät aus ist, warten Sie zehn Sekunden und drücken dann einmal den Ein-/Ausschalter, um den Computer wieder einzuschalten.

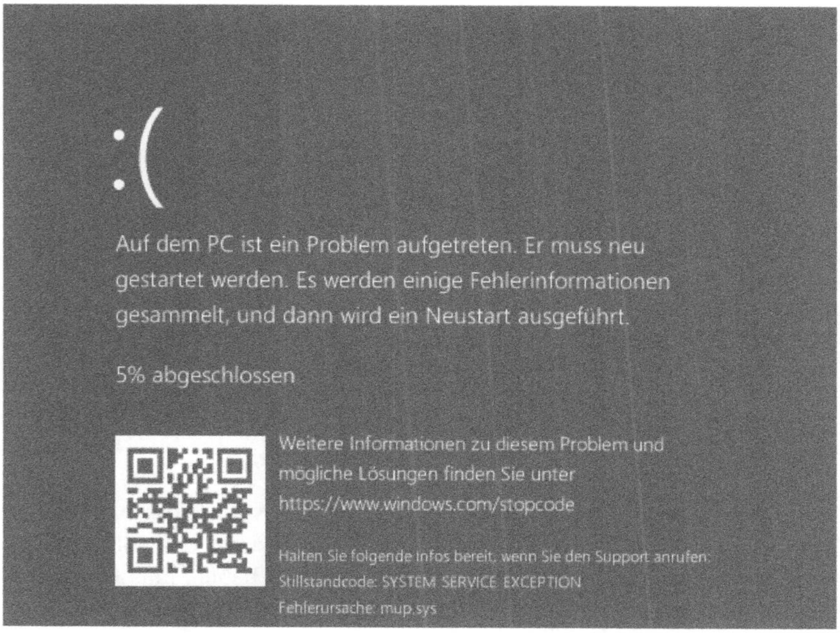

Abbildung 15.1: Wenn Sie diesen traurigen Smiley sehen, sollten Sie anschließend einen Soft Reset Ihres Computers durchführen.

Das Gerät startet auch dann neu, wenn Sie nicht die vollen zehn Sekunden warten, aber das Warten dieser zehn Sekunden verringert das Risiko seltener elektrischer Schäden, die auftreten können, wenn ein Gerät ausgeschaltet und anschließend sofort wieder eingeschaltet wird. (Vereinfacht gesagt entsteht der Schaden dadurch, dass eine Überladung auftreten kann, wenn Sie neue elektrische Energie in das Gerät leiten, während ein Teil der zuvor vorhandenen Energie noch nicht vollständig abgeführt wurde, weil sie in Kondensatoren gespeichert war und für einige Sekunden nach dem Ausschalten weiterhin vorhanden bleibt.)

Mac-Computer

Bei den verschiedenen Mac-Modellen kann ein Soft Reset auf unterschiedliche Weise durchgeführt werden:

- Halten Sie den Ein-/Ausschalter etwa fünf Sekunden lang gedrückt, bis sich der Mac komplett ausschaltet. Lassen Sie den Ein-/Ausschalter los, warten Sie einige Sekunden und drücken Sie ihn einmal kurz. Der Mac sollte jetzt neu starten. Bei manchen Modellen wird Ihnen ein Menü angezeigt, wenn Sie den Ein-/Ausschalter gedrückt halten. Wählen Sie hier direkt den Neustart aus und schalten Sie Ihr Gerät nicht erst aus, um es dann neu zu starten.
- Halten Sie die Tasten crtl und ⌘ zusammen mit dem Ein-/Ausschalter gedrückt.
- Halten Sie den TouchID-Schalter gedrückt, bis der Mac einen Neustart durchführt.

Android-Geräte

Die Vorgehensweise für einen Soft Reset bei einem Android-Gerät unterscheidet sich von Hersteller zu Hersteller. Eine der folgenden Methoden wird vermutlich funktionieren:

- ✔ Halten Sie den Ein-/Ausschalter gedrückt, bis Sie das Menü zum Ausschalten und Neustarten sehen. Wählen Sie den Neustart. (Oder schalten Sie das Gerät aus, warten Sie ein paar Sekunden, drücken Sie wieder den Ein-/Ausschalter und schalten so Ihr Gerät wieder ein.)
- ✔ Halten Sie den Ein-/Ausschalter gedrückt. Wenn kein Menü erscheint, halten Sie den Schalter weitere zwei Minuten lang gedrückt. Irgendwann sollte sich das Gerät ausschalten. Wenn es das getan hat, warten Sie zehn Sekunden und schalten es dann wieder ein.
- ✔ Wenn Sie einen entnehmbaren Akku haben, nehmen Sie ihn heraus, warten Sie zehn Sekunden, legen ihn wieder ein und schalten Ihr Gerät wieder ein.

Beachten Sie, dass auf manchen Android-Geräten die Funktion des Ein/Ausschalters neu belegt werden kann und stattdessen ein Soft-Button (also ein Icon auf dem Bildschirm) als Einschaltknopf dient. Wenn Sie den Ein/Ausschalter neu belegt haben, müssen Sie ihn möglicherweise wieder auf die ursprüngliche Funktion zurücksetzen, damit der zuvor beschriebene Vorgang funktioniert.

iPhones

Bei einem iPhone kommt es für einen Soft Reset darauf an, welches Modell Sie haben. Im Allgemeinen sollte eine der folgenden Vorgehensweisen das gewünschte Ergebnis bringen:

- ✔ Drücken Sie kurz die Taste zum Erhöhen der Lautstärke, drücken Sie dann die Taste zum Verringern der Lautstärke und halten Sie anschließend die Seitentaste (den Ein-/Ausschalter) gedrückt, bis das Apple-Logo auf dem Bildschirm erscheint. Warten Sie darauf, dass das Gerät neu startet.
- ✔ Halten Sie den Ein-/Ausschalter gedrückt. Währenddessen halten Sie die Taste zum Verringern der Lautstärke gedrückt. Halten Sie beide Tasten so lange gedrückt, bis sich das iPhone aus- und wieder einschaltet. Lassen Sie die Tasten los, sobald Sie das Apple-Logo auf dem Bildschirm sehen, und warten Sie auf den Neustart.

⚠ Wenn Sie eine Version des iPhone X haben, könnte diese Anleitung für einen Soft Reset dazu führen, dass Sie den Notruf wählen, da die Tasten möglicherweise so programmiert sind, dass ein SOS-Signal gesendet wird, wenn sie länger als fünf Sekunden gedrückt gehalten werden.

Hard Reset

Bei einem Hard Reset setzen Sie ein Gerät auf sein Wiederherstellungsimage oder etwas in der Art zurück. (Weitere Informationen zum Wiederherstellungsimage erhalten Sie in Kapitel 14.) Wenn Sie zum Wiederherstellungsimage gelangen möchten – Ihr Gerät also auf seinen ursprünglichen Auslieferungszustand zurücksetzen wollen –, sollten Sie den Anweisungen für Ihr Gerät folgen.

Ein Hard Reset ist fast immer unumkehrbar. Sobald Sie einen Hard Reset durchführen und Ihr Gerät auf Werkseinstellungen zurückgesetzt haben, können Sie das nicht mehr rückgängig machen. Alles, was vorher auf Ihrem Gerät installiert war und alle Daten, die darauf gespeichert waren, sind ziemlich sicher für immer weg. (Fortschrittliche Tools sind womöglich noch in der Lage, ein paar der Daten wiederherzustellen, meist aber – wenn überhaupt noch vorhanden – sind die Daten unvollständig.) Führen Sie daher keinen Hard Reset durch, wenn Sie sich nicht absolut sicher sind, dass Sie über Sicherungskopien all Ihrer Daten und der Software verfügen, die auf dem Gerät gespeichert beziehungsweise installiert war.

Beachten Sie auch folgende Punkte:

- ✔ In einigen Fällen wird beim Factory Reset Ihr Gerät nicht auf den Zustand zurückgesetzt, in dem es sich befand, als es neu war, da bei Updates des Betriebssystems auch das Wiederherstellungsimage aktualisiert wurde. Eine Wiederherstellung der Werkseinstellungen bewirkt, dass das Gerät so (oder so ähnlich) aussieht, wie es aussehen würde, wenn Sie es mit dem neuen Betriebssystem gekauft hätten.
- ✔ Nachdem Sie ein Factory Reset durchgeführt haben, ist es möglich, dass ein oder mehrere (oder womöglich alle) Patches und andere Sicherheitsupdates fehlen, die Sie auf dem Gerät installiert hatten. Ihr Gerät ist damit noch anfälliger für Angriffe jeder Art. Direkt nach der Wiederherstellung der Werkseinstellungen sollten Sie bei Ihrem Betriebssystem und bei der Sicherheitssoftware nach Updates suchen (und zwar so oft, bis keine Updates mehr gefunden werden). Erst, wenn Sie das erledigt haben, sollten Sie mit der Installation von Software oder anderweitigen Internetaktivitäten beginnen.

Einen (aktuellen) Windows-Computer zurücksetzen

Bei einem aktuellen Windows-PC haben Sie mehr als nur eine Möglichkeit, ihn zurückzusetzen. Die folgenden Abschnitte beschreiben die drei wichtigsten Optionen.

Methode 1

1. **Klicken Sie im Startmenü auf System.**
2. **Wählen Sie im Menü Wiederherstellung.**
3. **Klicken Sie den dritten Menüpunkt: Diesen PC zurücksetzen.**

   An diesem Punkt werden Sie möglicherweise dazu aufgefordert, ein physisches Installationsmedium einzulegen oder anzuschließen. Wenn Sie diese Nachricht sehen, dann befolgen Sie die Anweisung. Wenn Sie nichts dergleichen zu Gesicht bekommen – den meisten Nutzern ergeht es so –, machen Sie einfach weiter.

Windows bietet Ihnen zwei Optionen. Beide entfernen Programme und Apps und stellen die Werkseinstellungen wieder her:

Eigene Dateien behalten: Bei dieser Option bleiben Ihre Dateien unberührt (solange sie in Ordnern gespeichert sind).

Alles entfernen: Wenn Sie diese Option wählen, werden abgesehen von allen Apps und Programmen auch alle Ihre Dateien gelöscht (das ist der Factory Reset).

4. **Wählen Sie die gewünschte Option.**

Wenn Sie Ihr System vollständig zurücksetzen, weil es mit Malware infiziert ist oder Ihre Dateien in anderer Weise beschädigt sind, wählen Sie am besten die Option Alles entfernen und stellen Sie Ihre Daten aus einem sauberen Backup wieder her.

Wenn Sie Ihre Dateien zusammen mit allen Apps und Programmen entfernen, haben Sie wieder die Qual der Wahl:

Nur Dateien entfernen: Mit dieser Option löschen Sie Ihre Dateien, es wird jedoch keine Laufwerkbereinigung durchgeführt. Sollte später jemand Zugriff auf Ihr Laufwerk erhalten, wäre er eventuell in der Lage, die in den Dateien enthaltenen Daten zu rekonstruieren – vollständig oder in Teilen –, selbst wenn die Dateien gelöscht wurden. Diese Option läuft recht schnell.

Dateien entfernen und Laufwerk bereinigen: Mit Auswahl dieser Option entfernen Sie nicht nur alle Ihre Dateien, Ihr Laufwerk wird auch mit Zufallsdaten überschrieben, um zu verhindern, dass es in der Zukunft jemandem gelingt, Daten aus den gelöschten Dateien wiederherzustellen. Eine Bereinigung des Laufwerks ist zeitintensiv. Es wird sehr viel länger dauern, als wenn Sie die erste Option wählen.

Wenn Sie Ihren Computer zurücksetzen, damit Sie nach einer Malware-Infektion wieder ein sauberes System zur Verfügung haben, gibt es keinen Grund für Sie, das Laufwerk zu bereinigen. Wenn Sie den Computer danach allerdings abgeben, ist es ratsam, die langwierige Prozedur vorzunehmen. (In diesem Fall könnte es sogar empfehlenswert sein, ein besseres Tool zum Überschreiben von Daten zu nutzen, als es die Zurücksetzen-Option aus diesem Kapitel ist.)

An diesem Punkt sehen Sie womöglich eine Warnmitteilung. Wenn Ihr Computer ursprünglich ein anderes Betriebssystem hatte und auf Windows 11 aktualisiert wurde, wird beim Zurücksetzen des Systems die Wiederherstellungsdatei gelöscht, die während des Upgrades erstellt wurde und die es Ihnen ermöglicht, zum vorherigen Betriebssystem zurückzukehren. Das heißt: Wenn Sie das System zurücksetzen, haben Sie einen Computer mit Windows 11, der nicht mehr so leicht auf ein älteres Betriebssystem zurückgestuft werden kann. In den allermeisten Fällen ist diese Warnung keine große Sache. Windows 11 hat sich mittlerweile gut gemausert und nur wenige Nutzer, die auf Windows 11 aktualisiert haben, möchten zu einer früheren Version zurückkehren.

Wenn Sie aber natürlich Ihr System zurücksetzen, weil es nach dem Upgrade auf Windows 11 nicht mehr gut funktioniert, sollten Sie an dieser Stelle mit dem Zurücksetzen aufhören, sondern mithilfe des entsprechenden Tools zu der älteren Windows-Version zurückkehren.

Wenn Sie mit dem Vorgang weitermachen, erhalten Sie die allerletzte Warnmitteilung, dass Ihr Computer bereit zum Zurücksetzen ist und in der genau steht, was das bedeutet. Lesen Sie sich diese Meldung genau durch. Wenn Sie irgendetwas davon nicht möchten, brechen Sie den Vorgang ab.

5. **Wenn Sie bereit sind, klicken Sie auf die Schaltfläche Zurücksetzen.**

   Jetzt können Sie vermutlich einen Kaffee trinken gehen. Ein Reset braucht eine Weile, insbesondere wenn Sie auch Ihr Laufwerk bereinigen lassen.

6. Wenn der Prozess abgeschlossen ist und Sie zuvor Alles entfernen gewählt hatten, landen Sie nun in der Setup- und Einrichtungsphase. Ansonsten sehen Sie den Anmeldebildschirm.

Methode 2

Wenn Sie aus Ihrem Computer ausgesperrt wurden, er also bis zum Anmeldebildschirm startet, Sie sich aber nicht bei Ihrem Benutzerkonto anmelden können – zum Beispiel, weil ein Hacker Ihr Passwort geändert hat –, können Sie ihn trotzdem noch auf Werkseinstellungen zurücksetzen:

1. **Starten Sie Ihren PC.**
2. **Wenn der Anmeldebildschirm erscheint, klicken Sie auf das Ein-/Ausschalten-Symbol in der rechten unteren Ecke.**

   Ihnen werden verschiedene Optionen angeboten. Wählen Sie noch keine davon aus.

3. **Ohne auf eine der Optionen zu klicken, halten Sie die ⇧-Taste gedrückt und klicken Sie dann auf Neustarten.**

   Ein Spezialmenü erscheint.

4. **Klicken Sie auf Problembehandlung.**
5. **Wählen Sie Diesen PC zurücksetzen.**
6. **Klicken Sie auf Alles entfernen.**

Lesen Sie die Warnungen und machen Sie sich die Konsequenzen eines Hard Resets klar, bevor Sie ihn durchführen. Dieser Vorgang ist ziemlich sicher unumkehrbar.

Methode 3

Diese Methode variiert ein wenig von Hersteller zu Hersteller. Um Ihr Gerät zurückzusetzen, gehen Sie in etwa wie folgt vor:

1. **Schalten Sie Ihren Computer ein und starten Sie Windows 11.**

   Wenn auf Ihrem Computer mehr als ein Betriebssystem installiert ist, wählen Sie die Windows-11-Installation, die Sie zurücksetzen möchten. Bei nur einem Betriebssystem – das wird bei den allermeisten der Fall sein – müssen Sie nichts auswählen, da es automatisch startet.

2. **Während Ihr Computer hochfährt, halten Sie die Taste F8 gedrückt, um ins Bootmenü zu gelangen.**
3. **Auf dem Bildschirm Erweiterte Startoptionen klicken Sie auf Computer reparieren und drücken ↵.**
4. **Wenn Sie aufgefordert werden, ein Tastaturlayout auszuwählen, tun Sie das und klicken Sie anschließend auf Weiter.**
5. **Wählen Sie Ihren Benutzernamen aus, geben Sie Ihr Passwort ein und klicken Sie auf OK.**
6. **Aus dem Menü Systemwiederherstellungsoptionen klicken Sie auf den Link Systemimage-Wiederherstellung und folgen Sie den Anweisungen auf dem Bildschirm, um Ihren Computer zurückzusetzen.**

Wenn Ihr Menü nach dem Drücken der F8-Taste anders aussieht als beschrieben, durchsuchen Sie es nach der Option zum Zurücksetzen Ihres PC.

Ein (aktuelles) Android-Gerät zurücksetzen

Moderne Android-Geräte enthalten bereits eine Funktion zum Zurücksetzen des Geräts auf Werkseinstellungen, allerdings hängt der genaue Ort zur Aktivierung dieser Option vom Gerätehersteller und der Betriebssystemversion ab.

Im Folgenden erfahren Sie, wie Sie einen Hard Reset bei aktuell sehr beliebten Geräten durchführen. Andere Geräte verfügen über ähnliche Optionen.

Samsung-Galaxy-Smartphones und Samsung-Tablets ab Android 9

Bei den beliebten Smartphones aus der Galaxy-Reihe von Samsung und Samsung-Tablets mit Android 9 (Android Pie) können Sie mit den folgenden Schritten Ihr Gerät auf Werkseinstellungen zurücksetzen:

1. **Öffnen Sie die App Einstellungen.**
2. **Tippen Sie auf Allgemeine Verwaltung.**

3. **Wählen Sie anschließend die Option ZURÜCKSETZEN.**

4. **Tippen Sie dann auf die Option AUF WERKSEINSTELLUNGEN ZURÜCKSETZEN.**

5. **Beachten Sie die Warnung und folgen Sie dann den Anweisungen auf dem Bildschirm.**

Huawei-Geräte ab Android 8

Auch Huawei-Smartphones sind sehr beliebt und können mithilfe der folgenden Schritte (oder ähnlichen Schritten bei anderen Betriebssystemversionen) zurückgesetzt werden:

1. **Öffnen Sie die App EINSTELLUNGEN.**

2. **Wählen Sie im Menü den Punkt SYSTEM.**

3. **Tippen Sie nun auf ZURÜCKSETZEN.**

4. **In diesem Menü wählen Sie AUF WERKSEINSTELLUNGEN ZURÜCKSETZEN.**

5. **Beachten Sie die Warnung und folgend Sie den Anweisungen auf dem Bildschirm.**

Einen Mac zurücksetzen

Bevor Sie Ihren Mac auf Werkseinstellungen zurücksetzen, sollten Sie folgende Dinge erledigen:

1. **Melden Sie sich bei iTunes ab.**

2. **Entziehen Sie Apps, die mit Ihrem Mac verbunden sind, alle Berechtigungen.**

   Melden Sie sich von den Apps ab, damit Sie sich am frisch zurückgesetzten Gerät neu anmelden können und die Apps Ihren Computer als neues Gerät identifizieren.

3. **Melden Sie sich bei iMessage ab.**

   Gehen Sie dafür in die App NACHRICHTEN und im Menü auf EINSTELLUNGEN.

4. **Melden Sie sich bei iCloud ab.**

   Das erledigen Sie in der App SYSTEMEINSTELLUNGEN. Sie müssen dafür Ihr Passwort eingeben.

Der Hard Reset würde zwar auch ohne diese Schritte funktionieren, Sie können durch das Befolgen aber verschiedene Probleme bei der Wiederherstellung umschiffen.

Wenn Sie sich bei iTunes, iMessage und iCloud abgemeldet haben, gehen Sie folgendermaßen vor:

1. **Starten Sie Ihren Mac im Wiederherstellungsmodus, indem Sie beim Start Ihres Macs die Tasten ⌘ und R gedrückt halten.**

Eventuell wird Ihnen eine Meldung angezeigt, in der Sie danach gefragt werden, in welcher Sprache Sie fortfahren möchten. Da Sie dieses Buch gerade auf Deutsch lesen, nehme ich einfach mal an, dass Sie Deutsch auswählen möchten.

2. **Wählen Sie das FESTPLATTENDIENSTPROGRAMM aus.**

3. **Im Bildschirm des Festplattendienstprogramms wählen Sie das Hauptlaufwerk Ihres Geräts und klicken auf BEARBEITEN und anschließend auf LÖSCHEN.**

4. **Löschen Sie auch weitere Laufwerke auf dem Gerät.**

5. **Schließen Sie das Festplattendienstprogramm, um zu den Dienstprogrammen zurückzukehren.**

6. **Klicken Sie auf die Option MACOS ERNEUT INSTALLIEREN und folgen Sie den Anweisungen des Betriebssystems zur Neuinstallation auf Ihrem Mac.**

Ein iPhone oder iPad zurücksetzen

Ein aktuelles iPhone oder iPad setzen Sie wie folgt auf Werkseinstellungen zurück:

1. **Öffnen Sie die App EINSTELLUNGEN, wählen Sie ALLGEMEIN, dann ZURÜCKSETZEN und anschließend die Option ALLE INHALTE & EINSTELLUNGEN LÖSCHEN.**

2. **Geben Sie Ihre Apple-ID und Ihr Passwort ein, um die Löschung zu bestätigen, wenn Sie dazu aufgefordert werden.**

3. **Wählen Sie die rote Schaltfläche IPHONE LÖSCHEN oder IPAD LÖSCHEN.**

Ein Gerät nach einem Hard Reset neu einrichten

Wenn Sie Ihr Gerät auf Werkseinstellungen zurückgesetzt haben, sollten Sie folgende Schritte unternehmen:

- ✔ Installieren Sie alle Sicherheitsupdates.
- ✔ Installieren Sie alle Programme und Apps, die Sie auf dem Gerät nutzen sowie alle verfügbaren Updates.
- ✔ Stellen Sie Ihre Daten aus einem Backup wieder her.
- ✔ Führen Sie alle wichtigen Konfigurationen (vor allem die sicherheitsrelevanten) wieder durch.

Lesen Sie Kapitel 16, um mehr über das Thema Wiederherstellung zu erfahren.

IN DIESEM KAPITEL

Aus verschiedenen Arten von Backups wiederherstellen

Archive verstehen

Kryptowährungen aus Wallet-Backups wiederherstellen

Kapitel 16
Aus Backups wiederherstellen

Backups sind ein wesentlicher Bestandteil jeder Cybersicherheitsplanung. Nachdem Sie Ihr Gerät als Rettungsmaßnahme auf seine Werkseinstellungen zurückgesetzt haben (siehe Kapitel 15), können Sie im nächsten Schritt die Daten und Programme wiederherstellen, damit Ihr Gerät wieder ganz normal läuft.

Da die meisten nicht regelmäßig Daten aus Backups wiederherstellen müssen und da eine Wiederherstellung typischerweise dann erforderlich ist, wenn vorher etwas Beunruhigendes geschehen ist, sind viele sehr gestresst, wenn sie erstmals Daten aus Sicherungskopien rekonstruieren müssen. Die Gefahr, dass dabei Fehler begangen werden, die zu einem dauerhaften Datenverlust führen, ist leider sehr groß. Ein Glück, dass dieses Kapitel ganz genau beschreibt, wie so eine Wiederherstellung abläuft.

Der Tag der Wiederherstellung wird kommen

Die Chancen stehen bei nahezu einhundert Prozent, dass Sie früher oder später den Zugriff auf wichtige Dateien verlieren. Ihr Backup ist Ihr Rettungsanker. Eine Wiederherstellung ist nicht ganz einfach. Sie müssen verschiedene Faktoren beachten, bevor Sie sich ans Werk machen. Eine gute Vorabplanung und eine besonnene Durchführung können entscheidend sein: verlorene Daten wiederherstellen oder sogar noch mehr Daten verlieren.

Die Wiederherstellung aus Sicherungskopien ist nicht so leicht, wie Sie und viele andere womöglich denken. Nehmen Sie sich ausreichend Zeit zum Lesen dieses Kapitels, bevor Sie mit der Wiederherstellung beginnen.

Warten Sie mit der Wiederherstellung!

Sie bemerken, dass Daten fehlen, dass eine Datei beschädigt ist oder dass ein Programm nicht richtig läuft? Zeit für die Wiederherstellung, oder? Nein! Stopp! Warten Sie damit noch!

Ohne zu wissen, warum das Problem aufgetreten ist, könnte das gefährlich sein. Wenn Sie beispielsweise eine Infektion mit Schadsoftware auf Ihrem Computer haben und Daten aus Ihrem Backup rekonstruieren möchten, während sich die Malware auf Ihrem Computer befindet, wird die Bedrohung damit nicht neutralisiert und könnte – je nach Malware und Backup – dazu führen, dass auch Ihr Backup beschädigt wird. Wenn Schadsoftware den Datenträger mit den Originaldaten angreift, verlieren Sie womöglich Ihre Daten und dann haben Sie keine Möglichkeit mehr, sie wiederherzustellen!

Ich kenne Fälle, in denen Nutzer Daten wegen Ransomware verloren haben, weil sie Daten von Backups auf externen Festplatten wiederherstellen wollten. In dem Moment, in dem das externe Laufwerk an den infizierten Computer angeschlossen wurde, breitete sich die Ransomware auf die Sicherungskopie aus und verschlüsselte sie ebenfalls!

Malware kann sich auch auf cloudbasierte Speicherlösungen ausbreiten. Selbst wenn Ihr Backup in der Cloud liegt, sollten Sie keine Wiederherstellung starten, bevor Sie nicht genau wissen, was passiert ist.

Selbst bei Backups, die auf schreibgeschützten Medien liegen und die daher von der Malware nicht infiziert werden können, ist der Versuch einer Wiederherstellung vor Beseitigung der Gefahr Zeitverschwendung und gibt der Schadsoftware nur Zugriff auf noch mehr Daten, die sie stehlen kann.

Bevor Sie mit der Wiederherstellung aus Backups beginnen, sollten Sie daher der Ursache des Problems auf den Grund gehen. Wenn Sie versehentlich eine Datei gelöscht haben und Sie wissen, dass das Problem aufgrund Ihres eigenen Fehlers aufgetreten ist, dann will ich Sie nicht aufhalten: Stellen Sie die Datei beruhigt wieder her. Wenn Sie aber nicht genau wissen, was passiert ist, gehen Sie die Punkte aus den Kapiteln 12 und 13 durch und sichern Sie Ihren Computer, bevor Sie Daten aus Backups wiederherstellen.

Inventarisierung Ihrer Backups

Idealerweise haben Sie bei der Einrichtung Ihrer verschiedenen Backup-Verfahren auch einen Mechanismus geschaffen, um die Backups nachzuverfolgen – also eine Liste, aus der genau hervorgeht, was gesichert wurde, wo es gesichert ist und auf welchem Speichermedium. Ziehen Sie diese Liste zu Rate, wenn Sie eine Wiederherstellung planen.

Eine vollständige Systemsicherung wiederherstellen

Eine *vollständige Systemsicherung* ist ein Backup Ihres gesamten Systems einschließlich Betriebssystem, Programme, Einstellungen und Daten. Sowohl ein Smartphone als auch ein Server in einem Rechenzentrum kann vollständig gesichert werden.

Beim Wiederherstellungsprozess rekonstruieren Sie ein System, das im Grunde identisch mit dem ist, das Sie zum Zeitpunkt des Backups gesichert haben. (Okay, das stimmt nicht ganz – die Uhrzeit wird eine andere sein als beim ursprünglichen System, aber für unsere Zwecke soll diese Definition genügen.)

Wiederherstellung auf dem gleichen Gerät

Die Systemwiederherstellung eines Systemimages funktioniert am besten, wenn das System auf dem gleichen Gerät wiederhergestellt wird, auf dem das Backup erstellt wurde. Wenn Ihr System mit Malware infiziert war und Sie ein Image rekonstruieren, das vor der Infektion mit der Schadsoftware erstellt wurde, sollte das System wieder einwandfrei laufen. (Natürlich haben Sie dann Arbeit verloren und auch seither installierte Updates werden fehlen, deshalb hoffe ich, dass Sie eine der Methoden aus Kapitel 14 genutzt haben, um Sicherungskopien zu erstellen.)

Wiederherstellungen von vollständigen Systemimages sind meist unumkehrbar. Sie sollten sich einhundertprozentig sicher sein, dass es das ist, was Sie tun möchten.

Die Wiederherstellung aus einer Komplettsicherung Ihres Systems ist häufig der schnellste Weg, ein gesamtes System zu rekonstruieren, der Vorgang kann allerdings sehr viel länger dauern, als wenn Sie nur ein paar beschädigte Dateien wiederherstellen. Die Gefahr ist auch deutlich größer, dass Sie versehentlich Einstellungen oder Daten löschen, die seit dem letzten Backup vorgenommen beziehungsweise erstellt wurden. Eine Wiederherstellung des vollständigen Systems sollten Sie daher nur vornehmen, wenn sie wirklich erforderlich ist.

Wenn Sie unabsichtlich eine Reihe von Dateien oder sogar Ordnern gelöscht haben, sollten Sie kein komplettes Systemimage wiederherstellen. Retten Sie nur die betroffenen Dateien aus Ihrem Backup mit einer der Techniken, die später in diesem Kapitel beschrieben sind.

Wiederherstellung auf einem anderen Gerät

Wenn Sie ein Systemabbild auf einem Computer wiederherstellen möchten, der eine völlig andere Hardware hat als der Computer, auf dem das Backup erstellt wurde, ist dieses Unterfangen häufig zum Scheitern verurteilt. Im Allgemeinen lässt sich sagen: Je größer die Unterschiede zwischen Ursprungssystem und Zielsystem sind, desto größer sind die Probleme, auf die Sie stoßen werden.

Einige dieser Probleme lösen sich möglicherweise ganz von allein. Wenn Sie einen Computer mit Treibern einer bestimmten Grafikkarte auf einem Computer mit einer anderen Grafikkarte wiederherstellen, sollte das wiederhergestellte System bemerken, dass die falschen Treiber installiert sind, und sie schlichtweg ignorieren. Stattdessen wird es zu den integrierten Treibern des Betriebssystems wechseln und Ihnen die Möglichkeit geben, die Treiber der neuen Grafikkarte zu installieren (oder sie automatisch herunterladen oder Ihnen den Download anbieten.)

Andere Probleme lassen sich nicht so leicht lösen. Wenn beispielsweise Ihr gesicherter Computer eine über USB angeschlossene Standard-Tastatur verwendet hat und das Gerät, auf dem Sie das Backup wiederherstellen, irgendeine Spezial-Tastatur verwendet, die sich auf andere Weise verbindet, läuft das Gerät nach der Wiederherstellung womöglich überhaupt nicht. Vielleicht müssen Sie dann eine USB-Tastatur anschließen, damit die Treiber für Ihre neue Tastatur heruntergeladen und installiert werden können. Diese Situationen treten aufgrund wachsender Standardisierung und Verbesserungen in den modernen Betriebssystemen immer seltener auf, aber es gibt sie noch.

Manche Probleme können überhaupt nicht gelöst werden. Wenn Sie beispielsweise versuchen, das Systemimage eines Macs auf einem Windows-Computer wiederherzustellen, ist das ein hoffnungsloses Unterfangen. Es wird nicht funktionieren.

Einige Backup-Softwarepakete können Sie so einstellen, dass entweder separate Treiber installiert werden oder dass nach Treibern gesucht wird, die zu der Hardware passen und die die Treiber im Backup ersetzen, falls diese nicht passen. Wenn Ihre Software über eine derartige Funktion verfügt und Sie Schwierigkeiten bei der Wiederherstellung haben, könnten Sie einen Versuch damit starten.

Eine vollständige Systemsicherung kann ein Backup aller Laufwerke enthalten, die an das System angeschlossen sind, und nicht nur der integrierten. (Theoretisch gehören alle diese Laufwerke zu einem Systemabbild, meist beschreibt der Begriff aber nur das Image der internen Festplatten und SSD-Laufwerke.)

Wenn Ihnen ein Gerät ausfällt, für das Sie ein Image haben, sollten Sie also in der Lage sein, das Systemimage für eine Rekonstruktion des gesamten Systems zu benutzen – so wie es aussah, als das Backup erstellt wurde. Wenn Sie ein System auf diese Weise wiederherstellen, sollte es wie Ihr vorheriges System zum Zeitpunkt der Sicherung laufen.

Wiederherstellungsimages

Wenn Sie das Image mit den Werkseinstellungen Ihres Computers, das sogenannte *Wiederherstellungsimage*, aufspielen möchten, bevor Sie Ihre Daten und Programme wiederherstellen, empfehle ich Ihnen die Lektüre von Kapitel 15, in der Sie Anleitungen dafür finden.

Wenn Sie Ihren Computer auf Werkseinstellungen zurückgesetzt haben, fehlen vermutlich diverse (womöglich sogar alle) Patches und Sicherheitsupdates, die Sie auf dem Gerät installiert hatten. Es ist jetzt anfällig für Angriffe. Unmittelbar nach der Wiederherstellung sollten

Sie daher nach Updates Ihres Betriebssystems suchen (so oft, bis keine Updates mehr gefunden werden) und auch Ihre Sicherheitssoftware aktualisieren (ebenfalls mehrmals).

Erst wenn Sie das erledigt haben, sollten Sie andere Software installieren, Ihre Daten zurückspielen oder ins Internet gehen.

Wiederherstellung aus später erstellten Systemimages

Bevor Sie ein Systemimage wiederherstellen, sollten Sie dafür sorgen, dass der Grund, weshalb die Wiederherstellung erforderlich war, nicht bestehen bleibt oder gleich mit rekonstruiert wird. Wenn Ihr Computer beispielsweise mit Ransomware infiziert war und Sie die Malware mit Ihrem Sicherheitstool entfernt haben, möchten Sie zwar die verschlüsselten Dateien aus Ihren Backups retten, Sie wollen aber natürlich nicht die Ransomware als blinden Passagier zusammen mit Ihren Daten wiederherstellen.

Wenn Sie sich absolut sicher sind, dass das Image erstellt wurde, bevor das Problem auftrat, dann können Sie es problemlos nutzen. Im Zweifel stellen Sie das Image auf einem anderen Gerät wieder her und überprüfen es mit Ihrer Sicherheitssoftware, bevor Sie die richtige Wiederherstellung wagen. Wenn Sie kein separates Gerät zum Testen zur Hand haben und sich nicht sicher sind, ob das Backup infiziert ist, könnte es ratsam sein, einen Experten hinzuzuziehen.

Sicherheitssoftware installieren

Sobald Sie Ihr System aus einem Image (egal ob Werkseinstellungen oder späteres Abbild) wiederhergestellt haben, sollten Sie überprüfen, ob Sicherheitssoftware installiert ist. Wenn nicht, installieren Sie welche. Suchen Sie so oft nach Updates, bis die Software keine mehr findet.

Die Installation von Sicherheitssoftware sollten Sie erledigen, bevor Sie irgendetwas im Internet machen oder E-Mails lesen. Sie könnten sich sonst gleich den nächsten Cybervorfall einhandeln.

Wenn Sie Ihre Sicherheitssoftware auf CD oder DVD haben, installieren Sie sie von dort. Wenn Sie einen USB-Stick oder einen anderen Datenträger mit der Software besitzen, können Sie diesen zur Installation nutzen. Wenn das alles bei Ihnen nicht der Fall ist, kopieren Sie die Software von ihrem bisherigen Speicherort auf Ihre Festplatte und führen Sie das Programm aus.

Original-Installationsmedien

Programme, die Sie erworben und installiert haben, nachdem Sie Ihr Gerät gekauft haben, können Sie ebenfalls nach der Wiederherstellung des ursprünglichen oder eines späteren Systemimages wiederherstellen – auch wenn das Image aus einer Zeit stammt, bevor die entsprechende Software installiert wurde.

Wenn Sie Software von einer CD oder einer DVD neu installieren, werden dabei keine Updates installiert, die seit der Erstellung der CD oder DVD veröffentlicht wurden. Stellen Sie Ihr Programm entweder so ein, dass Updates automatisch geladen und installiert werden, oder stoßen Sie die Updates von Hand an. In einigen Fällen fragen die Installationsroutinen Sie nach einer abgeschlossenen Installation, ob sie zukünftig automatisch nach Updates suchen sollen. Es ist in der Regel eine gute Idee, diese Frage zu bejahen.

Heruntergeladene Software

Die Art, wie Sie Programme neu installieren, die Sie irgendwann nach dem Kauf Ihres Geräts erworben und installiert haben, hängt davon ab, wo die Software gespeichert ist:

- ✔ **USB-Stick:** Wenn Sie eine Kopie der Software auf einem USB-Speicherstick haben, können Sie die Software installieren, indem Sie den Stick an Ihr Gerät anschließen, die Dateien auf Ihre Festplatte kopieren und die Software installieren.

Wenn es nur die geringste Gefahr gibt, dass der USB-Stick mit Schadsoftware verseucht ist – Sie stellen Ihr System aufgrund einer Infektion wieder her und haben in der Vergangenheit den Stick an Ihren infizierten Computer angeschlossen –, scannen Sie ihn mit Ihrer Sicherheitssoftware, bevor Sie das Programm starten oder kopieren. Nutzen Sie dafür ein Gerät, auf dem Sicherheitssoftware installiert ist, damit diese die Ausbreitung der Infektion vom Stick auf den Computer verhindert.

- ✔ **CD oder DVD:** Wenn Sie Software auf einer CD oder eine DVD gespeichert haben, können Sie diese zur Installation nutzen.
- ✔ **Virtuelles Schließfach:** Wenn der Software-Hersteller ein virtuelles Schließfach für Sie bereithält, aus dem Sie die Software erneut herunterladen können, dann tun Sie das. Manchmal ist die neu heruntergeladene Software sogar automatisch mit allen Updates versorgt worden. Es gibt aber auch Fälle, in denen Sie dieselbe Version bekommen wie beim ersten Kauf. Dann sollten Sie zügig alle Updates installieren.
- ✔ **Ursprüngliche Quelle:** Wenn Sie die Software von der ursprünglichen Quelle neu herunterladen können (Public-Domain-Software, Testversionen, die mit einem Code aktiviert werden, und so weiter), laden Sie das Programm ruhig erneut herunter. In einigen Fällen – zum Beispiel, wenn für neuere Versionen eine Upgrade-Gebühr fällig wird – müssen Sie die Version laden, die Sie auch vorher hatten. Auf alle Fälle müssen Sie sich alle Updates für die Version holen, die Sie installieren.

Wiederherstellung aus einem vollständigen Daten-Backup

In vielen Fällen ist es sinnvoll, alle Daten auf einem Gerät wiederherzustellen:

- ✔ **Nach dem Zurücksetzen auf Werkseinstellungen:** Wenn Ihr Computer wieder auf Werkseinstellungen zurückgesetzt ist und Sie alle erforderliche Software neu installiert haben, enthält Ihr Gerät trotzdem noch keine (oder fast keine) Daten. Diese müssen Sie nun wiederherstellen.

- **Nach bestimmten Malware-Angriffen:** Einige Arten von Schadsoftware verändern oder beschädigen Dateien. Um zu gewährleisten, dass sich nach einer Infektion alle Ihre Dateien wieder im gewünschten Zustand befinden, stellen Sie Ihre Daten aus einer Sicherungskopie wieder her, natürlich vorausgesetzt, Sie haben ein aktuelles Backup, damit Sie keine Arbeit und Daten verlieren.
- **Nach einem Festplattenausfall:** Wenn eine Festplatte ganz oder teilweise ausfällt, sollten Sie Ihre Dateien auf ein anderes Laufwerk übertragen. Wenn Sie getrennte Laufwerke für Ihre Daten einerseits und für das Betriebssystem und Ihre Programme andererseits haben – wie das bei vielen der Fall ist –, ist eine vollständige Datenwiederherstellung der einfachste Weg.
- **Bei Umstieg auf ein neues, ähnliches Gerät:** Die Wiederherstellung aus einem Backup ist die einfachste Möglichkeit, alle Ihre Dateien auf ein neues Gerät umzuziehen. Da manche Programme Einstellungen in Benutzerdatenordnern speichern, ist es häufig besser, Dateien direkt zu kopieren oder eine selektive Wiederherstellung aus einem Backup durchzuführen. Da es aber Nutzer gibt, die dabei Dateien übersehen, kann auch eine vollständige Wiederherstellung durchgeführt werden.

Im Gegensatz zur Wiederherstellung nach einem vollständigen System-Backup stellen Sie mit dieser Vorgehensweise keine Programme und Apps wieder her. Wenn ein System komplett rekonstruiert werden muss, sind vor der Datenwiederherstellung meist ein Zurücksetzen auf Werkseinstellungen (oder auf ein späteres Systemimage) und eine Neuinstallation der gesamten Software erforderlich.

Die mehrstufige Vorgehensweise, bei der zunächst auf Werkseinstellungen zurückgesetzt wird und anschließend erst Anwendungen und Daten wiederhergestellt werden, mag mühsamer erscheinen als die simple Wiederherstellung eines kürzlich erstellten Systemimages. Oft wird so aber eine bessere Übertragbarkeit gewährleistet. Eine Wiederherstellung kann hier auch auf Geräten erfolgen, die sich deutlich vom ursprünglichen Gerät unterscheiden.

Wiederherstellung aus inkrementellen Backups

Inkrementelle Backups sind Sicherungskopien, die nach einem vollständigen Backup erstellt werden und die nur die Inhalte enthalten, die sich seit dem vorherigen Backup verändert haben (ob vollständig oder inkrementell).

Es gibt Backup-Software, die hinter den Kulissen inkrementelle und differenzielle Backups erstellt, dies aber vor den Augen der Nutzer versteckt. Sie wählen dabei nur aus, welche Dateien oder Dateitypen wiederhergestellt werden sollen und, gegebenenfalls, welche Versionen dieser Dateien. Das Programm lässt bei einer Wiederherstellung auf magische Weise die verschiedenen Backups miteinander verschmelzen.

Inkrementelle Backups von Daten

Bei vielen Privatanwendern beschreiben *inkrementelle Backups* die inkrementell erstellten Sicherungskopien von Daten. Um Daten wiederherzustellen, die mithilfe eines inkrementellen Backup-Schemas erstellt wurden, müssen Sie verschiedene Schritte durchführen:

1. Nutzen Sie das letzte vollständige Daten-Backup für die Wiederherstellung.
2. Sobald diese Wiederherstellung abgeschlossen ist, muss jedes inkrementelle Backup seit der letzten vollständigen Datensicherung wiederhergestellt werden.

Wenn Sie irgendeines der inkrementellen Backups aus Schritt 2 vergessen, kann das dazu führen, dass Daten beschädigt werden, Daten fehlen, Daten vorhanden sind, die gar nicht da sein sollten, oder Daten uneinheitlich sind.

Die meisten modernen Backup-Softwarelösungen warnen Sie, wenn Sie versuchen, ein inkrementelles Backup während der inkrementellen Wiederherstellung zu überspringen (oder verhindern es gleich gänzlich). Diese Software warnt Sie manchmal allerdings nicht davor, wenn Sie das letzte Backup aus einer Reihe vergessen.

Inkrementelle Backups von Systemen

Inkrementelle Backups von Systemen sind im Grunde Aktualisierungen von Systemimages (oder partiellen Systemimages, wenn Sie partielle Backups erstellen), die Ihr Image auf den neuesten Stand bringen. Das inkrementelle System-Backup enthält nur die Teile des Systems, die sich seit dem vorherigen Backup (vollständig oder inkrementell) geändert haben.

Um Ihr System aus einer inkrementellen Systemsicherung wiederherzustellen, gehen Sie wie folgt vor:

1. Nutzen Sie das letzte vollständige System-Backup für die Wiederherstellung.
2. Sobald diese Wiederherstellung abgeschlossen ist, muss jedes inkrementelle Backup seit der Erstellung des letzten vollständigen Systemimages wiederhergestellt werden.

Wenn Sie irgendeines der inkrementellen Backups aus Schritt 2 vergessen, kann das zu beschädigten oder fehlenden Programmen, Daten, Betriebssystemkomponenten oder zu Inkompatibilitäten zwischen Softwarepaketen führen. Die meisten modernen Backup-Softwarelösungen warnen Sie, wenn Sie versuchen, mehrere inkrementelle Backups während der inkrementellen Wiederherstellung zu überspringen (oder verhindern es gleich gänzlich). Diese Software warnt Sie manchmal allerdings nicht davor, wenn Sie das letzte Backup aus einer Reihe vergessen.

Wiederherstellung aus differenziellen Backups

Differenzielle Backups enthalten alle Dateien, die sich seit dem letzten vollständigen Backup verändert haben. (Sie ähneln dem ersten inkrementellen Backup nach einem vollständigen Backup.)

Zwar dauert es meist länger, eine Reihe differenzieller Backups als eine Reihe inkrementeller Backups zu erstellen, die Wiederherstellung mithilfe differenzieller Sicherungskopien ist in der Regel aber einfacher und schneller.

Um Daten aus einem differenziellen Backup wiederherzustellen, gehen Sie folgendermaßen vor:

1. Nutzen Sie das letzte vollständige System-Backup für die Wiederherstellung.
2. Sobald diese Wiederherstellung abgeschlossen ist, führen Sie eine Wiederherstellung aus dem letzten differenziellen Backup durch.

Achten Sie darauf, dass Sie das differenzielle Backup auswählen, das zuletzt erstellt wurde, und kein anderes.

Viele Backup-Systeme warnen Sie nicht, wenn Sie versuchen, Ihr System aus einem anderen als dem letzten differenziellen Backup wiederherzustellen. Prüfen Sie ganz genau, dass Sie das aktuellste Backup nutzen!

Tabelle 16.1 gibt einen Überblick über die Wiederherstellungsprozesse aus vollständigen, inkrementellen und differenziellen Backups.

	Vollständiges Backup	Inkrementelles Backup	Differenzielles Backup
Nach 1. Backup	Wiederherstellung aus 1. Backup	Wiederherstellung aus 1. Backup (vollständig)	Wiederherstellung aus 1. Backup (vollständig)
Nach 2. Backup	Wiederherstellung aus 2. Backup	Wiederherstellung aus 1. und 2. Backup	Wiederherstellung 1. und 2. Backup
Nach 3. Backup	Wiederherstellung aus 3. Backup	Wiederherstellung aus 1., 2. und 3. Backup	Wiederherstellung aus 1. und 3. Backup
Nach 4. Backup	Wiederherstellung aus 4. Backup	Wiederherstellung aus 1., 2., 3. und 4. Backup	Wiederherstellung aus 1. und 4. Backup

Tabelle 16.1: Die verschiedenen Wiederherstellungsprozesse

Wiederherstellung aus kontinuierlichen Backups

Manche *kontinuierlichen Backups* sind perfekt, um eine Systemwiederherstellung durchzuführen. Wie bei einem Systemabbild können Sie ein System so wiederherstellen, wie es an einem bestimmten Zeitpunkt in der Vergangenheit aussah. Andere wiederum sind überhaupt nicht dafür geeignet, Systeme wiederherzustellen, da sie nur die aktuellste Version des Systems sichern, in der oft das Problem steckt, das der Grund für die Wiederherstellung ist.

Kontinuierliche Backups werden in der Regel für einen Systemausfall erstellt, zum Beispiel für den Fall, dass sich eine Festplatte plötzlich ins Nirwana verabschiedet. Sie sind nicht dafür gedacht, Computersysteme nach einem Sicherheitsvorfall zu rekonstruieren.

Da außerdem bei kontinuierlichen Backups ständig Daten von dem zu sichernden Gerät an die Sicherungskopie übertragen werden, ist womöglich jede Art von Schadsoftware, die sich auf dem Hauptsystem eingenistet hatte, auch auf das Backup übergesprungen.

Wiederherstellung aus partiellen Backups

Partielle Backups sind Sicherungskopien mit Teilen von Daten. Es ist nicht das Ziel von partiellen Backups, vollständige Backups für den Fall eines Malware-Angriffs zu ersetzen. Sie können allerdings in anderen Situationen ihre Berechtigung haben und Sie sollten wissen, wie Sie diese Sicherungskopien wiederherstellen.

Wenn Sie bestimmte Dateien haben, die äußerst sensibel sind und getrennt von Ihrem restlichen System gesichert und aufbewahrt werden sollen, können Sie für diese Daten ein partielles Backup erstellen. Sollte dann etwas vorfallen und Sie müssen Ihr System oder die sensiblen Daten wiederherstellen, benötigen Sie das separate partielle Backup dafür.

Digitale private Schlüssel für den Zugriff auf Kryptowährungen oder zur E-Mail-Verschlüsselung und -Entschlüsselung sind Beispiele für Dateien, die oft in dieser Art Backup gespeichert werden – zusammen mit Kopien hochsensibler Dokumente.

Partielle Backups von sensiblen Daten werden häufig auf USB-Sticks erstellt, die dann im Tresor oder im Bankschließfach landen. Um Daten aus diesen Backups wiederherzustellen, ist es erforderlich, dass der Nutzer Zugriff auf den USB-Stick erhält, was unter Umständen erst verspätet möglich ist. Wenn Sie am Freitagabend um 18 Uhr Daten von dem Stick wiederherstellen müssen, dieser aber in einem Bankschließfach liegt und die Bank erst am Montagmorgen um 9 Uhr wieder öffnet, haben Sie fast drei Tage lang keinen Zugriff auf die Daten.

Bewahren Sie Ihre partiellen Backups so auf, dass Sie an die gesicherten Daten herankommen, wenn der Bedarf besteht.

Ein weiteres verbreitetes Szenario für partielle Backups ist beispielsweise, wenn in einem Unternehmen ein netzwerkbasiertes Backup erstellt wird und ein Nutzer von bestimmten Materialien ein eigenes Backup zur Hand haben möchte, falls unterwegs technische Probleme – beispielsweise während einer Dienstreise – auftreten. Sicherungskopien dieser Art sollten nie ohne entsprechende Autorisierung erstellt werden. Wenn die Erlaubnis eingeholt und das Backup erstellt wurde, kann der Nutzer bei technischen Problemen, die eine Wiederherstellung der Daten erforderlich machen, die Dateien von einem USB-Stick kopieren (nachdem er vermutlich die Dateien mithilfe eines starken Passworts oder einer anderen Form der mehrstufigen Authentifizierung entschlüsselt hat).

Wiederherstellung aus Ordner-Backups

Ordner-Backups ähneln partiellen Backups, da hier nur ein bestimmter Ordner gesichert wird. Wenn Sie Ihren Ordner mithilfe eines Backup-Tools sichern, können Sie ihn wiederherstellen, wie es im vorherigen Abschnitt beschrieben ist.

Der Wiederherstellungsprozess ist allerdings ein anderer, wenn Sie das Backup durch Kopieren des entsprechenden Ordners (oder der Ordner) auf einen externen Datenträger (Festplatte, SSD, USB-Stick oder Netzwerklaufwerk) erstellt haben.

Theoretisch kopieren Sie die Sicherungskopie des Ordners an den Ort, an dem der ursprüngliche Ordner abgelegt war. Damit überschreiben Sie möglicherweise aber die Inhalte des Hauptordners. Änderungen, die Sie seit der Erstellung des Backups daran vorgenommen haben, gehen dann verloren.

Wiederherstellung von Laufwerk-Backups

Ein *Laufwerk-Backup* ähnelt einem Ordner-Backup, allerdings wird dabei ein gesamtes Laufwerk und nicht nur ein Ordner gesichert.

Wenn Sie das Backup eines Laufwerks mit einem Backup-Tool erstellt haben, können Sie es mit dieser Software wiederherstellen.

Wenn Sie das Laufwerk durch Kopieren seiner Inhalte an einen anderen Speicherort gesichert haben, werden Sie sie auch manuell zurückkopieren müssen. Eine derartige Wiederherstellung läuft womöglich nicht ganz reibungslos. Versteckte Dateien und Systemdateien werden dabei eventuell nicht wiederhergestellt. Ein bootfähiges Laufwerk, das auf diese Weise gesichert und wiederhergestellt wurde, bleibt vielleicht nicht bootfähig.

Wiederherstellung aus virtuellen Laufwerken

Wenn Sie von einem verschlüsselten virtuellen Laufwerk, zum Beispiel einem eingebundenen BitLocker-Laufwerk, eine Sicherungskopie erstellt haben, können Sie das gesamte Laufwerk in einem Rutsch oder einzelne Dateien und Ordner aus dem Laufwerk wiederherstellen.

Wiederherstellung eines gesamten virtuellen Laufwerks

Wenn Sie ein virtuelles Laufwerk auf einen Schlag wiederherstellen, achten Sie darauf, dass die existierende Kopie des Laufwerks nicht mehr in Ihren Computer eingebunden ist. Ist Ihr Computer ausgeschaltet, dann binden Sie beim Starten einfach keine BitLocker-Laufwerke ein.

Wenn Ihr Computer bereits gestartet und das Laufwerk eingebunden ist, werfen Sie es wieder aus:

1. **Öffnen Sie den Explorer und wählen Sie links DIESER PC aus.**

2. **Suchen Sie nach dem BitLocker-Laufwerk.**

   Das Laufwerk erscheint mit Vorhängeschloss-Symbol, um anzuzeigen, dass es verschlüsselt ist.

3. **Klicken Sie mit der rechten Maustaste auf das Laufwerk und wählen Sie AUSWERFEN.**

   Sobald das Laufwerk nicht mehr eingebunden ist, verschwindet es aus der Liste mit den Laufwerken.

Kopieren Sie nun die Sicherungskopie des Laufwerks an den Hauptspeicherort und ersetzen Sie die Datei, die das Laufwerk enthält.

Sie können es nun entschlüsseln und wieder in Ihren Computer einbinden.

Wiederherstellung von Dateien und Ordnern eines virtuellen Laufwerks

Um einzelne Dateien oder Ordner aus einem virtuellen Laufwerk wiederherzustellen, binden Sie das Backup als separates virtuelles Laufwerk ein und kopieren Sie die Dateien und Ordner aus dem Backup an den primären Speicherort, so wie Sie auch Dateien zwischen zwei Laufwerken kopieren würden.

Im Idealfall erstellen Sie vom Backup des virtuellen Laufwerks ein Backup, bevor Sie es einbinden und Dateien und/oder Ordner kopieren. Binden Sie es außerdem schreibgeschützt ein.

Werfen Sie das Backup-Laufwerk nach dem Kopieren der Dateien wieder aus. Wenn Sie es eingebunden lassen – was im Grunde bedeutet, dass zwei Kopien eines sehr großen Teils Ihres Dateisystems gleichzeitig in Benutzung sind –, kann das zu Fehlern führen.

Umgang mit gelöschten Dateien

Bei der Wiederherstellung aus einem Backup, das Ihre Daten nicht vollständig mit einer neuen Kopie überschreibt, gibt es das Problem, dass bei der Wiederherstellung gelöschte Dateien nicht wiederhergestellt werden. Ich gebe zu, das klingt widersprüchlich. Daher ein Beispiel:

Sie haben ein vollständiges Backup erstellt. Danach löschen Sie eine Datei, erstellen zehn neue Dateien, ändern zwei Dateien und erstellen anschließend ein inkrementelles Backup. Diese inkrementelle Sicherungskopie hat den Löschvorgang womöglich nicht richtig erkannt. Wenn Sie Daten nun erst aus dem vollständigen Backup und dann aus dem inkrementellen Backup wiederherstellen, sollte die Wiederherstellung aus dem inkrementellen Backup auch die gelöschte Datei entfernen, die zehn neuen Dateien hinzufügen und die zwei modifizierten Dateien auf die neuere Fassung ändern. In manchen Fällen wird die zuvor gelöschte Datei allerdings auch wiederhergestellt, da manche Backup-Tools Löschvorgänge nicht korrekt erfassen.

Das ist in der Regel kein folgenschwerer Fehler. Es sollte Ihnen nur bewusst sein. Wenn Sie in der Vergangenheit sensible Dateien gelöscht haben, sollten Sie allerdings überprüfen, ob diese durch die Wiederherstellung auch rekonstruiert wurden. (Wenn Sie Dateien dauerhaft vernichten möchten, sollten Sie sie selbstverständlich auch aus Ihren Sicherungskopien entfernen.)

Ausschluss von Dateien und Ordnern

Manche Dateien und Ordner sollten bei einer Wiederherstellung nicht rekonstruiert werden. Sie hätten – um ehrlich zu sein – gar nicht erst gesichert werden sollen, außer Sie haben ein Systemimage erstellt. Doch in vielen Fällen sind diese Dateien trotzdem in den Sicherungskopien enthalten.

Die folgende Liste umfasst ein paar Beispiele von Dateien und Ordnern, die Sie bei einer normalen Wiederherstellung auf einem Windows-11-Computer ausschließen können. Wenn Sie eine Backup-Software verwenden, lässt das Tool diese Dateien vermutlich ohnehin bei der Erstellung der Sicherungskopie aus. Wenn Sie Dateien von Hand kopiert haben, verstecken sie sich möglicherweise in Ihren Backups:

- ✔ Inhalt des Papierkorbs
- ✔ Browser-Caches (temporäre Internetdateien eines Webbrowsers wie Microsoft Edge oder dem Internet Explorer, Firefox, Chrome, Vivaldi oder Opera)
- ✔ Temporäre Ordner (oft einfach nur als Temp bezeichnet, sie liegen in Laufwerk *C:* im Benutzerverzeichnis oder im Datenverzeichnis von Software)
- ✔ Temporäre Dateien (meist mit den Dateiendungen *.tmp* oder *.temp*)
- ✔ Auslagerungsdateien des Betriebssystems (*pagefile.sys*)
- ✔ Systemdateien für den Ruhezustand (*hyberfil.sys*)
- ✔ Backups, wie zum Beispiel der Dateiversionsverlauf (außer Sie möchten Backups Ihrer Backups erstellen)
- ✔ Systemdateien aus einem Upgrade des Betriebssystems (bei Windows-Computern, die Ihr Betriebssystem hochgestuft haben, heißt diese Datei meist *C:\Windows.old*)
- ✔ Microsoft-Outlook-Cache-Dateien (*.ost* – aufgepasst allerdings: Die lokalen Outlook-Datendateien mit der Endung *.pst* sollten unbedingt gesichert werden; sie stellen sich oft als eine sehr wichtige Datei im Sicherungs- und Wiederherstellungsprozess heraus.)
- ✔ Performance-Log-Dateien in Verzeichnissen namens *PerfLogs*
- ✔ Junk-Dateien, die von Nutzern als temporäre Dateien angelegt werden, um Informationen zu speichern (zum Beispiel eine Textdatei mit einer Telefonnummer, die der Nutzer allerdings längst in der Kontakte-App des Smartphones eingespeichert hat)

Wiederherstellung aus programminternen Backups

Manche Programme verfügen über integrierte Sicherungsfunktionen, die verhindern sollen, dass Sie Arbeit verlieren, wenn Ihr Computer abstürzt, der Strom ausfällt oder Ihr Akku leer ist.

Manche dieser Anwendungen melden Ihnen automatisch, dass sie Dokumente wiederhergestellt haben, die sonst durch einen Systemabsturz verloren gegangen wären. Wenn Sie Microsoft Word nach einer unerwarteten Beendigung des Programms wieder starten, zeigt es Ihnen eine Liste mit Dokumenten an, die automatisch wiederhergestellt werden können – manchmal finden sich darunter sogar verschiedene Versionen desselben Dokuments.

Archive verstehen

Der Begriff *Archiv* hat viele Bedeutungen in der Welt der Informationstechnik. Die für dieses Thema relevanten Bedeutungen möchte ich im folgenden Abschnitt erläutern.

Viele Dateien in einer Datei

Manchmal können mehrere Dateien in einer einzigen Datei gespeichert werden. Dieses Prinzip haben Sie weiter vorne in diesem Kapitel und in Kapitel 14 bereits im Zusammenhang mit virtuellen Laufwerken kennengelernt. Um mehrere Dateien innerhalb einer einzigen zu speichern, müssen Sie allerdings kein virtuelles Laufwerk erstellen.

Sie haben womöglich bereits Dateien mit der Endung *.zip* kennengelernt. *Zip-Dateien* sind ein Beispiel für Archive. Sie sind Container, in denen eine oder mehrere komprimierte Dateien liegen. Die Speicherung einer größeren Anzahl von Dateien in einem derartigen Container erleichtert ihre Übertragung. (Sie werden mir sicher zustimmen, dass es deutlich einfacher ist, mit einer einzigen Zip-Datei als E-Mail-Anhang als mit 50 Einzeldateien umzugehen.) Sie reduzieren auch den benötigten Speicherplatz (manchmal ganz erheblich) und die zur Speicherung und Übertragung erforderliche Internet-Bandbreite.

Wenn Sie Dateien aus einem Archiv wiederherstellen möchten, können Sie entweder alle Dateien direkt aus dem Archiv auf Ihrem Hauptdatenträger extrahieren oder Sie können das Archiv öffnen und die einzelnen Dateien an ihren Hauptspeicherort kopieren, wie Sie es auch mit Dateien in einem herkömmlichen Ordner machen würden.

Archiv-Dateien haben viele verschiedene Formate. Manche erscheinen automatisch als Ordner innerhalb der Dateisysteme von Windows oder Mac und ihre Inhalte als Dateien und Ordner innerhalb von Ordnern. Bei anderen ist eine spezielle Software nötig, um an die Dateien heranzukommen.

Alte Daten

Manchmal werden alte Daten vom Hauptsystem entfernt und fortan an einem anderen Ort aufbewahrt. Die Speicherung alter Daten an anderer Stelle kann die Leistung verbessern. Wenn Sie beispielsweise alle Ihre E-Mails aus den letzten 25 Jahren durchsuchen, dauert die Suche sehr viel länger, als wenn Sie nur die letzten drei Jahre durchkämmen. Wenn fast alle relevanten Ergebnisse aus den letzten paar Jahren stammen, können alte E-Mails in ein eigenes Archiv verschoben werden, wo Sie darauf zugreifen können, wenn es erforderlich sein sollte.

Wenn Sie Archive für Ihre Datenverwaltung verwenden, planen Sie das bei der Wiederherstellung ein. Sie sollten darauf achten, dass Archive als Archive wiederhergestellt werden und dass Sie sie nicht aus Versehen auf Ihrem primären Datenträger wiederherstellen.

Alte Datei-, Ordner- oder Backup-Versionen

Der Begriff *Archiv* beschreibt manchmal auch alte Versionen von Dateien, Ordnern und Backups, selbst wenn diese Dateien auf Ihrem Hauptdatenträger liegen. Wenn Sie beispielsweise zehn Versionen eines Vertrags haben, die alle zu unterschiedlichen Zeitpunkten abgeschlossen wurden, möchten Sie möglicherweise alle Word-Versionen dieser Dokumente in einem Archiv-Ordner speichern.

Archivierung dieser Art kann aus verschiedenen Gründen erfolgen. Oft wird es gemacht, um zu vermeiden, dass eine veraltete Version eines Dokuments verwendet wird, und nicht die aktuellste.

Wenn Sie Archive erstellen, planen Sie dies bei der Wiederherstellung von Daten ein. Stellen Sie alle Archive an ihrem angestammten Ort wieder her. Wenn Sie bemerken, dass mehrere Kopien derselben Datei wiederhergestellt werden, gehen Sie nicht gleich davon aus, dass es sich dabei um einen Fehler handelt.

Wiederherstellung mit Backup-Tools

Die Wiederherstellung mit Backup-Software ist vergleichbar mit der Erstellung von Sicherungskopien mit Backup-Software.

Um eine Wiederherstellung über eine Backup-Software zu starten, die Sie zur Erstellung der Backups verwendet haben, starten Sie das Programm (in einigen Fällen müssen Sie die Software auf dem Computer installieren und können sie nicht von einer CD oder Ähnlichem starten) und wählen Sie die Option zum Wiederherstellen.

Achten Sie bei der Wiederherstellung darauf, dass Sie die richtige Sicherungskopie ausgewählt haben.

Hüten Sie sich vor fingierten Wiederherstellungsaufforderungen! Diverse Formen von Schadsoftware zeigen sich im Gewand gefälschter Meldungen, die Ihnen mitteilen, dass Ihre Festplatte eine Fehlfunktion erlitten hat und Sie eine Wiederherstellungsroutine starten müssen, um die Daten zu reparieren. Stellen Sie Daten ausschließlich mit Software her, die Sie aus vertrauenswürdiger Quelle haben!

Viele moderne Backup-Tools verstecken die Art des Backups – vollständig, differenziell, inkrementell und so weiter – vor ihren Nutzern. Stattdessen können Nutzer einfach die Dateiversionen auszuwählen, die sie wiederherstellen möchten.

Wenn Sie mit einer speziellen Backup- und Wiederherstellungssoftware arbeiten, die in Ihre externe Festplatte oder SSD integriert war, die Sie für Ihre Backups verwenden, schließen Sie das Laufwerk an, starten Sie die Software (wenn sie nicht automatisch läuft) und befolgen Sie die Anweisungen für die Wiederherstellung.

Software dieser Art ist in der Regel sehr benutzerfreundlich. Sie ist meist eine vereinfachte Version anderer Backup-Softwarepakete.

Trennen Sie das Backup-Laufwerk nach der Wiederherstellung unbedingt wieder von Ihrem Computer!

Wiederherstellung aus dem Dateiversionsverlauf

Um Daten aus dem Windows-Dateiversionsverlauf wieder an ihrem ursprünglichen Speicherort wiederherzustellen, befolgen Sie diese Schritte:

1. **Klicken Sie auf die Schaltfläche Start und dann auf die App Einstellungen.**
2. **Wählen Sie die Kategorie Update und Sicherung und anschließend links den Punkt Sicherung.**
3. **Klicken Sie auf Dateien von einer aktuellen Sicherung wiederherstellen.**
4. **Im Fenster des Dateiversionsverlaufs blättern Sie durch Ihre verschiedenen Ordner und Dateien oder suchen nach dem Namen der gewünschten Datei über das Suchfenster.**
5. **Wählen Sie die Dateien oder Ordner aus, die Sie wiederherstellen möchten.**
6. **Klicken Sie zur Wiederherstellung auf die Schaltfläche mit dem kreisrunden Pfeil.**

Rückkehr zu einem Wiederherstellungspunkt

Sie können bei Windows Ihren Computer auf einen Zustand zurücksetzen, den er an einem bestimmten Zeitpunkt in der Vergangenheit hatte, sofern Ihr Betriebssystem ein Image erstellt hat. Zur Rückkehr an diesen Punkt gehen Sie wie folgt vor:

1. **Suchen Sie in der Taskleiste nach der Systemsteuerung und öffnen Sie diese.**
2. **In der Symbolansicht wählen Sie Sicherheit und Wartung.**
3. **Klicken Sie auf Eigene Dateien wiederherstellen, um nur Ihre Dateien wiederherzustellen, oder auf Dateien für alle Benutzer wiederherstellen, wenn Sie dasselbe für alle Benutzer auf dem Gerät machen möchten (unter der Voraussetzung, dass Sie die Berechtigung dafür haben).**

Wiederherstellung aus einem Smartphone-/ Tablet-Backup

Viele mobile Geräte synchronisieren ihre Daten automatisch mit der Cloud, wodurch Sie sie auf einem neuen Gerät wiederherstellen können, sollte Ihres gestohlen werden oder verloren gehen.

Selbst Geräte, die nicht über diese integrierte Funktion verfügen, können mit einer Software auf vergleichbare Weise einen Verzeichnisbaum oder ein Laufwerk sichern.

Wenn Sie ein Android-Gerät erstmals nach dem Zurücksetzen auf Werkseinstellungen starten, werden Sie möglicherweise gleich gefragt, ob Sie Ihre Daten wiederherstellen möchten. Wenn das der Fall ist, wählen Sie – Überraschung! – »Ja« aus.

Auch wenn die genauen Wiederherstellungsroutinen von Gerät zu Gerät und von Hersteller zu Hersteller voneinander abweichen können, folgen die Formen der Wiederherstellung meist diesem Muster:

Um Ihre Kontakte von einer SD-Karte wiederherzustellen:

1. **Wählen Sie die KONTAKTE-App.**

   Wenn Sie dort eine Importfunktion finden, wählen Sie diese aus und springen Sie zu Schritt 4.

2. **Wählen Sie EINSTELLUNGEN im Hauptmenü (oder tippen Sie auf das Symbol EINSTELLUNGEN).**

   Wenn nicht alle Kontakte angezeigt werden, müssen Sie eventuell auf das Auswahlmenü tippen und ALLE KONTAKTE auswählen.

3. **Wählen Sie KONTAKTE IMPORTIEREN/EXPORTIEREN (oder, falls diese Option nicht verfügbar ist, wählen Sie KONTAKTE VERWALTEN und in der nächsten Anzeige KONTAKTE IMPORTIEREN).**
4. **Wählen Sie den Import von der SD-Karte aus.**
5. **Überprüfen Sie den Dateinamen des Backups der Kontaktliste und tippen Sie auf OK.**

   Kontakte werden oft als VCF-Dateien gesichert (oder exportiert).

Um Medien (Fotos, Videos und Musik) von einer SD-Karte wiederherzustellen, gehen Sie folgendermaßen vor:

1. **Öffnen Sie die SD-Karte im Dateimanager.**
2. **Markieren Sie die Dateien, die Sie wiederherstellen möchten.**
3. **Um Dateien auf den Telefonspeicher zu übertragen, gehen Sie in das Menü und wählen Sie KOPIEREN und anschließend INTERNER SPEICHER.**

4. **Wählen Sie den Ordner, in den Sie die Dateien kopieren möchten, oder erstellen Sie einen neuen Ordner und bewegen Sie die Dateien dorthin.**

5. **Bestätigen Sie den Kopiervorgang.**

Wiederherstellung aus einem manuellen Datei- oder Ordner-Backup

Um von Hand kopierte Dateien oder Ordner wiederherzustellen, kopieren Sie einfach die Datei oder den Ordner vom Backup-Datenträger auf Ihren Hauptdatenträger. (Wenn Sie eine Datei oder einen Ordner damit überschreiben, warnt Sie Ihr Betriebssystem womöglich.)

Denken Sie immer daran, den Datenträger, auf dem sich die Sicherungskopien befinden, von Ihrem Computer wieder zu trennen, sobald Sie mit der Wiederherstellung fertig sind.

Wiederherstellung von Backups bei Cloudanbietern

Wenn Sie die Backup-Funktion eines Anbieters genutzt haben, bei dem Sie Daten in der Cloud abgelegt hatten oder dessen cloudbasierte Dienste Sie einsetzen, können Sie Daten, die in der Cloud verloren gegangen sind, eventuell über die Benutzeroberfläche des Cloudanbieters wiederherstellen.

Wenn Sie einen cloudbasierten Dienst genutzt haben und selbst keine Backups erstellt haben, können Sie Ihre Daten möglicherweise trotzdem wiederherstellen. Kontaktieren Sie den Anbieter. Er hat vielleicht Backups erstellt, ohne Sie darüber zu informieren.

Sie sollten sich nicht darauf verlassen, dass ein Cloudanbieter selbst Backups Ihrer Daten erstellt, wenn Sie keine bestellt haben. Es ist aber einen Versuch wert, ihn zu fragen. Womöglich kann er Ihnen aus der Klemme helfen, wenn er überraschenderweise doch welche gespeichert hat. Die können Sie dann zur Wiederherstellung nutzen.

Backups an ihren Ort zurückbringen

Wenn Sie Ihre Daten von einem physischen Backup wiederhergestellt haben, sollten Sie es aus verschiedenen Gründen wieder an seinen Aufbewahrungsort zurückbringen:

- ✔ Sie wollen es nicht verlegen, falls Sie es wieder einmal benötigen.
- ✔ Sie wollen nicht, dass es gestohlen wird.

✔ Sie wollen nicht Ihre Sicherungsstrategie untergraben, bei der Sie Sicherungskopien an einem anderen Ort aufbewahren als die ursprüngliche Datenquelle.

Netzwerkspeicherung

Wenn Sie Daten von einem netzwerkbasierten Backup wiederherstellen, sollten Sie das Netzwerklaufwerk zunächst so einbinden, dass nicht darauf geschrieben werden kann, um Angriffe auf das Backup zu verhindern. Sie sollten außerdem darauf achten, dass Sie das Netzwerkspeichermedium nach der Wiederherstellung wieder trennen.

Achten Sie darauf, dass das Tool, das Sie zur Wiederherstellung nutzen (beispielsweise eine Backup-Software), über die passenden Netzwerkberechtigungen verfügt, um auf den Hauptdatenträger schreiben zu können.

Wiederherstellung aus verschiedenen Backups

Es gibt keinen Grund, nur an einem einzigen Ort Sicherungskopien aufzubewahren. Bei der Wiederherstellung nutzen Sie in der Regel allerdings jeweils nur Backups von einem Ort.

Wenn Sie Daten aus Backups wiederherstellen müssen, die sich physisch an mehr als nur einem Ort befinden, sollten Sie sehr wachsam sein, dass Sie nicht die falschen Dateiversionen wiederherstellen, da manche Dateien womöglich mehrfach existieren.

Wiederherstellung auf anderem Gerät testen

Eine mögliche Vorgehensweise bei der Wiederherstellung ist, Daten zunächst auf einem anderen Gerät als dem ursprünglichen wiederherzustellen, diese dort zu testen und sie dann an ihren ursprünglichen Ort zu verschieben. Diese Methode verringert die Gefahr, dass Sie gute Daten mit schlechten Daten überschreiben. Sie können einen schlechten Tag noch schlechter machen, wenn Sie Daten verlieren und dann feststellen, dass die Daten in Ihrem Backup beschädigt sind. Wenn Sie Ihre Originaldaten mit kaputten Daten aus Ihrer Sicherungskopie ersetzen, könnte der Datenverlust noch viel größer sein.

Wiederherstellung aus verschlüsselten Backups

Die Wiederherstellung verschlüsselter Backups funktioniert im Grunde genommen genauso wie die Wiederherstellung unverschlüsselter Backups, nur dass Sie hier das Backup vor der Wiederherstellung entschlüsseln müssen.

Bei passwortgeschützten Backups müssen Sie – wer hätte das gedacht? – das richtige Passwort eingeben. Für die Wiederherstellung von Sicherungskopien, die durch Zertifikate oder andere fortschrittliche Verschlüsselungsmethoden geschützt sind, benötigt der Nutzer vermutlich einen physischen Gegenstand oder ein digitales Zertifikat zur Wiederherstellung.

In den meisten Fällen schützen sicherheitsbewusste Privatanwender ihre Backups mit einem Passwort. Wenn Sie das auch tun (und das sollten Sie), merken Sie sich dieses Passwort gut.

Wiederherstellung von Kryptowährungen

Die Wiederherstellung einer Kryptowährung, nachdem diese von einem Computer oder einem anderen Gerät gelöscht wurde, unterscheidet sich grundlegend von allen anderen Wiederherstellungsprozessen, die in diesem Kapitel beschrieben sind.

Technisch gesehen werden Kryptowährungen in einem *Ledger*, einer Art Datenbank erfasst und nirgends wirklich gespeichert. Bei der Wiederherstellung wird daher nicht die eigentliche Kryptowährung wiederhergestellt, sondern die privaten Schlüssel, die erforderlich sind, um die Adressen in diesem Ledger zu kontrollieren. (Ich kann die Begriffe *Cyberwallet*, *E-Wallet* oder *Digital Wallet* – zu Deutsch: Brieftasche oder Geldbörse – beim Thema Kryptowährung nicht leiden, denn wir legen schließlich die digitalen Schlüssel und nicht die Währung selbst in dem Wallet ab. Die Bezeichnung *digitaler Schlüsselbund* wäre sehr viel treffender und weniger verwirrend gewesen.)

Hoffentlich haben Sie die Schlüssel auf einen Zettel geschrieben und sicher in einem Bankschließfach deponiert, falls Ihr Gerät verloren geht. Besorgen Sie sich diesen Zettel und Sie haben Ihre Schlüssel wieder. Lassen Sie ihn aber bloß nicht offen herumliegen, sondern verstauen Sie ihn schnellstmöglich wieder an einem sicheren Ort. (Wenn Sie das Dokument in einem Bankschließfach aufbewahren, überlegen Sie sich, ob Sie die Wiederherstellung direkt vor Ort in der Bank erledigen, dann müssen Sie ihn gar nicht erst mit nach Hause nehmen.)

Wenn Sie Ihre Kryptowährung bei einer Kryptobörse aufbewahren, können Sie Ihre Zugangsdaten zur Börse über die Möglichkeiten wiederherstellen, die Ihnen Ihre jeweilige Börse bietet. Im Idealfall haben Sie Ihre Passwörter an einem sicheren Ort aufbewahrt. Dann können Sie einfach auf sie zugreifen und zur Wiederherstellung nutzen.

Wer zur Aufbewahrung der Schlüssel ein Hardware Wallet nutzt, verfügt in der Regel über einen sogenannten *Recovery Seed* als Backup. Dabei handelt es sich um eine Liste mit Wörtern, mit denen der Nutzer die Schlüssel für die entsprechende Adresse auf dem Gerät neu erstellen kann. Diese Wortliste sollte auch auf einen Zettel aufgeschrieben und in einem Bankschließfach oder einem Tresor – und nicht elektronisch – aufbewahrt werden.

Booten von einem Bootmedium

Wenn Sie von einem Bootmedium starten müssen (was während des Zurücksetzens eines Systems und dem Wiederherstellungsprozess erforderlich sein kann), starten Sie Ihr System, gehen Sie in die BIOS-Einstellungen und wählen Sie das Medium aus, von dem aus Sie starten möchten. Starten Sie Ihren Computer anschließend neu.

Nach der Wiederherstellung

Wenn Sie Daten von physischen Medien wiederherstellen, vergessen Sie nicht, diese Medien nach Abschluss der Wiederherstellung wieder an ihren vorgesehenen Aufbewahrungsort zurückzulegen ... man weiß nie, wann man sie erneut benötigen könnte!

Und wenn Sie physische Backups oder die Laufwerke, auf denen sie gespeichert sind, irgendwann entsorgen, stellen Sie sicher, dass Sie die Medien ordnungsgemäß löschen. Das einfache Löschen von Dateien reicht nicht aus, um zu verhindern, dass neugierige Personen, die später möglicherweise in den Besitz Ihrer Medien gelangen, die Daten wiederherstellen können.

Teil VI
Der Top-Ten-Teil

web Extras

Besuchen Sie uns auf `www.fuer-dummies.de` oder unseren Social-Media-Kanälen:

Facebook

`www.facebook.com/fuerdummies`

Instagram

`www.instagram.com/furdummies`

YouTube

`www.youtube.com/@dummies-mann`

IN DIESEM TEIL …

Cybersicherheit mit kleinem Budget verbessern

Aus den Fehlern anderer lernen

Sicher im öffentlichen WLAN surfen

IN DIESEM KAPITEL

Verstehen, dass Sie ein Ziel sind

Sich mit Sicherheitssoftware schützen

Verschlüsselung, Sicherungskopien und mehr

Kapitel 17
Zehn Tipps zur Verbesserung Ihrer Cybersicherheit

Nicht für alle Verbesserungen Ihrer Sicherheit müssen Sie ein Vermögen ausgeben. In diesem Kapitel gebe ich Ihnen zehn Empfehlungen, mit denen Sie ohne großen Aufwand Ihre Cybersicherheit verbessern können, ohne sich dafür in Unkosten stürzen zu müssen.

Sie sind ein Ziel!

Wenn Sie sich darüber im Klaren sind, dass Hacker Ihren Computer und Ihr Smartphone knacken wollen und dass Kriminelle nur darauf warten, an Ihre Daten zu kommen, handeln Sie anders als jemand, der die ganze Aufregung nicht versteht und überhaupt keine Gefahr erkennt. Wenn Sie diese unangenehme Wahrheit verinnerlichen, werden Sie eine gesunde Skepsis, eine andere Einstellung und auch ein anderes Verhalten entwickeln – bewusst und unbewusst.

Wenn Ihnen klar ist, dass Cyberangreifer es auf Sie abgesehen haben, werden Sie zum Beispiel E-Mails, die angeblich von Ihrer Bank kommen, nicht mehr blindlings vertrauen. Dadurch laufen Sie weniger Gefahr, Opfer eines Phishing-Betrugs zu werden. Wenn Ihnen klar ist, dass Kriminelle Ihre Passwörter und PIN-Nummern stehlen wollen, werden Sie diese sensiblen Daten besser beschützen als Leute, die fest davon überzeugt sind, dass Betrüger keinen Grund haben, hinter ihren Daten her zu sein.

Sicherheitssoftware benutzen

Alle Geräte (Laptops, Smartphones, Tablet-PCs und so weiter), auf denen sensible Daten gespeichert sind oder die mit Netzwerken verbunden werden, in denen sich auch andere Geräte tummeln, müssen mit Sicherheitssoftware ausgestattet sein. Es gibt viele beliebte und kostengünstige Softwarepakete, in denen Virenscanner, Firewall, Spamfilter und andere nützliche Funktionen enthalten sind.

Mobile Geräte sollten über eine Fernlöschfunktion und Sicherheitssoftware verfügen, die für mobile Systeme optimiert ist. Aktivieren Sie diese Funktionen sofort, nachdem Sie das Gerät erstmals in Betrieb genommen haben. Bei vielen Smartphones ist bereits eine Sicherheitssoftware des Anbieters vorinstalliert. Diese bringt Ihnen nur etwas, wenn Sie sie einschalten und nutzen. (Mehr über den Schutz mobiler Geräte erfahren Sie in Kapitel 5.)

Sensible Daten verschlüsseln

Speichern Sie alle vertraulichen und persönlichen Daten in einem verschlüsselten Format. Wenn Sie sich nun fragen, ob bestimmte Daten sensibel genug sind, dass sie eine Verschlüsselung verdienen, ist die Antwort meistens »Ja«. Gehen Sie auf Nummer sicher und verschlüsseln Sie!

Bei vielen Windows-Versionen ist bereits eine Verschlüsselungsfunktion enthalten. Auch macOS verfügt über eine integrierte Verschlüsselung. Es gibt außerdem zahlreiche kostenfreie Verschlüsselungstools. Es ist erstaunlich, wie viele sensible Daten bei Angriffen geschützt gewesen wären, wenn die Opfer des Diebstahls eine kostenlose Verschlüsselungssoftware genutzt hätten.

Übertragen Sie außerdem niemals sensible Informationen über Seiten, die nicht mit SSL/TLS verschlüsselt sind. Sie erkennen verschlüsselte Seiten an dem geschlossenen Vorhängeschloss-Symbol, das in der Adressleiste Ihres Browsers zu sehen ist, und daran, dass die URL mit HTTPS und nicht mit HTTP beginnt.

Bei der Verschlüsselung kommen komplexe mathematische Algorithmen zum Einsatz. Die technischen Einzelheiten müssen Sie nicht verstehen, um Verschlüsselung nutzen und davon profitieren zu können.

Wir befinden uns möglicherweise bald schon im Zeitalter des Quantencomputing: also in einer Ära neuer Geräte (wir nennen sie »Computer«, weil wir bislang keinen besseren Begriff dafür haben), die Quantenphysik zur Datenspeicherung und Berechnung nutzen, anstatt mit Bits zu arbeiten, die ausschließlich aus 0 oder 1 bestehen.

Seien Sie sich bewusst, dass bei größerer Verbreitung des Quantencomputing voraussichtlich viele der heutigen Verschlüsselungsverfahren obsolet werden und dies dazu führen wird, dass Daten, die mit aktuellen Technologien verschlüsselt wurden, in Zukunft angreifbar werden könnten.

Wie schnell eine solche sogenannte »Quantenüberlegenheit« erreicht wird, ist ungewiss, und Fachleute haben sehr unterschiedliche Einschätzungen darüber, wie viele Jahre es noch dauern wird. Achten Sie daher auf Updates von Anbietern, die sicherstellen, dass ihre Produkte »quantenresistent« sind – einige solche Updates sind bereits verfügbar.

Ein grundlegendes Prinzip sollten Sie kennen. Es gibt zwei Hauptgruppen von Verschlüsselungsalgorithmen, die heute zum Einsatz kommen:

- **Symmetrisch:** Sie nutzen dasselbe Geheimnis zum Verschlüsseln wie auch zum Entschlüsseln.
- **Asymmetrisch:** Sie nutzen ein Geheimnis zum Verschlüsseln und ein anderes zum Entschlüsseln.

Die meisten einfachen Verschlüsselungstools nutzen die symmetrische Verschlüsselung. Dabei müssen Sie sich lediglich ein Passwort merken, um Ihre Daten zu entschlüsseln. Im Laufe der Zeit werden Ihnen aber vielleicht auch asymmetrische Systeme begegnen, bei denen sowohl ein öffentlicher als auch ein privater Schlüssel zum Einsatz kommen. Der öffentliche Schlüssel (*Public Key*) ist für alle sichtbar und der private Schlüssel (*Private Key*) wird geheim gehalten. Asymmetrische Verschlüsselung hilft beim Versenden von Daten:

- Wenn Sie Daten an Marianne senden möchten, die nur Marianne lesen soll, verschlüsseln Sie die Daten mit Mariannes öffentlichem Schlüssel, denn sie ist die Einzige, die den privaten Schlüssel hat, der für die Entschlüsselung der Daten nötig ist.
- Wenn Sie Daten an Marianne schicken und Marianne beweisen wollen, dass Sie es sind, der die Daten geschickt hat, verschlüsseln Sie die Daten mit Ihrem eigenen privaten Schlüssel. Marianne entschlüsselt die Daten mit Ihrem öffentlichen Schlüssel und weiß daher, dass Sie der Absender sind, weil nur Sie den privaten Schlüssel haben, der zum öffentlichen Schlüssel passt.
- Wenn Sie Daten an Marianne schicken wollen, sodass nur Marianne die Daten lesen kann und sie gleichzeitig sicher weiß, dass Sie derjenige sind, der die Daten geschickt hat, dann verschlüsseln Sie die Daten sowohl mit Ihrem eigenen privaten Schlüssel als auch mit Mariannes öffentlichen Schlüssel.

Da die asymmetrische Verschlüsselung sehr viel Prozessorleistung erfordert, wird sie selten zur Verschlüsselung ganzer Unterhaltungen benutzt, sondern nur zur Verschlüsselung spezieller Sitzungsschlüssel (*Session Keys*), die die Gesprächsteilnehmer zur symmetrischen Verschlüsselung ihrer Unterhaltung benötigen. Es würde allerdings den Rahmen dieses Buches sprengen, das Thema der asymmetrischen Verschlüsselung weiter zu vertiefen.

Backups, Backups, Backups

Machen Sie so häufig Backups, dass Sie im Ernstfall nicht fürchten müssen, Daten verloren zu haben, weil Ihr letztes Backup bereits mehrere Tage her ist.

Eine Faustregel ist: Wenn Sie sich nicht sicher sind, ob Sie oft genug Sicherungskopien erstellen, tun Sie es vermutlich nicht häufig genug. Und auch wenn es sehr praktisch erscheint, sollten Sie Ihren Backup-Datenträger nicht an Ihrem Computer oder Ihrem Computernetzwerk angeschlossen lassen (siehe Kapitel 14). Wenn Ihre Backups dauerhaft angeschlossen sind, laufen Sie ernsthaft Gefahr, dass Ransomware oder andere Malware bei einer Verseuchung Ihres Netzwerks auch Ihre Sicherungskopien beeinträchtigt, was dem gesamten Zweck eines Backups zuwiderlaufen würde.

Idealerweise bewahren Sie Ihre Backups sowohl vor Ort als auch außerhalb des Geländes auf. Die Sicherungskopien vor Ort ermöglichen eine schnelle Wiederherstellung. Extern gelagerte Backups sind auch dann noch verfügbar, wenn ein Ort unzugänglich geworden ist oder die gesamte Computerausrüstung und die digitalen Daten eines bestimmten Standorts zerstört wurden. Und noch etwas: Testen Sie regelmäßig, ob Ihre Backups auch funktionieren. Sicherungskopien sind wertlos, wenn Sie die darin befindlichen Daten nicht mehr wiederherstellen können.

Eigene Anmeldedaten

Wer Zugriff auf ein wichtiges System hat, sollte über seine eigenen Anmeldeinformationen verfügen. Benutzen Sie nicht die gleichen Passwörter für Onlinebanking, E-Mails, Social-Media-Plattformen und so weiter wie Ihre Kinder oder Ihr Partner. Jeder sollte sein eigenes Login bekommen.

Wenn jeder seine eigenen Anmeldedaten hat, kann bei Problemen viel leichter die Fehlerquelle identifiziert werden. Gerade in Familien entwickelt sich daraus oft ein größeres Verantwortungsbewusstsein bei jedem Mitglied und spornt alle dazu an, ihre Passwörter besser zu schützen.

Auf sichere Authentifizierung achten

Die landläufige Meinung ist: Nutzen Sie komplexe Passwörter für alle Systeme. Mein Rat: Übertreiben Sie es nicht. Wenn Sie aufgrund der großen Anzahl komplexer Passwörter dazu neigen, Passwörter wiederzuverwenden oder sie an unsicheren Orten aufzuschreiben, sollten Sie sich eine Strategie überlegen, wie Sie Passwörter bilden. Kombinieren Sie Wörter, Zahlen und Eigennamen, zum Beispiel *bratapfel4tennis6Steinberg*. (Dieses Passwort sollten Sie natürlich unter keinen Umständen verwenden.) In Kapitel 8 erzähle ich Ihnen alles über sichere Passwörter und Passwortstrategien.

Für besonders sensible Systeme sind stärkere Formen der Authentifizierung erforderlich, zum Beispiel die Zwei-Faktor-Authentifizierung. Nutzen Sie die Option, wenn Sie Ihnen angeboten wird. Bei unwichtigeren Diensten können Sie auch ein schwächeres, leicht zu merkendes Passwort verwenden. Verschwenden Sie kein wertvolles Gehirnschmalz, wenn es nicht unbedingt erforderlich ist. Alternativ können Sie einen Passwortmanager verwenden, aber bitte nicht für Ihre sensibelsten Passwörter. Setzen Sie nicht alles auf eine Karte!

Beachten Sie außerdem, dass jede Person, die auf ein wichtiges System zugreift, eigene Zugangsdaten haben sollte. Idealerweise sollten Sie keine Passwörter für Online-Banking, E-Mail, soziale Medien und so weiter mit Ihren Kindern oder Ihrem Partner teilen – jede Person sollte über eigene Konten verfügen. Dies gilt selbst dann, wenn Sie der anderen Person vollkommen vertrauen.

Vorsicht im Umgang mit sozialen Netzwerken

Eine allzu große Freigiebigkeit mit privaten Informationen in den sozialen Netzwerken verursacht viele Probleme: Vertrauliche Informationen werden verbreitet, Compliance-Regeln verletzt und Kriminellen werden Tür und Tor für ihre Online- und Offline-Angriffe geöffnet. Achten Sie darauf, dass auf Ihrem Smartphone nicht die Autokorrekturfunktion zuschlägt und Sie aus Versehen sensible Informationen veröffentlichen. Passen Sie auch auf, dass Sie nicht unabsichtlich Daten in ein Browserfenster kopieren, in dem gerade eines Ihrer Social-Media-Profile geöffnet ist.

Netzwerk aufteilen

Fast alle modernen WLAN-Router erlauben es Ihnen, zwei oder mehrere Netzwerke einzurichten. Nutzen Sie diese Funktion. Wenn Sie von zu Hause aus arbeiten, kann es sinnvoll sein, dass Ihre Kinder, die im Internet surfen und Videospiele spielen, ein anderes Netzwerk nutzen als Sie für Ihre Arbeit. Suchen Sie in den Router-Einstellungen nach dem Gastzugang (siehe Kapitel 4 und 5). In der Regel finden Sie dort die Funktion, ein zweites Netzwerk einzurichten (oft als Gastnetzwerk bezeichnet).

Öffentliches WLAN sicher nutzen (oder besser gar nicht)

Öffentliche WLAN-Netzwerke sind unheimlich praktisch und viele nutzen sie regelmäßig. Sie bergen allerdings auch große Cybersicherheitsrisiken. Da die Vorteile öffentlicher WLAN-Netze so groß sind, hätte es jeder Cybersicherheitsexperte schwer, der Menschen davon abbringen möchte, sich damit zu verbinden. Er könnte die Menschen auch gleich auffordern, ganz auf Computer zu verzichten und die Schreibmaschine wieder vom Dachboden zu holen. Vollkommen utopisch also! Wichtig ist, dass Sie lernen, wie Sie öffentliches WLAN sicher nutzen können und welche Techniken es sonst noch so gibt, mithilfe derer Sie sich gegen die bösen Buben im Cyberraum verteidigen können (siehe Kapitel 4 und 5).

Einen Experten engagieren

Insbesondere wenn Sie selbstständig oder freiberuflich arbeiten, kann es ein kluger Schachzug sein, Rat von einem Experten einzuholen. Ein Informationssicherheitsprofi kann Sie dabei unterstützen, Cybersicherheitsstrategien zu entwickeln und umzusetzen. Die kleine Summe, die Sie für eine derartige Beratung aufbringen müssen, wird sich im Laufe der Zeit um ein Vielfaches auszahlen. Sie sparen sich Zeit, Geld und Frustration.

Die Cyberkriminellen und Hacker verfügen über technisches Fachwissen. Wenn Sie eines Verbrechens angeklagt werden, nehmen Sie sich einen Anwalt. Wenn Sie krank sind, gehen Sie zum Arzt, und wenn Sie eine Steuerprüfung durch das Finanzamt erwarten, beauftragen Sie einen Steuerberater. Machen Sie es hier ganz genauso und holen Sie einen Cyberexperten mit an Bord.

IN DIESEM KAPITEL

Hackerangriffe der Vergangenheit kennenlernen

Aus den Sicherheitsvorfällen lernen

Kapitel 18
Zehn Erkenntnisse aus fünf Sicherheitsvorfällen

Wenn Sie aus den Erfahrungen und den Fehlern anderer lernen, kann Ihnen das unnötigen Schmerz und Leid ersparen. In diesem Kapitel stelle ich Ihnen fünf Sicherheitsvorfälle vor, aus denen wir insgesamt zehn Lehren ziehen können. Ich habe diese fünf ausgewählt, da sie direkte Auswirkungen entweder auf mich selbst oder auf Mitglieder meiner Familie hatten. Vielleicht kommt Ihnen das ein oder andere auch aus den Nachrichten bekannt vor.

Die Hotelkette Marriott

Im November 2018 gab die US-Hotelkette *Marriott International* bekannt, dass Hacker von 2014 bis September 2018 in den Systemen der Tochterfirma *Starwood* ihr Unwesen getrieben hatten. Zwei Jahre zuvor hatte Marriott Starwood übernommen.

Zum Zeitpunkt der Bekanntgabe des Vorfalls schätzte Marriott, dass durch den Angriff rund 500 Millionen Kunden betroffen waren. Zu den abgegriffenen Daten gehörten bei einigen Kunden Namen, E-Mail-Adressen und andere Kontaktinformationen, bei anderen allerdings auch Passnummern und genaue Reisedaten. Marriott schätzte außerdem, dass bei rund 100 Millionen Kunden auch die Kreditkartennummern samt Ablaufdaten (aber ohne Prüfziffern) gestohlen worden waren. Diese Daten waren in einer verschlüsselten Datenbank gespeichert und laut Marriott gab es keine eindeutigen Hinweise darauf, dass die Hacker in der Lage waren, diese Daten zu entschlüsseln.

Die Beweise lassen darauf schließen, dass der Angriff auf Marriott von einer chinesischen Hackergruppe durchgeführt wurde, die in Verbindung zur chinesischen Regierung steht. Ziel war es wohl, Daten über US-Bürger zu sammeln. Falls diese Annahme richtig ist, ist der Marriott-Hack bis heute der vermutlich größte bekannte Vorfall, bei dem mithilfe eines Staates persönliche und zivile Daten angegriffen wurden.

Im Juli 2019 verkündete die britische Datenschutzaufsicht, das *Information Commissioner's Office*, ein Bußgeld von umgerechnet 110 Millionen Euro gegenüber Marriott verhängen zu wollen. Die Begründung: Marriott hatte versäumt, die Daten der Kunden gemäß der Datenschutzgrundverordnung (DSGVO) der Europäischen Union zu schützen. (Mehr zum Thema DSGVO finden Sie in Kapitel 10.) Marriott teilte daraufhin mit, die auferlegte Strafzahlung anzufechten. Bisher wurde das Bußgeld allerdings auch noch nicht verhängt.

Und immer noch endete der Stress für Marriott nicht: Im Jahr 2020 wurden erneut ungewöhnliche Aktivitäten bemerkt. Zwei Mitarbeiterkonten einer Franchise-Niederlassung griffen auf ungewöhnlich große Mengen an Informationen über Gäste der Hotelkette zu. Eine daraufhin eingeleitete Untersuchung durch Marriott ergab, dass dieser Missbrauch des Systems möglicherweise dazu geführt hatte, dass eine unbefugte Partei personenbezogene Daten von über 5 Millionen Marriott-Gästen entwendete.

Zusätzlich zu den zuvor im Vereinigten Königreich verhängten Bußgeldern erklärte sich Marriott im Oktober 2024 bereit, zur Beilegung verschiedener Vorwürfe amerikanischer Regierungsbehörden im Zusammenhang mit den Datenschutzverletzungen insgesamt etwa 52 Millionen US-Dollar an die Federal Trade Commission sowie an entsprechende staatliche Behörden in 49 Bundesstaaten und dem District of Columbia zu zahlen.

Aus dem Marriott-Vorfall lassen sich viele Erkenntnisse gewinnen. Zwei sind besonders wichtig:

- ✔ **Die Cybersicherheit muss bei Übernahmen geprüft werden.** Wer ein Unternehmen und dessen Informationsinfrastruktur kauft, muss die Cybersicherheit gründlich überprüfen. Schwachstellen im oder Hackerangriffe auf das übernommene Unternehmen können zu einem großen Ärgernis für den neuen Eigentümer werden. Behörden können den Käufer sogar für die Versäumnisse des gekauften Unternehmens zur Rechenschaft ziehen, wie wir beim Beispiel Marriott sehen. Die britische Chef-Datenschützerin Elizabeth Denham machte damals klar, dass die auferlegte Pflicht zum Schutz von Daten auch bei Übernahmen gelte. Der Käufer sollte sich nicht darauf verlassen, dass zum Zeitpunkt der Übernahme alle Cybersicherheitsprobleme offengelegt werden. Womöglich ist sich das gekaufte Unternehmen nicht einmal darüber im Klaren, dass ernsthafte Sicherheitsprobleme bestehen – und bei der Übernahme wird dann auch die Verpflichtung zu möglichen Bußgeldern übernommen.
- ✔ **Ausländische Regierungen sind an den Daten von Bürgern der westlichen Länder interessiert.** Dies ist vor allem aus der nachrichtendienstlichen Perspektive interessant. Regierungen könnten Informationen in Erfahrung bringen, mit denen sie Leute erpressen, für sie zu spionieren. Oder sie suchen nach Menschen, die finanziell unter Druck stehen und die daher empfänglich sind, Geld im Austausch für illegale Dienste anzunehmen. Vieles ist denkbar.

Der Einzelhändler Target

Im Dezember 2013 machte die große US-Einzelhandelskette *Target* öffentlich, dass Hacker ihre Systeme geentert und dabei über 40 Millionen Bankkarten- und Kreditkartennummern gestohlen hatten. In den darauf folgenden Wochen musste Target diese Zahl nach oben korrigieren. Insgesamt wird angenommen, dass bei dem Vorfall 110 Millionen Target-Kunden betroffen waren und dass es sich bei den erbeuteten Daten nicht nur um Kredit- und Debitkarten, sondern auch um andere personenbezogene Daten handelte wie Namen, Adressen, Telefonnummern und E-Mail-Adressen.

Hacker drangen bei Target über eine Schwachstelle eines Systems ein, das von einer Heizungswartungsfirma genutzt wurde, die Zugang zu den Kassensystemen des Unternehmens hatte.

Als Konsequenz des Vorfalls kündigten mehrere Vorstandsmitglieder. Das Unternehmen schätzte den entstandenen Schaden auf rund 162 Millionen US-Dollar.

Zwei Lehren lassen sich aus diesem Vorfall ziehen:

- ✔ **Die Geschäftsführung ist verantwortlich.** Cybersicherheit ist Chefsache. Gibt es einen Sicherheitsvorfall, kann dies das Ende einer Laufbahn bedeuten.
- ✔ **Außenstehende sind ein Risiko.** Eine Person oder ein Unternehmen ist nur so sicher wie das schwächste Glied in der Kette derjenigen, die Zugriff auf die Systeme haben. Ein nicht ausreichend gesicherter Dritter mit Zugriff auf die eigenen Systeme kann im Nu Millionen an Investitionen in Cybersicherheit zunichtemachen. Private Nutzer haben das Problem in den eigenen vier Wänden, wenn sie Gästen den Zugriff auf ihren persönlichen Computer oder ihr Netzwerk erlauben. Sie achten möglicherweise strengstens auf ihre eigene Cyberhygiene, aber wenn Sie jemanden in ihr Netzwerk lassen, der es mit der Cybersicherheit nicht so genau nimmt, kann sich Malware, die sich auf dessen Gerät befindet, auch auf ihre Computer und anderen Geräte ausbreiten.

Die Filmstudios Sony Pictures

Im November 2014 griff eine Hackergruppe das Filmstudio *Sony Pictures* an und veröffentlichte gestohlene Daten, wie unveröffentlichte Filme, interne E-Mails zwischen Mitarbeitern, Gehaltsinformationen und viele weitere persönliche Daten über die Mitarbeiter und ihre Familien. Die Hacker löschten außerdem viele Computer innerhalb der Informationsinfrastruktur von Sony.

Die Verbreitung und Löschung der Daten erfolgte, nachdem die Hacker bereits ein Jahr lang Daten von Sony entwendet hatten. Es handelte sich dabei um schlappe 100 Terabyte an Material. Die Geschäftsleitung von Sony hatte im Vorfeld wohl verschiedene Forderungen der Hacker als Spam abgetan, die diese per E-Mail an Sony gerichtet hatten. Die Cybersicherheitsvorkehrungen waren entweder nicht ausreichend, um den Datenklau dieser Größe zu entdecken, oder die daraufhin getroffenen Maßnahmen waren völlig unzureichend.

Nach dem Vorfall drohte eine angeblich aus Hackern bestehende Gruppe, Terroranschläge in Kinos zu begehen, in denen der Film *The Interview* laufen sollte. Bei dem Film handelt es sich um eine Komödie über einen Komplott, den nordkoreanischen Machthaber Kim Jong-un zu töten. Da die Angreifer ihre Entschlossenheit und ihre Fähigkeiten bereits durch den Hack deutlich gemacht hatten, nahmen die Kinobetreiber die Drohung ernst und viele amerikanische Kinoketten gaben bekannt, *The Interview* nicht zu zeigen. Sony beschloss daraufhin, die offizielle Premiere und den Kinostart in den USA abzusagen. Der Film wurde in den Vereinigten Staaten vereinzelt in Kinos gezeigt und später zum kostenpflichtigen Download angeboten. In Deutschland kam der Film – wie geplant – Anfang Februar 2015 in die Kinos.

Die US-Regierung beschuldigte Nordkorea, für den Hack und die nachfolgenden Drohungen verantwortlich zu sein, auch wenn einige Cybersicherheitsexperten zumindest anfangs diese Meinung nicht teilten. Im September 2018 klagte die US-Regierung einen nordkoreanischen Bürger an, der als Mitarbeiter des nordkoreanischen Geheimdienstes mutmaßlich an dem Hack beteiligt gewesen war.

Zwei Erkenntnisse lassen sich daraus gewinnen:

- ✔ **Richtige Technologien müssen richtig eingesetzt werden.** Je nachdem, welche Technologie Sony tatsächlich einsetzte, zeigt dieser Vorfall entweder, wie wichtig Technologien zur Vorbeugung von Datenverlust sind oder wie vollkommen wirkungslos Cybersicherheitstechnologien sein können, wenn sie nicht richtig benutzt werden.
- ✔ **Cyberangriffe dienen anderen Nationen als Instrument.** Staaten und Regierungen können Cyberattacken als Waffe gegen Unternehmen und Personen einsetzen, die sie als nachteilig für ihre eigenen Ziele und Interessen ansehen.

Die Regierungsbehörde OPM

Im Juni 2015 gab die US-Behörde zuständig für Personalangelegenheiten und Verwaltung von Personalakten für die Bundesregierung der USA, das *Office of Personnel Management* (OPM), bekannt, Opfer eines Datenlecks geworden zu sein. Die Zahl der gestohlenen Datensätze lag bei über 20 Millionen, auch wenn die Behörde anfangs eine viel niedrigere Zahl angab.

Zu den entwendeten Daten gehörten personenbezogene Daten, unter anderem Sozialversicherungsnummern, Adressen, Geburtsdaten und Geburtsorte. Darunter befanden sich Daten von aktuellen und ehemaligen Regierungsmitarbeitern sowie von Personen, bei denen eine Hintergrundüberprüfung durchgeführt worden war, die aber nie bei der Regierung angestellt gewesen waren. Anfangs war die Regierung noch davon ausgegangen, dass die Inhalte der Akten mit den Erkenntnissen aus den Hintergrundprüfungen für Sicherheitsfreigaben nicht kompromittiert worden waren, musste letztlich aber zugeben, dass auch diese Daten womöglich veröffentlicht oder gestohlen worden waren. Es ist also möglich, dass die Angreifer einen regelrechten Schatz an privaten Daten über Personen mit ganz unterschiedlichen Sicherheitsfreigaben erbeuten konnten.

Bei dem OPM-Vorfall wird angenommen, dass es sich um eine Kombination aus mehreren Vorfällen handelte: Einer begann vermutlich ungefähr 2012 und wurde im März 2014 entdeckt und der andere begann im Mai 2014 und wurde erst im April 2015 entdeckt.

Zwei Erkenntnisse sind mir hier besonders wichtig:

- **Regierungsbehörden sind nicht immun gegen Sicherheitsvorfälle.** Selbst wenn ein Vorfall entdeckt worden ist, sind sie weiterhin anfällig für nachfolgende Angriffe. Wie auch bei Privatpersonen kommt es vor, dass Behörden den Vorfall lange nicht entdecken und die Auswirkungen anfangs unterschätzen.
- **Sicherheitsvorfälle betreffen auch Ehemalige.** Ein Hack, ein Datenleck oder eine Sicherheitslücke können Auswirkungen auf Personen haben, die schon lange nichts mehr mit einem Unternehmen oder einer Organisation zu tun haben. Viele erinnern sich womöglich gar nicht mehr daran, dass dort noch Daten von ihnen gespeichert sind. Der OPM-Vorfall betraf Menschen, die schon seit Jahrzehnten nicht mehr für die Regierung gearbeitet hatten oder Jahre zuvor eine Sicherheitsfreigabe beantragt, aber nie für die Regierung tätig geworden waren.

Die Krankenversicherung Anthem

Im Februar 2015 meldete *Anthem*, die zweitgrößte Krankenkasse in den Vereinigten Staaten, dass sie Opfer eines Cyberangriffs geworden war, bei dem personenbezogene Daten von fast 80 Millionen aktuellen und ehemaligen Versicherten erbeutet wurden. Zu den gestohlenen Daten gehörten Namen, Adressen, Sozialversicherungsnummern, Geburtsdaten und Informationen über Angestelltenverhältnisse. Krankenakten gehörten nicht dazu, doch die entwendeten Daten stellten für viele eine ausreichende Gefahr für einen möglichen Identitätsdiebstahl dar.

Der Vorfall – der vermutlich größte in der Geschichte der amerikanischen Krankenversicherungsbranche – soll irgendwann im Jahr 2014 den Anfang genommen haben, als ein Mitarbeiter in einer Niederlassung der Versicherung auf einen Link in einer Phishing-Mail klickte.

Zwei Lehren ziehen wir daraus:

- **Die Gesundheitsbranche ist zunehmend ein Ziel.** Dies zeigt vor allem auch die enorme Zahl der Ransomware-Angriffe, die in den letzten Jahren auf Krankenhäuser gerichtet waren. Mehr dazu lesen Sie in Kapitel 3.
- **Menschliche Fehler sind die Hauptursachen.** Viele glauben, dass für das Hacken eines großen Unternehmens ausgefeilte James-Bond-Techniken erforderlich sind. In Wahrheit werden für viele Angriffe, wenn nicht sogar für die allermeisten, ganz einfache und klassische Methoden angewendet. Phishing funktioniert für die Kriminellen immer noch hervorragend. Menschliches Fehlverhalten spielt fast immer eine tragende Rolle bei einem ernsten Sicherheitsvorfall.

IN DIESEM KAPITEL

Mobile Verbindungen statt öffentlicher WLANs nutzen

Öffentliche WLAN-Netze richtig nutzen

Sicher im öffentlichen WLAN unterwegs sein

Kapitel 19
Zehn Tipps für die Nutzung eines öffentlichen WLANs

Bis vor einiger Zeit gab es noch viele Situationen, in denen es sinnvoll war, öffentliches WLAN zu nutzen, um eine Internetverbindung herzustellen.

Bevor die Einführung von 4G (der vierten Generation von Mobilfunknetzen), die inzwischen durch das noch weiter entwickelte 5G ergänzt beziehungsweise ersetzt wurde, lagen die Geschwindigkeiten von WLAN-Verbindungen in der Regel deutlich über den Geschwindigkeiten mobiler Datenverbindungen. Ebenso gab es viele Orte, an denen Mobilfunkverbindungen gar nicht verfügbar waren – und wenn doch, dann häufig nur für Handys oder Tablets mit Mobilfunkschnittstelle, nicht jedoch für Laptops. Außerdem waren mobile Datentarife oft teuer, insbesondere für Reisende, die sich außerhalb des Netzgebiets ihres eigenen Anbieters befanden. Selbst wenn es technisch möglich war, die Mobilfunkverbindung des eigenen Telefons mit dem Laptop zu teilen, gab es also finanzielle Gründe, dies nicht zu tun.

Heute hat sich die Situation jedoch grundlegend verändert. 4G ist nahezu überall verfügbar, und noch schnelleres 5G steht in den meisten Regionen zur Verfügung. Dadurch sind mobile Datenverbindungen für nahezu alle üblichen Online-Aktivitäten ausreichend, die Erwachsene im beruflichen oder privaten Kontext ausführen. (Bestimmte Arten von Online-Gaming können weiterhin problematisch sein.) Die Kosten für mobile Datentarife, die ausreichend hohe Geschwindigkeiten für alltägliche Nutzung unterwegs bieten, sind deutlich gesunken – ebenso wie die Kosten für Funktionen, mit denen man seine Mobilfunkverbindung mit dem Laptop teilen kann.

Mit anderen Worten: Heute ist es in der Regel problemlos möglich, unterwegs fast überall über Mobilfunk eine Internetverbindung herzustellen, ohne auf öffentliches WLAN angewiesen zu sein. Und da Mobilfunk fast immer sicherer ist als öffentliches WLAN, sollte öffentliches WLAN im Normalfall vermieden werden. Es gibt jedoch weiterhin Situationen, in denen Sie möglicherweise öffentliches WLAN nutzen müssen, zum Beispiel wenn Sie sich in einem Gebäude unter der Erde befinden, wo kein Mobilfunksignal verfügbar ist, und WLAN deshalb für Besucher bereitgestellt wird.

Wenn Sie öffentliches WLAN verwenden müssen, sollten Sie wissen, dass es mehrere Möglichkeiten gibt, sich und Ihre Geräte dabei zu schützen. In diesem Kapitel lernen Sie zehn Maßnahmen kennen, mit denen Sie beim Zugriff auf öffentliches WLAN sicher bleiben können.

Das Handy als mobilen Hotspot nutzen

Wenn Sie über eine gut ausgestattete mobile Datenverbindung verfügen, können Sie den Gefahren eines öffentlichen WLANs aus dem Weg gehen, indem Sie aus Ihrem Handy einen mobilen Hotspot machen. Sie können dann Ihren Laptop oder jedes andere Gerät, das nicht über eine eigene mobile Datenleitung verfügt, über Ihr Handy verbinden. Das ist besser als ein öffentliches WLAN.

WLAN-Verbindung bei Nichtbenutzung deaktivieren

Kappen Sie die WLAN-Verbindung Ihres Geräts, sobald Sie sie nicht benötigen. Damit verhindern Sie, dass sich Ihr Gerät automatisch (ohne Sie darüber zu benachrichtigen) mit einem Netzwerk verbindet, das denselben Namen hat wie ein Netzwerk, mit dem Sie zuvor schon einmal verbunden waren. Cybergauner richten WLAN-Access-Points mit ähnlichen Namen wie öffentliche WLAN-Netzwerke ein, um Menschen auf diese Weise in ihr Netzwerk zu locken. Wer in die Falle gegangen ist, wird zu Fake-Seiten geleitet oder in das verbundene Gerät wird Schadsoftware eingeschleust. Ein netter Nebeneffekt ist, dass es auch Ihren Akku schont, wenn Sie die WLAN-Funktion vorübergehend deaktivieren.

Keine sensiblen Aufgaben

Erledigen Sie keine Bankgeschäfte online, kaufen Sie nicht im Internet ein und greifen Sie nicht auf medizinische Daten zu, wenn Ihr Gerät gerade mit einem öffentlichen WLAN-Netzwerk verbunden ist.

Vermeiden Sie es unbedingt, Passwörter zu ändern oder zurückzusetzen, während Sie sich im öffentlichen WLAN befinden. Noch besser ist es, wenn Sie ganz und gar auf das Zurücksetzen von Passwörtern an öffentlichen Orten verzichten – unabhängig davon, ob Sie in einem öffentlichen WLAN unterwegs sind oder nicht.

Einen VPN-Dienst nutzen

Wenn Sie nicht auf eine mobile Datenleitung zurückgreifen können, aber unbedingt etwas über ein öffentliches WLAN erledigen müssen (obwohl davon abzuraten ist!), sollten Sie zumindest einen VPN-Dienst nutzen, der Ihre Sicherheit um ein Vielfaches verbessert. Es gibt mittlerweile viele verschiedene VPN-Anbieter. Eine Kröte müssen Sie allerdings schlucken: Ihre Verbindung ist mit aktiviertem VPN-Tunnel meist etwas langsamer als ohne.

Einen Reise-Router nutzen

Geräte, die als Reise-Router (Travel Router) bezeichnet werden, verbinden sich mit externen WLAN-Netzwerken – einschließlich öffentlicher WLAN-Netzwerke – und ermöglichen es Ihnen, Ihre eigenen Geräte mit einem separaten, internen Netzwerk zu verbinden, das durch eine Firewall im Reise-Router vor dem externen Netzwerk geschützt ist. Reise-Router waren früher sehr kompliziert einzurichten, aber inzwischen bieten einige Modelle relativ einfache, automatisierte Einrichtungsprozesse, sodass sie für viele Menschen eine praktikable Option darstellen.

Tor-Browser verwenden

Wenn Sie nicht wollen, dass Ihre Online-Aktivitäten von irgendjemandem verfolgt werden, sollten Sie sich mal den Tor-Browser anschauen (siehe Kapitel 4). Er schickt Ihre Verbindung über viele verschiedene Server und erschwert die Verfolgung enorm. Es gibt den Tor-Browser sogar als Smartphone-Version. Wie ein VPN-Tunnel kann auch Tor Ihre Verbindung etwas verlangsamen.

Verschlüsseln

Nutzen Sie HTTPS statt HTTP auf allen Webseiten, die Ihnen das anbieten. Damit verhindern Sie, dass andere Nutzer im gleichen Netzwerk die Inhalte Ihrer Kommunikation einsehen.

Netzwerkfreigaben deaktivieren

Wenn Sie einen Computer benutzen, bei dem Netzwerkfreigaben aktiviert sind, sollten Sie diese Freigaben deaktivieren, bevor Sie sich mit dem öffentlichen Netzwerk verbinden. Wenn Sie sich nicht sicher sind, ob Freigaben bestehen, überprüfen Sie es. Gehen Sie nicht einfach davon aus, dass es keine gibt.

Sicherheitssoftware installieren

Bei Computern müssen Sicherheitssoftwarepakete mindestens über eine Anti-Viren-Funktion und eine persönliche Firewall verfügen. Für Smartphones und Tablet-Computer sollten Sie eine App verwenden, die für den Schutz dieser Geräte entwickelt wurde. Überprüfen Sie vor der Verbindung mit dem öffentlichen WLAN, dass die Software auf dem neuesten Stand ist.

Öffentlich ist nicht gleich öffentlich

Nicht alle öffentlichen WLAN-Netze sind gleich gefährlich. Wenn Sie das passwortgeschützte Gästenetzwerk eines Kunden nutzen, ist das Risiko deutlich geringer, dass Sie auf eine Fake-Seite geleitet werden oder dass Ihr Gerät sich Schadsoftware einfängt, als wenn Sie das offene und kostenlose WLAN einer öffentlichen Bibliothek verwenden. Sie sollten dem Netzwerk Ihres Kunden trotzdem nicht bedingungslos vertrauen, denn die anderen Nutzer stellen weiterhin eine Bedrohung dar.

IN DIESEM KAPITEL

Wie KI die Cybersicherheit beeinflusst

Wie Cybersicherheit die weitere Entwicklung von KI beeinflusst

Kapitel 20
Zehn Auswirkungen, die KI auf die Cybersicherheit hat (und umgekehrt)

In den vergangenen Jahren hat sich *künstliche Intelligenz (KI)* von einem Science-Fiction-Konzept zu einer Technologie entwickelt, die in vielen Bereichen des täglichen Geschäftslebens selbstverständlich geworden ist. Kaum eine Person in den industrialisierten Ländern ist nicht in irgendeiner Form mit Alexa, Siri, ChatGPT oder ähnlichen Systemen in Berührung gekommen.

Auch der schnelle Aufstieg der chinesischen KI »DeepSeek« – selbst unter Nutzerinnen und Nutzern in den USA – zeigt, dass die Welt möglicherweise auf einen neuen »Wettlauf ins All« zusteuert, diesmal jedoch auf dem Gebiet der KI.

Doch was genau ist eigentlich KI?

»Alexa.«

»Siri.«

»Hey, Google.«

Wir verstehen sofort, welche Systeme damit gemeint sind. Aber verstehen wir auch, was künstliche Intelligenz im Kern bedeutet? Technisch gesehen bezeichnet KI die Fähigkeit eines elektronischen Systems, seine Umgebung wahrzunehmen und eigenständig Entscheidungen zu treffen, die die Wahrscheinlichkeit erhöhen, ein bestimmtes Ziel zu erreichen – und zwar auch dann, wenn das System zuvor keine Informationen über die konkrete Situation hatte.

Diese Definition wirkt kompliziert – und das ist sie auch. In der Praxis verschiebt sich der Begriff ständig. Technologien, die vor zehn oder zwanzig Jahren noch als »KI« galten – etwa Gesichtserkennung – gelten heute als reguläre Software.

Was ist noch mal *generative KI*?

Noch vor wenigen Jahren musste eine Person einen Text selbst schreiben – oder jemand anderen darum bitten. Gleiches galt für Bilder, Videos und andere kreative Inhalte. Doch generative KI hat dieses Paradigma verändert. Systeme können heute lernen, Texte zu verfassen, zu programmieren, Kunst zu erzeugen, oder nahezu jede Art von Inhalt zu erstellen, den Menschen erzeugen können.

Solche Systeme können auch komplexe Wissensgebiete erlernen – beispielsweise Biologie – und Prüfungsfragen korrekt beantworten, selbst wenn dies die Anwendung des Wissens erfordert und nicht nur das Wiedergeben von Fakten.

Diese Fähigkeit hat bereits erhebliche Auswirkungen, etwa im Bildungsbereich, wo das Erstellen von Essays plötzlich betrügerisch leicht geworden ist. Und sie spielt auch in der Cybersicherheit eine zentrale Rolle, wie später in diesem Kapitel erläutert wird.

Heute verstehen viele Menschen unter KI vor allem Systeme, die lernen. Das heißt, sie ahmen nach, wie Menschen aus Erfahrungen Muster ableiten und sich beim nächsten Mal entsprechend verhalten. Statt auf fest programmierte Regeln zurückzugreifen, analysieren KI-Systeme Daten, entwickeln daraus eigene Entscheidungsmodelle und verfeinern diese Modelle weiter, je mehr Daten sie verarbeiten und je mehr Rückmeldungen sie erhalten.

Was ist der Unterschied zwischen Künstlicher Intelligenz (KI) und *Maschinellem Lernen* (ML)?

Künstliche Intelligenz bezeichnet ganz allgemein Systeme, die menschenähnlich denken, wahrnehmen und handeln können – also Aufgaben lösen, Entscheidungen treffen oder Probleme bearbeiten, ohne dass jeder einzelne Schritt vorgegeben ist. Maschinelles Lernen heißt, dass Maschinen selbstständig aus Daten lernen, um ihre Leistung zu verbessern (statt nur Regeln zu befolgen). Man kann also sagen: KI ist das Ziel – Maschinen sollen intelligent handeln. Maschinelles Lernen ist der Weg dahin.

KI wird das menschliche Leben vermutlich mindestens ebenso grundlegend verändern wie die Industrielle Revolution. Damals wurden menschliche Muskelkraft durch Maschinen ersetzt – Maschinen, die schneller, präziser, weniger anfällig für Ermüdung und kostengünstiger waren. KI ersetzt nun nicht die Muskelkraft, sondern die geistige Arbeit – und wird in vielen Bereichen schneller, präziser und weniger fehleranfällig sein als jeder biologische Verstand.

Mit diesem Fortschritt gehen erhebliche Risiken einher – Wege, auf denen die KI eine echte Gefahr für die Cybersicherheit darstellt. Aber KI wird ihrerseits auch durch Aspekte der Cybersicherheit beeinflusst. Die zehn wichtigsten davon lernen Sie in diesem Kapitel kennen.

KI verändert das Spielfeld der Cybersicherheit grundlegend

Lange Zeit folgte Cybersicherheit einem klaren, fast schon mechanischen Prinzip: Man definierte Regeln, erkannte bekannte Muster und reagierte darauf. Firewalls, Signaturdatenbanken, Virenscanner und Log-Analysen bildeten das Rückgrat dieser Sicherheitsarchitektur. Und im Zentrum stand der Mensch, zum Beispiel Analystinnen und Administratoren. Ihre Erfahrung, Intuition und ihr Gespür dafür, wann etwas »nicht stimmt«, entschieden oft darüber, ob ein Angriff rechtzeitig entdeckt wurde oder erst, wenn der Schaden längst entstanden war.

Mit dem Einzug künstlicher Intelligenz hat sich diese Landschaft grundlegend verändert. KI bringt eine neue Form des »Denkens« in die Cybersicherheit: das nämlich nicht auf starren Regeln basiert, sondern auf Lernen. Statt vordefinierten Mustern zu folgen, zieht KI ihre eigenen Schlüsse aus Daten: Sie erkennt Zusammenhänge, die Menschen nicht beschreiben oder bewusst wahrnehmen könnten. Sie analysiert das Verhalten von Benutzern, Geräten, Netzwerken und Anwendungen in Echtzeit und gleicht es ständig mit zuvor erlernten Profilen ab. Dadurch wird aus einer reaktiven Verteidigung eine proaktive, lernende Sicherheitsstrategie.

Dieser Wandel hat große Vorteile, aber auch Risiken. Ein Vorteil: KI kann subtile Angriffe erkennen, die früher unentdeckt geblieben wären: etwa, wenn Angreifer über Wochen hinweg kleine Datenmengen abziehen, ohne auffällige Spuren zu hinterlassen. Gleichzeitig entsteht jedoch eine neue Abhängigkeit: Die Qualität der Verteidigung hängt unmittelbar von der Qualität der Daten ab, mit denen die KI trainiert wurde. Sind diese Daten unvollständig, fehlerhaft oder manipuliert, kann die KI Fehlalarme auslösen oder echte Angriffe übersehen.

Hinzu kommt: Auch Angreifer nutzen KI. Die Sicherheitslandschaft wird damit zu einem Wettstreit zwischen lernenden Systemen – auf der einen Seite die KI, die schützt, auf der anderen jene, die angreift. Beide analysieren sich gegenseitig, passen ihr Verhalten an und versuchen, den jeweils anderen auszutricksen. Eine Angreifer-KI kann Verteidigungssysteme studieren und gezielt Schwachstellen suchen. Eine Verteidigungs-KI kann dagegen Muster erkennen, die kein Mensch je entdeckt hätte, wie etwa minimale Abweichungen im Datenverkehr oder untypische Zeitabfolgen in Prozessen.

Cybersicherheit wird so zu einem dynamischen Ökosystem, in dem nicht mehr starre Regeln, sondern Lernfähigkeit und Anpassungsgeschwindigkeit über Erfolg oder Misserfolg entscheiden. Entscheidungen fallen in Millisekunden, oft ohne menschliches Zutun. Ein Vorsprung kann binnen kürzester Zeit verloren gehen – je nachdem, welche Seite schneller lernt, geschickter tarnt oder präziser modelliert.

KI hat die Cybersicherheit in eine neue Zeit geführt. Was früher ein regelbasiertes Kontrollsystem war, ist heute ein strategisches Kräftemessen intelligenter Systeme. Menschen behalten zwar noch die Oberhand – aber nicht mehr in Echtzeit, sondern auf der Ebene von Modellierung, Überwachung und ethischer Steuerung. Wer versteht, wie KI denkt und lernt, kann sich schützen. Wer das nicht tut, läuft Gefahr, dass Entscheidungen über Sicherheit und Risiko von Systemen getroffen werden, deren innere Logik sich der menschlichen Kontrolle entzieht.

KI stärkt die Verteidigung

In der modernen IT-Sicherheitswelt laufen jeden Tag unzählige Warnmeldungen auf: Log-Einträge, Alarmierungen, Systembenachrichtigungen – Millionen davon, erzeugt von Firewalls, Cloud-Diensten, Servern, Laptops, Smartphones oder vernetzten Geräten im Büro. In dieser Flut aus Daten stecken irgendwo die wirklich gefährlichen Hinweise – echte Anzeichen für Angriffe oder Datenlecks. Das Problem: Kein Mensch kann all diese Informationen rechtzeitig sichten und bewerten. Selbst erfahrene Sicherheitsteams verlieren dabei wertvolle Zeit, während ein Angriff womöglich längst begonnen hat.

Hier übernimmt KI eine Schlüsselrolle. KI-Systeme können über längere Zeiträume hinweg beobachten, wie sich Nutzer typischerweise verhalten, also wann sie sich anmelden, mit welchen Servern sie kommunizieren, welche Datenmengen sie austauschen oder welche Software sie nutzen. Aus diesen Beobachtungen entwickelt die KI ein präzises Bild davon, was in einem Netzwerk »normal« ist. Sobald ein Verhalten vom Gewohnten abweicht – etwa ein Mitarbeiter, der nachts plötzlich große Datenmengen an einen externen Server überträgt –, schlägt die KI Alarm, noch bevor jemand Verdacht schöpfen würde.

Dabei bleibt es nicht bei der Erkennung. Moderne Systeme lernen aus vergangenen Vorfällen und können Risiken nach Bedeutung und Dringlichkeit sortieren. Sie bewerten nicht nur, dass etwas ungewöhnlich ist, sondern auch, wie gefährlich es vermutlich wird. Ein auffälliges Verhalten auf einem Testserver wird anders eingestuft als eine verdächtige Aktivität in der Buchhaltung oder in einer Produktionsanlage. Auf diese Weise konzentrieren sich Menschen auf die wirklich kritischen Fälle, während Routinevorgänge automatisch aussortiert werden.

Fortgeschrittene KI-Systeme gehen sogar noch weiter: Sie greifen selbstständig ein. Sie können kompromittierte Geräte vom Netzwerk trennen, verdächtige Konten sperren, riskante Datenverbindungen unterbrechen oder laufende Prozesse stoppen – oft innerhalb von Millisekunden. Das ist besonders dann entscheidend, wenn Geschwindigkeit über Erfolg oder Misserfolg entscheidet, etwa bei Ransomware, die sich in Sekunden über ganze Unternehmensnetzwerke ausbreiten kann.

Damit wird KI zu mehr als nur einem Analysewerkzeug: Sie ist ein aktiver Verteidiger. Menschen bleiben die überwachende Instanz – sie prüfen, ob die automatischen Entscheidungen sinnvoll sind, passen Regeln an und sorgen dafür, dass die KI im Einklang mit Sicherheitszielen und Geschäftsinteressen handelt. Doch die eigentliche Reaktionsarbeit, das blitzschnelle Eingreifen in kritischen Momenten, übernimmt zunehmend die Maschine.

KI verwandelt die Cybersicherheitsarbeit von einer langsamen, manuellen Reaktion in einen proaktiven, lernenden Schutzmechanismus. Sie erkennt Bedrohungen, bevor sie Schaden anrichten, und reagiert schneller, als es je ein Mensch könnte – ein digitaler Wächter, der Tag und Nacht im Einsatz ist.

KI wird zugleich zum Werkzeug für Angreifer

Was Verteidigern hilft, hilft auch den Angreifern. Dieselben KI-Technologien, die Netzwerke schützen können, lassen sich ebenso nutzen, um sie gezielt anzugreifen. Und während Sicherheitsabteilungen sich an Vorschriften, Datenschutzrichtlinien und Genehmigungsprozesse halten müssen, agieren Cyberkriminelle frei von solchen Grenzen – sie können schneller, aggressiver und experimenteller handeln.

KI eröffnet Angreifern damit ganz neue Möglichkeiten. Sie kann automatisiert prüfen, wo Systeme Schwachstellen haben: ob Software veraltet ist, Server falsch konfiguriert sind oder Passwörter zu schwach gewählt wurden. Solche Scans laufen permanent und in einer Geschwindigkeit, die kein menschliches Team erreichen könnte. Wo früher erfahrene Spezialisten manuell nach Sicherheitslücken suchten, übernimmt heute ein Algorithmus diese Arbeit – rund um die Uhr, unermüdlich und immer präziser. Dadurch brauchen Angreifer deutlich weniger Fachwissen als früher, um professionell wirkende Angriffe zu starten.

Hinzu kommt: KI kann die riesige Menge an öffentlich verfügbaren Informationen auswerten, die Menschen und Organisationen täglich hinterlassen. Firmenwebseiten, Social-Media-Profile, Pressemitteilungen, Standortdaten oder selbst private Fotos – all das sind Puzzleteile, aus denen sich ein Angriffsplan zusammensetzen lässt. Eine gut trainierte KI kann daraus ableiten, wer im Unternehmen welche Verantwortung trägt, welche Kommunikationsmuster typisch sind und über welche Kanäle sich Personen am besten täuschen lassen. Das Ergebnis: Social-Engineering-Angriffe, die so individuell zugeschnitten sind, dass sie kaum noch zu durchschauen sind (siehe auch Kapitel 9).

Besonders heikel wird es, wenn KI lernt, biometrische Merkmale zu imitieren. Mit nur wenigen Minuten Tonaufnahmen kann sie heute Stimmen täuschend echt nachbilden – inklusive Betonung, Rhythmus und emotionalem Klang. Selbst Systeme, die Stimmen zur Authentifizierung verwenden, lassen sich damit überlisten. Und die KI kann sogar Sätze sprechen, die in den Originalaufnahmen nie vorkamen. Unternehmen, für die Sprachbiometrie als besonders sichere Methode galt, mussten solche Verfahren inzwischen überarbeiten oder ganz aufgeben.

Damit entsteht ein technologisches Wettrennen, das wahrscheinlich keine Seite dauerhaft gewinnen wird. Verteidigende KI-Systeme lernen, Angriffe zu erkennen – angreifende Systeme lernen, diese Erkennung zu umgehen. Jedes Update, jede Anpassung auf der einen Seite zwingt die andere, sich weiterzuentwickeln.

KI hat die Balance im Cyberspace dauerhaft verändert. Weder Verteidiger noch Angreifer können sich auf ihren Vorsprung verlassen. Statt stabiler Sicherheit erleben wir ein ständiges Ringen um den nächsten Schritt – ein Wettkampf aus Geschwindigkeit, Datenqualität und Kreativität, bei dem die Regeln sich laufend neu schreiben.

KI macht Social Engineering realistischer und »persönlicher«

Eine der folgenreichsten Veränderungen durch KI betrifft, wie leicht Menschen manipuliert werden können. Social Engineering (Kapitel 9) war schon immer ein besonders wirksamer Angriff – nicht weil Technik versagt, sondern weil Menschen auf vertraute Gesten, Sprache und Situationen reagieren. KI hebt dieses Täuschungsrepertoire jetzt auf ein neues Niveau: Qualität, Tempo und Reichweite der Manipulationen steigen drastisch.

Im Zentrum steht die Fähigkeit von KI, menschliche Kommunikation nahezu perfekt nachzuahmen. Übersetzungssysteme sind inzwischen so gut, dass Gespräche praktisch in Echtzeit zwischen verschiedenen Sprachen übersetzt werden können. Das heißt: Täter, die früher an Sprachbarrieren scheiterten, können heute in der Muttersprache ihres Ziels auftreten – flüssig, natürlich und ohne auffällige Fehler. Das schafft sofort Vertrauen und verringert die Vorsicht der Angesprochenen.

Noch wirkungsvoller sind Deep Fakes (siehe auch Kapitel 9): KI kann Gesichter, Stimmen, Sprechweisen und sogar typische Mimik so realistisch reproduzieren, dass die Fälschung kaum erkennbar ist. Was früher große Studios und viel Aufwand brauchte, ist heute mit handelsüblicher Hardware möglich. Es liegen bereits Fälle vor, in denen Angreifer in Videokonferenzen Führungskräfte in Echtzeit imitierten; Mitarbeiter glaubten, mit bekannten Personen zu sprechen, und überwiesen Millionen. Die Täuschung war so überzeugend, dass selbst erfahrene Sicherheitsexperten sie erst im Nachhinein enttarnen konnten.

Hinzu kommt die analytische Stärke von KI: Sie durchsucht öffentliche Profile und interne Kommunikationsmuster, um zu ermitteln, wer in einer Organisation besonders anfällig für emotionale Manipulation ist – etwa Personen unter Zeitdruck, Konfliktscheue oder jene, die Anweisungen »von oben« eher blind folgen. Daraus entstehen Angriffe, die nicht nur technisch raffiniert, sondern psychologisch punktgenau sind. Die Betrugsnachricht kommt zur richtigen Zeit, im richtigen Ton und mit der passenden Dringlichkeit – und wirkt dadurch besonders glaubhaft.

KI macht Social Engineering schneller, persönlicher und überzeugender – aus einem groben Masseninstrument wird ein maßgeschneidertes Werkzeug, das gezielt menschliche Schwächen ausnutzt.

KI automatisiert und verfeinert technische Angriffe

KI greift nicht nur in die menschliche Seite von Cyberangriffen ein, sie verändert auch die rein technischen Vorgehensweisen grundlegend. Früher durchlief ein Angreifer mehrere klar getrennte Schritte: Informationen sammeln, Schwachstellen ausfindig machen, Exploit-Code schreiben, die eigentliche Schadnutzlast vorbereiten und schließlich den Angriff ausliefern. Diese Schritte waren oft zeitaufwendig und erforderten viel Fachwissen. Künstliche Intelligenz steht nun bereit, viele dieser Hürden abzubauen – sie automatisiert

Routinearbeiten, erkennt Muster in riesigen Datenmengen und erzeugt Variationen von Angriffen in einem Tempo, das menschliche Teams schlicht nicht erreichen können.

Bei der Erkundung eines Ziels kann KI enorme Datenmengen in kurzer Zeit auswerten: Netzwerkarchitektur, öffentlich zugängliche Metadaten, Softwareversionen, typische Protokollverläufe und frühere Angriffsformen. Aus all dem kann die KI plausible Hypothesen ableiten – zum Beispiel welche Dienste nach außen exponiert sind, wo Konfigurationsfehler am wahrscheinlichsten sind und welche Kombinationen von Schwachstellen sich zu einem wirkungsvollen Angriffspfad verknüpfen lassen. Anstatt potenzielle Einfallstore nacheinander manuell zu prüfen, kann eine KI Tausende von Kombinationen gleichzeitig bewerten und nach Erfolgschancen sortieren.

Auch die Entwicklung von Exploits selbst wird von KI beschleunigt (siehe auch nächster Punkt). Und die wirtschaftliche Seite dieser Entwicklung ist ebenso bedeutend: Werkzeuge und Fähigkeiten, die früher hochspezialisierten Teams vorbehalten waren, werden durch KI einem deutlich größeren Kreis von Akteuren zugänglich. Die Schwelle für technisch anspruchsvolle Angriffe sinkt, die Zahl potenzieller Täter steigt, und die Angriffszyklen beschleunigen sich erheblich.

KI macht technische Angriffe automatischer, deutlich schneller und viel variantenreicher – und damit für Verteidiger schwerer abzuwehren.

KI entwickelt Exploits fast in Echtzeit

Die Möglichkeiten von KI, aus Beschreibungen, Codefragmenten oder komplexen Datenstrukturen lauffähigen Code abzuleiten, verändern die Art und Weise, wie Exploits entstehen. Was früher ein besonders spezialisiertes Handwerk war – mit tiefem Wissen über Programmarchitektur, Speicherverwaltung, Rennbedingungen oder fehlerhafte Formatverarbeitung – lässt sich mittlerweile zum Teil automatisieren. Modelle können Schwachstellenbeschreibungen einlesen, wiederkehrende Muster erkennen, mögliche Ausnutzungswege vorschlagen und diese Vorschläge in funktionsfähigen Exploit-Code übersetzen.

Das hat direkte Folgen:

- ✔ Die Zeit zwischen dem Bekanntwerden einer Schwachstelle und einem funktionierenden Exploit schrumpft massiv. Wo früher Tage oder Wochen vergingen, sprechen Fachleute inzwischen von Stunden, Minuten – oder von »Zero-Seconds«.
- ✔ KI kann in kurzer Zeit viele Varianten eines Exploits erzeugen. Das macht signaturbasierte Abwehrmechanismen, die auf festen Mustern beruhen, viel weniger effektiv.
- ✔ Auch technisch weniger versierte Akteure gelangen so in die Lage, komplexe Exploits zu erstellen. Die Zahl potenzieller Angreifer wächst, die Hürde für anspruchsvolle Angriffe sinkt.

Für diejenigen, die verteidigen, bedeutet das: Sie können nicht länger davon ausgehen, dass genügend Zeit zum Analysieren, Testen und Einspielen von Patches (softwarebasierte

»Flicken« für Schwachstellen) bleibt. Die Verteilung von Patches muss schneller und robuster werden. Gleichzeitig steigt der Bedarf an Erkennungsverfahren, die nicht auf Signaturen beruhen, sondern auf Verhalten, Kontext und Anomalien achten.

Es gibt übrigens auch eine positive Seite: Dieselben KI-Techniken, die Angreifer nutzen, können Verteidigern helfen – etwa indem sie mögliche Exploit-Varianten vorwegnehmen, die Zeitplanung von Patches optimieren oder durch automatisierte Tests Schwachstellen aufdecken, bevor sie in die freie Wildbahn gelangen.

Automatisch erzeugte Exploits durch KI machen Schwachstellen sofort und in großer Zahl ausnutzbar. Das zwingt Verteidiger zu deutlich schnelleren, verhaltensbasierten und proaktiven Schutzmaßnahmen – andernfalls verliert man das Zeitfenster zur wirksamen Abwehr.

KI erzeugt neue physische Sicherheitsrisiken

Künstliche Intelligenz verlässt zunehmend die rein digitale Welt und steuert heute Systeme, die direkt in unsere physische Umgebung eingreifen. Sie regelt Produktionsprozesse, koordiniert Verkehr, steuert Energieflüsse, unterstützt Operationen im Krankenhaus und entscheidet über Logistikabläufe in Echtzeit. In all diesen Bereichen kann eine Fehlfunktion oder Manipulation nicht nur Daten, sondern auch Leben gefährden.

Während ein Softwarefehler in einem Büro- oder Cloudsystem meist »nur« finanzielle Schäden oder Datenverlust verursacht, können Fehlentscheidungen in KI-gesteuerten physischen Systemen katastrophale Folgen haben: Maschinen geraten außer Kontrolle, Fahrzeuge reagieren falsch, medizinische Geräte liefern fehlerhafte Diagnosen oder Medikamente werden in falscher Dosierung verabreicht.

Besonders eindrücklich zeigen das die Manipulationen medizinischer Bilddaten. Forschende haben nachgewiesen, dass KI-Techniken MRT- oder CT-Aufnahmen so verändern können, dass selbst erfahrene Radiologinnen und Radiologen – ebenso wie andere KI-basierte Diagnosesysteme – getäuscht werden. Tumore können digital hinzugefügt oder entfernt werden, ohne dass dies bei einer späteren Überprüfung auffällt. Das Ergebnis: Menschen könnten unnötige, belastende Behandlungen erhalten oder lebenswichtige Therapien unterlassen. Diese Art der Täuschung untergräbt das Vertrauen in medizinische Diagnostik und zeigt, wie verwundbar selbst sicher geglaubte Systeme sind.

Ähnliche Gefahren bestehen in der Industrie. Eine KI, die Produktionsabläufe optimieren soll, könnte unter bestimmten Umständen falsche Schlussfolgerungen ziehen. Wenn etwa Sensoren fehlerhafte Daten liefern oder Algorithmen unzureichend trainiert wurden, kann die KI Entscheidungen treffen, die kurzfristig effizient wirken, langfristig aber gefährlich sind – etwa durch Überlastung von Maschinen, falschen Umgang mit Chemikalien oder das Abschalten von Sicherheitsmechanismen, um den Durchsatz zu erhöhen.

Das Problem verschärft sich durch die Intransparenz vieler KI-Systeme: Selbst wenn klar ist, dass eine gefährliche Entscheidung getroffen wurde, lässt sich oft nicht nachvollziehen, warum. Diese fehlende Erklärbarkeit macht es schwer, rechtzeitig gegenzusteuern oder Verantwortlichkeiten zu klären. Es gibt ein Forschungsgebiet, das an transparenter und erklärbarer KI arbeitet (Explainable AI), aber dieses steckt noch in den Kinderschuhen.

Je stärker KI in physische Prozesse eingreift, desto größer wird das Risiko realer Schäden. Umso wichtiger sind menschliche Kontrollinstanzen und unabhängige Überprüfungen – damit automatisierte Entscheidungen nicht zur Gefahr für Menschen und Umwelt werden.

KI erhöht den Bedarf an starker Cybersicherheit

Je stärker KI in den Alltag von Unternehmen, Behörden oder Organisationen eingebettet wird, desto enger verknüpft sich ihre Funktionsfähigkeit mit ihrer Sicherheit. KI ist kein passives Werkzeug, das man beliebig austauschen oder einfach »neu starten« kann, wenn etwas schiefläuft. Sie lernt, speichert und interpretiert – und damit wird sie auch anfällig für Manipulationen, die tief in ihre innere Struktur hineinreichen.

Anders als klassische Software, deren Schwachstellen sich oft durch Patches oder Neuinstallationen beheben lassen, tragen lernende Systeme ihr Wissen in sich selbst. Dieses Wissen ist Teil des Modells – und lässt sich nicht einfach löschen. Wenn eine KI während des Trainings oder Betriebs mit manipulierten Daten gefüttert wurde, hat sie aus diesen Fehlern gelernt. Eine Korrektur bedeutet dann oft: Das gesamte Modell muss neu trainiert werden. Dieser Prozess ist nicht nur technisch aufwendig, sondern kann Wochen oder Monate dauern und erhebliche Kosten verursachen.

Hinzu kommt die Komplexität der modernen KI-Infrastruktur. KI-Systeme sind selten isoliert. Sie greifen auf riesige Datenmengen aus unterschiedlichen Quellen zu: interne Datenbanken, Cloud-Dienste, externe APIs oder öffentliche Datensätze. Diese Abhängigkeiten vergrößern die Angriffsfläche enorm. Schon ein manipuliertes Datenset, ein kompromittierter Lieferant oder ein fehlerhaft abgesicherter Trainings-Cluster kann ausreichen, um ein gesamtes System zu verfälschen. In einer Umgebung, in der KI-Modelle Entscheidungen über Kredite, medizinische Diagnosen oder Produktionsprozesse treffen, kann das gravierende Folgen haben.

Organisationen, die KI einsetzen, müssen Cybersicherheit von Anfang an mitdenken – technisch, organisatorisch und rechtlich.

KI stellt die Grundlagen menschlicher Kreativität infrage

Künstliche Intelligenz greift heute tief in einen Bereich ein, der lange als höchst menschlich galt: Kreativität. Was früher als Ausdruck individueller Vorstellungskraft, emotionaler Erfahrung und kultureller Prägung verstanden wurde, kann nun von Algorithmen in großem

Stil simuliert werden. KI-Systeme komponieren Musik, malen Bilder, schreiben Gedichte, erstellen Filme oder formulieren journalistische Texte – und das in einer Geschwindigkeit und Vielfalt, die für den Menschen kaum vorstellbar ist.

Diese Entwicklung wirft gleich mehrere grundlegende Fragen auf.

Zunächst ist da die wirtschaftliche und finanzielle Dimension. Wenn ein Algorithmus innerhalb weniger Sekunden Tausende Varianten eines Musikstücks, eines Bildes oder eines Werbeslogans generieren kann, verändert sich der Markt für kreative Arbeit dramatisch. Individuell geschaffene Werke verlieren ihren wirtschaftlichen Wert, weil Nachahmung und Variation fast nichts mehr kosten. Musikerinnen, Autorinnen, Designer oder Fotografen sehen sich mit einer Konkurrenz konfrontiert, die weder Pausen braucht noch Honorare verlangt. Das stellt das Urheberrecht, Lizenzmodelle und die Wertschöpfung im gesamten Kreativsektor infrage.

Doch es geht nicht nur ums Geld, sondern auch um Kultur. Originalität, Einzigartigkeit und Authentizität waren bislang zentrale Maßstäbe für künstlerischen Wert. Ein Gemälde war besonders, weil es »nur dieses eine« gab. Eine Melodie hatte Gewicht, weil sie unverwechselbar war. Wenn eine KI aber theoretisch alle denkbaren Kombinationen von Tönen, Farben oder Worten erzeugen kann, verliert das Konzept des Einmaligen an Bedeutung. Der kulturelle Wert verschiebt sich von der Idee des Originals hin zum Kontext seiner Nutzung. Das wirft Fragen auf, die weit über Technik hinausgehen: Was bedeutet »Kunst«, wenn sie nicht mehr an den Menschen gebunden ist? Können Maschinen originell sein?

Auch die Grenze zwischen menschlicher und maschineller Autorschaft verschwimmt zunehmend. Wenn KI-Modelle ganze Texte, Musikstücke oder Bilder produzieren, lässt sich oft nicht mehr sagen, welche Teile menschlich inspiriert und welche algorithmisch generiert sind. Diese Vermischung hat Folgen für das Vertrauen in Inhalte. In Medien, Wissenschaft und Bildung ist die Herkunft eines Werkes entscheidend für seine Glaubwürdigkeit. Wenn dieser Ursprung unklar wird, droht eine Erosion von Authentizität und Verantwortung.

Schließlich hat der Wandel auch eine psychologische Seite. Kreativität ist mehr als Produktion – sie ist Teil unseres Selbstverständnisses. Etwas zu schaffen, das vorher nicht existierte, stiftet Sinn und Identität. Wenn Maschinen diesen Prozess übernehmen, besteht die Gefahr, dass Menschen weniger Anlass oder Gelegenheit haben, selbst schöpferisch zu werden. Der Mensch könnte vom aktiven Gestalter zum bloßen Konsumenten algorithmisch erzeugter Vielfalt werden.

KI zwingt uns, neu zu definieren, was Kreativität, Originalität und kultureller Wert bedeuten. Kulturelle Vielfalt können wir nicht durch Technik allein sichern – sie braucht Bildung, ethische Leitlinien, kulturelle Verantwortung und Räume, die Menschen weiterhin selbst gestalten.

KI hat weitere Folgen, die wir noch nicht absehen können

Mit der fortschreitenden Entwicklung der KI betreten wir einen Bereich, in dem Unsicherheit selbst zu einem zentralen Merkmal wird. Während die Industrielle Revolution vor allem Muskelkraft durch Maschinen ersetzte – und wir die Konsequenzen dieses Wandels inzwischen gut verstehen –, verändert KI etwas viel Grundlegenderes: Sie ersetzt Denkvorgänge. Sie übernimmt Analyse, Planung, Bewertung und Entscheidung. Prozesse also, die bisher ausschließlich dem Menschen vorbehalten waren.

Das stellt uns vor eine völlig neue Art von Herausforderung: Wir schaffen Systeme, die Informationen verarbeiten und Schlussfolgerungen ziehen können, deren Komplexität und Geschwindigkeit unsere eigenen geistigen Fähigkeiten übersteigen. Es existiert kein menschlicher Bezugsrahmen mehr, um zu verstehen, wie eine KI denkt oder welche Zwischenschritte sie zu ihren Ergebnissen führen.

Diese Unvorhersehbarkeit hat zwei entscheidende Folgen. Erstens kann KI Denkweisen oder Problemlösungsstrategien entwickeln, die außerhalb unseres Verständnisses liegen – also Entscheidungen treffen, die richtig sein mögen, deren Begründung wir aber nicht nachvollziehen können. Zweitens können dadurch Sicherheitsrisiken entstehen, die wir weder frühzeitig erkennen noch angemessen bewerten können. Unsere traditionellen Methoden des Risikomanagements – Intuition, Erfahrung, empirische Tests – stoßen hier an ihre Grenzen, weil sie auf Beobachtbarem beruhen. Doch was, wenn sich ein Risiko in einer Dimension manifestiert, die wir nicht beobachten können?

Ein praktisches Beispiel dafür sind die sogenannten Black-Box-Modelle. Viele moderne KI-Systeme, insbesondere tiefe neuronale Netze, liefern zwar präzise Ergebnisse, doch die Art und Weise, wie sie zu diesen Ergebnissen gelangen, bleibt selbst Fachleuten verborgen. Entwickler wissen oft nicht genau, warum ein Modell eine bestimmte Entscheidung trifft. Das erschwert nicht nur die Optimierung, sondern macht Sicherheitsprüfungen hochgradig kompliziert. Wenn eine KI in einem kritischen Umfeld – etwa im Verkehr, in der Medizin oder in der Energieversorgung – eine Fehlentscheidung trifft, kann die Ursache in unzähligen, kaum nachvollziehbaren Berechnungen liegen. Im Forschungsfeld der *Explainable AI* (erklärbare und transparente KI) wird an Lösungen hierfür gearbeitet.

Ein weiteres Risiko liegt in der systemischen Verwundbarkeit: Viele Organisationen verwenden ähnliche Datenquellen, Modellarchitekturen und Trainingsverfahren. Wenn sich in einem dieser Bausteine ein Fehler oder ein systematischer Bias einschleicht, kann er sich in Dutzenden, vielleicht Hunderten Systemen gleichzeitig wiederfinden. Das führt zu korrelierten Fehlfunktionen, die schwer zu erkennen sind, weil sie nicht als klarer Einzelfehler auftreten, sondern als flächendeckendes, leicht verzerrtes Verhalten vieler Systeme.

Noch spekulativer, aber nicht weniger beunruhigend, ist die Vorstellung der technischen Singularität: der Moment, in dem KI-Systeme beginnen, eigenständig neue, leistungsfähigere KI-Systeme zu erschaffen – schneller und effizienter, als Menschen sie verstehen oder kontrollieren könnten. Ob und wann dieser Punkt erreicht wird, ist umstritten. Doch unabhängig von seiner Wahrscheinlichkeit sollten wir darauf vorbereitet sein, dass qualitative Sprünge in der Entwicklung völlig neue Risikodimensionen eröffnen können.

Für die Praxis bedeutet das: Wir können uns nicht länger allein auf klassische Sicherheitsverfahren verlassen. Standardisierte Penetrationstests, Regelwerke und herkömmliche Modellprüfungen reichen nicht aus. Es braucht neue Strategien: erklärbare Modelle, unabhängige

Validierung, strikte Regelungen, vielfältige und überprüfbare Trainingsdaten sowie institutionelle Strukturen, die auf systemische Fehler reagieren können.

KI führt uns in ein Zeitalter, in dem Kontrolle und Verständnis auseinanderdriften. Um Sicherheit zu bewahren, müssen wir lernen, Systeme zu prüfen, deren Entscheidungen wir nicht immer nachvollziehen können – und dennoch Wege finden, sie zu überwachen, zu begrenzen und verantwortungsvoll zu gestalten.

Abbildungsverzeichnis

Stichwortverzeichnis

C

D

S

T